비누카빙
마스터

SOAP CARVING MASTER

고윤희 윤혜영 이수연
신시우 김희태 김기진
지음

비누카빙 마스터

한국직업능력연구원에 등록된 민간자격증

KCDA
한국카빙데코레이션협회
Korea Carving Decoration Association

CONTENTS

저자소개 • 6
비누카빙 자격검정 안내 • 19
비누카빙 자격증 소개 • 20
비누카빙 자격인증 주관사 소개 • 21
비누카빙에 대한 소개• 22

PART 1

카빙실무

제 1장 비누카빙의 개요 • 28
제 2장 비누카빙의 분류 • 32
제 3장 비누카빙의 도구 • 34
제 4장 비누카빙데코레이션 작품의 상징 • 38
제 5장 비누카빙 작품 소개 • 44

PART 2

비누카빙 드로잉

제 1장 드로잉의 개요 · 48
제 2장 꽃카빙 드로잉 · 50
제 3장 동물카빙 드로잉 · 52

PART 3

비누카빙 실기

제 1장 비누카빙 2급 실기 · 60
제 2장 비누카빙 1급 실기 · 120
제 3장 비누카빙 마스터 고급동물 · 150
비누카빙 마스터 고급플라워 · 196

PART 4

비누카빙 자격검정 필기시험 기출문제

비누카빙필기문제 · 256

저자소개

고 윤 희

• 학 력

- 영남대학교 외식산업학 박사과정
- 경희대학교 조리외식경영학 석사

• 일반경력

- 사)한국카빙데코레이션협회 부회장
- 사)한국카빙데코레이션협회 푸드카빙명장
  Food Carving Great Master 제 2호
- 사)한국카빙데코레이션협회 국가대표 1기,2기 팀장
- 사)한국카빙데코레이션협회 본사 전임교수
- 김기진카빙데코레이션학원 부원장
- 사)한국카빙데코레이션협회 Expert 심사위원
- 한국국제요리경연대회 – 카빙경연 총괄 심사위원장
- WACS코리아 푸드 트렌드 페어 – 카빙경연 총괄 심사위원장
- 서울국제 푸드앤테이블웨어 – 카빙경연 총괄 심사위원장
- 향토식문화대전 – 카빙경연 총괄 심사위원장
- 서울푸드페스티벌 – 카빙경연 총괄 심사위원장
- 계명문화대학교 호텔항공외식관광학부 〈푸드카빙〉 외래교수
- 수성대학교 호텔조리과 〈푸드카빙〉 외래교수
- 우석대학교 외식산업조리학과 〈푸드카빙〉 외래교수
- 상지영서대학교 평생교육원 〈푸드카빙〉 담당교수
- 계명문화대학교 평생교육원 〈푸드카빙〉 담당교수

• 연구실적 및 저서

- 푸드카빙데코레이션의 학습몰입 및 참여몰입이 심리적안정, 러브마크 및 충성도에 미치는 영향 (2019)
- 푸드카빙데코레이션 교육생의 인구통계학적특성에 따른 우울과 자아존중감의 변화와 차이에 관한 탐색적 연구 〈외식경영연구〉 (202
- 외식업체의 비대면 서비스 품질이 만족과 구매의도에 미치는 영향 〈한국조리학회지〉 (2020)
- 레스토랑 종사원의 비언어적 커뮤니케이션이 브랜드 이미지 및 충성도간의 관계연구 : 프랜차이즈 레스토랑 소비자를 중심으로 〈한국조리학회지〉 (2020)
- New 음료와 칵테일 〈조주기능사 필기,실기 문제집〉 (2014)
- 푸드카빙데코레이션 마스터 〈카빙 자격검정 실기〉 (2015)
- 2016 푸드카빙데코레이션 필기시험 문제집
- 2018 푸드카빙데코레이션 드로잉북
- 2018 칵테일가니쉬 마스터 교재
- 2020 수박카빙데코레이션 마스터 교재
- 2020 수박카빙&푸드카빙 드로잉북

• 방 송 출 연

- CJ헬로비전 '명물인생' 〈푸드카빙명장 고윤희교수〉 방송출연 (2022)
- SBS 백종원 '맛남의 광장' 〈푸드카빙명장 고윤희교수〉 방송출연 (2021)
- SBS '네모세모' 〈여성최초푸드카빙명장〉 방송출연 (2020)
- SBS 드라마 〈열혈사제〉 작품연출 (2019)
- 영국 엘리자베스 여왕 93세 생일상 수박카빙 작품연출 (JTBC뉴스) (2019)
- MBC '살맛나는 세상' 〈여성최초푸드카빙명장〉 방송출연 (2019)
- OBS '이것이 인생' 〈여성최초푸드카빙명장〉 방송출연 (2019)
- SBS 드라마 〈기름진멜로〉 작품연출 (2018)
- KBS2 생생정보 〈과일플레이팅〉 방송출연 (2018)
- MBC '생방송 오늘 저녁' 이구역의 1인자편 푸드카빙 1인자 방송출연 (2018)
- MBN 생생정보마당 〈여성최초푸드카빙명장〉 방송출연(2018)
- KBS2 생방송 '아침이 좋다' 작품연출 (2017)
- KBS2 8시 아침뉴스타임 푸드카빙, 과일예쁘게모양내기 출연 (2016)
- SBS 강호동 "스타킹" 작품연출 (2016)
- 배우 박성웅 카비광고 TV CHF "애플수박작품연출" (2016)

• 수 상 경 력

- WTCO 국제인증대회 심사위원 인증(2022)
- 제 18회 대한민국 향토식문화대전 & 국제탑셰프그랑프리 지도자상 수상 (2021)
- 대한민국 푸드카빙 명장배 카빙데코레이션 경연대회 심사위원장상 수상 (2021)
- 2020 국제탑쉐프 그랑프리 카빙경연대회 심사위원 위촉 (2020)
- 2020 한국푸드카빙기능대회 심사위원장상 수상 (2020)
- 제 14회 한국카빙데코레이션경연대회 심사위원장상 수상 (2020)
- 온라인 한국카빙데코레이션 경연대회 심사위원장상 수상 (2020)
- 대한민국 푸드카빙 명장배 카빙데코레이션경연대회 심사위원장상 수상 (2019)
- 사)한국카빙데코레이션협회 대회작품 최우수지도자상 수상 (2019)
- 사)한국카빙데코레이션협회 과일플레이팅부문 베스트오브베스트티쳐상 수상 (2019)
- 사)한국카빙데코레이션협회 푸드카빙플레이팅부문 베스트오브베스트티쳐상 수상 (2019)
- 사)한국카빙데코레이션협회 수박카빙부문 베스트오브베스트티쳐상 수상 (2019)
- 사)한국카빙데코레이션협회 동물카빙부문 베스트오브베스트티쳐상 수상 (2019)
- 사)한국카빙데코레이션협회 칵테일가니쉬부문 최우수지도자상 수상 (2019)
- 사)한국카빙데코레이션협회 대회출전작품 최우수지도자상 (2018)
- 사)한국카빙데코레이션협회 2018 최우수심사위원상 수상 (2018)
- 2016,2017 한국카빙데코레이션협회 베스트오브베스트티쳐상 연속수상
- 사)한국카빙데코레이션협회 최우수지도자상 4회 연속수상
- 2015 제 17회 FHC국제요리예술대회〈중국〉 카빙부문 은메달 수상
- 2014 Asia Food Festival 〈페낭〉 말레이시아 아뮤즈부쉬부문 은메달 수상

- 2015 한국국제요리경연대회 국회의원 특별대상 수상
- 2015 상지영서대학교 공로상 수상 〈총장상〉
- 2016 대한민국 향토식문화대전 카빙부문 농촌진흥청장상 대상 수상
- 2017 한국국제요리경연대회 식품의약품안전처장상 대상 수상
- 2017 서울푸드페스티벌 카빙부문 서울시장상 대상 수상
- 2017 전주비빔밥축제 카빙부문 전라북도지사상 대상 수상
- 사)한국외식산업협회 표창장 수상
- 사)한국음식관광협회 글로벌리더 국가대표 선정 및 표창장 수상
- 2014 한국카빙데코레이션협회 경연대회 카빙부문 대상 수상
- 2014 강원도 서비스경진대회 특별전시 카빙부문 대상 수상
- 2013, 2014 한국국제요리경연대회 칵테일 부문 금메달 연속 수상
- 2014 한국국제요리경연대회 개인조각부문 금메달 수상
- 2014, 2015 한국카빙데코레이션협회 공로패 연속수상

• 자 격 증

- 숙명여자대학교 한국음식연구원 푸드스타일리스트 Level Ⅰ, Ⅱ과정 수료 및 자격증취득
- 조주기능사
- 양식조리기능사
- 커피바리스타 2급
- 제과기능사
- 제빵기능사
- 푸드카빙데코레이션 2급, 1급, 마스터
- 한국음식연구원 푸드스타일리스트 과정 수료 (Level Ⅰ, Ⅱ)
- 외식경영관리사
- 푸드스타일리스트
- 텔레마케팅관리사
- 과일플레이팅 2급, 1급, 마스터
- 이벤트카빙 프로페셔널, 강사
- 푸드카빙플레이팅 1급, 마스터, 강사
- 스티로폼카빙 1급, 마스터
- 아이스카빙 2급, 1급, 마스터

윤 혜 영

• 자 격 증

- 수박카빙데코레이션 2급/1급/마스터
- 동물카빙데코레이션 2급/1급/마스터
- 과일플레이팅 2급/1급/마스터
- 푸드카빙플레이팅 1급/마스터
- 비누카빙 2급/1급/마스터
- 아이스카빙 2급/1급/마스터
- 칵테일 가니쉬 1급/마스터
- 스티로폼 카빙 1급/마스터
- 이벤트카빙 프로페셔널

• 일 반 경 력

- 현) 사단법인 한국카빙데코레이션협회 푸드카빙 명장
- 현) 사단법인 한국카빙데코레이션협회 3기 국가대표
- 현) 사단법인 한국카빙데코레이션협회 심사위원
- 현) 사단법인 한국카빙데코레이션협회 과일플레이팅 전문강사
- 현) 사단법인 한국카빙데코레이션협회 이벤트카빙 프로페셔널 인증 강사
- 현) 제주불교 무형문화재 불교의식 전수관 카빙 강사
- 서울영란여자중고등학교 푸드카빙 강의
- 서울원묵중학교 푸드카빙 강의
- 서울상용중학교 푸드카빙 강의
- 서울중화중학교 푸드카빙 강의
- 김포중앙승가대 푸드카빙 강의
- 서울 인덕 대학교 평생교육원 푸드카빙 강사

• 연구실적 및 저서

- 2018 푸드카빙데코레이션 자격증 필기시험 문제집 저자

• 방 송 출 연

2018 KBS2 TV 생방송 아침이좋다 출연

– 2018,2019,2021 BTN, BBS 불교방송 및 제주신문 기재 (사찰 푸드카빙 전문강사)

• 수 상 경 력

– 2017 제 3회 한국카빙데코레이션협회 전시경연대회 금상 수상
– 2017 한국카빙데코레이션협회 과일플레이팅 라이브부문 대상 수상
– 2017 한국음식관광 국제요리경연대회 조각부문 국회의원 대상 수상
– 2018 서울푸드페스티벌 스티로폼 카빙 협회장상 대상 수상
– 2018 세계 음식 문화연구원 푸드카빙 경연대회 서울특별시장상 수상
– 2018 세계 음식 문화 축제 푸드락 빵빵페스티벌 푸드카빙 경연대회 대상 수상
– 2018 대한민국 향토식문화대전 "국제탑쉐프그랑프리" 대상 수상
– 2018 (사)한국카빙데코레이션협회 우수지도자상 수상
– 2019 서울푸드페스티벌 경연대회 국가대표 협회장상 대상 수상
– 2019 한국카빙데코레이션경연대회 국가대표 협회장상 대상 수상
– 2019 서울 한국 음식관광 국제요리경연대회 협회장상 대상 수상
– 2019 서울 국제 푸드앤테이블웨어 박람회 전남도지사상 대상 수상
– 2019 제 16회 국제탑쉐프그랑프리 해양수산부 장관상 수상
– 2019 한국음식관광협회 표창장 수상
– 2020 대한민국 푸드카빙 명장배 카빙데코레이션 경연대회 아이스카빙 라이브 대상 수상
– 2020 대한민국 푸드카빙 명장배 카빙데코레이션 경연대회 심사위원장상
– 2020 대한민국 향토식문화대전 국제탑쉐프그랑프리 심사위원
– 2021 한국카빙데코레이션협회 최우수지도자상 수상
– 2021 대한민국 푸드카빙 명장배 카빙데코레이션 경연대회 심사위원상
– 2022 제 15회 한국카빙데코레이션협회 최우수지도자상 수상
– 2022 서울국제 푸드앤테이블웨어 박람회 심사위원

이 수 연

· 자 격 증

- 수박 카빙 데코레이션- 2급/1급/마스터
- 과일 플레이팅-2급/1급/마스터
- 동물 카빙 데코레이션-2급/1급/마스터
- 비누카빙-2급/1급/마스터
- 아이스카빙-2급/1급/마스터
- 푸드 카빙 플레 이팅-1급/마스터
- 칵테일 가니쉬-1급/마스터
- 스티로폼 카빙-1급/마스터
- 이벤트 카빙 프로페셔널
- 한식 조리 기능사
- 중식 조리 기능사
- 일식 조리 기능사
- 양식 조리 기능사
- 제빵 기능사
- 요양 보호사
- 미용사

· 일 반 경 력

- 사단법인 한국 카빙 데코레이션협회 이사
- 사단법인 한국 카빙 데코레이션 협회 수박 카빙 심사위원
- 사단법인 한국 카빙 데코레이션 협회 칵테일 가니쉬 심사위원
- 사단법인 한국 카빙 데코레이션 협회 과일 플레이팅 심사위원
- 사단법인 한국 카빙 데코레이션 협회 동물 카빙 심사위원
- 사단법인 한국 카빙 데코레이션협회 푸드 플레이팅 심사위원
- 사단법인 한국 카빙 데코레이션 협회 심사위원장
- 사단법인 한국 카빙 데코레이션 협회 강의 파트너
- 사단법인 한국 카빙 데코레이션 협회 과일 플레이팅 전문강사
- 사단법인 한국 카빙 데코레이션협회 이벤트 카빙 프로페셔널 인증강사

• 수 상 경 력

2022 사단법인 한국카빙데코레이션협회 표창장
2022 제19회 서울 국제 푸드앤테이블웨어 박람회
* 푸드카빙단체전시-(해양수산부장관상)-대상
* 과일 플레이팅 라이브경연-금상
* 푸드 카빙 라이브 경연-은상

2022 한국 푸드 카빙 기능대회
* 수박 카빙 단체전시-대상
* 동물 카빙 단체전시-최우수상

2022 제16회 한국 카빙 데코레이션 경연대회
* 동물 카빙 미러 경연-(서울특별시장상)-대상
* 스티로폼 카빙 개인 전시-대상
* 푸드 카빙 단체 전시-대상

2021 제15회 한국 카빙 데코레이션 경연대회
* 과일플레이팅개인전시-(서울특별시장상)-대상
* 푸드플레이팅개인전시-금상
* 동물카빙미러경연-금상
* 칵테일가니쉬개인전시-금상
* 스티로폼개인전시-금상
* 수박카빙미러경연-최우수상
* 동물카빙 데코레이션개인전시-우수상

2021 대한민국 푸드카빙명장배 카빙데코레이션 경연대회
* 수박카빙미러경연-대상
* 푸드카빙개인전시-금상
* 과일플레이팅개인전시-금상
* 스티로폼개인전시-금상
* 푸드카빙플레이팅개인전시-금상
* 용카빙라이브-최우수상
* 동물카빙미러경연대회-최우수상
* 칵테일가니쉬개인전시-최우수상

2021 제18회향토식문화대전
* 푸드카빙개인전시-금상
* 용카빙라이브-금상

신 시 우

• 자 격 증

–수박 카빙 데코레이션 2급 / 1급 / 마스터
–과일 플레이팅 2급 / 1급 / 마스터
–푸드 카빙 플레이팅 1급 / 마스터
–칵테일 가니쉬 1급 / 마스터
–동물 카빙 데코레이션 2급 / 1급 / 마스터
–아이스 카빙 2급 / 1급 / 마스터
–스티로폼 카빙 1급 / 마스터
–비누 카빙 2급 / 1급 / 마스터
–티소믈리에
–티코디네이터
–앙금 플라워 떡케이크 지도사범 2급

• 일 반 경 력

– (현) 사단법인 한국카빙데코레이션협회 이사
– (현) 사단법인 한국카빙데코레이션협회
수박 카빙 심사위원
– (현) 사단법인 한국카빙데코레이션협회
칵테일 가니쉬 심사위원
– (현) 사단법인 한국카빙데코레이션협회
과일 플레이팅 심사위원
– (현) 사단법인 한국카빙데코레이션협회 이벤트카빙
프로페셔널 인증강사
– (현) 사단법인 한국카빙데코레이션협회 강의파트너
– (현) 사단법인 한국카빙데코레이션협회
과일플레이팅 전문강사
– 2022년 사단법인 한국카빙데코레이션협회 표창장

• 수 상 경 력

–2021 제 18회 대한민국 향토 식문화대전 국제 탑쉐프 그랑프리
푸드 카빙 플레이팅 단체전 대상, 푸드 카빙 플레이팅 개인전 은상, 용카빙 개인라이브 동상
–2021 대한민국 푸드카빙 명장배카빙 데코레이션 경연대회
푸드카빙 단체전시 대상, 과일 플레이팅 개인전시 대상, 푸드카빙 개인전시 최우수상
칵테일 가니쉬 개인전시 최우수상, 용카빙 개인라이브 경연 우수상, 푸드카빙 플레이팅 금상
수박 카빙 미러경연 금상, 동물 카빙 미러경연 금상

–2021 제 15회 한국카빙데코레이션 경연대회
동물카빙 미러경연 부문 서울특별시 시장상 대상, 푸드카빙 플레이팅 개인전시 대상
수박카빙 개인전시 대상, 동물카빙 플레이팅 개인전시 대상, 과일플레이팅 개인전시 최우수상
칵테일 가니쉬 개인전시 최우수상

김 희 태

• 자 격 증

- 수박카빙데코레이션 2급, 1급, 마스터
- 동물카빙데코레이션 2급, 1급, 마스터
- 스티로폼카빙 1급, 마스터
- 과일플레이팅 2급, 1급, 마스터
- 푸드카빙플레이팅 1급, 마스터
- 이벤트카빙 프로페셔널
- 칵테일가니쉬 1급, 마스터
- 아이스카빙 2급, 1급, 마스터
- 비누카빙 2급, 1급, 마스터
- 한식조리기능사
- 우드카빙 문화재수리기능

• 수 상 경 력

2022년 제16회 한국카빙데코레이션 경연대회
- 푸드카빙플레이팅경연 서울시장상
- 동물카빙단체 전시 대상
- 동물카빙 개인전시 대상
- 아이스카빙 라이브 금상
- 푸드카빙전시 금상
- 칵테일가니쉬라이브경연 금상
- 푸드카빙단체전시 최우수상
- 스티로폼카빙 개인전시 최우수상
- 동물카빙미러경연 최우수상
- 수박카빙 미러경연 최우수상
- 푸드카빙플레이팅 라이브경연 최우수상
- 과일플레이팅 라이브경연 우수상

김 기 진

• 학 력

– 영남대학교 외식산업학 석사
– 영남대학교 외식산업학 박사
– 경기대학교 외식경영학 박사

• 일 반 경 력

– 前 한국국제대학교 전임교수(조교수)
– 한국카빙데코레이션협회 회장
– 김기진푸드카빙전문학원 원장
– CARVING DECORATION 정기간행물 발행인 (ISSN 2586-0569)
– 푸드카빙명장 1호(Food Carving Great Master)
– 과일조각용 칼(샤토나이프) 디자인등록(특허청)
– LG 아워홈(조리실장)(데코레이션과정" 사내강사
– 대구그랜드호텔 아이스카빙
– 2013년 제 1회 한국푸드카빙데코레이션 경연대회 개최
– 2014년 제 2회 한국푸드카빙데코레이션 경연대회 개최
– 2015년 제 3회 한국푸드카빙데코레이션 경연대회 개최
– 2015년 제 4회 한국푸드카빙데코레이션 경연대회 개최
– 2016년 제 5회 한국푸드카빙데코레이션 경연대회 개최
– 2016년 제 6회 한국푸드카빙데코레이션 경연대회 개최
– 2017년 제 7회 한국푸드카빙데코레이션 경연대회 개최
– 2017년 제 8회 한국푸드카빙데코레이션 경연대회 개최
– 2018년 제 9회 한국푸드카빙데코레이션 경연대회 개최
– 2018년 제 10회 한국푸드카빙데코레이션 경연대회 개최
– 2018년 제 11회 한국푸드카빙데코레이션 경연대회 개최
– 2018년 제 12회 한국푸드카빙데코레이션 경연대회 개최
– 2019년 제 13회 한국푸드카빙데코레이션 경연대회 개최
– 2019년 제 1회 한국푸드카빙기능대회 개최
– 2019년 제 1회 대한민국 푸드카빙 명장배 카빙데코레이션 경연대회 개최
– 2020년 제 14회 한국푸드카빙데코레이션 경연대회 개최
– 2020년 제 2회 한국푸드카빙기능대회 개최
– 2020년 제 2회 대한민국 푸드카빙 명장배 카빙데코레이션 경연대회 개최
– 2021년 제 15회 한국푸드카빙데코레이션 경연대회 개최
– 2021년 제 3회 한국푸드카빙기능대회 개최
– 2021년 제 3회 대한민국 푸드카빙 명장배 카빙데코레이션 경연대회 개최
– 2022년 제 16회 한국푸드카빙데코레이션 경연대회 개최

• **강 의 경 력**

- 영남대학교/대학원 외래교수 - 계명문화대학 외래교수 - 우석대학교/대학원 겸임교수
- 대구가톨릭대학교/대학원 외래교수 - 대구보건대학 호텔조리계열 외래교수
- 수성대학교 외래교수 - 구미1대학 외래교수 - 대경대학 외래교수 - 포항대학교 외래교수

• **푸드카빙데코레이션 분야 학술연구**

- 김기진(2008). 카빙데코레이션 교육에 대한 조리사들의 인식에 관한연구. 한국조리학회지, 14(2). 237-248.
- 김기진(2008). 호텔 및 레스토랑 조리사들의 카빙데코레이션에 대한 중요도 및 필요성 인식에 관한 연구. 한국조리학회지, 4(4). 150-160.
- 김기진(2010). 카빙데코레이션 인지도와 구매의도가 가격수용성에 미치는 영향. 한국조리학회지, 16(4), 28-42.
- 김기진(2016). 푸드카빙데코레이션 교육수준에 따른 주의집중력 및 취업자신감에 관한 연구: 고등학생 및 대학생을 중심으로. 외식경영연구, 19(6). 27-47.

• **기타 학술연구**

- Kim G. J.(2014). Applying the Service Profit Chain model to the Korean restaurant industry. International Journal of Hospitality Management, 36(1), 1-13.(SSCI 등재 저널) 외 50편

• **카빙데코레이션 저서**

- 2008년 "전문조리사를 위한 카빙데코레이션 야채조각 과일조각" 문운당 (ISBN 978-89-7393-452-2)
- 2012년 푸드카빙데코레이션 마스터 자격증 교재 출판 (ISBN 978-89-969390-0-9)
- 2014년 푸드카빙데코레이션 자격증 필기시험 문제집 (ISBN 978-8-9963395-4-0)
- 2014년 푸드카빙데코레이션 드로잉북 (ISBN 978-89-969390-1-6)

– 2015년 푸드카빙데코레이션 마스터 자격증 교재 2쇄 출판 (ISBN 978-89-969390-0-9)
– 2015년 2016 푸드카빙데코레이션 자격증 필기시험 문제집 (ISBN 978-89-969390-2-3)
– 2015년 과일플레이팅 마스터 자격증 교재 출판 (ISBN 978-89-969390-3-0)
– 2016년 2017 푸드카빙데코레이션 자격증 필기시험 문제집 (ISBN 978-89-969390-4-7)
– 2017년 2018 푸드카빙데코레이션 자격증 필기시험 문제집 (ISBN 978-89-969390-6-1)
– 2017년 푸드카빙플레이팅 자격증 교재 출판 (ISBN 978-89-969390-5-4)
– 2018 수박카빙 마스터 교재 출판(ISBN 978-89-969390-7-8)
– 2019 푸드카빙데코레이션 드로잉북 출판 (ISBN 978-89-969390-8-5)
– 2019 푸드카빙데코레이션 자격증 필기시험 문제집 (ISBN 978-89-969390-9-2)
– 2020 수박카빙데코레이션 마스터 교재 출판 (ISBN 979-11-89071-06-6)
– 2020 수박카빙 푸드카빙 식품조각 드로잉북 출판 (ISBN 979-11-08971-08-0)
– 2020 푸드카빙플레이팅 마스터 교재 출판 (ISBN 979-11-89071-07-3)
– 2022 동물카빙데코레이션 마스터 교재 출판 (ISBN 979-11-89071-09-7))

• 수 상 경 력

– 2004년 비슬산 얼음조각대회 일반부 금상 (1위)
– 2004년 서울국제요리경연대회 야채조각부문 금상 (1위)
– 2005년 대구음식박람회 야채조각부문 금상 (1위)
– 2006년 서울국제요리경연대회 야채조각부문 금상 (1위)
– 2008년 제 3기 중국 용왕컵 카빙대회 금상 (1위)
– 2015년 한국국제요리경연대회 국회의원 대상
– 2016년 농촌진흥청장상 수상
– 2016년 2016 WACS코리아 푸드트렌드페어 최우수지도자상
– 2017년 식품의약품안전처장상
– 2017년 서울특별시장 대상
– 2017년 사단법인 한국음식관광협회 우수지도자상
– 2017년 사단법인 한국음식관광협회 공로상
– 2017년 2017 WACS 코리아 푸드트렌드페어 공로상
– 2017년 국제탑쉐프그랑프리 일반부 경기도도지사상
– 2017년 향토식문화대전 카빙대회 대상

비누카빙데코레이션
자격검정 안내

구 분	비누카빙 2급	비누카빙 1급	비누카빙 MASTER (강사자격증)
필기 시험과목 (출제비중)	비누카빙이론(100%)	비누카빙이론(100%)	비누카빙이론(100%)
실기시험	제시된 비누카빙 기본예제 2개 작품을 시간 내 완성 (80분) 또는 지정된 교육장에서 지정된 교육과정을 수료할 경우 대체평가가능	제시된 비누카빙 중급예제 2개 작품을 시간 내 완성 제한시간: 1시간 40분	제시된 비누카빙 고급예제 2개 작품을 시간 내 완성 제한시간: 2시간 30분
응시자격	지정된 교육을 수료한 자 (연령제한없음)	지정된 교육을 수료한 자 (연령제한없음)	비누카빙 1-2급 자격증을 소지한 자 중 지정된 교육을 수료한 자 (연령제한없음)
온라인 필기시험 문항 수	객관식 50문항	객관식 50문항	객관식 50문항
합격기준	합격기준 점수는 필기시험과 실기시험 공통으로 적용됨. 비누카빙 2급 100점 만점에 60점 합격 비누카빙 1급 100점 만점에 70점 합격 비누카빙 MASTER 100점 만점에 80점 합격		
시험일시	본사 시험장 시험실시 횟수: 24회(매달) (홈페이지 공고: http://www.foodcarving.co.kr)		
전형료	2급과 1급 시험 응시료: 필기 30,000원/실기 50,000원 자격증 발급비: 20,000원 ※ 택배비 별도 (고등학교 및 대학교에서 단체로 시행되는 상시시험은 응시료가 변경될 수 있음)		필기시험 응시료: 30,000원 실기시험 응시료: 70,000원 자격증 발급비: 20,000원 ※ 택배비 별도
원서교부 및 문의처	한국카빙데코레이션협회 (http://www.foodcarving.co.kr)		
기타사항	시행: 한국카빙데코레이션협회		

한국직업능력연구원에 정식 등록된 비누카빙 자격증 소개

한국카빙데코레이션협회에서 주관하는 비누카빙 2급, 1급, MASTER 자격증은 2021년부터 최초로 검정을 실시하여 매월 정기적인 자격검정을 실시한다. 비누카빙 자격증은 관련 전문가로 구성된 비누카빙 자격증 검정위원회를 통한 엄격한 실기와 필기시험문제 출제와 프로그램화된 시험채점, 공정한 감독을 통해 운영된다.

자격정보	
자격명	비누카빙 2급, 1급, 마스터
자격의 종류	등록(비공인)민간자격
등록번호	제 2018-002633 호
자격발급기관	한국카빙데코레이션협회
검정(응시)료	각 등급별 필기시험 3만원, 비누카빙 2급 실기시험 5만원, 비누카빙 1급 실기시험 5만원, 비누카빙 마스터 실기시험 7만원 자격증 배송비 2만원 *택배비 별도
환불규정	시험 4일전까지 100%환불, 시험 3일전부터는 환불불가

자격관리기관정보	
기관명	한국카빙데코레이션협회
대표자	김기진
연락처	053-763-9707 (메일: 987307@hanmail.net)
소재지	대구광역시 동구 효목동 168-2번지 2층 한국카빙데코레이션협회
홈페이지	www.foodcarving.co.kr

비누카빙 자격인증 주관사 소개
한국카빙데코레이션협회

사단법인 한국카빙데코레이션협회는 비누카빙에 대한 소비자들의 인식을 높이고, 기술력을 배양하고 있다. 또한, 비누카빙 스킬을 보유한 협회 회원들 간의 협력과 유대를 강화하여 비누공예 산업의 건전한 발전과 공정경쟁을 추진하며, 관련 신기술을 개발, 보급하고 있다. 협회 회원들이 비누카빙 전문가로서 입지를 다질 수 있도록 돕고, 국내·외 경쟁력 발전에 기여하기 위해 설립된 한국카빙데코레이션을 대표하는 단체이다.

비누카빙 2급 자격증

응시자격 및 출제경향

응시자격: 비누카빙 2급 : 지정된 교육을 수료한 자.

연령, 성별, 학력, 경력 등에 대한 제한은 없음.

필기시험: 필기시험은 객관식 4지선다형 50문항 (평균 60점 이상 합격)

실기시험: 실기시험은 제시된 비누카빙 기본예제 2개 작품 실기평가로 진행 (평균 60점 이상 합격), 지정된 교육 수료과정으로 대체평가 가능.

비누카빙 1급 자격증

응시자격 및 출제경향

응시자격: 비누카빙 1급 : 지정된 교육을 수료한 자.

연령, 성별, 학력, 경력 등에 대한 제한은 없음.

필기시험: 필기시험은 객관식 4지선다형 50문항 (평균 70점 이상 합격)

실기시험: 실기시험은 제시된 비누카빙 중급예제 2개 작품 실기평가로 진행

(평균 70점 이상 합격)

비누카빙 MASTER 자격증

응시자격 및 출제경향

응시자격: 비누카빙 마스터: 비누카빙 1-2급 자격증을 취득한 자가 지정된 교육을 수료한 경우 응시가능.

필기시험: 필기시험은 객관식 4지선다형 50문항(평균 80점 이상 합격)

실기시험: 실기시험은 제시된 비누카빙 고급예제 실기평가(평균 80점 이상 합격)

SOAP Carving Master

PART 1

카빙실무

제 1장 비누카빙의 개요

제 2장 비누카빙의 분류

제 3장 비누카빙의 도구

제 4장 비누카빙 작품의 상징

제 5장 비누카빙 작품 소개

제 1장 비누카빙의 개요

1. 비누에 대한 이해

기본적으로 비누카빙을 위해 가장 간단하게 사용할 수 있는 비누는 'MP비누'이다. 여기서 MP란,'Melt & Pour'의 이라는 뜻으로, '녹여서 붓다'라는 의미이다. 비누를 녹여 몰드에 넣어 굳히는 방법으로, 비누 종류 중 만드는 법이 가장 위험성이 낮고, 간단하게 만들 수 있다. 또한 비누가 굳으면 바로 사용이 가능하고, 모양과 색감이 다양하게 비누를 만들 수 있다는 것이 장점이다. MP비누의 주 재료는'비누베이스'이다. 비누베이스는 비누를 만들기 위한 가장 기본적인 재료로, 화이트 베이스와 투명베이스로 그 종류가 나뉜다. 비누카빙을 하기 위해서는 이 비누베이스를 녹여 원하는 색과 향을 첨가하고, 몰드에 넣어 굳혀 사용한다.

비누 베이스를 녹일 때는 전자레인지나 가열도구를 사용하여 녹이며, 좋은 성분을 가진 첨가물을 넣는다고 해서 다른 천연비누들만큼 성분이 좋아지는 것은 아니다. 비누를 녹여서 굳히는 과정을'비누화 과정'이라고 하는데, 이 과정속에서도 기온이나 보온, 습도상태에 따라 완성품에 조금의 변수가 있을 수 있다. 비누를 만들기 위해서는 전자레인지(또는 가열도구), 전자레인지 사용가능한 비커(또는 컵), 실리콘 주걱 (몰드에 녹은 비누를 넣을 때 깨끗하게 긁어넣기 위함), 식용색소, 향료, 실리콘몰드 등이 필요하다.

2. MP비누 만들기

MP비누는 비누베이스를 사용하여 만들게 된다. 비누베이스는 작은 크기로 잘라서 녹이면 빨리 녹일 수 있고, 작게 조각낸 비누베이스를 구매하여 그대로 녹여도 된다. 비누를 녹이는 방법에는 크게 세 가지가 있는데, 첫 번째는 전자레인지를 사용하여 녹이는 방법이다. 가장 간단하고, 위험성이 적다.

비누의 양에 따라, 비누를 담은 용기에 따라 가열시간은 달라지며, 1분 정도를 돌리고, 중간중간 비누가 녹는 상태를 봐가면서 30초씩 더 돌려서 완전히 녹여주는 것이 좋은 방법이다. 두 번째 방법은 가열 기구를 사용하는 것이다. 가열기구란 인덕션 또는 핫플레이트를 의미하며, 스테인리스 비커 등을 사용해서 가열기구의 열기로 서서히 녹일 수 있다. 세 번째 방법은 중탕하는 것이다. 물을 가열하여 안에 용기를 넣고, 물의 뜨거운 온도로 비누를 녹이는 방법이다. 비누액에 첨가하려고 하는 분말이 있다면, 정제수에 잘 풀어서 녹인 비누베이스에 넣으면 분말을 깔끔하고 쉽게 넣을 수 있다.

식용색소 또한 가루로 된 식용색소를 넣고자 한다면, 정제수에 먼저 잘 녹여주는 것이 매끄러운 비누를 만들 수 있는 방법이다. 액체로 된 식용색소는 비누에 바로 첨가하여 섞어도 무방하다. 정제수는 꼭 넣지 않아도 되지만, 소량의 정제수가 비누베이스에 첨가되면 완성한 비누의 표면에 물방울이 맺히지 않게 방지할 수 있다. 비누 용액을 만들면서 녹인 비누액에 1 방울 정도 오일향료를 첨가하면 비누에 은은한 좋은 향을 낼 수 있다. 투명한 비누를 만들고 싶다면, 오일을 첨가하는 과정은 생략하는 것이 좋다. 향 오일이 비누의 투명도에 영향을 미칠 수 있기 때문이다. 미리 준비해둔 비누 몰드에 비누액을 완전히 부어주는데, 비누의 종류마다 차이가 있지만 MP비누의 경우 55도에서 65도 정도의 온도가 가장 적절하다. 비누 액을 몰드에 완전히 부어주고 난 후, 윗 표면에 에탄올 스프레이를 한번 뿌려주어야 한다. 비누를 만드는 과정에서 윗면에 생길 수 있는 기포를 제거하기 위한 용도이다.

투명한 비누를 만들고자 하는 경우에는 에탄올을 분사하지 않아도 된다. 투명도에 영향을 미칠 수 있기 때문이다. 이제 비누가 단단하게 굳으면, 몰드에서 꺼내준다. 실온에서 굳혀도 되지만, 냉장고에 넣어두면 빠른 시간 내에 굳힐 수 있다. 하지만 투명한 비누를 냉장고에 넣어 굳히면, 비누의 투명도에 영향을 줄 수 있으므로 실온에서 굳히는 것이 좋다. 간혹 완성된 비누의 윗면에 하얗게 막이 생길 때가 있는데, 이 현상을 '소다회' 라고 한다. 소다회가 생기는 원인은 다양한 이유가 있지만, 대부분 비누를 굳힐 때 습도가 높은 경우 발생하기 쉽다. 이 현상이 생기더라도 비누를 사용하는 데에는 별다른 문제가 없지만, 외관상 보기에 좋지 않기 때문에 소다회를 방지하고자 한다면 완성한 비누를 몰드에서 빼기 전에, 비누 윗면을 흐르는 물로 가볍게 세척을 한 후, 가볍게 물기를 털고 완전건조 한 다음 꺼내는 것이 좋다.

비누 만들기가 끝나고 나면, 사용했던 도구에 비누가 남아있기 마련이다. 이것은 굳이 물에 세척 하지 않아도 된다. 도구에 묻은 비누 액이 완전히 굳으면, 한꺼번에 떼어내도 되고, 컵의 경우 물을 채워놓고 시간이 지나면 비누가 물에 완전히 녹아있다. 물을 비워내고, 남아있는 소량의 유분기를 제거하기 위해 주방세제로 간단하게 세척 해주면 된다. 만약, 투명 비누 베이스를 화이트 비누 베이스로 만들고 싶다면 티타늄디옥사이드와 정제수를 1:2 비율로 섞어 투명 비누액에 첨가하면 화이트 비누베이스가 된다.

3. 비누카빙 이론

비누카빙을 할 때 90%이상 사용되는 도구는 바로 '샤토나이프' 이다. 조각을 할 때 쓰는 기본적인 칼로, 이 샤토나이프 사용을 잘 할수 있어야 비누카빙을 잘 할수 있다. 비누카빙을 할 때 가장 중요한 것은, 비누를 썰 듯이 칼을 왔다 갔다 하며 라인을 그리는 것이 아니라, 연필로 그림 그리듯 칼을 시작점 위치에 넣고, 뒤로 당기며 라인을 그려야 깔끔하게 라인이 그려진다는 것 이다. 또한, 비누카빙을 하기에 적합한 비누베이스는 화이트 비누베이스이다. 투명 비누베이스에 비누카빙을 할 경우, 입체감이 잘 드러나지 않으며, 칼이 들어간 자국이 밖에서도 그대로 다 비치기 때문에 불투명한 화이트 비누베이스를 사용하는 것이 좋다.

제 2장 비누카빙의 분류

비누카빙은 만드는 기법에 따라서 꽃 카빙(플라워 카빙), 동물카빙으로 분류할 수 있다.

만드는 기법에 따른 분류

1) 꽃 카빙 (플라워 카빙)

꽃 카빙은 어디에서든지 가장 많이 사용되는 카빙 형태 이다. 또한 카빙의 가장 기초 스킬이 되기도 한다. 센터봉오리와 꽃잎라인을 그리고 파내는 과정에서 조각에 대한 기본적인 지식을 쌓을 수 있고, 조각에 필요한 샤토나이프를 사용하는 방법을 손에 익힐 수 있다.

2) 동물카빙

동물카빙은 비누에 입체적인 조각을 하는 과정으로, 주제에 맞는 동물카빙을 할 수 있다. 원숭이와 잉어는 무병장수를 상징하고, 박혁거세 탄생신화의 말은 제왕출현의 징표를 의미한다. 또한 독수리는 비상을 의미한다. 이러한 여러 가지 의미를 가진 동물 모양을 만들고 싶은 형태로 모두 조각할 수 있다.

제 3장 비누카빙의 도구

1. 샤토나이프

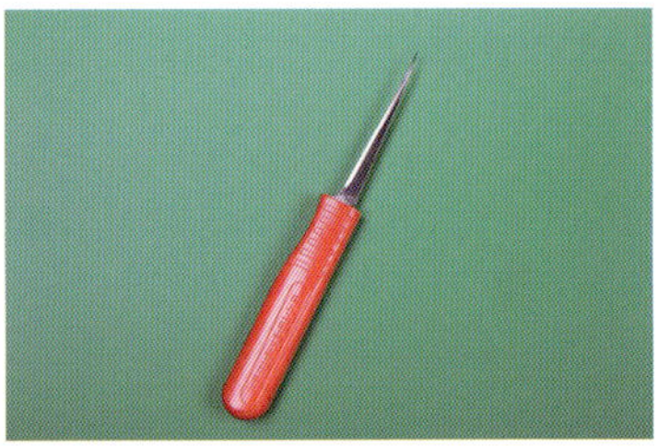

샤토나이프는 카빙을 하는데 가장 많이 사용되는 카빙도구이다. 수박카빙에서는 95%가 샤토나이프로만 카빙을 하게 되고, 동물카빙에서도 70%는 샤토나이프가 사용된다. 대체로 큰 형태를 잡을 때 잘라내는 작업을 샤토나이프로 하게 되는데, 작업에 따라 잡는 방법이 달라진다. 또한, 마무리 작업을 할 때 샤토나이프는 매우 중요한 역할을 하게 된다.

샤토나이프를 잡는 방법은 크게 2가지로 나눠진다. 첫 번째는 가장 많이 사용하는 방법으로 엄지와 중지를 이용하여 고정하고, 검지는 엄지와 중지에 의해 고정된 칼날을 보조해주며, 약지와 소지는 카빙재료와 칼의 사이를 고정시켜주는 역할을 하게 된다. 이 방법은 재료를 잘라낼 때, 세밀한 작업을 할 때 사용된다.

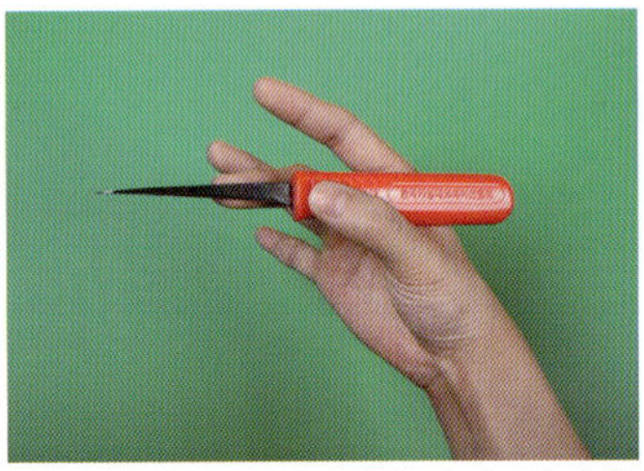

1. 엄지와 중지를 이용하여 칼날을 고정시켜준다.

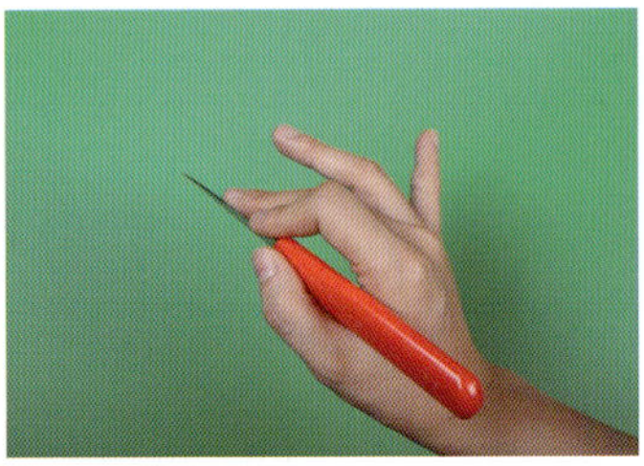

2. 검지를 이용하여 엄지와 중지를 보조해준다.

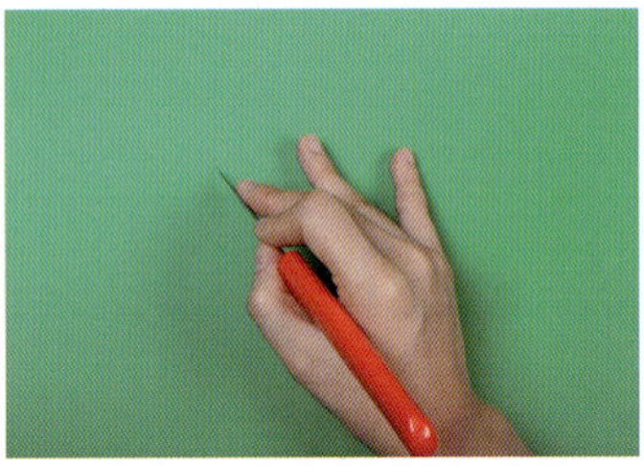

3. 약지와 소지를 이용하여 카빙재료와 칼 사이를 고정시켜준다.

또 다른 샤토나이프 잡는 방법은 주먹을 쥐는 느낌으로 칼 손잡이를 잡고 엄지를 이용하여 카빙재료와 칼을 고정시키는 방법이 있다. 이 방법은 재료를 크게 잘라낼 때 사용된다.

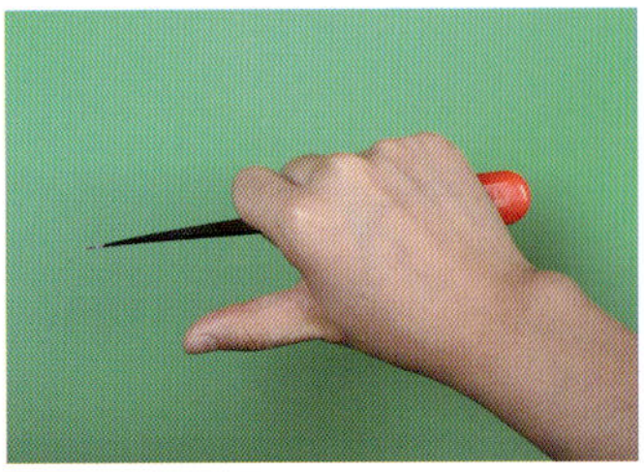

1. 주먹을 쥐는 느낌으로 칼을 잡는다.

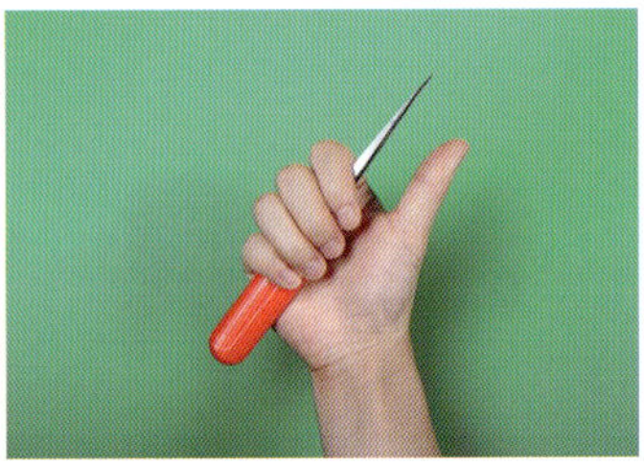

2. 엄지를 이용하여 카빙재료와 칼을 고정시켜준다.

2. 각도

각도는 샤토나이프 다음으로 많이 사용되는 조각도이다. 동물카빙을 할 때 야채에 밑그림은 각도로만 사용이 되며, 용 카빙 시 비늘이나 배 가죽, 새 종류의 카빙을 할 때 날개 깃 등을 조각하기 위해 각도가 사용된다. 각도는 이렇듯 카빙작품의 화려함을 표현하기도 하고, 기초적인 작업을 할 때 사용되기도 한다.

각도사용법을 보면, 샤토나이프와 마찬가지로 엄지와 중지를 이용하여 칼날을 고정시켜주고, 검지를 이용하여 엄지와 중지를 보조해준다. 또한 약지와 소지를 이용하여 카빙재료와 칼 사이를 고정시켜 안정적으로 칼을 넣을 수 있도록 해준다.

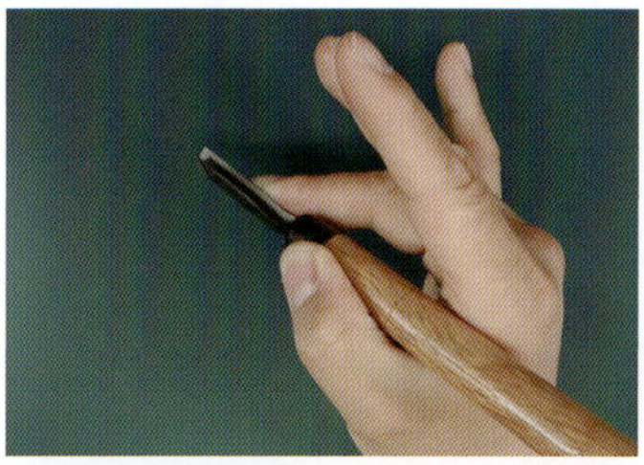

1. 엄지와 중지를 이용하여 칼날을 고정시켜준다.

2. 검지를 이용하여 엄지와 중지를 보조해준다.

3. 약지와 소지를 이용하여 카빙재료와 칼 사이를 고정시켜준다.

3. 둥근칼

둥근칼은 샤토나이프와 각도 다음으로 많이 사용되는 조각도이다. 동물카빙에서는 물고기의 비늘, 용의 비늘, 카빙을 하는 과정에서 굴곡을 주는데 사용되기도 한다. 또한 수박카빙을 할 때에는 마무리 작업을 하거나, 꽃잎을 만드는데 사용할 수도 있다. 기초적인 카빙을 할 때도 꽃잎의 입체감을 표현하는데 사용하기도 한다.

둥근칼도 샤토나이프, 각도와 사용방법이 동일하다. 먼저 엄지와 중지를 이용하여 날을 고정시키고, 검지를 이용하여 엄지와 중지를 보조해준다. 그리고, 약지와 새끼 손가락를 이용하여 카빙재료와 칼 사이를 고정시켜 안정적인 조각을 할 수 있도록 해준다.

1. 엄지와 중지를 이용하여 칼날을 고정시켜준다.

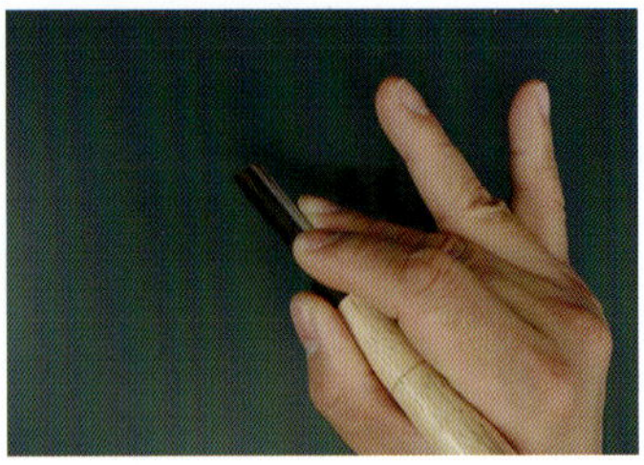

2. 검지를 이용하여 엄지와 중지를 보조해준다.

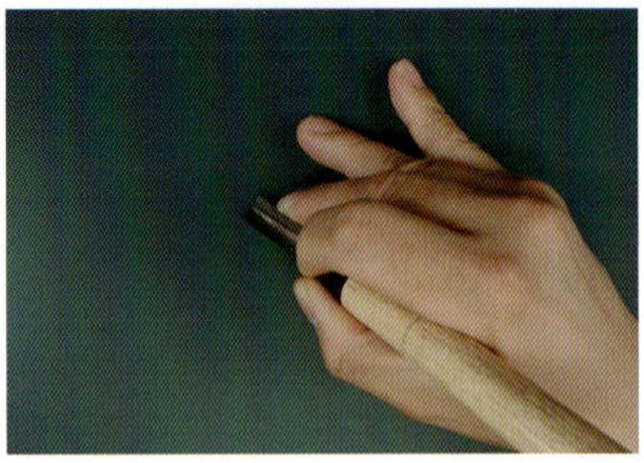

3. 약지와 새끼 손가락을 이용하여 카빙재료와 칼 사이를 고정시켜준다.

4. 원형커터

수박의 센터봉오리를 쉽게 만들기 위해서 사용되는 원형커터이다. 식품전용 스텐으로 만들어져서 부식되지 않으며, 원형커터를 사용하는 야채, 과일을 잡고 살짝 눌러 주듯이 찍어주고 살살 돌리면서 빼주어야 센터가 따로 빠져 나오지 않는다.

5. 스텐 조각도

조각도는 대부분이 동물카빙에 많이 사용된다. 스텐 조각도는 일반 둥근칼이나, 각도 보다는 약한 스텐으로 동물카빙에서 동물의 부리를 만드는데 사용되며, 곡선 또는 뾰족한 모양을 만들 때 사용된다.

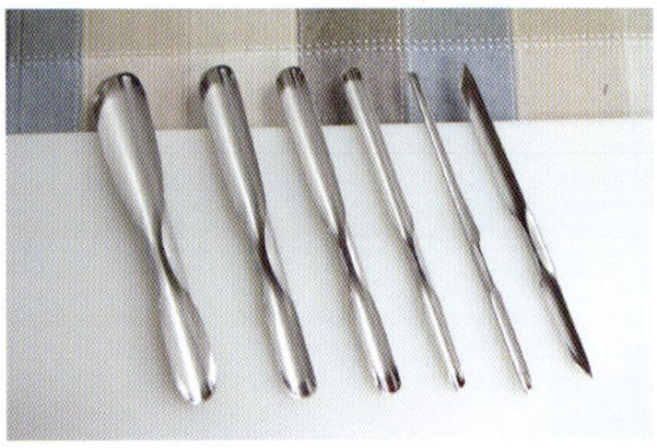

6. 풀 카빙 나이프

풀 카빙 나이프는 당기다(pull)라는 뜻을 가진 이 조각도는 기존에 밀면서 쓰는 각도, 둥근칼과는 다르게 당기면서 쓰는 조각도로 좀 더 섬세한 라인을 표현할 수 있으며, 다양한 모양을 만들 수 있도록 여섯 가지의 종류로 나뉘어져 있다.

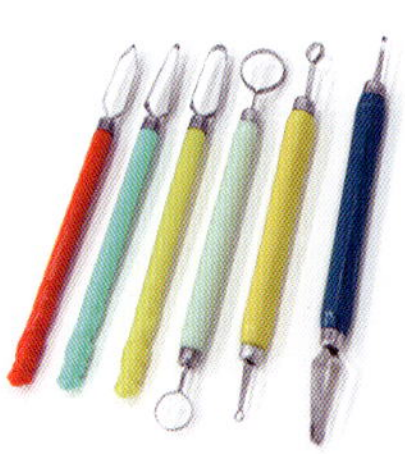

7. 금장 샤토나이프 (양날)

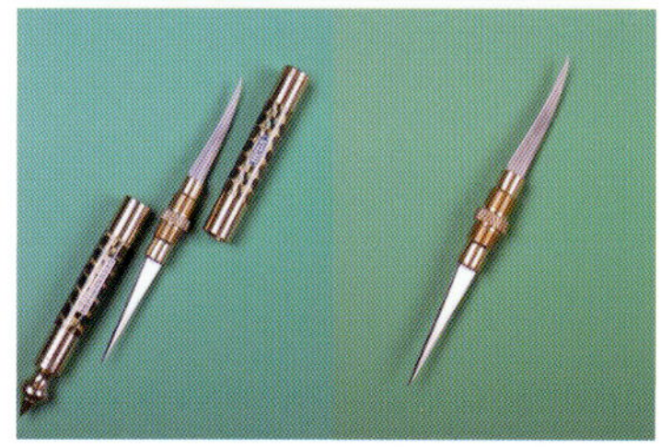

샤토나이프는 카빙을 하는데에 가장 많이 사용되는 카빙 도구이다. 잡는 방식에 따라 정밀한 작업과 러프한 작업을 모두 소화해 낼 수 있다. 바꿔 끼울 수 있는 양날 형식을 채택하여 더욱 오래 사용할 수 있도록 실용성을 더함과 동시에, 메탈릭 골드 계열의 몸체에 진녹색 으로 포인트를 주어 디자인이 고급스럽다.

8. 은장 샤토나이프 (외날)

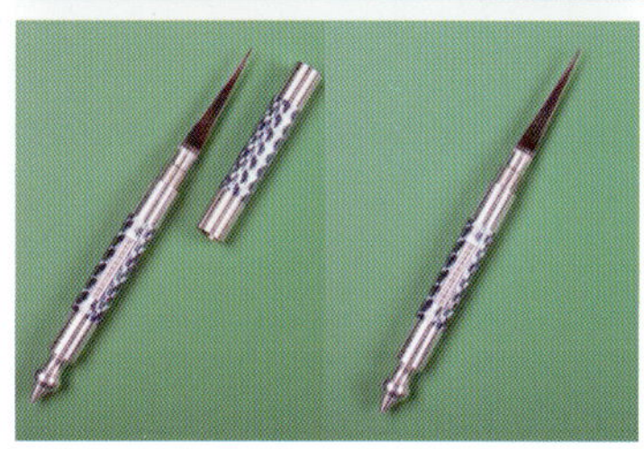

샤토나이프는 카빙을 하는데 가장 많이 사용되는 카빙 도구이다. 잡는 방식에 따라 세밀한 작업과 러프한 작업 모두 소화해 낼 수 있다. 심플하고 은은한 메탈릭 실버 계열의 색상을 바탕으로 코발트블루와 인디고 색상의 장식으로 포인트를 준 이 고급스러운 태국제 제품은, 같은 카빙 작업을 하더라도 사용자의 기분을 더 좋게 만들어 준다.

9. 목재 샤토나이프 (외날)

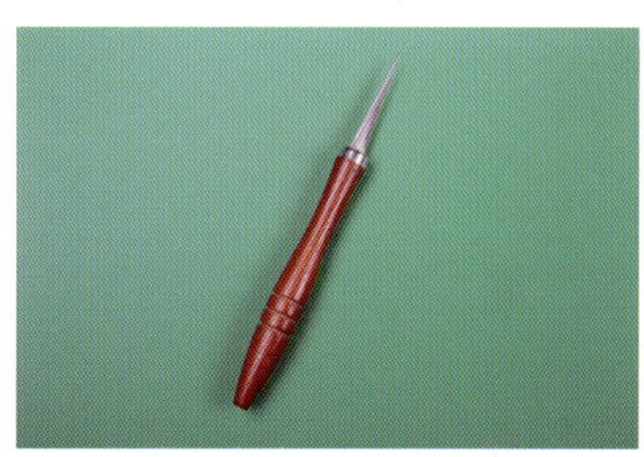

샤토나이프는 카빙을 하는데 가장 많이 사용되는 카빙 도구이다. 잡는 방식에 따라 세밀한 작업과 러프한 작업 모두 소화해낼 수 있다. 따뜻한 느낌을 주는 목재 손잡이가 포인트인 이 제품은 전장 5cm, 0.45mm의 날 두께를 갖고 있다.

제 5장 비누카빙 작품의 상징

1. 닭

수탉은 덕을 갖춘 새 라는 의미를 가진다. 닭 벼슬과 발톱은 문무를 겸비한 인간상을 표현하며 당시 민중들의 선망의 대상이었다. 닭의 머리는 문관, 발톱은 무관, 적을 공격하는 용맹함, 먹을 것을 나누는 의리, 새벽을 알리는 신과 같은 5가지 덕을 가져 닭을 '덕금'이라고 표현하기도 한다.

닭은 호랑이와 귀신을 쫓고 복을 부르는 영물(벽사초복)로 여겨지며 정초에 대문과 집안 곳곳에 그려 붙이던 세화 중 하나이다. 한국역사에서 닭은 상징적 의미는 사회적 지위와 명예 등에 한정되어있지 않고, 신성한 동물뿐 아니라 토테미즘적으로도 표현된다. 수탉이 우는 것을 뜻하는 공계는 공(公)과 광(功), 운다는 명(鳴), 명(名)의 음이 같은 것에서 착안해 부귀공명을 기원하는 의미를 나타낸다.

2. 말

말은 귀족들에게 지위를 나타내는 상징이자 부의 상징이다. 말은 인간과 함께 긴 역사를 지내왔기 때문에 인간과 가장 친근하게 지내고, 교감을 하는 동물 중 하나다. 말은 선함, 굳건함을 의미하고 강직함을 나타낸다. 때로는 위험을 감지해 겁에 질리기도 하는 점에서 인간과 가장 많이 닮아있다.

예로부터 말 그림은 강력한 힘, 생동감, 위상을 표현하는 매개물이었다. 동양에서는 하늘의 용과 같은 신물(神物), 길운(吉運)을 가져다 주는 서수(瑞獸)로 여겨졌을 뿐만 아니라, 국가의 '최중지물(最重之物)의 하나로 부국강병의 척도로 여겼다. 말은 역경(易經)의 팔괘 중 건괘(乾卦)

의 동물로 하늘을 의미한다. 특히 백마는 신성시되고, 날개가 있는 천마는 하느님이 타고 하늘을 달린다고 믿었다. 이처럼 신성성과 관련된 신화에서 제왕출현과 관련되어 많이 나타난다.
말은 인류 역사에 가장 많은 영향을 끼친 가축으로써 한국의 말 문화 역시 오래되었다. 한국 민속에 있어서 매우 중요한 의미를 갖는데 말에 대해 한국인은 '신성한 동물' 또는 '성서로운 동물'로 인식하고 있다.

한국에서는 수호의 의미나 복을 가져다주는 길상적 의미로 생활감정을 대변하는 매개체로 역할을 한다. 말띠에 태어난 사람은 활동력과 웅변력이 강하며 적극적인으로 여겨진다. 혼인풍속에서 신랑은 백마를 타는데, 우리의 신화 속에서 말은 하늘의 상징인 태양을 의미한다. 태양은 남성을 뜻하기 때문이고, 흰색 말을 활용하는 것은 흰색이 순결, 광명을 나타내어 신성함, 위대함, 길함을 의미하기 때문이다. 중국에서는 말이 천마라는 영물로 여겨졌다. 일본에서는 말을 산신, 수호신으로 여겨 신성시하며 신의 뜻을 점치기도 하였다. 서양에서는 말을 젊음, 힘, 왕성한 성욕의 상징으로 나타냈으며 말 춤은 섹슈얼리즘으로 대중적이며 유머있게 표현되어진다.

3. 독수리

독수리는 하늘의 왕으로서 용맹함, 지혜를 포함해 하늘을 날아다닌다는 공간의 초월성을 의미하여 나치뿐만 아니라 여러 국가들이 자국의 상징으로 사용했다. 큰 날개와 몸을 피고 비행하는 모습은 자유를 의미한다. 독수리의 날카로운 사냥 스타일과, 끝까지 포기하지 않는 특성은 강인함을 의미한다. 또 많은 나라에서 독수리는 마스코트로 이용되기도 한다. 많은 나라들이 국기나 국장에 독수리를 넣어 국조로 삼고 있다. 신성로마제국의 황제를 의미하는 독수리는 강력한 고대 로마의 군사력, 통치권과 넓은 영토를 연상시키는 강력한 상징물로 표현된다. 그리스신화에서 독수리는 으뜸가는 상징으로 등장한다.

독수리와 가장 밀접한 신은 제우스다. 그리스신화에서 독수리는 제우스 그 자체를 의미하기도 하고, 제우스의 명령을 전달하는 메신저로 등장하기도 한다. 많은 그리스그림과 조각에서 제우스와 독수리가 같이 나타나는 이유이다. 고대 세계에서 새를 상징으로 삼는 것은 새가 하늘을 날기 때문이다. 신은 하늘에 존재하고, 하늘을 나는 새가 신과 인간을 연결하는 역할을 한다고 믿었다. 그렇기 때문에 가장 호전적이고 대담하며 용맹한 독수리가 중요한 상징으로 자리 잡았다.

4. 백조

백조는 사랑과 관계를 의미한다. 순수, 아름다움, 희망, 적절한 균형, 우아함 등 다양한 의미를 상징하는 동물이다. 백조는 흰색 깃털 때문에 순결, 예술성, 아름다움을 상징한다. 영국에서 백조는 힘의 상징이자 고급을 나타낸다. 백조는 영국 황실의 새이기 때문에 죽이는 것은 불법이다. 여러 유럽 동화에서 백조가 등장하며 순결, 예술적, 미적 의미를 나타낸다.

백조는 고대 그리스에서 은혜, 아름다움의 상징이었고 아프로디테의 신성함을 의미했다. 백조는 아폴로 음악의 신의 신성함을 의미하기도 한다. 그리스 사람들은 사람이 죽었을 때 백조의 아름다운 노래를 믿었다.

신화에서의 백조는 순결과 신비를 의미하며, 극동지역에서는 백조가 우아함, 귀족, 용기를 의미하였다. 미국 원주민 다코타 종교는 백조가 가장 신성한 신비 중 하나로 여기며 미국의 영화, 문학 음악 무용에서 평화와 평온을 상징한다.

5. 용

용은 동서양에서 나타내는 상징성이 다르다. 용의 색깔은 신석기시대의 토템문화로부터 수호신으로써 여러 의미를 뜻한다. 불교경전에 뿔은 사슴을 닮았고, 머리는 낙타를, 눈은 토끼를, 이마는 뱀을 닮았다고 표현하였다. 배는 이무기, 비늘은 물고기, 발톱은 매, 손바닥은 호랑이, 귀는 소를 닮았다고 표현하였다. 비늘을 갖는 동물 중 용이 가장 우두머리이고 구름을 걷어 비를 내리는 등 변화 불측한 동물이다. 용은 상상의 동물로써 원시사회의 토템 숭배 대상이었다. 신석기시대의 하족의 토템을 위주로 한 상상의 동물이었다. 고대 중국인이 상상한 용은 머리에 뿔이 있고, 몸통은 뱀처럼 비늘이 있으며 네다리에 날카로운 발톱을 가진 동물이었다. 봄에는 하늘로 승천하고, 가을에는 연못에 잠수한다고 여겼다.

중국 위나라 때 장읍이 지은 자전인 '광아'에는 용이 9가지 동물과 유사한 모습을 지닌다고 기록되어있다. 머리는 낙타, 뿔은 사슴, 눈은 토끼를 닮았으며 귀는 소를, 몸통은 뱀을, 배는 큰 조개와 비슷하며 비늘은 잉어, 발톱은 매, 주먹은 호랑이와 유사하다고 표현되어 있다. 또 그 중에 99양수인 81개의 비늘이 있고, 소리는 구리로 만든 쟁반을 울리는 것과 비슷하고, 입주위에는 긴 수염이 있으며, 발톱을 꼭 쥐는 여의주가 있다고 나타냈다. 턱 밑에는 구슬이 있고, 목 아래는 거꾸로 된 비늘이 있고, 머리 위에는 박산이 있다고 기록했다. 용은 하늘을 날아다닐 수 있는 동물이다. 불교경전에서 용은 구름과 비바람을 일으켜 초능력을 지닌 동물로 표현된다. 대승경전을 중심으로 용의 기능은 주술적 상징, 기뭄을 다스리는 수신, 농수산물의 다작을 기원하는 대상, 오복을 가져다주는 수호신, 제왕의 상징, 호법신의 용, 권위와 길상의 상징 등 6가지로 요약된다.

6. 잉어

잉어는 부귀영화와 입신양명을 기원하는 의미를 갖는다. 하늘을 향해 뛰는 그림은 출세나 시험 합격 같은 염원을 담고, 많은 부를 축적하고자 하는 의미를 내포한다. 물고기는 알을 많이 낳는 생태학 특성을 가지기 때문에 다복다산을 의미한다. '용문을 통과한 잉어는 몸의 아래쪽에 36장의 비늘이 거꾸로 돋아 몸을 흔들어 용으로 변하는데 어떤 물건이라도 거꾸로 선 비늘에 닿기만 하면 부서져버린다'라고 기록되어있다. 일본에서는 남자아이의 무사 성장, 입신양명을 기원하기 위해 5월 5일에 행사가 열리며, 남자 어린이를 상징하는 잉어모양을 대나무 장대에 걸어 세워두는데, 이를 고이노보리라 한다. 중국 황허강을 거스르고 올라간 잉어가 상류의 용문에 오르면 모든 고기가 용이 된다고 하는 등용문에서 유래했다. 잉어는 과거급제와 입신양명 등의 현실적인 염원을 의미했는데 과거나 관직에 나가는 것은 서민보다는 선비에게 해당되는 일이었으므로 잉어그림을 선비 방에 걸어두었다. 잉어는 용문에 오른다는 의미로 어려운 관문을 통과해 크게 출세한다는 민화로 널리 알려져 있다.

7. 학

학은 신선사상과 융화된 장수 동물을 상징한다. 다른 새들과 다르게 외진 곳에서 온거하며 고답을 추구하는 학의 모습을 현자의 모습으로 여겼으며, 학을 모든 새 가운데 가장 높은 가치고 믿게 되었다. 학은 곧은 자태를 나타내는 품위를 갖는 새로 인식되었다.

학은 십장생에 속하는 유일한 날짐승으로 옛 조상은 학이 오래 산다고 여겼다. 학이 지나는 길상적 의미는 과거에서부터 상징적인 소재가 되었다. 중국에서는 봉황 다음으로 학을 진중하게 여겼는데, 이는 학이 신선의 공중사자로 여겨져 신비적인 동물로 인식하기 때문이다. 또 학은 선계의 동물을 의미하며 상징물로 인식되었다. 벼슬이나 관직과 관련해 입신출세를 의미하는 학 그림이 많이 알려져 있으며 장수를 나타내는 상징물로서 학을 그린 그림이 많다.

8. 호랑이

한국사람들에게 호랑이는 맹수로서 두려움의 대상이 되지만, 잡귀를 물리치는 신령스러운 동물이며 산을 주관하는 산신으로 표현된다. 산신의 사자 또는 사찰을 지키는 수호신을 의미하기도 한다. 호랑이는 인정이 많은 동물이고, 은혜를 갚을 줄 아는 동물로 여겨졌다.
호랑이는 용맹함, 위엄, 백수의 왕, 존경의 대상, 두려움의 대상과 같은 여러 의미를 나타낸다. 호랑이는 단군신화에서 조급한 성질과 포기하는 모습을 보여준다. 반면 고려 태조 호경이야기에서 영웅의 보호자와 국가의 수호자로 표현된다.

무속적 측면에서의 호랑이는 숲을 지키는 수호신, 산신령의 사자를 의미한다. 그렇기 때문에 호랑이를 숭배하는 신앙과 산신령을 숭배하는 사상이 섞여 전해지기도 한다. 불교에서는 길흉화복을 관장하는 상징의 동물로 표현되고, 악귀, 잡귀를 물리치는 힘 있는 동물로 여겨진다.
호랑이의 용맹함, 강함은 관직과 군대에서 많이 나타난다. 백호부대, 맹호부대가 그 예이다. 또 호랑이는 명예와 부, 출세를 의미한다. 고대인들은 호랑이를 초인간적인 동물로 인식하였고, 숭경과 두려움과 같은 이중적 심리를 표현하였다.
호랑이는 권력, 권세의 상징으로 많이 나타난다. 과거급제자를 호랑이처럼 출중한 인재가 되길 바란다는 뜻에서 당, 송나라때 호방이라 칭하게 되었다. 호부라는 호랑이 모양을 따라 만든 병부는 군대동원, 병마지권을 수여할 때 필요한 신표로 이용되었다. 호랑이는 용맹과 왕으로서의 권위를 나타내어 봉건사회에서 권력의 상징으로 사용되었다.
중국에서는 호랑이를 정의의 심판자로 표현하였다. 고대 중국에서 호랑이는 양을 나타내는 것으로 백수의 우두머리로 표현하였다. 맹금, 맹수를 공격하고 귀신을 잡아먹을 수 있다고 기록하였다. 또한 호랑이는 사귀를 잡아먹는 능력이 있다고 여겼는데 고대 수렵사회에 맹수가 지니는 힘을 신비한 것으로 여기던 데에서 기인한 것이다.

제 5장 비누카빙 작품 소개

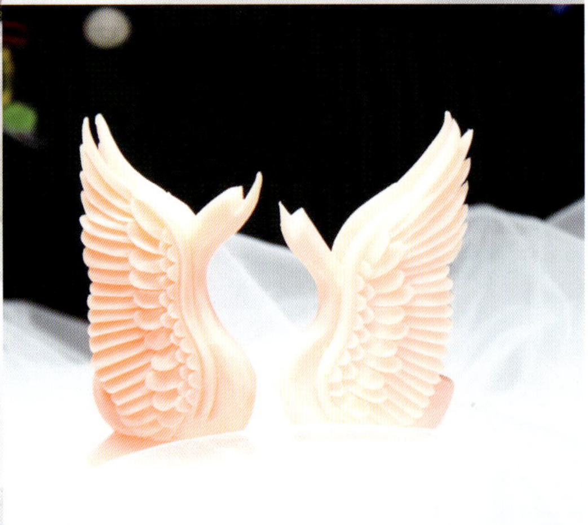

SOAP Carving Master

PART 2

비누카빙 드로잉

제 1장 드로잉의 개요

제 2장 꽃카빙드로잉

제 3장 동물카빙 드로잉

제 1장 드로잉의 개요

드로잉을 잘하려면 정밀묘사를 하기 위해 노력하지 않아야 한다. 그 이유는 초등학교에서 실물과 비슷한 그림을 그리려다가 자신의 그림이 대상과 큰 차이가 있다는 것을 깨닫게 되면서 우리는 점차 미술과 멀어져 간다. 그리려고 하는 대상의 느낌이나 이미지는 그 대상의 구체적인 형태와 분명 다르다. 사진과 구분이 어려울 정도로 실물과 차이가 없는 초상화라 해도 그림을 보는 사람이 그 대상을 느끼기에 부족하다면 좋은 드로잉이라 보기 힘들고, 1분 만에 그리는 그림이라도 그림을 보는 사람이 그 대상을 느끼기에 충분하다면 좋은 드로잉이라할 수 있다.

그림은 말과 다르지 않다. 자세한 설명보다는 간단명료한 핵심의 설명이 사람을 이해시키는데 효과적일지 모른다. 마찬가지로 정밀한 묘사는 카빙을 하는데 큰 도움이 되지 않는다.
또한, 도로잉을 잘하기 위해서는 복잡한 대상을 단순하게 표현하는 것이 필요하다. 모든 대상들은 저마다 복잡하고 독특한 특징을 가지고 있지만, 우리는 양식화를 통해서 그 대상의 특징과 움직임 혹은 독특한 이미지를 단순한 선으로 쉽게 나타낼 수 있다. 드로잉을 잘하기 위해서 어려운 그림보다는 쉬운 그림으로 연습을 하는 것이 좋다. 따라서 본서의 가장 쉽다고 느껴지는 드로잉을 선택하여 연습하는 것이 좋다. 어느 정도 선 표현의 자신감이 생기면 점점 더 복잡한 그림을 따라 그리면 된다.

드로잉을 잘하기 위해 또 하나의 방법으로 같은 그림을 반복해서 여러 번 그리는 것도 하나의 방법이 될 수 있다. 드로잉은 근육에 기억된 동작의 습관에 의해 이루어진다고 할 수 있다. 특히 팔과 손의 근육이 무의식적으로 움직일 때 좋은 드로잉을 그릴 수 있다. 따라서 여러분의 손과 팔도 같은 드로잉을 여러 번 반복해서 그리면 선과 형태의 이미지를 분명하게 기억할 수 있게 된다. 충분히 기억되고 습관화 된 드로잉은 영원히 자신의 것이 되어 언제 어디서든지 상상만으로 그림을 그릴 수 있고, 새로운 대상을 접하더라도 두려움 없이 그릴 수 있는 든든한 기초가 된다. 특히 수박카빙 드로잉과 동물카빙 드로잉의 경우 수박카빙 드로잉은 원리를 알게 되면 쉽게 배울 수 있지만, 동물카빙 드로잉은 그려보아야 미세한 특징들을 이해할 수 있고, 다른 동물들과의 차이도 구분해 내는 눈을 갖게 된다. 백번 보는 것 보다 한 번 그려보는 것이 대상을 빠르고 확실하게 이해할 수 있는 방법이다.

드로잉을 잘하는 마지막 방법을 보면, 완성된 그림을 아무에게도 보여주지 않는 것이다. 누군가에게 보여주기 위해서 그림을 그리게 되면, 실패에 대한 걱정과 부담이 앞서게 된다. 연습하는 동안 그려지는 도로잉들은 폐기처분 하는 것이 좋다. 금방 사라질 그림이라면 걱정과 부담도 없이 마음을 비우고 드로잉에 몰입할 수 있기 때문이다.

1. 드로잉의 준비물

연필의 종류는 모두 17등급이 있는데, 드로잉을 위한 연필은 4B, 2B와 같은 부드러운 연필이 좋다. 심이 너무 무른 연필은 쉽게 부러지게 되고, 너무 강한 연필은 지우개로 잘 지워지지 않는다. 연필 끝이 너무 뾰족하지 않도록 하고, 필요하다면 뾰족한 부분을 사포 등에 갈아서 사용하는 것도 좋다. 연필은 연필 깎기 기계를 이용하는 것 보다 칼로 직접 깎는 것이 좋다. 연필을 깎을 때에는 부드럽게 밀어서 밀어내듯이 깎는 것이 좋다. 드로잉에서 중요한 부분은 굵은 심을 써야한다는 것을 기억해야한다.

지우개는 가급적 부드러운 것이 좋다. 문구점에 팔고 있는 미술용이라고 쓰인 지우개면 무난하다. 하지만, 카빙드로잉을 할 때에는 지우개 사용을 최대한 자제해야한다. 왜냐하면 카빙을 하면서 칼이 들어간 자리에 지우개를 사용할 수가 없기 때문이다.

종이는 많은 연습이 필요하므로 A4크기의 복사용지를 한 묶음씩 구입하여 사용하거나, 이면지를 사용하면 좋다.

2. 드로잉의 기초

드로잉은 눈과 손을 훈련시키는 것이다. 대상의 특징을 관찰하고 파악하는 눈의 훈련이 매우 중요하다. 대상이 동물이면 사진이 아닌 이상 고정된 자세로 포즈를 취해주기를 바라는 것은 과한 욕심이다. 따라서 신속하게 정확한 관찰력으로 동물의 골격과 외형을 파악해야한다. 카빙드로잉의 전문가수준이 되기 위해서는 동물의 해부학적 특성에 대한 지식도 필요하지만, 먼저 전체적인 윤곽과 비율을 파악하는 요령을 습득해야한다. 드로잉에 익숙해지기 위해서는 손을 이용한 S라인, 곡선 선긋기 연습을 꾸준히 반복하는 것이 중요하다.

드로잉이 너무 힘들 때는 얇은 종이를 그림 또는 사진위에 두고 비치는 윤곽선을 따라서 그려보는 것이 라인을 이해하는데 큰 도움이 된다. 카빙을 하는데 정해진 방법이 없다. 마찬가지로 드로잉을 하는데 정해진 방법이 없다. 자신이 가장 편한 방법으로 잘 할 수 있는 방법으로 그리면 된다.

드로잉은 실제와 같은 형태의 전통적인 드로잉도 있지만, 실제와 완전히 다른 만화같은 그림이 있다. 카빙에서의 드로잉은 이 중간 정도라고 할 수 있을 것이다. 하지만, 드로잉을 연습할 때에는 전통적인 방법으로 실제 그 대상의 모습을 그대로 그리는 드로잉을 훈련하는 것이 좋다. 그 이유는 기본적인 선과 느낌과 대상의 특징을 파악하는 눈의 훈련이 필요하기 때문이다.

제 2장 꽃카빙드로잉

꽃카빙을 하기 위해서는 기본적인 진행원리를 이해해야 한다. 꽃카빙의 드로잉을 해야 하는 몇 가지 중요한 이유를 살펴보면, 첫째, 꽃잎이 진행되는 원리를 이해하기 위해서이다. 둘째, 기본적인 꽃잎의 곡선을 이해하기 위해서이다. 셋째, 드로잉을 할 때 잡는 연필과 샤토나이프 잡는 방법이 비슷하여 손의 꽃잎을 그릴 수 있는 감각을 키우기 위해서이다.

1. 꽃잎 곡선의 이해

꽃카빙 꽃잎 모양은 정해진 틀이 없다. 하지만, 꽃잎을 그릴 때 기본적으로 사용되는 곡선을 이해해야한다. 기본 꽃잎의 곡선은 2번 굴곡을 가져야 한다.

2. 꽃잎의 진행원리

꽃카빙을 하기위해서 필수적으로 알아야 할 내용이 바로 꽃잎이 진행되는 원리이다. 이 원리를 이해하지 못하면, 꽃잎의 위치를 규칙적으로 그리기 힘들다. 꽃카빙의 센터를 중심으로 꽃잎 몇 개를 넣을지 결정한다. 이때, 자신이 알 수 있도록 짧게 표시해주는 것이 좋다. 아래 좌측 사진의 경우 짧게 6개 꽃잎 들어갈 위치를 표시하였고, 우측사진의 경우 6개 꽃잎 들어갈 위치를 길게 표시하였다.

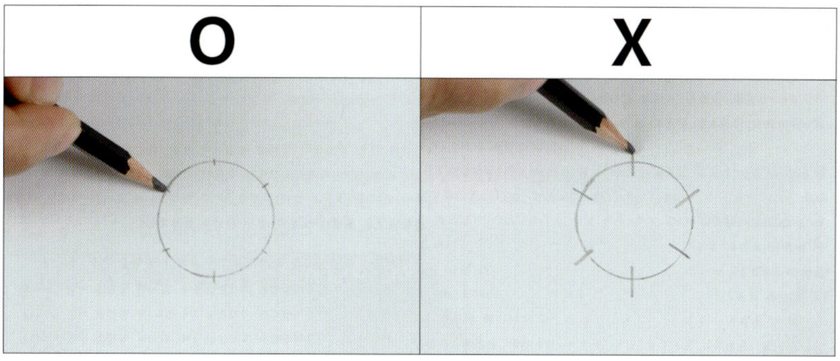

만약 길게 그렸더라도, 꽃잎을 그릴 때 표시의 선을 따라 꽃잎을 그려서는 안된다. 아래 좌측의 사진과 같이, 꽃잎 개수를 나누기 위해 표시된 선과 원의 교차지점에서 꽃잎의 선을 시작해야한다. 우측의 경우 꽃잎 개수를 나누기 위해 표시된 선에서 꽃잎을 시작하였다. 이러한 방법으로 꽃잎을 시작해서는 안된다.

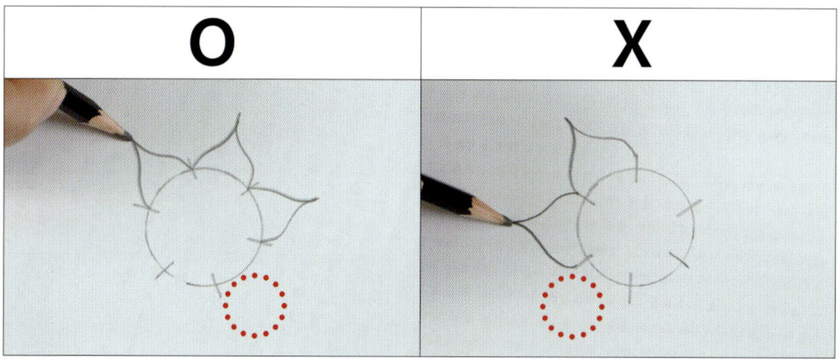

다음 꽃잎을 그린다. 첫 번째 층에서 그려진 꽃잎들 사이에 꽃잎을 다시 그리게 된다. 이때, 꽃잎과 꽃잎 사이에 꽃잎을 그리게 되며, 꽃잎을 그리는 선의 시작은 그 전 꽃잎의 7-9부정도의 위치에서 시작되어야 한다. 만약 5부에서 시작될 경우 꽃잎의 크기는 동일하게 진행되며, 5부 미만에서 시작될 경우 꽃잎의 크기는 점점 작아지게 된다. 가장 적절한 방법이 사진처럼 7-9부의 위치에서 시작 하는 것이다.

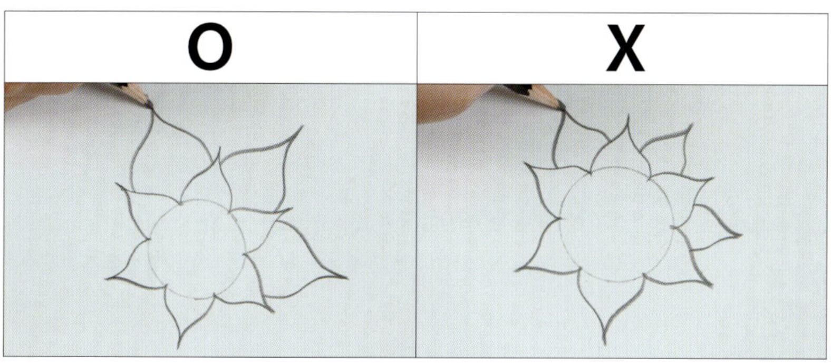

제 3장 동물카빙 드로잉

1. 동물카빙 드로잉 이론

1) 두 가지 형태의 드로잉

토끼 드로잉 두 개가 있다. 하나는 순수한 윤곽선 드로잉이고, 또다른 하나는 밑그림을 이용한 윤곽선 드로잉에 약간의 명암을 추가하였다. 드로잉의 기초를 익히기 위해서는 우선 윤곽선 스케치에 많은 시간을 투자하여 전체적인 윤곽과 비례를 파악하는 능력을 키워야 한다. 순수 윤곽선 드로잉은 보조선이나 별도그림 없이 드로잉 대상의 외각라인의 윤곽을 그대로 옮기는 방식의 드로잉이다.

토끼 윤곽선 그림　　　　토끼 윤곽선에 명암 넣은 그림

2) 원을 이용한 드로잉

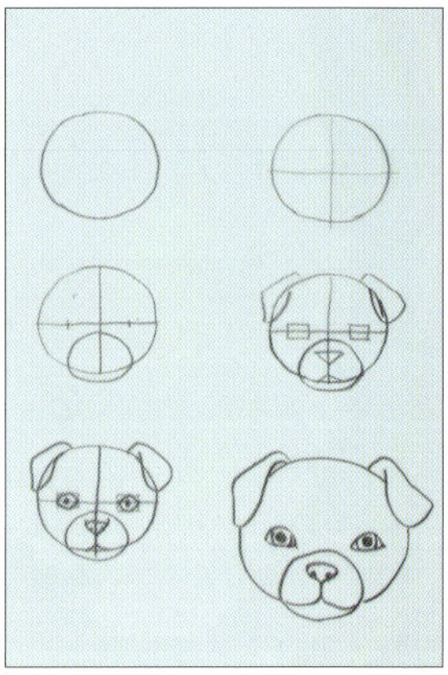

원 하나를 밑그림으로 강아지 얼굴 정면을 스케치하는 연습을 시작한다. 그림은 A4용지가 가득 차도록 크게 그리는 것이 좋다. 먼저 나중에 지우기 쉽도록 연하게 원을 그린다. 수직 중심선은 얼굴의 좌우 중심을 결정하고, 수평중심 선은 눈의 높이를 나타내도록 한다. 다음으로 수평선 위에 두 눈동자 위치를 동일한 간격으로 표시하고, 앞으로 튀어나온 주둥이 부분을 구분한다. 또한, 대략적인 귀, 눈, 코, 입의 형태를 드로잉한다. 얼굴의 외곽선은 자연스럽게 연결해준다. 마지막으로 형태를 더 다듬고 불필요한 보조선을 지우면 드로잉이 완성된다. 약 5분 이내에 한 개의 윤곽선 드로잉을 완성할 수 있도록 여러 번 반복하는 것이 좋다.

3) 동그라미와 중심선을 이용한 동작 드로잉

포유동물의 몸은 대부분 척추로 연결된 머리뼈와 갈비뼈, 그리고 엉덩이뼈의 기본적인 골격으로 이루어져 있다. 카빙을 할 때는 대부분 동물의 옆모습을 대상으로 드로잉하게 되는데, 이때 척추의 이미지를 중심선으로 하고, 각 뼈들을 보조선으로 하여 3개의 원을 그려주면 안정감 있는 표현을 할 수 있다. 먼 곳을 응시하고 있는 암사자의 옆모습 스케치이다. 골격은 윤곽선으로 리듬감 있게 표현하고 근육 덩어리는 볼륨감을 살리는 것이 중요하다.

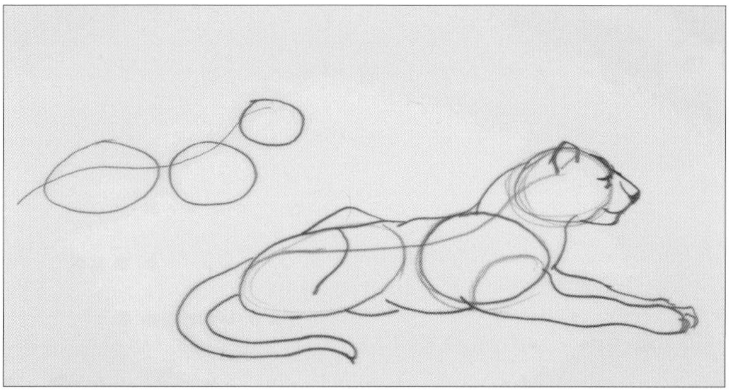

말이나 사슴 같은 동물들은 털이 짧기 때문에 골격이나 근육이 명확하게 드러난다. 목과 다리가 길어서 비례를 잘 나타내기 어렵고 스케치하기에 비교적 어려운 대상이다.

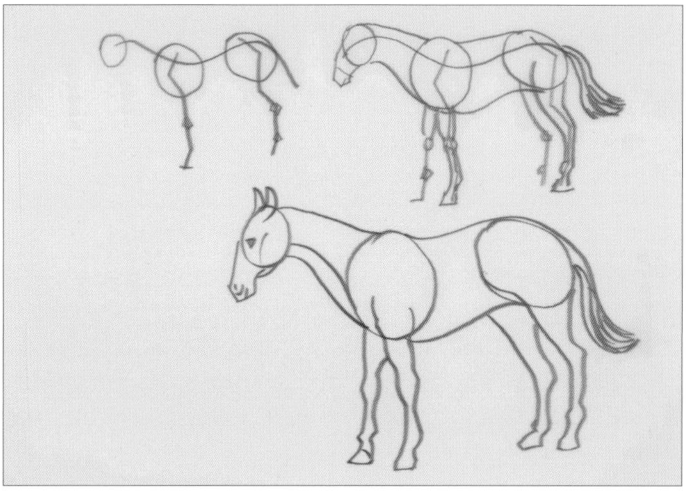

4) 순수 윤곽선 드로잉

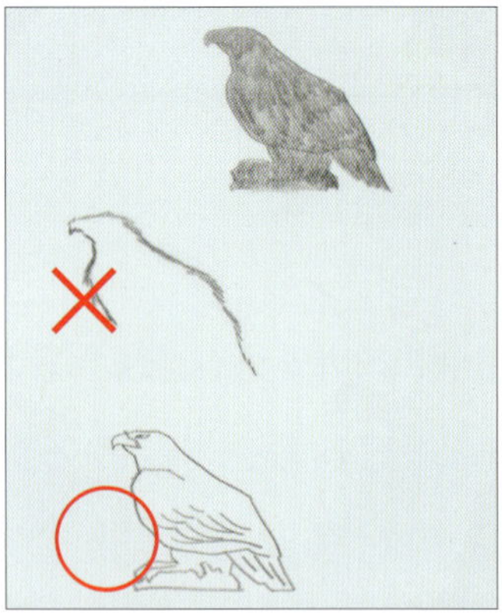

원과 같은 밑그림이나 보조선 없이 시작해 선과 선을 연결하여 윤곽선으로만 동물의 형상을 완성하는 드로잉을 연습하는 것도 동물을 카빙하는 데 많은 도움이 된다. 처음 드로잉을 하는 사람에게서 자주 나오는 문제점은 얼굴부터 그린 다음 몸을 그린다는 것이다. 이때 얼굴과 몸의 비율이 맞지 않는 문제가 발생되기 쉽다.

대상의 전체 형태를 배경과 분리하는 것이 좋다. 순수윤곽선 드로잉은 대상을 세밀하게 묘사하는 것이 아니라 그림처럼 대상을 실루엣으로 인식하여 윤곽선의 흐름과 비례를 나타내는 방법이다. 또한, 중간의 선이 끊어져도 상관없지만, 여러 개의 선을 겹쳐 그리는 것은 좋지 않다. 잘 그리지 못하더라도, 한 선으로 드로잉을 해야 한다. 그 이유는 카빙을 하는 경우에도 칼을 하나의 선으로 넣을 수밖에 없기 때문이다. 얼굴, 몸통, 다리와 꼬리가 자연스럽게 연결되도록 반복해서 연습한다. 눈, 코, 입 등은 전체 윤곽선을 만든 다음에 그려주는 것이 좋다.

5) 동물의 동작

일반적으로 동물카빙은 동물의 동작을 관찰하여 그 동물을 잘 표현할 수 있는 시점의 동작을 카빙하게 되는데, 실제 동물의 동작을 관찰하면 그 동물의 어떤 부분을 그려야 하고 또 어떤 부분을 그리지 않아도 된다는 걸 깨닫게 된다. 즉 다리가 활짝 펴지면서, 땅에 닿지 않은 모습을 표현한다면 동물이 최고의 속력을 내고 있는 상태를 묘사하게 되는 것이다. 대부분의 동물들은 가만히 걸을 때보다 달릴 때의 모습을 더 많이 카빙하게 된다.

6) 고양이과 동물의 기본구조

카빙은 상징성이 있는 동물카빙을 많이 하게 되는데, 대표적인 동물이 정글의 왕으로 알려진 사자와 숲속의 왕으로 알려진 호랑이이다. 사자와 호랑이는 고양이과 동물이다. 대체적으로 고양이과 동물은 몸체가 키 보다 조금 더 길다. 고양이와 호랑이, 사자, 재규어, 표범 등의 고양이과 동물들은 대부분 크기에 관계없이, 종류에 관계없이 형태와 동작 등에서 동일한 특징을 가지고 있다. 얼굴 주위로 갈퀴를 가진 사자와 검은 줄무늬를 입은 호랑이는 옷 모양이 다를 뿐 동일한 형태를 가지고 있다. 만약 호랑이와 사자의 껍질을 벗겨두면 일반인들은 구분이 힘들 정도이다. 그러므로 호랑이 및 사자와 같은 고양이과 동물에 대한 감각을 키우기 위해 고양이를 관찰하는 것이 큰 도움이 된다.

SOAP
Carving
Master

PART 3

비누카빙 실기

제 1장 비누카빙 기초 플라워카빙

제 2장 비누카빙 기초 동물카빙

제 3장 비누카빙 고급플라워카빙, 고급동물카빙

제 1장

비누카빙 2급

2급 실기 - 1

1. 비누와 도구를 준비한다

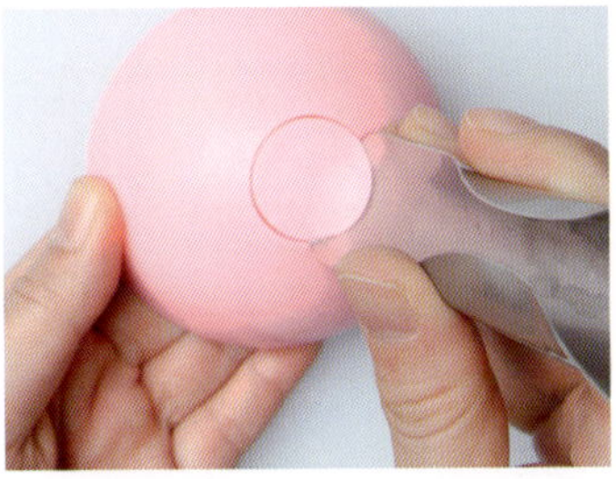

2. 스텐조각도 5호의 작은부분을 사용해 센터를 잡는다

3. 칼을 눕혀 원 바깥쪽을 파낸다

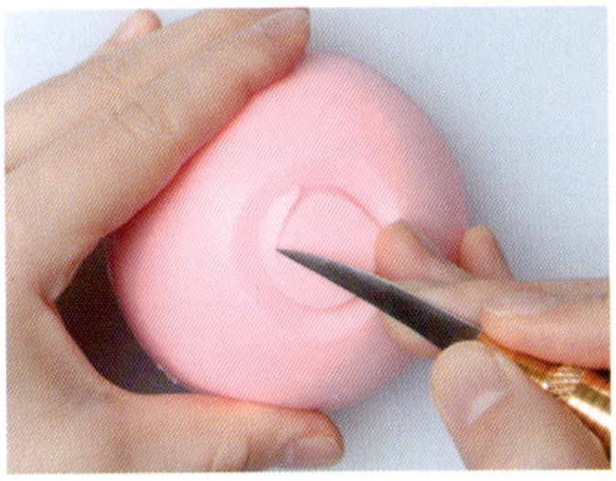

4. 칼을 45도로 눕혀 원 안쪽 모서리를 제거한다

5. 칼을 세워 센터봉오리의 첫번째 라인을 곡선으로 그린다

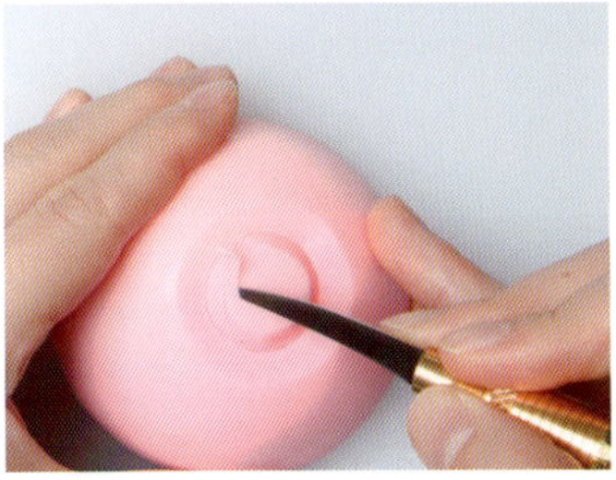

6. 칼을 눕혀 첫번째 라인이 드러나게 파낸다

7. 칼을 세워 첫번째 라인의 끝부분에서 시작해 곡선으로 그린다

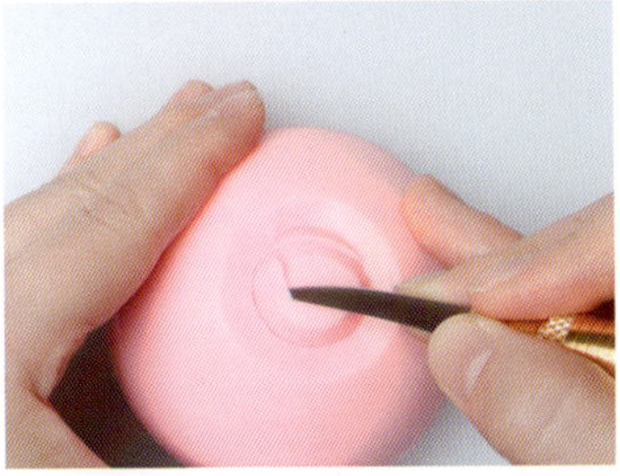

8. 칼을 눕혀 두번째 라인이 드러나도록 파낸다

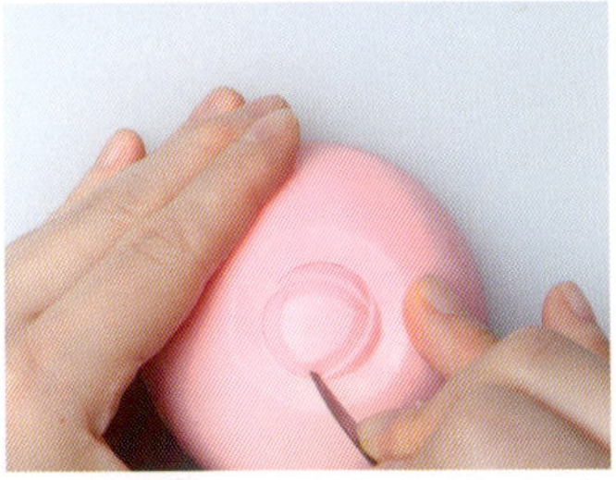

9. 칼을 세워 세번째 라인을 곡선으로 그린다

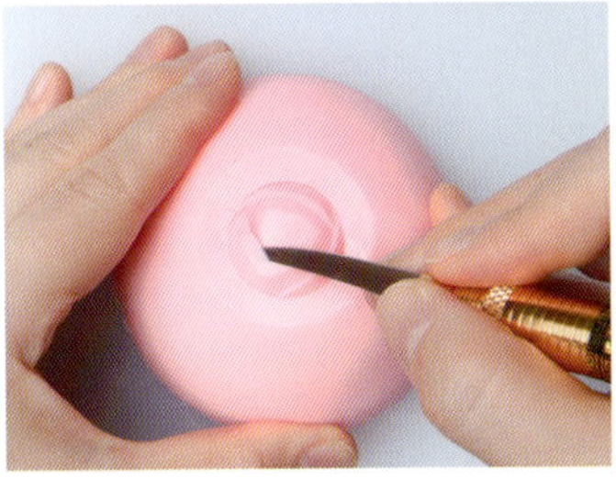

10. 칼을 눕혀 세번째 라인이 드러나도록 파낸다

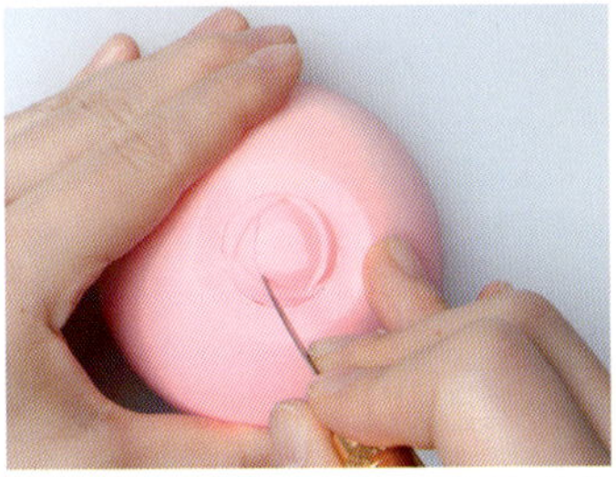

11. 칼을 세워 꽃잎과 꽃잎 사이에 새로운 곡선라인을 그린다

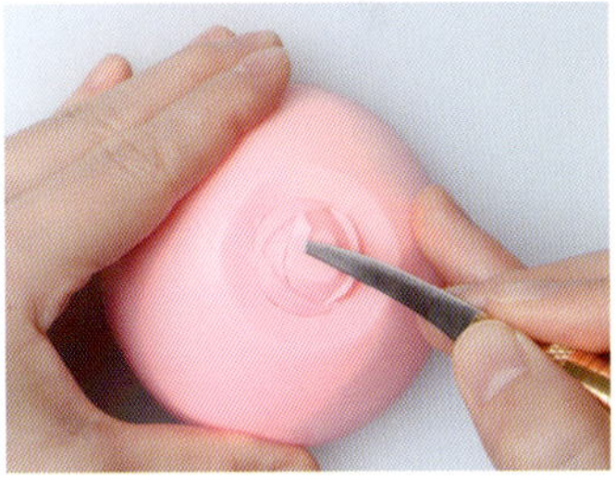

12. 칼을 눕혀 라인이 드러나도록 파낸다

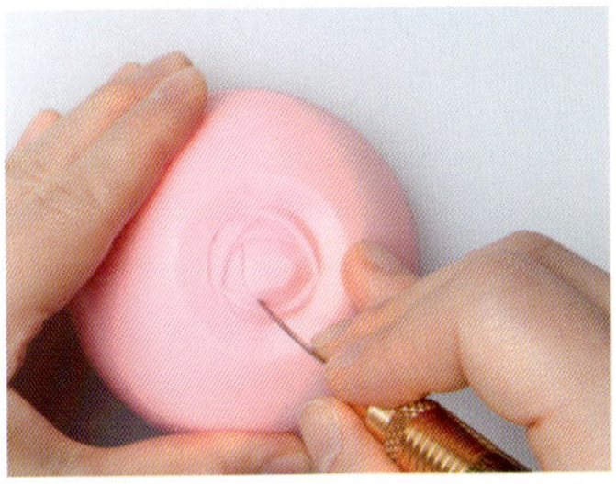

13. 칼을 세워 곡선라인을 그린다

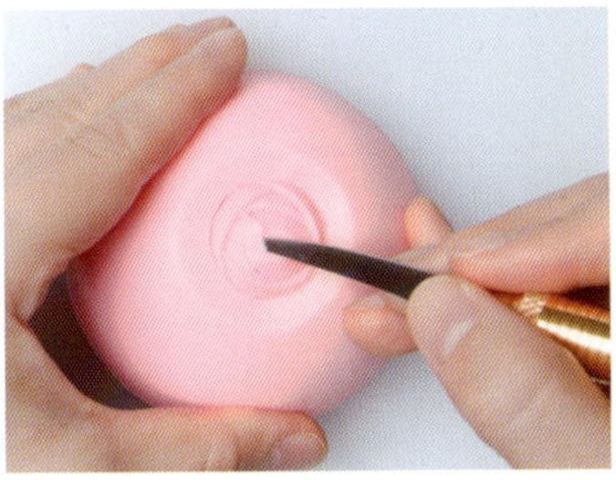

14. 칼을 눕혀 파낸다

15. 칼을 세워 곡선라인을 그린다

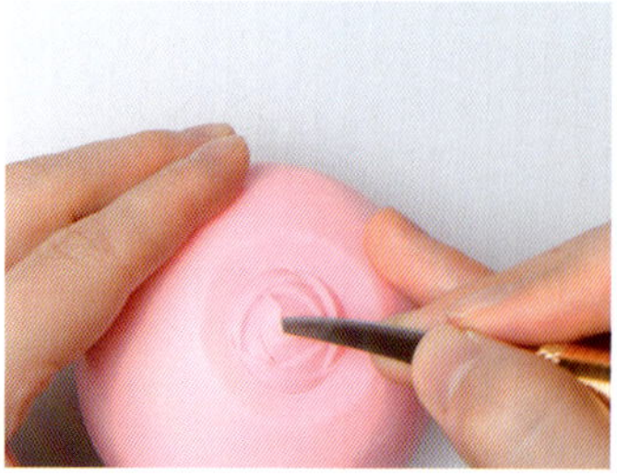

16. 칼을 눕혀 파낸다

17. 반복하여 센터봉오리를 완성한다

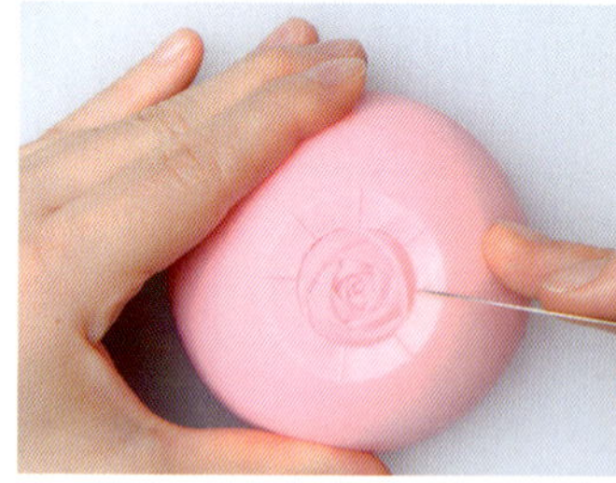

18. 원 바깥으로 8개 등분을 해준다

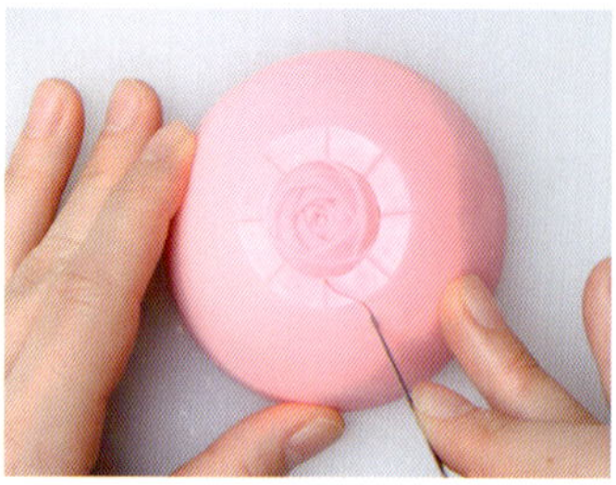

19. 칼을 똑바로 세워서 왼쪽 꽃잎라인을 그린다

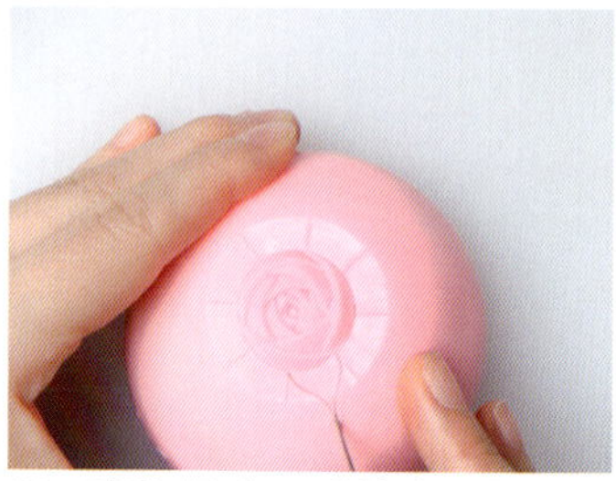

20. 칼을 똑바로 세워서 오른쪽 꽃잎라인을 그린다

21. 반복하여 8개의 꽃잎을 모두 그린다

22. 칼을 45도로 눕혀 꽃잎 안쪽을 입체감있게 파낸다

23. 칼을 눕혀 꽃잎라인 바깥쪽 부분을 파낸다

24. 꽃잎과 꽃잎 사이 9부에서 시작하여 더 큰 꽃잎을 그린다

25. 반복하여 두번째 층 모두 꽃잎을 그린다

26. 칼을 눕혀 꽃잎 안쪽을 입체감있게 파낸다

27. 떨어지는 조각은 제거한다

28. 칼을 눕혀 꽃잎 바깥쪽을 제거한다

29. 칼을 세워서 꽃잎과 꽃잎 사이의 9부에서 꽃잎을 그린다

30. 칼을 눕혀서 꽃잎 안쪽을 입체감있게 파낸다

31. 칼을 눕혀 꽃잎라인 바깥쪽을 제거한다

32. 남은 부분을 매끈하게 정리해 준다

33. 완성한다

2급 실기 - 2

1. 비누와 도구를 준비한다

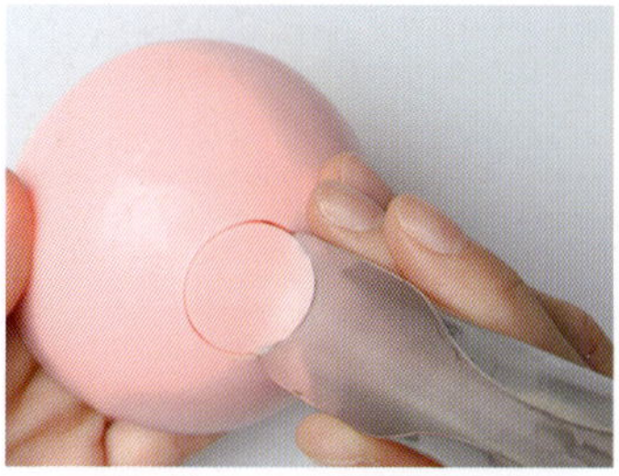

2. 스텐조각도 5호의 작은부분을 사용하여 센터봉오리 중심을 잡아준다

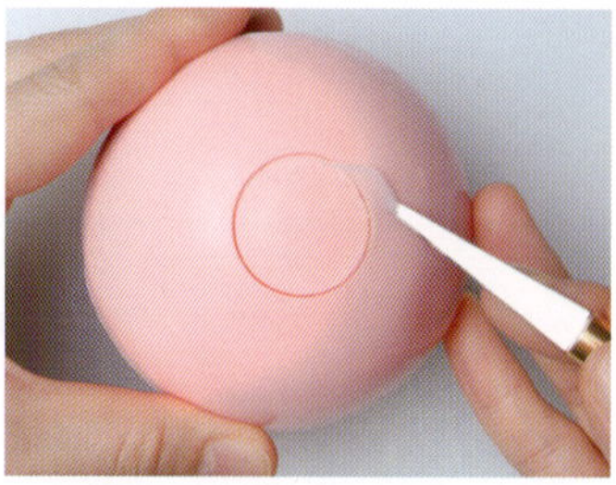

3. 칼을 눕혀 원 바깥쪽을 제거한다

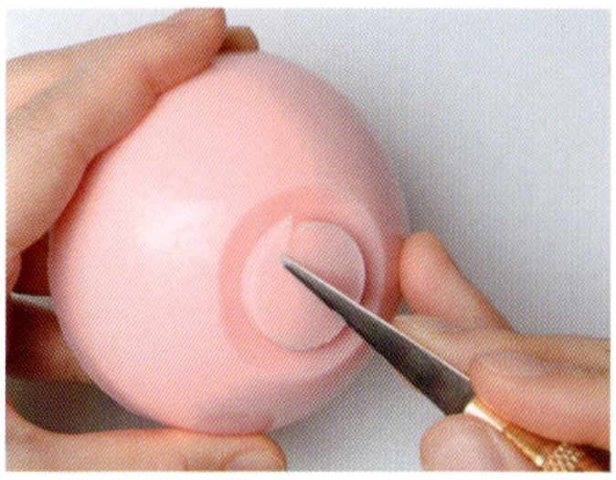

4. 칼을 45도로 해서 원 안쪽 모서리를 제거한다

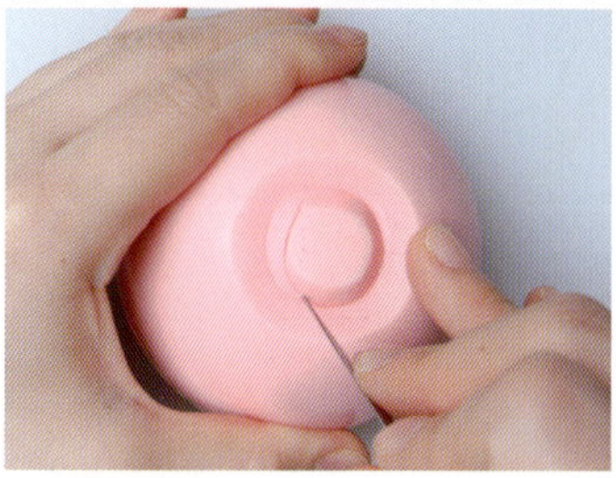

5. 칼을 세워 첫번째 센터봉오리 라인을 곡선으로 그린다

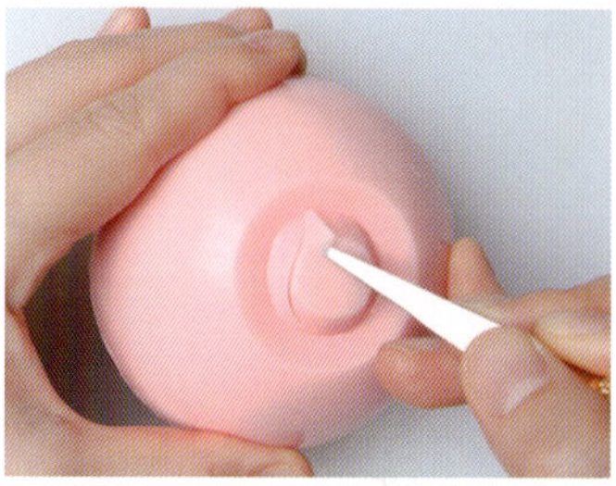

6. 칼을 눕혀 라인이 드러나도록 파낸다

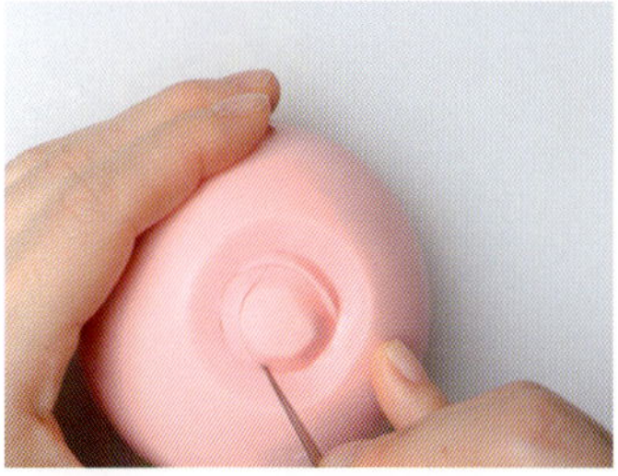

7. 칼을 세워 두번째 라인을 그린다

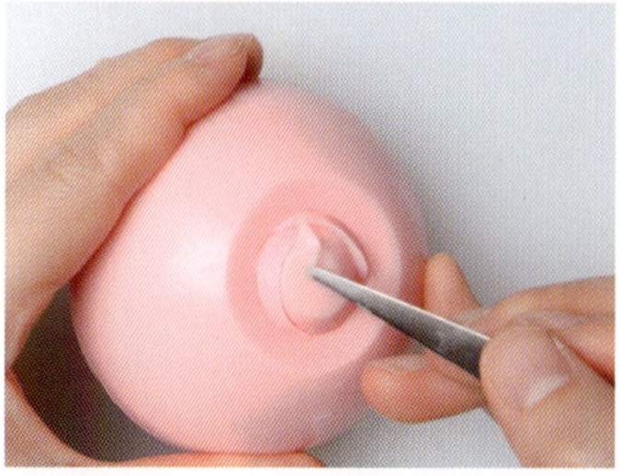

8. 칼을 눕혀 라인이 드러나도록 파낸다

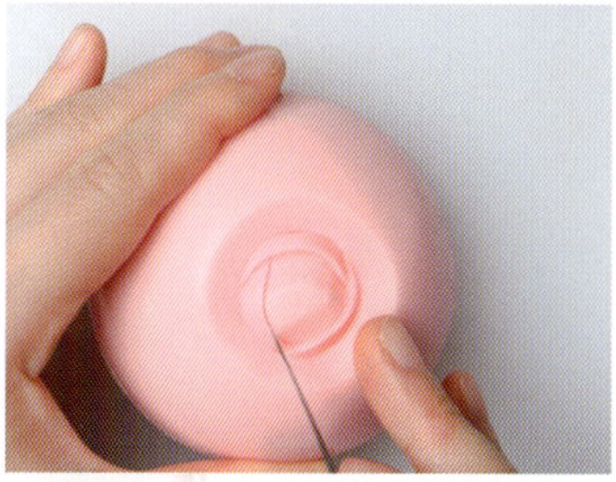

9. 칼을 세워 라인을 곡선으로 그린다

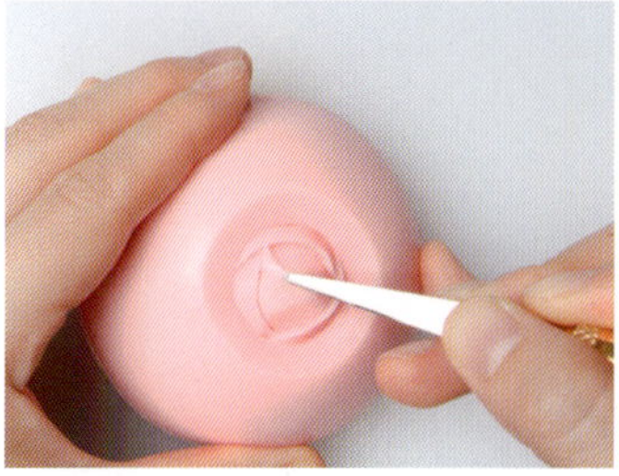

10. 칼을 눕혀 라인이 드러나도록 파내준다

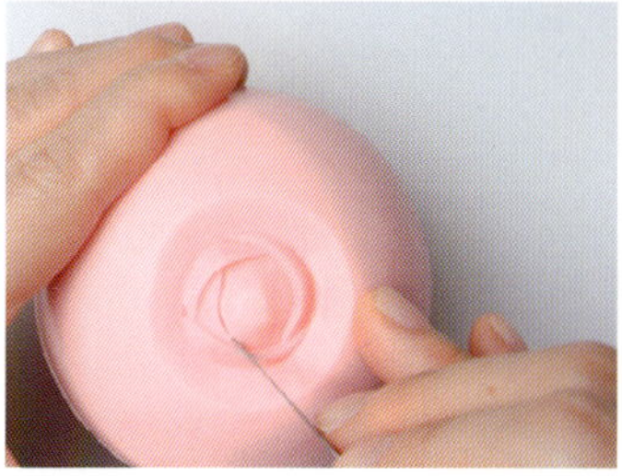

11. 칼을 세워 라인과 라인사이에 새로운 라인을 그린다

12. 칼을 눕혀 라인이 드러나도록 파낸다

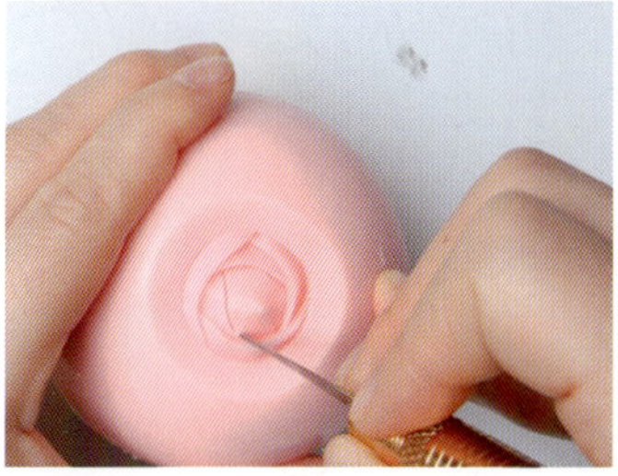

13. 칼을 세워 라인을 곡선으로 그린다

14. 칼을 눕혀 라인이 드러나도록 파낸다

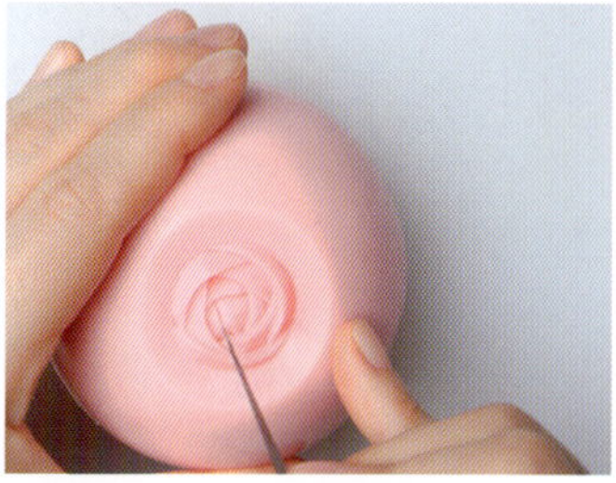

15. 반복하여 센터봉오리를 완성한다

16. 원 바깥쪽으로 12등분을 한다

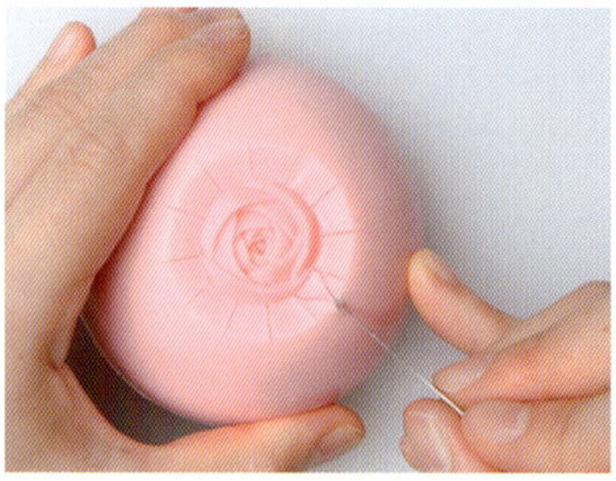

17. 등분선 안으로 칼을 세워서 꽃잎라인을 그린다

18. 칼을 45도로 눕혀서 꽃잎라인 안쪽을 파낸다

19. 칼을 눕혀 꽃잎라인 바깥쪽을 제거한다

20. 사진과 같다

21. 꽃잎과 꽃잎 사이 9부에서 새로운 꽃잎라인을 그린다

22. 꽃잎 안쪽을 입체감있게 파낸다

23. 꽃잎 바깥쪽을 칼을 눕혀 제거한다

24. 사진과 같다

25. 꽃잎과 꽃잎 사이에 칼을 세워 새로운 라인을 그린다

26. 세번째 층 모두 동일한 꽃잎을 그린다

27. 세번째 층 모두 동일하게 파낸다

28. 칼을 눕혀 꽃잎 안쪽을 파낸다

29. 칼을 세워 네번째 층 꽃잎을 그린다

30. 칼을 눕혀 꽃잎 안쪽을 입체감있게 파낸다

31. 네번째 층 모두 동일하게 파낸다

32. 칼을 눕혀 꽃잎과 꽃잎사이를 파낸다

33. 완성한다

2급 실기 - 3

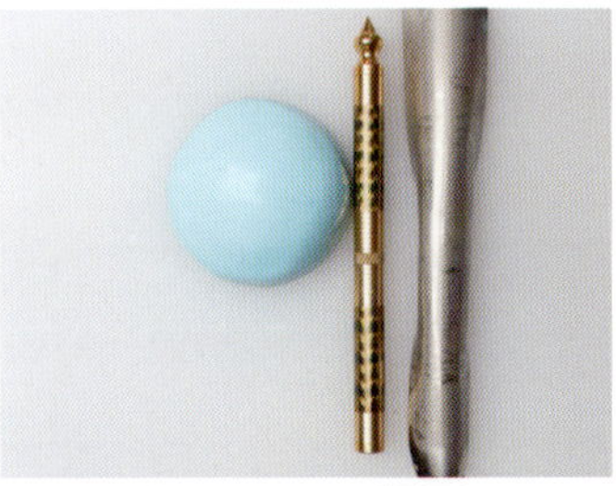

1. 비누와 도구를 준비한다

2. 스텐조각도 5호의 작은부분을 사용해 센터봉오리 중심을 잡는다

3. 사진과 같다

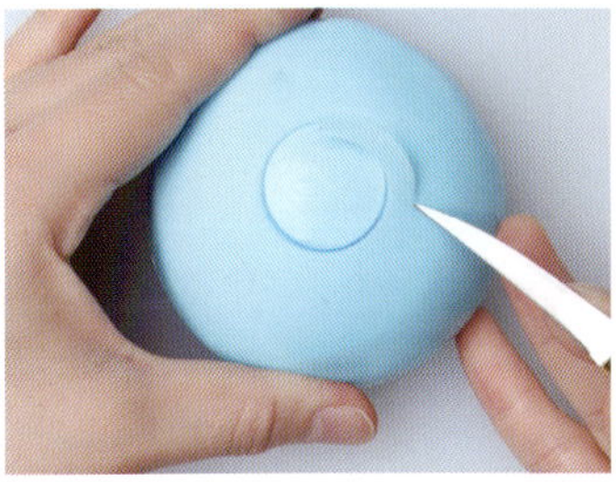

4. 칼을 눕혀 원 바깥쪽을 제거한다

5. 사진과 같다

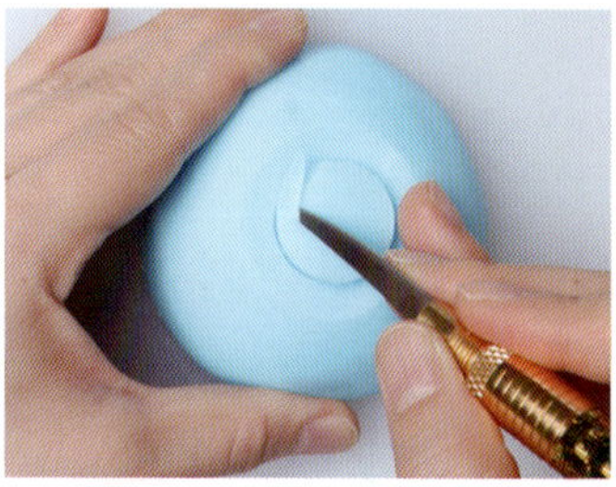

6. 칼을 45도 각도로 해서 원 안쪽 모서리를 제거한다

7. 칼을 똑바로 세워 첫번째 라인을 곡선으로 그린다

8. 칼을 눕혀 라인이 드러나도록 파낸다

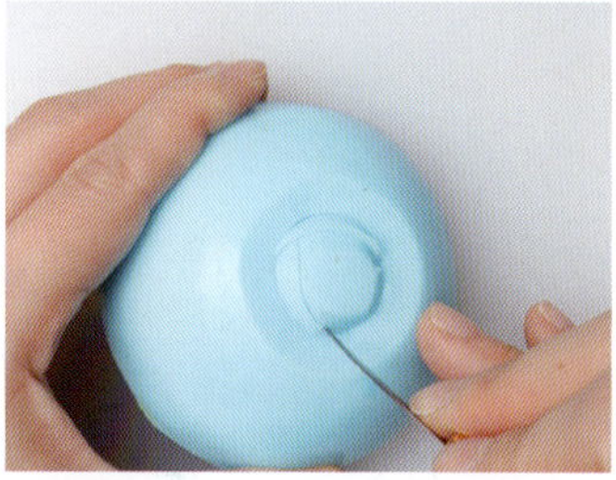

9. 칼을 세워 두번째 라인을 곡선으로 그린다

10. 칼을 눕혀 라인이 드러나도록 파낸다

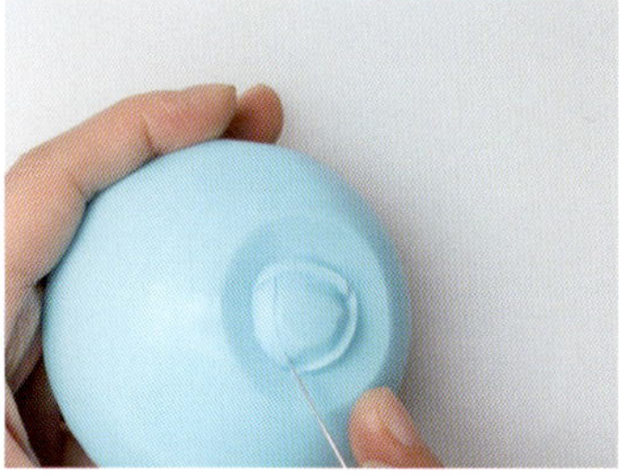

11. 칼을 세워 세번째 라인을 곡선으로 그린다

12. 칼을 눕혀 라인이 드러나도록 파낸다

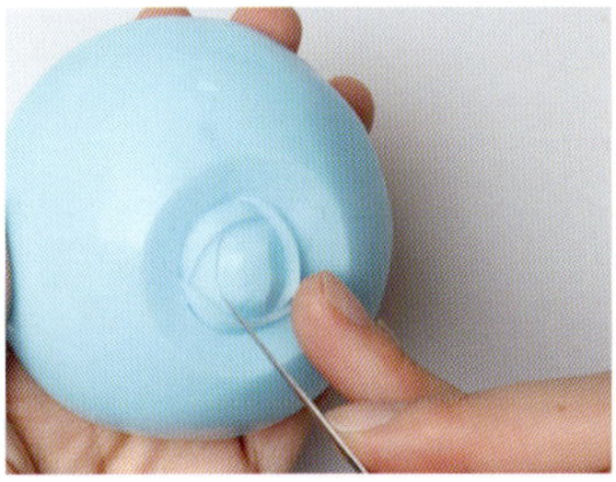

13. 라인과 라인 사이에 새로운 라인을 곡선으로 그린다

14. 칼을 눕혀 라인이 드러나도록 파낸다

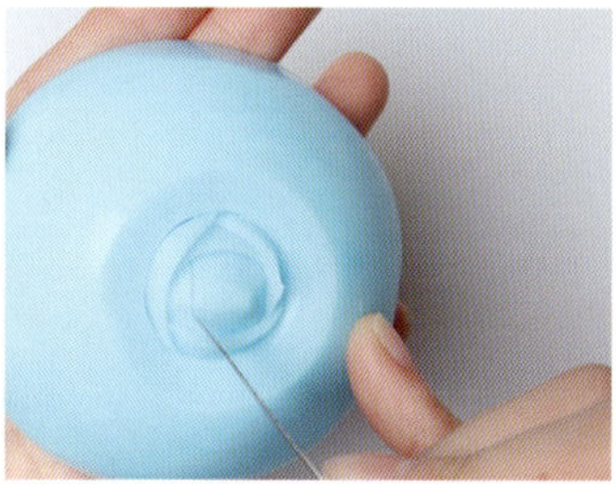

15. 칼을 세워 라인을 곡선으로 그린다

16. 칼을 눕혀 라인 바깥쪽을 파낸다

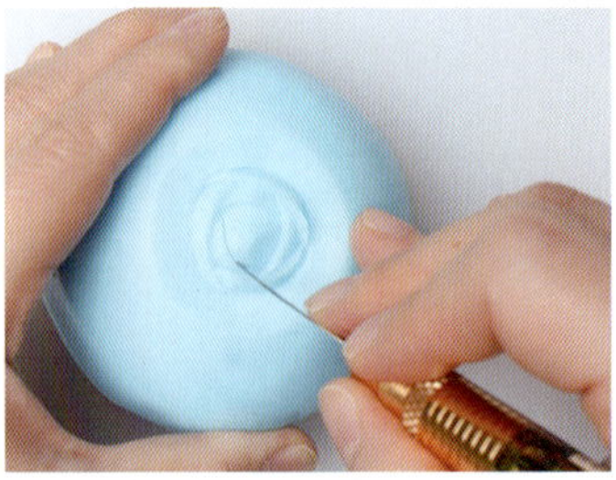
17. 칼을 세워 라인을 곡선으로 그린다

18. 칼을 눕혀 라인이 드러나도록 파낸다

19. 반복작업하여 센터봉오리를 완성한다

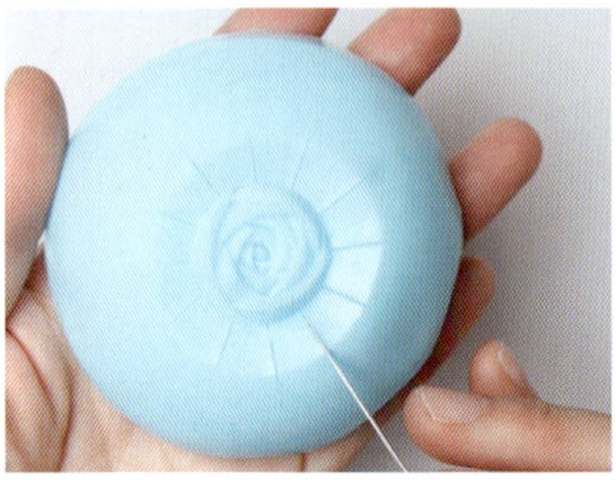
20. 센터봉오리 바깥쪽을 12등분한다

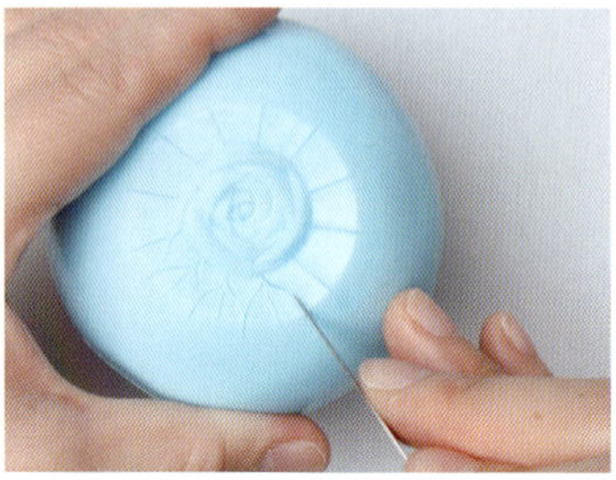
21. 칼을 세워 등분선 안쪽으로 왼쪽 꽃잎라인을 곡선으로 그린다

22. 반대쪽 라인도 마찬가지로 그린다

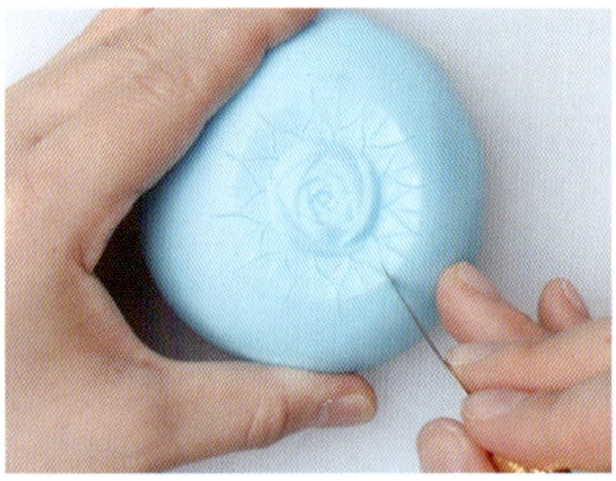
23. 꽃잎의 크기가 동일하게 12개 꽃잎을 모두 그린다

24. 칼을 눕혀 꽃잎라인 안쪽에 홈을 넣는다

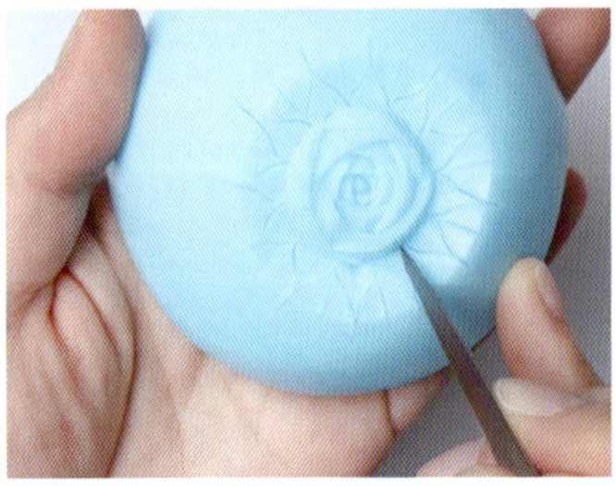
25. 반대쪽도 칼을 눕혀 홈을 넣어 파내준다

26. 12꽃잎 모두 홈을 파낸다

27. 칼을 눕혀 꽃잎이 드러나도록 라인 바깥쪽을 파낸다

28. 사진과 같다

29. 꽃잎과 꽃잎 사이 9부부터 두 번째 층 꽃잎라인을 그린다

30. 반대쪽 라인도 곡선으로 그려준다

31. 칼을 눕혀 꽃잎 안쪽에 홈을 넣는다

32. 반대쪽도 칼을 눕혀 홈을 파내준다

33. 두번째 층 모두 동일하게 작업해준다

34. 칼을 눕혀 꽃잎과 꽃잎 사이를 파낸다

35. 사진과 같다

36. 칼을 세워 꽃잎과 꽃잎 사이 9부부터 새로운 꽃잎라인을 그린다

37. 반대쪽도 대칭이 되도록 꽃잎라인을 그린다

38. 세번째 층 모두 동일하게 꽃잎을 그린다

39. 칼을 눕혀 라인 안쪽에 홈을 넣는다

40. 반대쪽도 칼을 눕혀 홈을 파내준다

41. 칼을 눕혀 꽃잎과 꽃잎 사이를 파낸다

42. 사진과 같다

43. 칼을 세워 꽃잎과 꽃잎 사이 9부부터 새로운 꽃잎라인을 그린다

44. 반대쪽도 대칭이 되도록 꽃잎라인을 그린다

45. 네번째 층 모두 동일하게 라인을 그린다

46. 칼을 눕혀 라인 안쪽에 홈을 넣는다

47. 반대쪽도 칼을 눕혀 홈을 파내 준다

48. 꽃잎과 꽃잎 사이를 파낸다

49. 완성한다

2급 실기 - 4

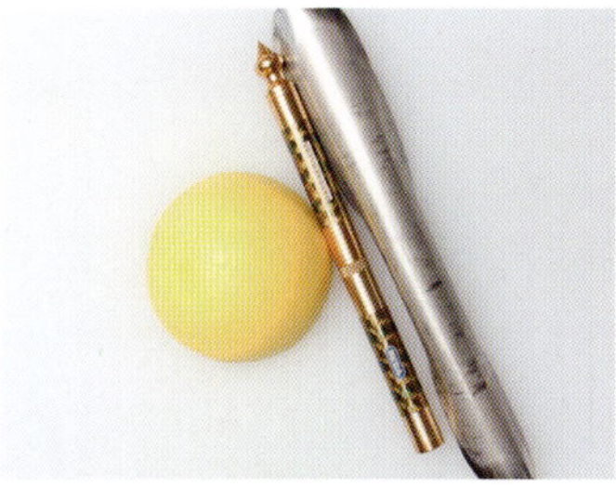

1. 비누와 도구를 준비한다

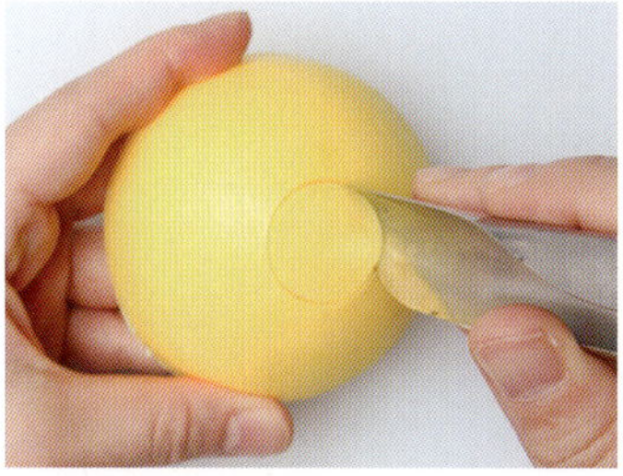

2. 스텐조각도 5호의 작은부분을 사용해 센터봉오리 중심을 잡는다

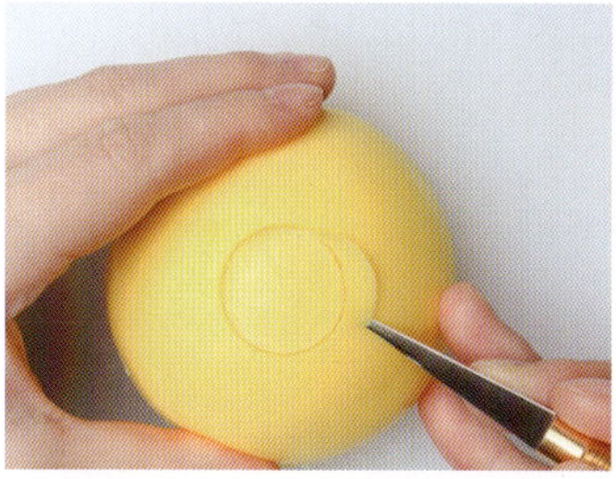

3. 칼을 눕혀 원 바깥쪽을 제거한다

4. 칼을 45도로 해서 원 안쪽 모서리를 제거한다

5. 칼을 세워 첫번째 꽃잎라인을 곡선으로 그린다

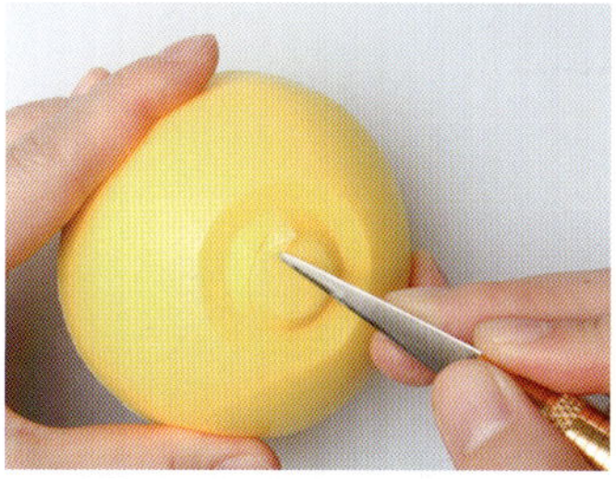

6. 칼을 눕혀 라인이 드러나도록 파낸다

7. 칼을 세워 두번째 라인을 곡선으로 그린다

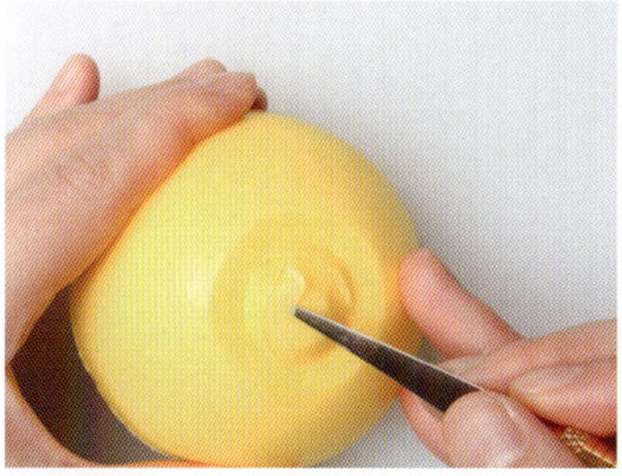

8. 칼을 눕혀 라인이 드러나도록 파낸다

9. 칼을 세워 세번째 라인을 곡선으로 그린다

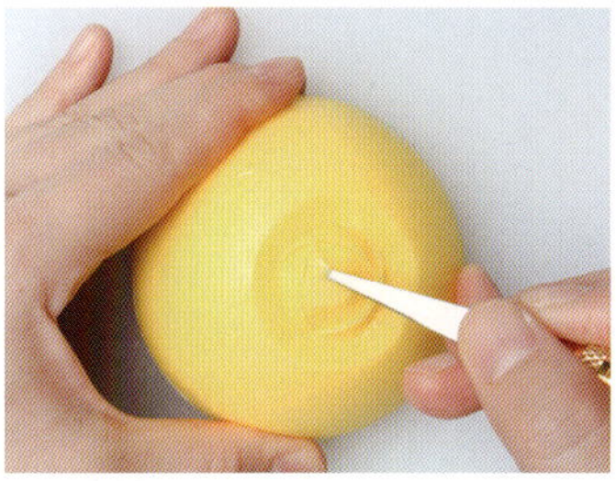

10. 칼을 눕혀 라인이 드러나도록 파낸다

11. 칼을 세워 라인과 라인 사이에 새로운 라인을 곡선으로 그린다

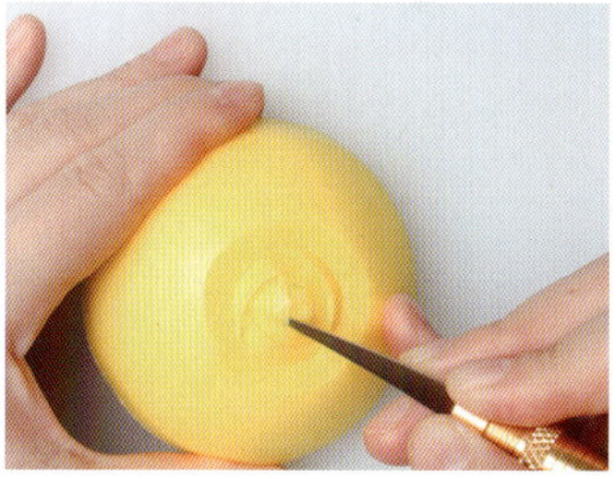

12. 칼을 눕혀서 라인이 드러나도록 파낸다

13. 칼을 세워서 라인을 곡선으로 그린다

14. 반복하여 센터봉오리를 완성한다

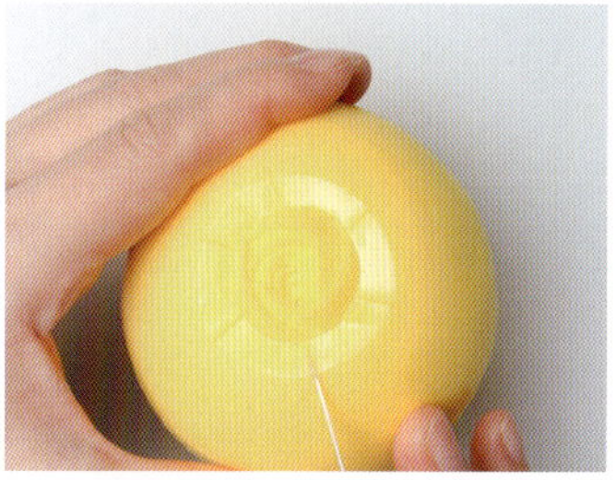

15. 센터봉오리 바깥쪽으로 칼을 세워 6등분을 한다

16. 칼을 세워서 등분선 안쪽으로 꽃잎라인을 그린다

17. 동일한 크기로 6개의 꽃잎을 모두 그린다

18. 칼을 눕혀서 꽃잎 안쪽을 굴곡있게 파내준다

19. 반대쪽도 마찬가지로 칼을 눕혀서 라인 안쪽을 파낸다

20. 칼을 눕혀서 꽃잎라인 바깥쪽을 제거한다

21. 칼을 세워 첫번째 층 꽃잎의 9부에서 시작해 새로운 꽃잎라인을 그린다

22. 칼을 눕혀 꽃잎 안쪽을 굴곡있게 파내준다

23. 칼을 눕혀 꽃잎 바깥쪽을 제거한다

24. 칼을 세워 꽃잎과 꽃잎 사이에 새로운 꽃잎을 그린다

25. 칼을 눕혀 꽃잎 안쪽을 굴곡있게 파내준다

26. 세번째 층 모두 동일하게 파내준다

27. 꽃잎라인 바깥쪽을 칼을 눕혀 꽃잎라인으로 파내준다

28. 반대쪽도 마찬가지로 칼을 눕혀 꽃잎라인으로 파낸다

29. 완성한다

2급 실기 - 5

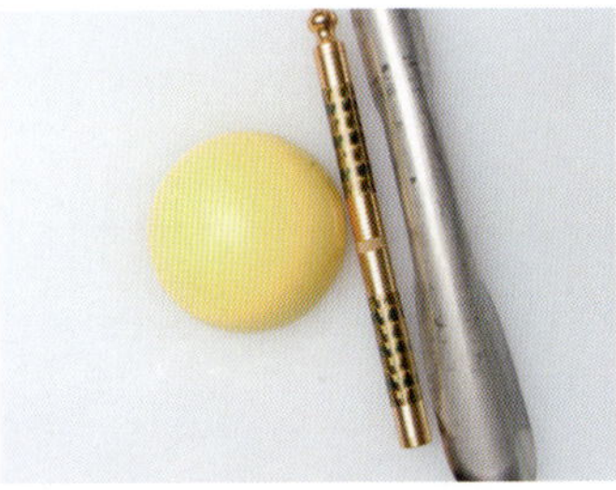

1. 비누와 도구를 준비한다

2. 스텐조각도 5호의 작은부분을 사용해 센터봉오리 중심을 잡는다

3. 칼을 눕혀 원 바깥쪽을 제거한다

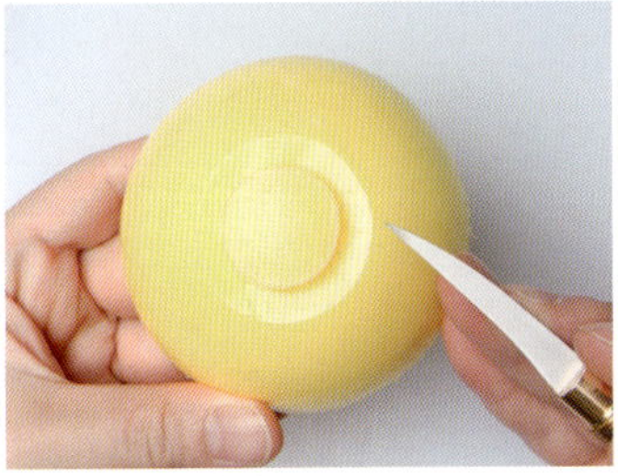

4. 사진과 같다

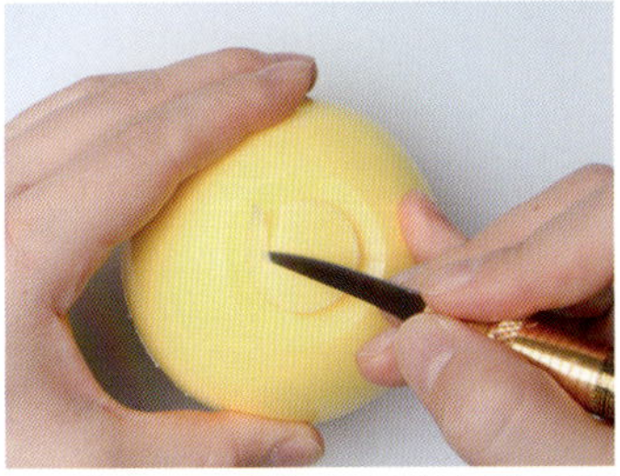

5. 칼을 45도 각도로 해서 원 안쪽 모서리를 제거한다

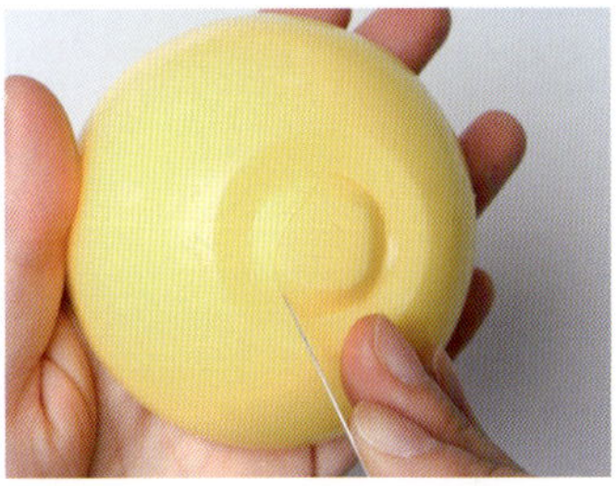

6. 칼을 세워 첫번째 센터봉오리 라인을 곡선으로 그린다

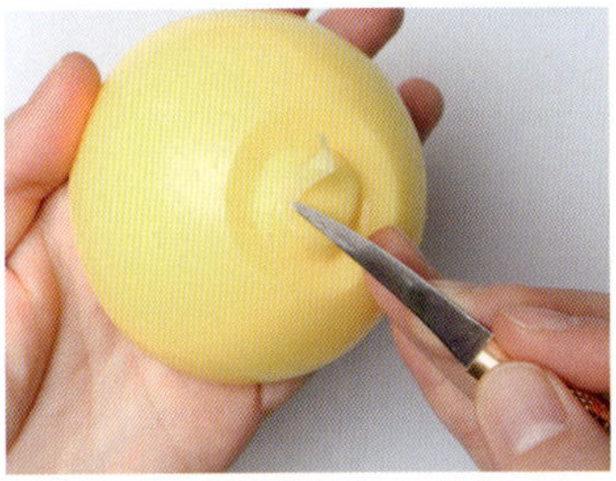

7. 칼을 눕혀 라인이 드러나도록 파낸다

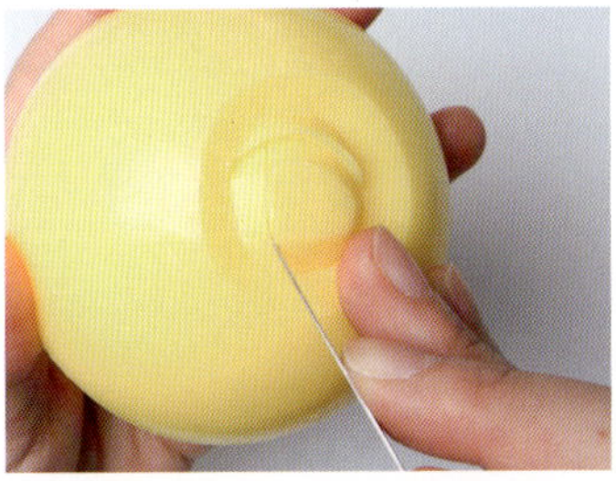

8. 칼을 세워 두번째 라인을 곡선으로 그린다

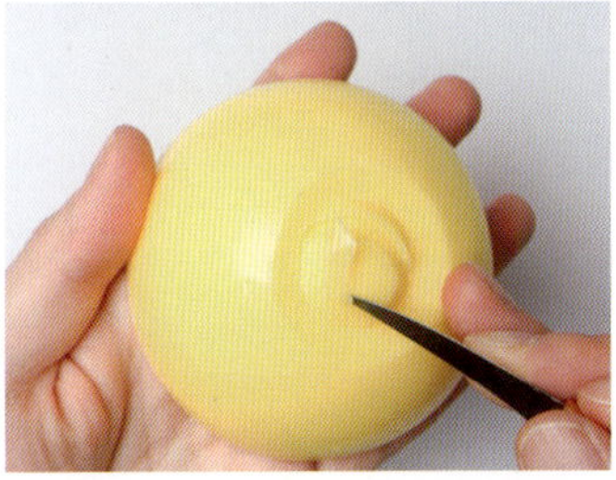

9. 칼을 눕혀 라인이 드러나도록 파낸다

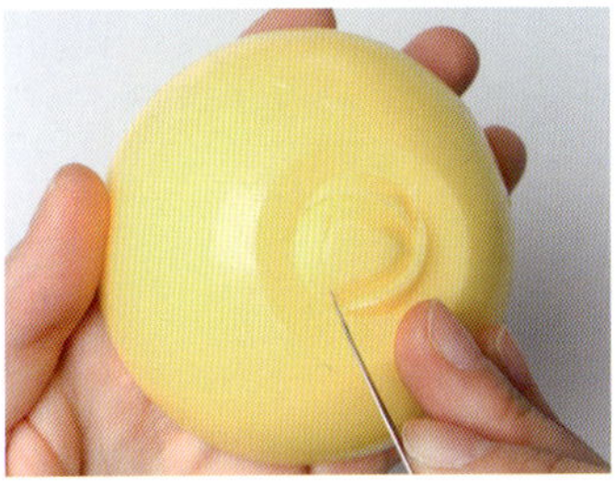

10. 칼을 세워 세번째 라인을 곡선으로 그린다

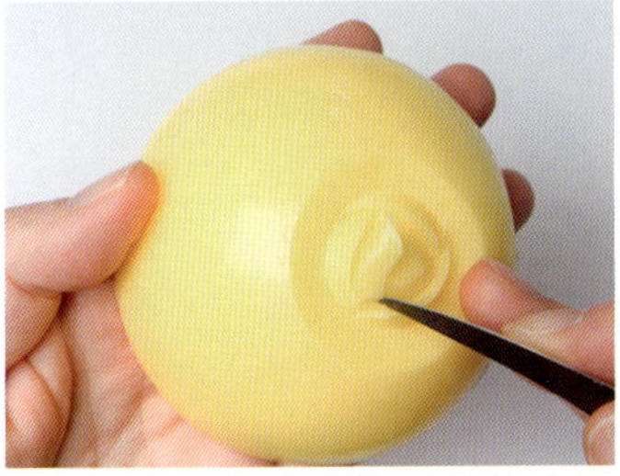

11. 칼을 눕혀 라인이 드러나도록 파낸다

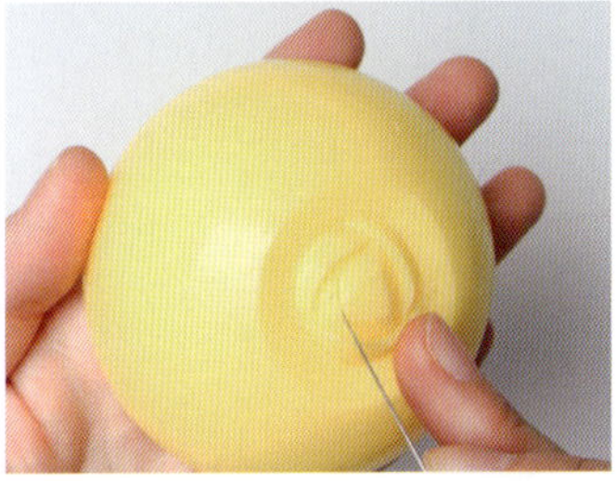

12. 칼을 세워 꽃잎과 꽃잎 사이에 두번째 센터봉오리 라인을 곡선으로 그린다

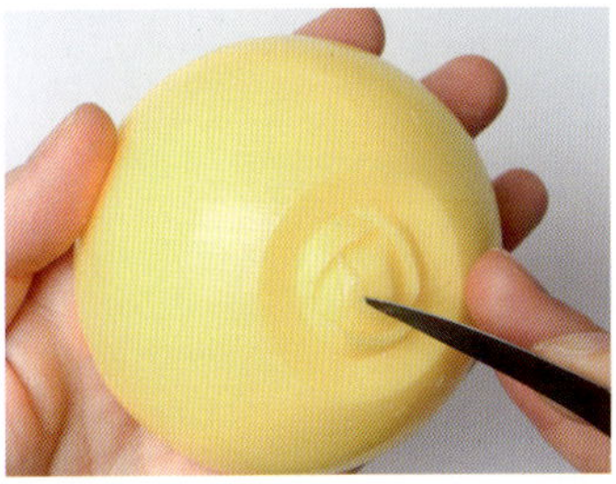

13. 칼을 눕혀 라인이 드러나도록 파낸다

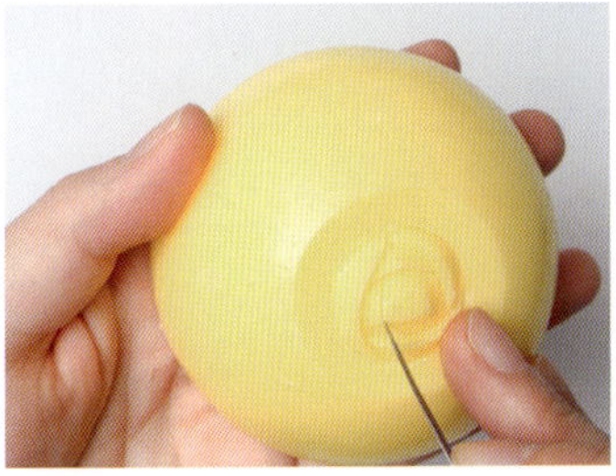

14. 칼을 세워 곡선 라인을 그린다

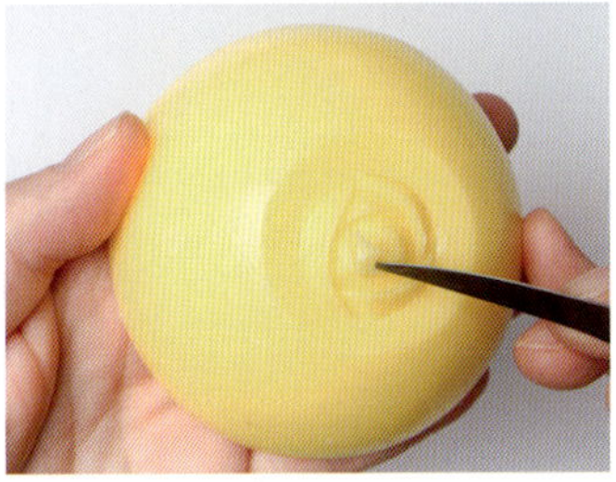

15. 칼을 눕혀 라인이 드러나도록 파낸다

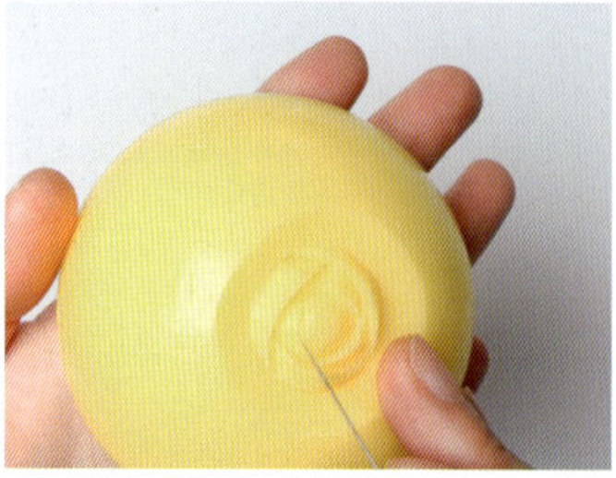
16. 칼을 세워 라인을 곡선으로 그린다

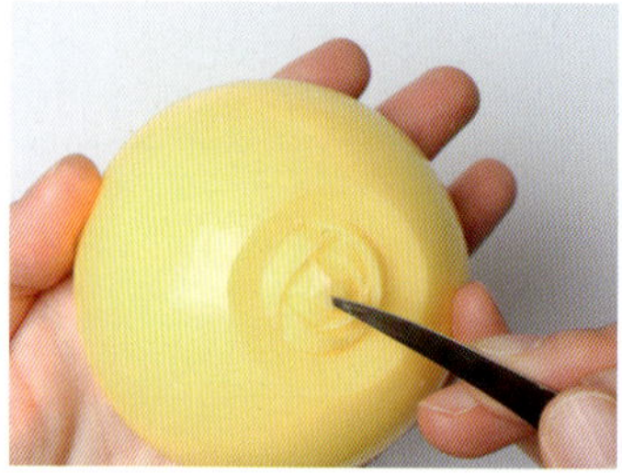
17. 칼을 눕혀 라인이 드러나도록 파낸다

18. 반복작업하여 센터봉오리를 완성한다

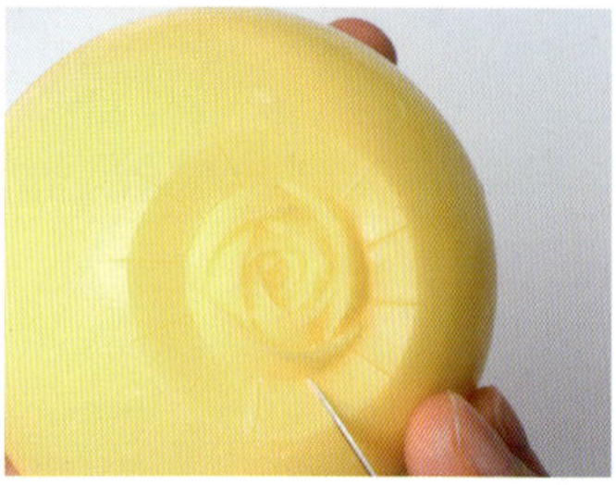
19. 센터봉오리 바깥쪽을 12등분 한다

20. 첫번째 층을 뾰족한 삼각형으로 그려준다

21. 칼을 비스듬히 눕혀 꽃잎 안쪽을 V자로 파낸다

22. 떨어지는 조각을 제거한다

23. 12개의 꽃잎 모두 같은방법으로 파낸다

24. 칼을 눕혀 꽃잎라인 바깥쪽을 파낸다

25. 꽃잎과 꽃잎 사이 안쪽에 둥근 라인을 그린다

26. 사진과 같다

27. 칼을 눕혀 꽃잎과 꽃잎 사이를 V자로 파내준다

28. 사진과 같다

29. 첫번째 층의 9부부터 시작하여 파낸 곳 위로 뾰족한 삼각형 라인을 그린다

30. 12꽃잎 모두 그려준다

31. 칼을 눕혀 꽃잎 라인 바깥쪽을 제거한다

32. 사진과 같다

33. 칼을 세워 꽃잎과 꽃잎 사이에 둥근 라인을 그린다

34. 12개 모두 동일작업 한다

35. 칼을 눕혀 라인이 드러나도록 파낸다

36. 사진과 같다

37. 칼을 눕혀 꽃잎과 꽃잎 사이를 V자로 파낸다

38. 떨어지는 조각을 제거한다

39. 사진과 같다

40. 칼을 세워 V자로 파낸 곳 위에 뾰족한 삼각형 라인을 그린다

41. 12개 꽃잎 모두 동일하게 그린다

42. 칼을 눕혀 꽃잎라인 사이를 파낸다

43. 사진과 같다

44. 칼을 세워 꽃잎과 꽃잎 사이 안쪽에 둥근 라인을 그린다

45. 칼을 눕혀 둥근라인 바깥쪽을 V자로 파내준다

46. 떨어지는 조각을 제거한다

47. 완성한다

2급 실기 - 6

1. 비누와 도구를 준비한다

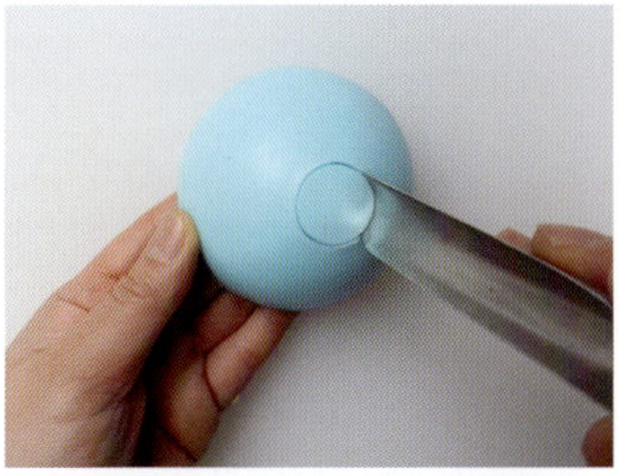

2. 스텐조각도 5호의 작은부분을 사용하여 센터봉오리 중심을 잡는다

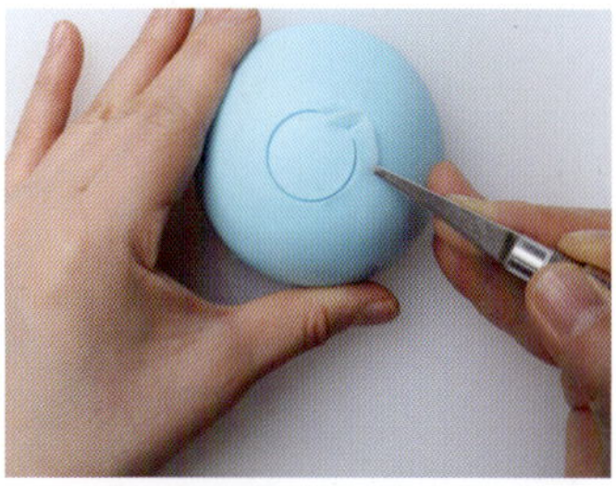

3. 칼을 눕혀 원 바깥쪽을 제거한다

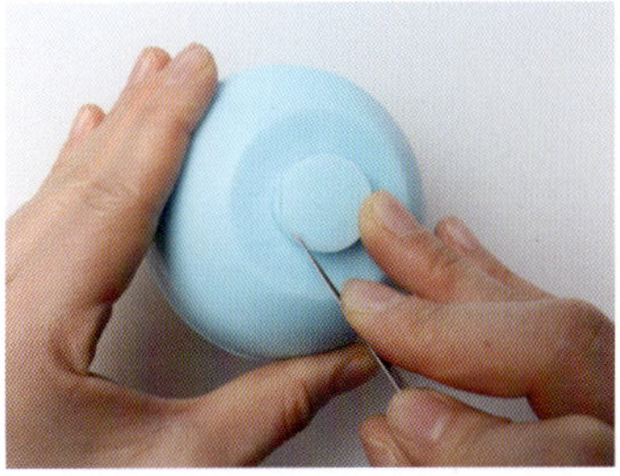

4. 칼을 세워 꽃잎라인을 그린다

5. 칼을 눕혀 꽃잎라인이 드러나도록 제거한다

6. 칼을 세워 꽃잎라인을 그린다

7. 칼을 눕혀 꽃잎이 드러나도록 제거한다

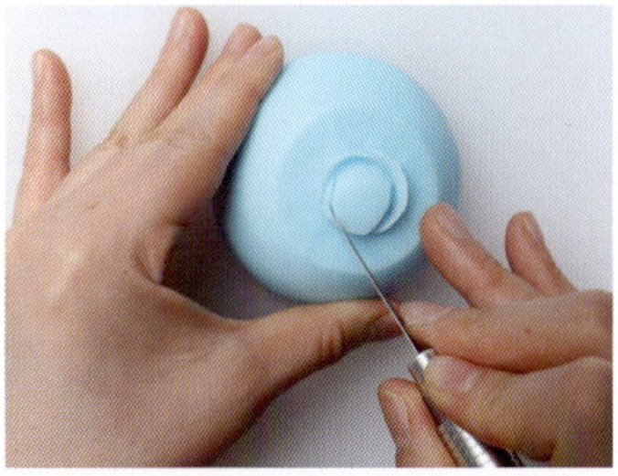

8. 칼을 세워 꽃잎라인을 그린다

9. 칼을 눕혀 라인이 드러나도록 제거한다

10. 꽃잎이 겹치지 않게 안쪽에도 꽃잎라인을 그린다

11. 칼을 눕혀 제거한다

12. 칼을 세워 라인을 그린다

13. 칼을 눕혀 꽃잎라인이 드러나도록 제거한다

14. 반복하여 센터봉오리를 완성한다

15. 센터봉오리 바깥쪽을 8등분한다

16. 등분선 안쪽으로 3분의1크기 만큼 라운드 선을 그린다

17. 반대쪽도 동일하게 그린다

18. 칼을 세워 중앙부분에 꽃잎라인을 그린다

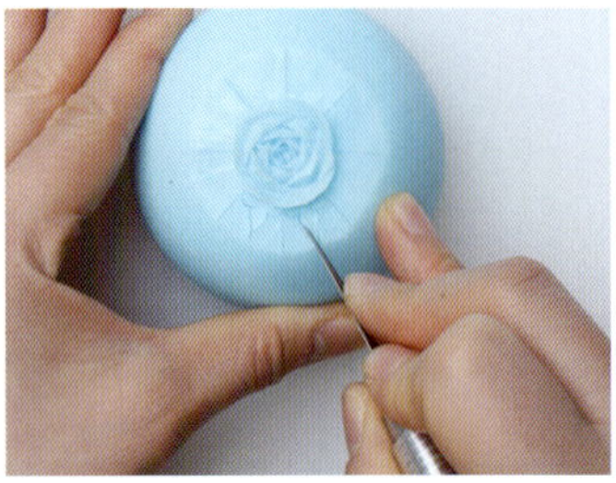

19. 반대쪽 꽃잎라인도 그린다

20. 동일하게 8개 꽃잎 모두 그려준다

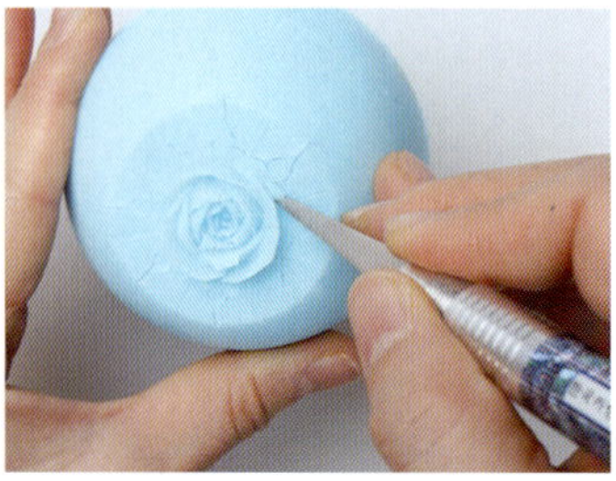

21. 칼을 눕혀 꽃잎의 3분의1만큼 둥글게 파낸다

22. 반대편도 마찬가지로 파낸다

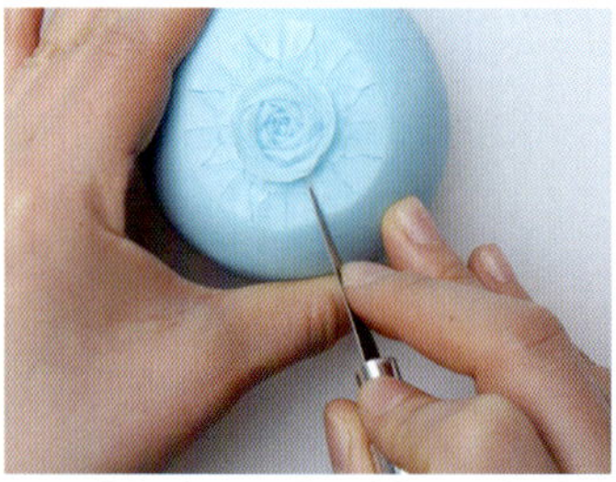

23. 가운데 부분은 칼을 굴려 일자로 홈을 파낸다

24. 반대편도 마찬가지로 칼을 굴려 홈을 파낸다

25. 칼을 눕혀 꽃잎라인이 드러나도록 라인 바깥쪽을 제거한다

26. 꽃잎과 꽃잎 사이에 스텐조각도 1호 사이즈를 이용하여 라운드라인을 그린다

27. 반대편도 동일하게 찍어낸다

28. 가운데 부분에 꽃잎라인을 그린다

29. 칼을 눕혀 라운드 부분을 굴곡있게 파낸다

30. 칼을 굴려 일자로 홈을 파내준다

31. 꽃잎라인이 드러나도록 칼을 눕혀 바깥쪽을 제거한다

32. 같은 사이즈로 꽃잎과 꽃잎 사이에 라운드 라인을 찍어준다

33. 반대편도 동일하게 찍어준다

34. 칼을 세워 꽃잎라인을 그린다

35. 칼을 눕혀 라인 안쪽을 둥글게 파낸다

36. 칼을 굴려 일자로 홈을 파낸다

37. 반대편도 마찬가지로 칼을 굴려 홈을 파낸다

38. 칼을 눕혀 라인 바깥쪽을 제거한다

39. 아래쪽을 매끈하게 정리한다

40. 스텐조각도 1호의 큰 부분을 사용하여 라운드 라인을 찍어낸다

41. 반대편도 동일하게 찍어준다

42. 칼을 세워 꽃잎라인을 그린다

43. 반대편도 동일하게 그린다

44. 8꽃잎 모두 동일한 방법으로 그려준다

45. 칼을 눕혀 라인 안쪽을 둥글게 파낸다

46. 중간부분은 칼을 굴려서 일자로 홈을 파낸다

47. 칼을 눕혀 꽃잎라인 바깥쪽을 굴곡있게 파낸다

48. 반대편도 동일하게 꽃잎라인 모양으로 파낸다

49. 완성한다

2급 실기 - 7

1. 비누와 도구를 준비한다

2. 원형커터 4호를 이용하여 센터봉오리 중심을 잡아준다

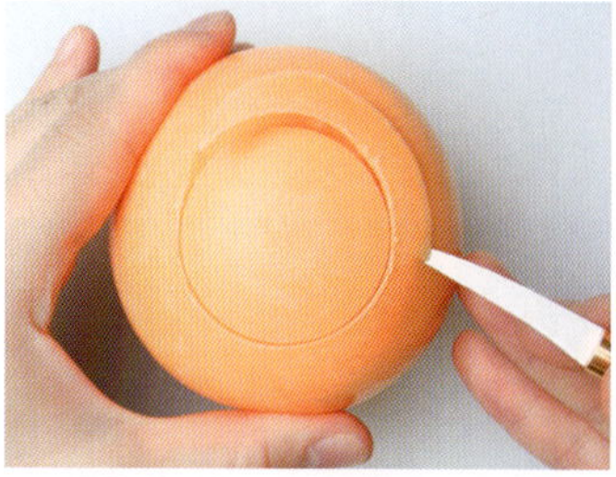
3. 칼을 눕혀서 바깥쪽을 제거한다

4. 칼을 세워서 꽃잎라인을 그린다

5. 칼을 눕혀서 라인이 드러나도록 파낸다

6. 칼을 세워서 두번째 라인을 굴곡있게 그린다

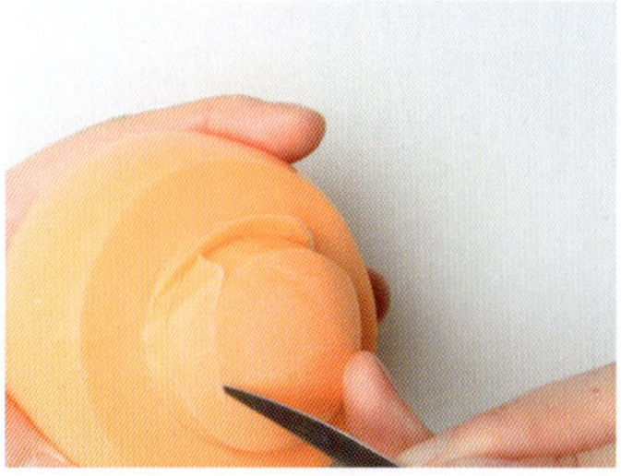
7. 칼을 눕혀서 라인이 드러나도록 제거한다

8. 칼을 세워서 세번째 라인을 그린다

9. 칼을 눕혀서 라인이 드러나도록 파낸다

10. 칼을 세워서 라인을 그린다

11. 칼을 세워서 꽃잎라인이 드러나도록 제거한다

12. 칼을 세워서 꽃잎라인을 그린다

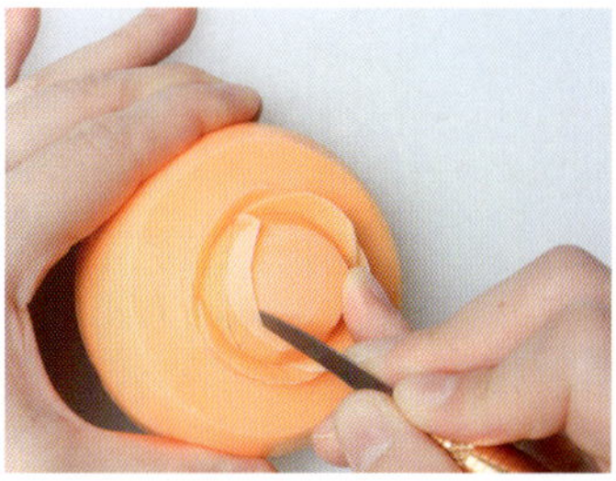
13. 칼을 눕혀서 라인이 드러나도록 제거한다

14. 계속해서 꽃잎이 겹치지 않도록 센터봉오리 라인을 그린다

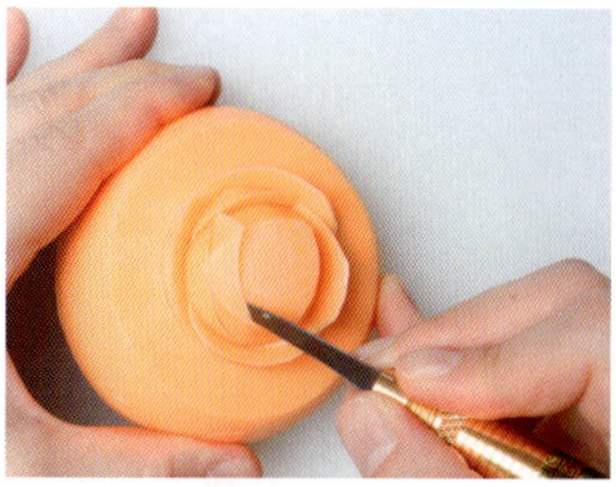
15. 칼을 눕혀서 제거한다

16. 칼을 세워서 라인을 그린다

17. 반복하여 센터봉오리를 완성한다

18. 사진과 같다

19. 칼을 세워 꽃잎라인을 그린다

20. 반대편 꽃잎라인도 대칭이되도록 그린다

21. 꽃잎 안쪽에 굴곡진 라인을 그린다

22. 끝 쪽이 얇아지도록 라인을 완성해준다

23. 칼을 눕혀서 그린 라인이 드러나도록 바깥쪽을 파낸다

24. 반대 쪽도 파낸다

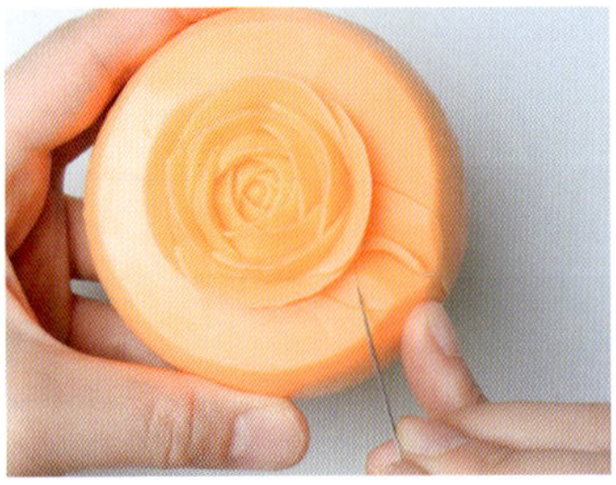
25. 칼을 세워서 나뭇잎 줄기를 그린다

26. 사진과 같다

27. 반대쪽도 동일하게 그린다

28. 칼을 눕혀서 라인 아래쪽을 파내준다

29. 반대편도 모두 파내준다

30. 사진과 같다

31. 칼을 눕혀 꽃잎라인 오른쪽이 드러나도록 파내준다

32. 파내준 부분에 꽃잎라인을 그린다

33. 안쪽 중심줄기도 그린다

34. 그려준 라인이 드러나도록 파낸다

35. 칼을 눕혀 왼쪽 부분도 드러나도록 파낸다

36. 칼을 세워 줄기라인을 그린다

37. 사진과 같다

38. 칼을 눕혀 라인이 드러나도록 파내준다

39. 꽃잎라인 오른쪽 바깥부분을 파내준다

40. 꽃잎과 꽃잎 사이 아래쪽도 파내준다

41. 동일하게 꽃잎을 그려 반복해준다

42. 꽃잎과 꽃잎 사이 아래쪽도 깔끔하게 정리해준다

43. 완성한다

2급 실기 - 8

1. 비누와 도구를 준비한다

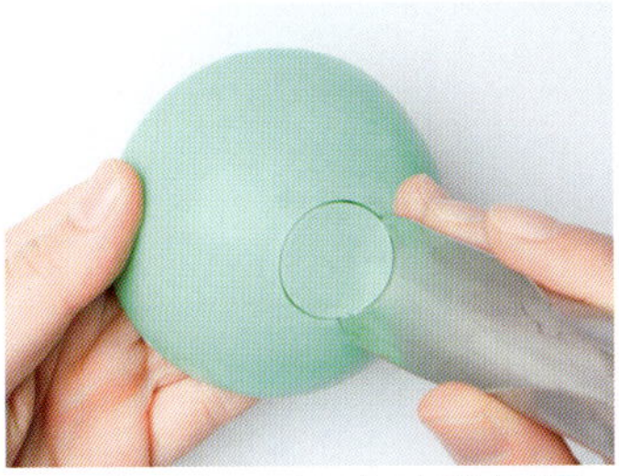

2. 스텐조각도 5호의 작은부분을 사용하여 센터봉오리를 잡아준다

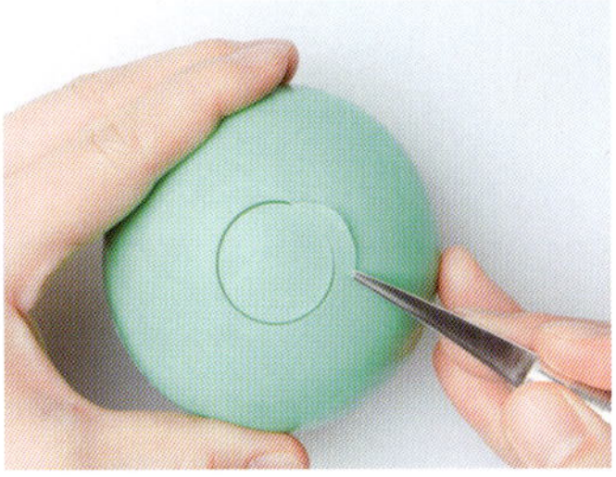

3. 칼을 눕혀 원 바깥쪽을 제거한다

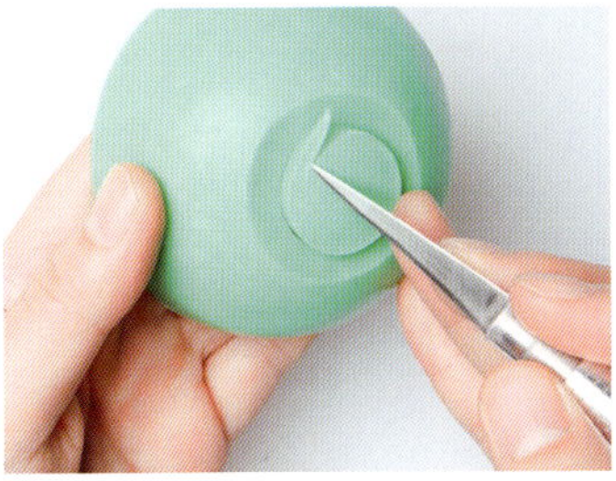

4. 칼을 45도로 해서 원 안쪽 모서리를 제거한다

5. 칼을 똑바로 세워 첫번째 센터 봉오리 라인을 곡선으로 그린다

6. 칼을 눕혀서 라인이 드러나도록 파낸다

7. 칼을 세워 두번째 라인을 곡선으로 그린다

8. 칼을 눕혀 라인이 드러나도록 파내준다

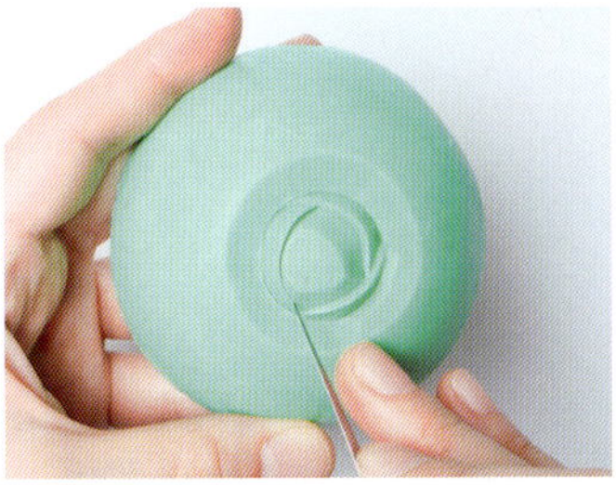

9. 칼을 세워 세번째 라인을 곡선으로 그린다

10. 칼을 눕혀 라인이 드러나도록 파내준다

11. 라인 사이에 새로운 라인이 드러나도록 곡선라인을 그려준다

12. 칼을 눕혀 라인이 드러나도록 파내준다

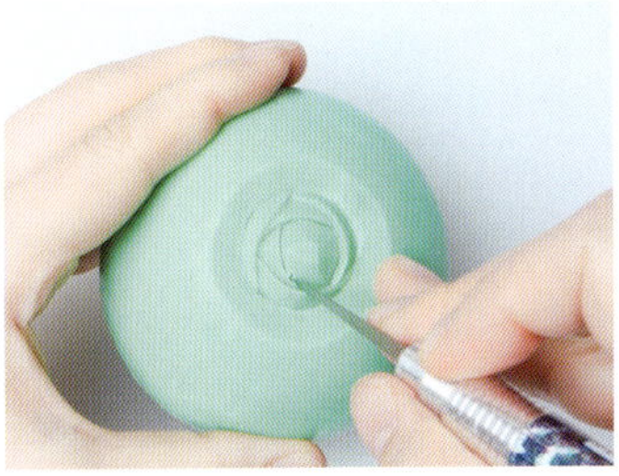

13. 칼을 세워 라인을 곡선으로 그린다

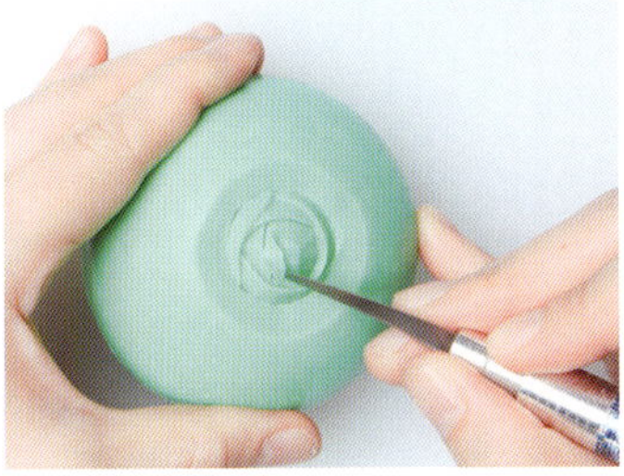

14. 칼을 눕혀 라인이 드러나도록 파내준다

15. 반복하여 센터봉오리를 완성한다

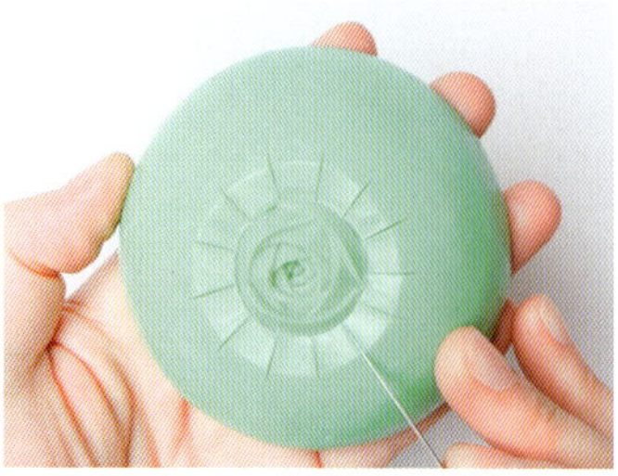

16. 원 바깥쪽으로 13등분을 한다

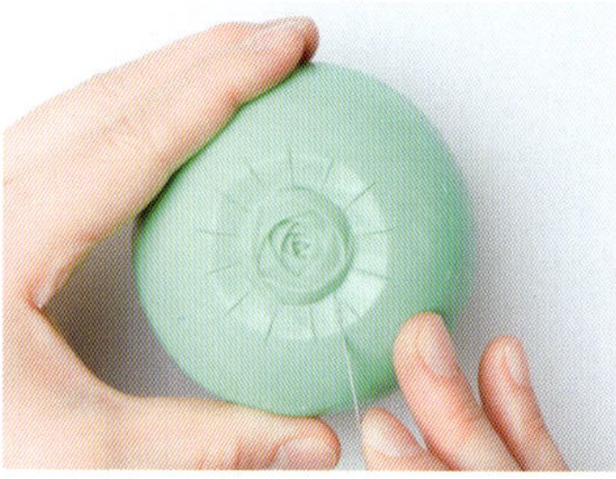

17. 칼을 세워서 등분선 안으로 뾰족한 톱니 삼각형 라인을 그린다

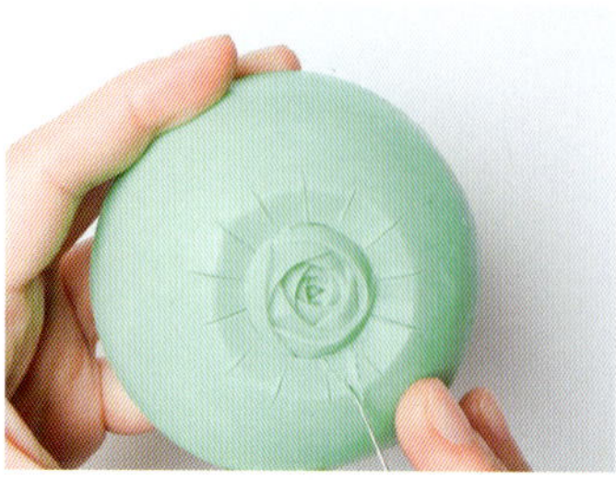

18. 반대쪽도 대칭이 되게 라인을 그린다

19. 첫번째 층 모두 크기가 비슷하게 그려준다

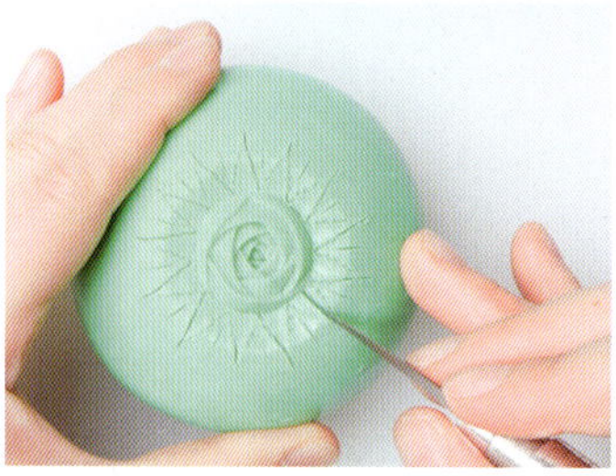

20. 칼을 눕혀서 라인 안쪽을 V자로 파낸다

21. 첫번째 층 모두 동일하게 완성한다

22. 칼을 눕혀서 라인 바깥쪽을 파내준다

23. 사진과 같다

24. 첫번째 층 꽃잎과 꽃잎사이 9부에서 시작해 새로운 톱니라인을 그린다

25. 두번째 층 모두 그린다

26. 칼을 눕혀 라인 안쪽을 V자로 파내준다

27. 두번째 층 모두 동일하게 파내준다

28. 칼을 눕혀 두번째 층 바깥쪽 꽃잎사이사이를 파내준다

29. 사진과 같다

30. 칼을 세워 꽃잎과 꽃잎사이에 새로운 톱니라인을 그린다

31. 세번째 층 모두 같은크기의 라인을 그려준다

32. 칼을 눕혀 라인 안쪽을 V자로 파내준다

33. 사진과 같다

34. 칼을 눕혀 라인 바깥쪽을 둥근라인으로 제거한다

35. 반대쪽도 마찬가지로 둥근라인으로 제거한다

36. 완성한다

2급 실기 - 9

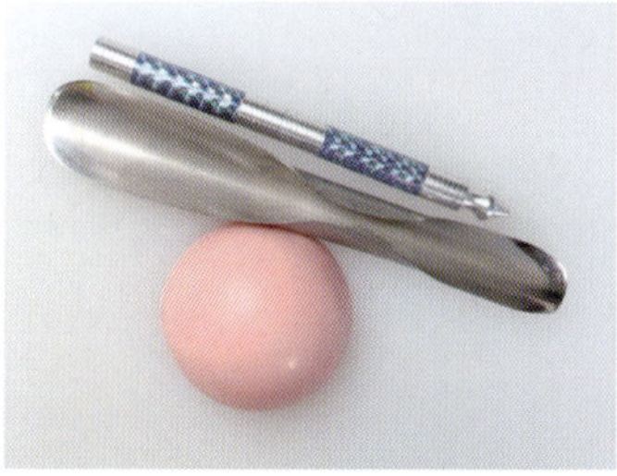

1. 비누와 도구를 준비한다

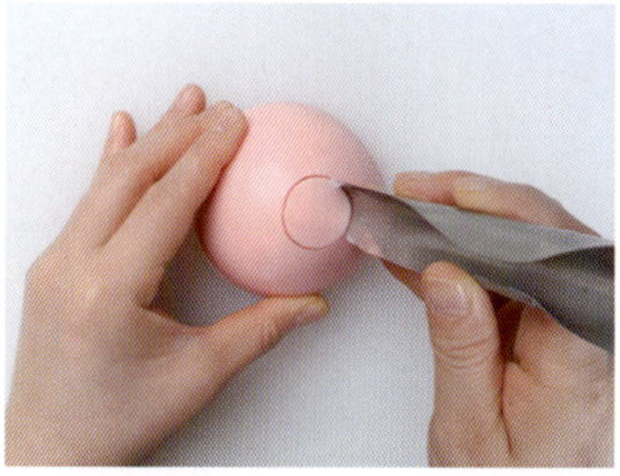

2. 스텐조각도 5호로 원의 중앙부분을 찍어낸다

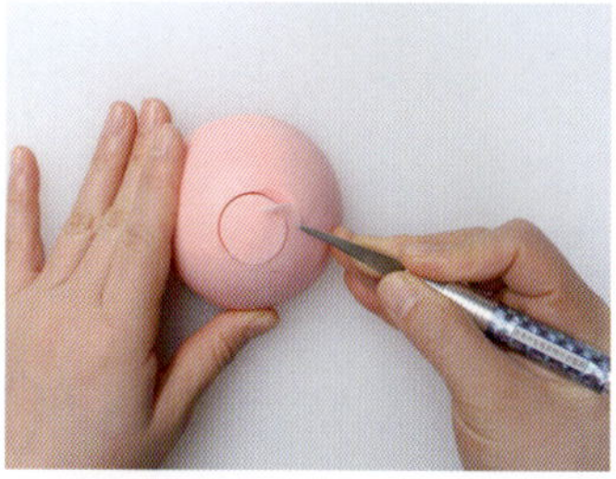

3. 칼을 눕혀 원이 드러나도록 파내준다

4. 칼을 세워 센터봉오리 라인을 굴곡있게 그린다

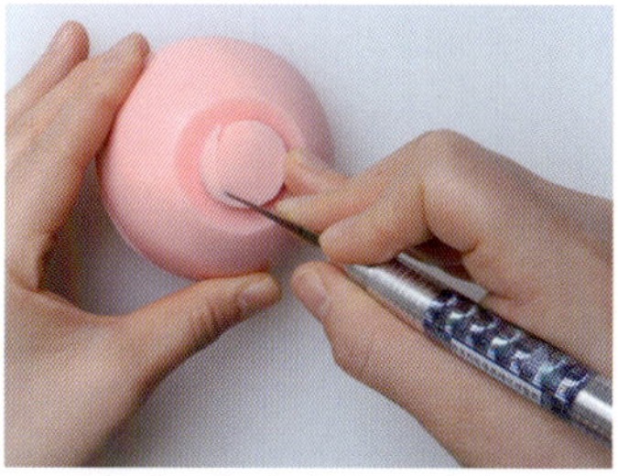

5. 칼을 눕혀 라인이 드러나도록 파내준다

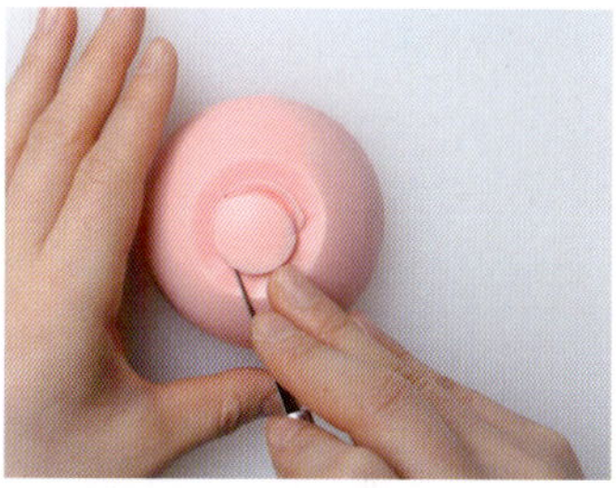

6. 칼을 세워 꽃잎라인을 그린다

7. 칼을 눕혀 라인이 드러나도록 파내준다

8. 칼을 세워 센터봉오리 라인을 그린다

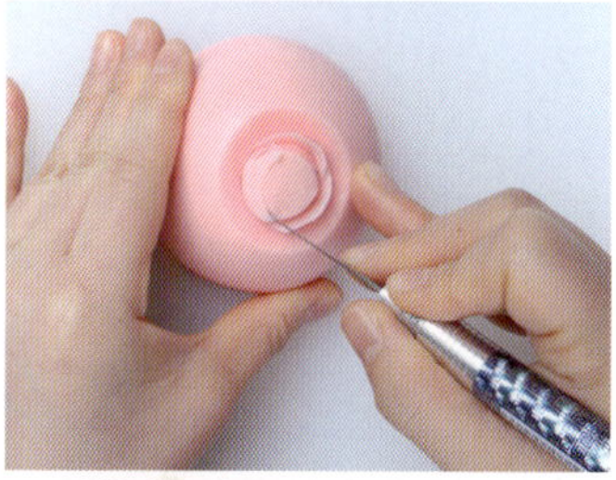

9. 칼을 눕혀 꽃잎라인이 드러나도록 파낸다

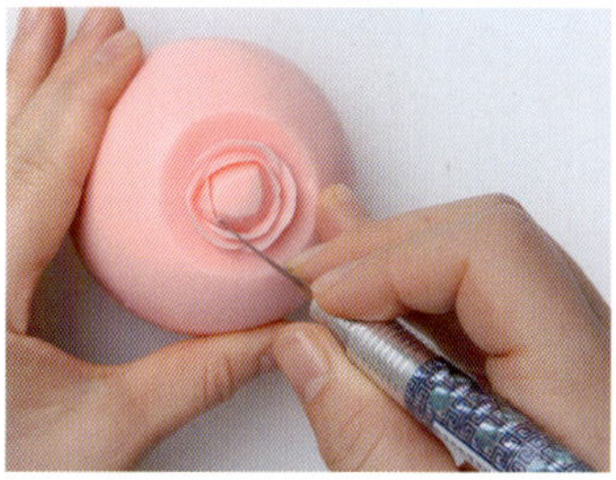

10. 칼을 세워 꽃잎이 겹치지 않도록 라인을 그린다

11. 칼을 눕혀 라인이 드러나도록 파내준다

12. 칼을 세워 센터봉오리 라인을 그린다

13. 반복하여 센터봉오리를 완성한다

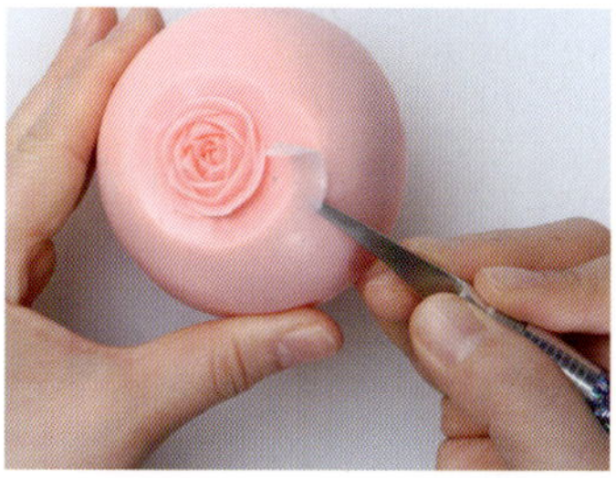

14. 센터봉오리 바깥쪽을 매끈하게 정리한다

15. 꽃잎 바깥쪽을 12등분한다

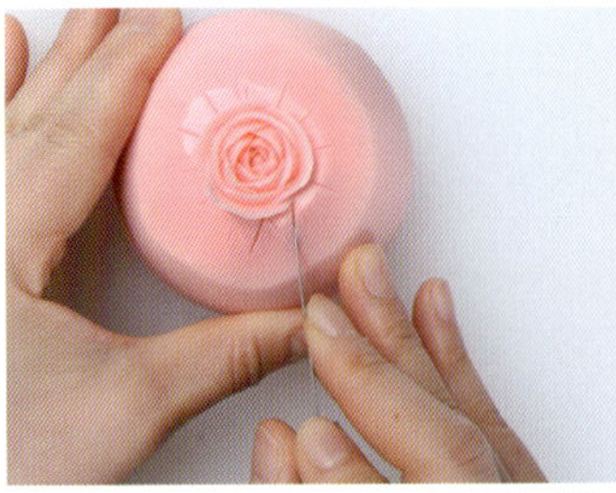

16. 등분선 안으로 뾰족한 삼각형 라인을 그린다

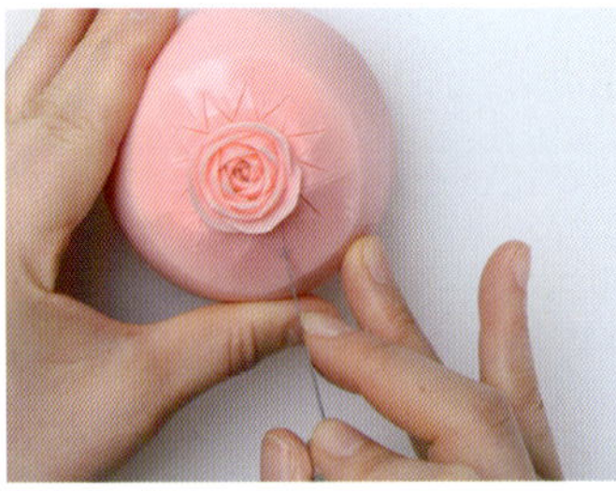

17. 12개 모두 그려준다

18. 칼을 눕혀 라인 안쪽을 파낸다

19. 반대쪽 부분도 칼을 눕혀 파내준다

20. 칼을 눕혀 꽃잎과 꽃잎 사이가 드러나도록 제거한다

21. 스텐조각도 1호의 작은부분을 사용하여 꽃잎과 꽃잎 사이를 찍어낸다

22. 칼을 세워 라운드 라인 안에 다이아몬드 모양을 그린다

23. 칼을 눕혀 라운드라인 밑을 칼로 훑어 빼낸다

24. 칼을 세워 라운드라인 아래쪽에 조금 더 큰 삼각형 라인을 그린다

25. 12꽃잎 모두 동일한 크기로 그린다

26. 라인 안쪽을 칼을 눕혀 파낸다

27. 반대쪽도 칼을 눕혀 떨어지는 조각을 제거한다

28. 칼을 눕혀 라인과 라인 사이를 제거한다

29. 스텐조각도 1호의 큰 부분을 사용하여 라운드라인을 찍어낸다

30. 칼을 세워 라운드 라인 안에 다이아몬드 모양을 그린다

31. 칼을 눕혀 라운드 라인이 드러나도록 파낸다

32. 굴곡진 부분을 매끈하게 정리한다

33. 칼을 세워 라운드 라인 아래 삼각형 라인을 그린다

34. 칼을 눕혀 삼각형 라인 안쪽을 파내준다

35. 칼을 눕혀 라인 바깥쪽을 파내준다

36. 스텐조각도 1호의 큰 부분을 사용하여 라운드라인을 찍어준다

37. 라운드 라인 안에 다이아몬드 라인을 그린다

38. 칼을 눕혀 라인 바깥쪽을 파낸다

39. 칼을 세워 톱니모양으로 라인을 그린다

40. 칼을 눕혀 꽃잎라인 모양으로 제거한다

41. 완성한다

2급 실기 - 10

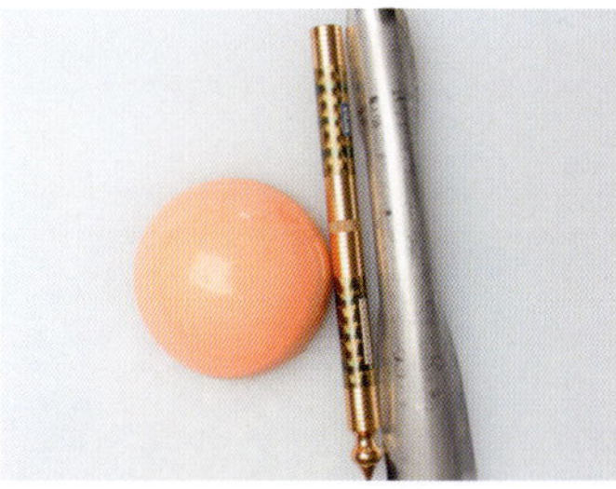

1. 비누와 도구를 준비한다

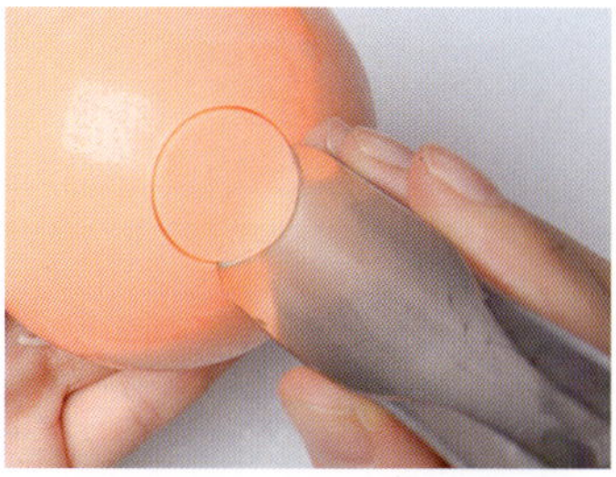

2. 스텐조각도 5호의 작은부분으로 비누 중앙에 센터봉오리 원을 잡는다

3. 샤토나이프를 눕혀서 원 바깥쪽을 제거한다

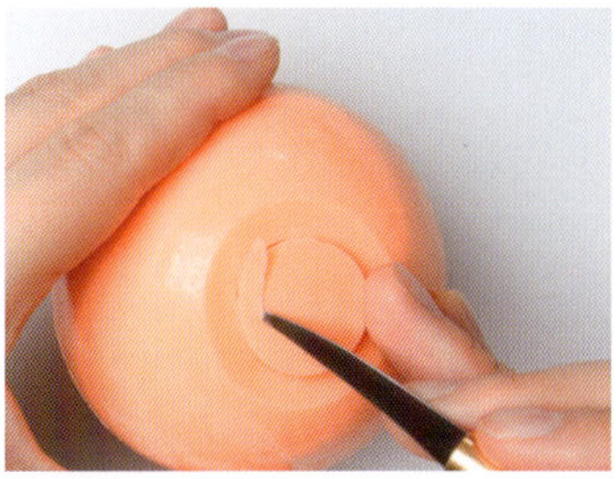

4. 칼을 45도 각도로 해서 안쪽 모서리를 제거한다

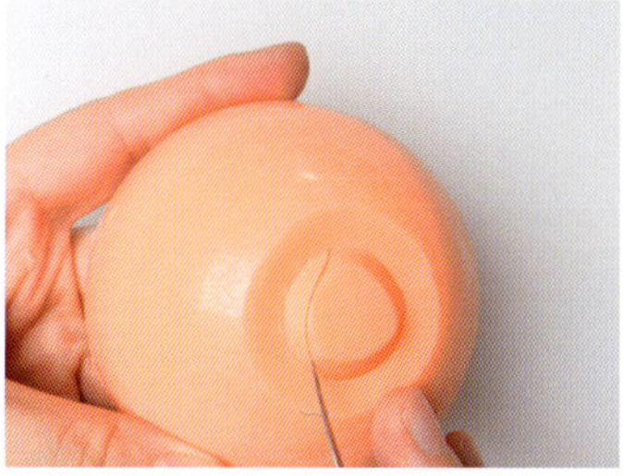

5. 칼을 똑바로 세워서 센터봉오리 첫 번째 라인을 그린다

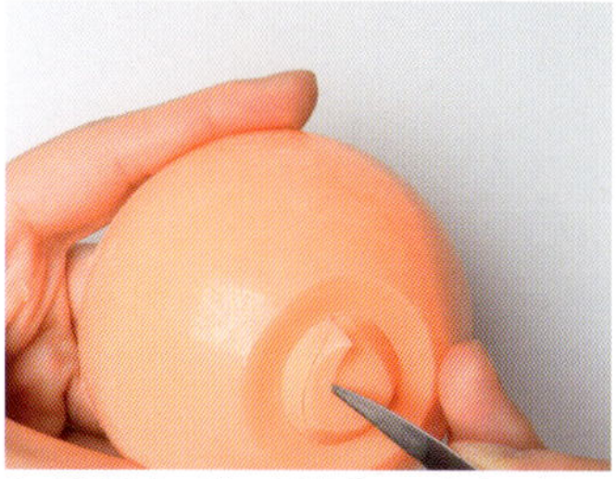

6. 칼을 눕혀 라인이 드러나도록 제거한다

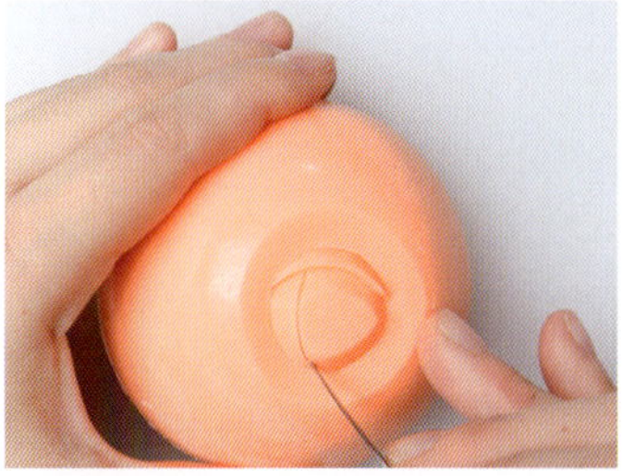

7. 칼을 세워 두번째 라인을 곡선으로 그린다

8. 칼을 눕혀 라인이 드러나도록 제거한다

9. 칼을 세워 세번째 라인을 곡선으로 그린다

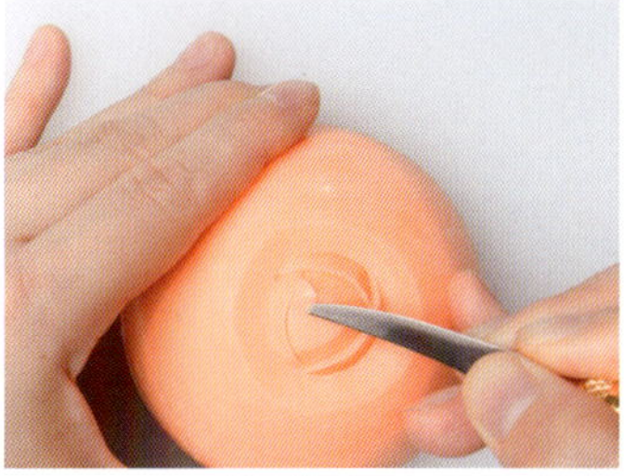

10. 칼을 눕혀 라인이 드러나도록 파낸다

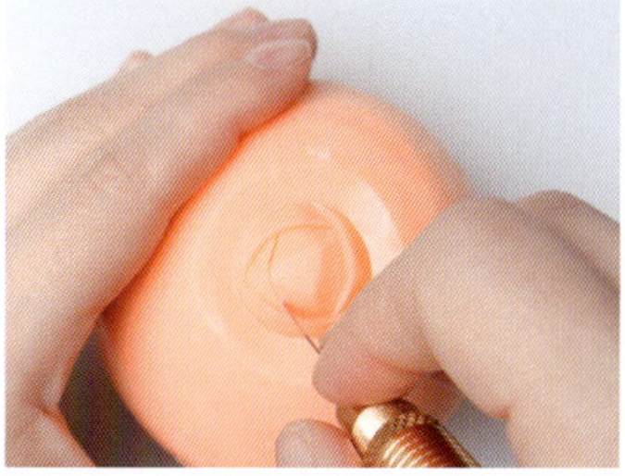

11. 칼을 세워 라인과 라인사이에 새로운 라인을 곡선으로 그린다

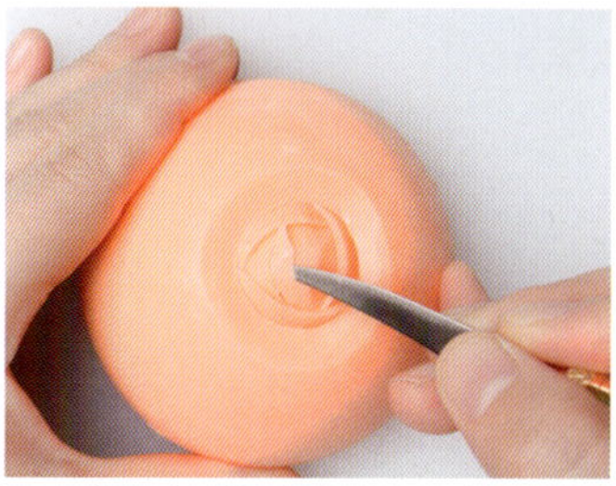

12. 칼을 눕혀 라인이 드러나도록 제거한다

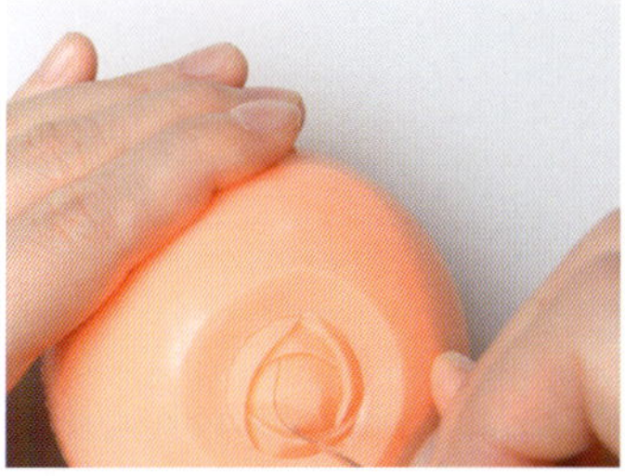

13. 칼을 세워 라인을 곡선으로 그린다

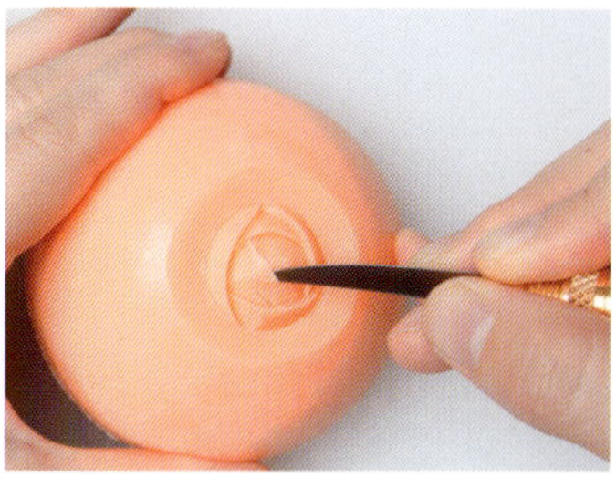

14. 칼을 눕혀 라인이 드러나도록 제거한다

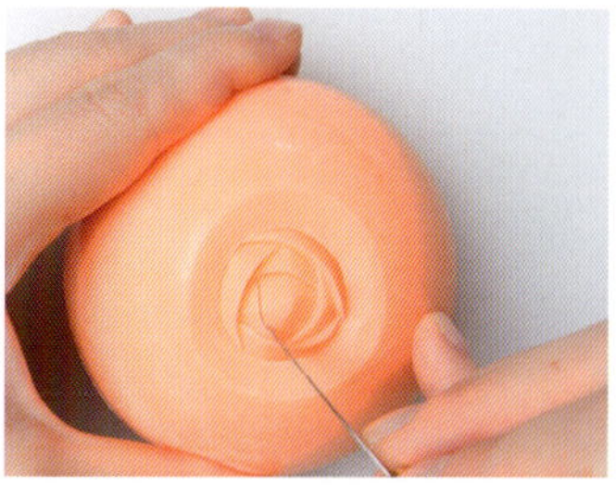

15. 칼을 세워 라인을 곡선으로 그린다

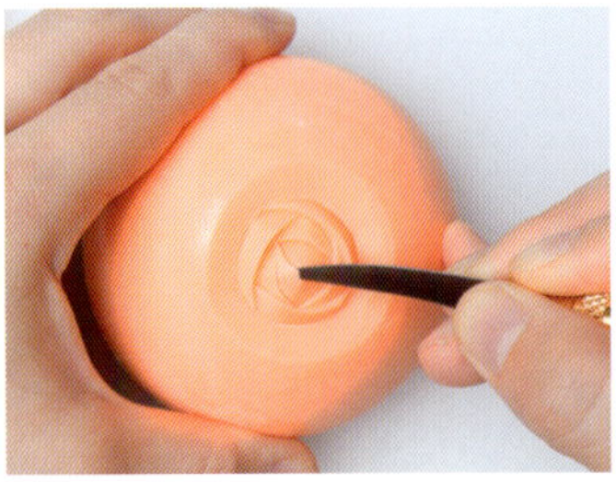

16. 칼을 눕혀 라인이 드러나도록 제거한다

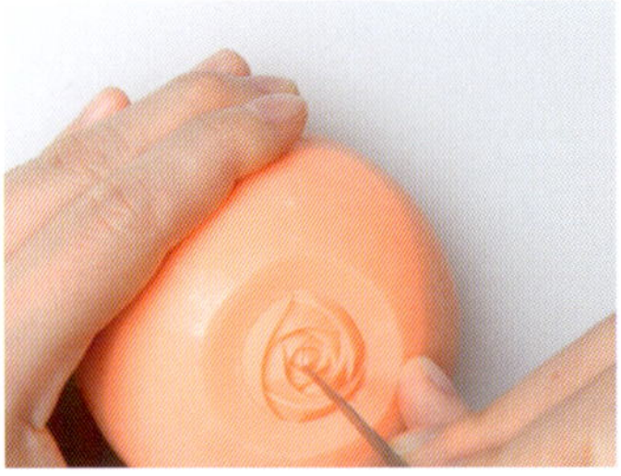

17. 반복하여 센터봉오리를 완성한다

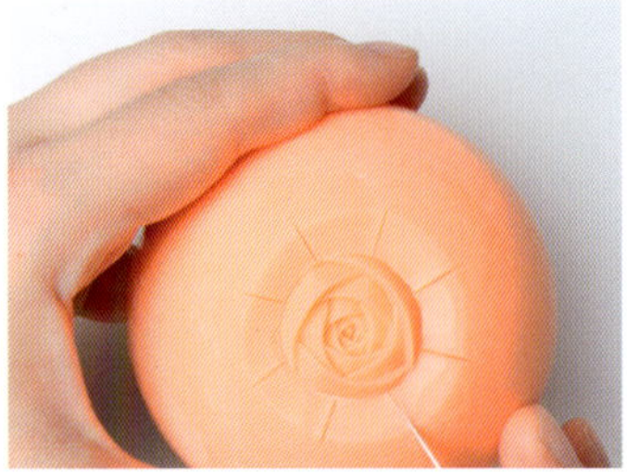

18. 칼을 세워 센터봉오리 바깥쪽을 8등분 한다

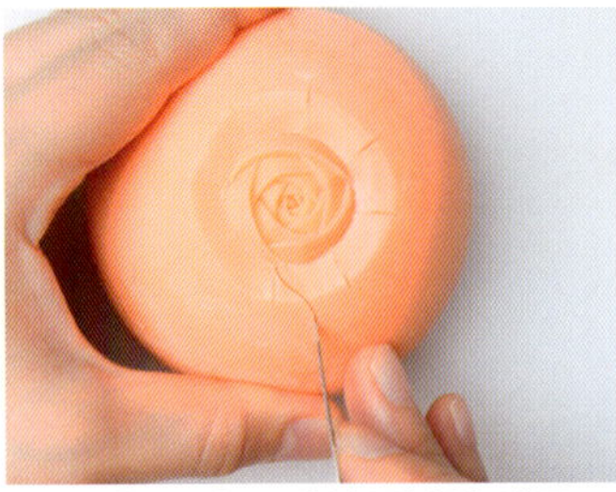

19. 칼을 똑바로 세워 등분선 안쪽으로 왼쪽꽃잎라인을 곡선으로 그린다

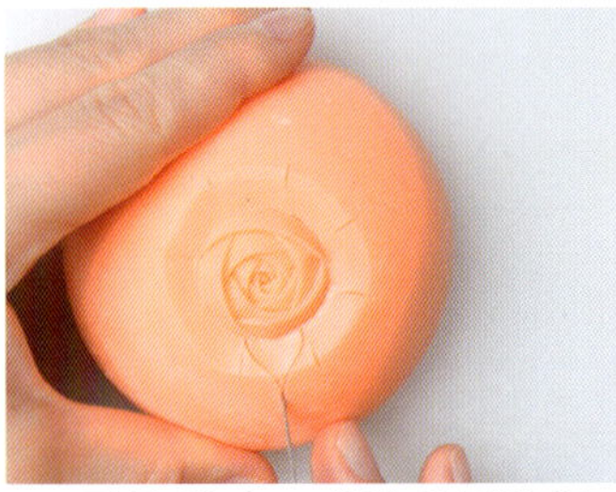

20. 칼을 똑바로 세워 오른쪽 꽃잎라인을 곡선으로 그린다

21. 반복하여 첫번째 층 꽃잎라인을 모두 그린다

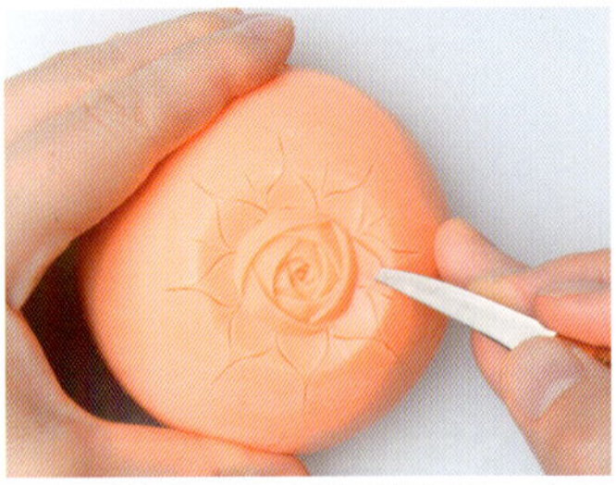

22. 칼을 눕혀 라인 안쪽을 U자로 파낸다

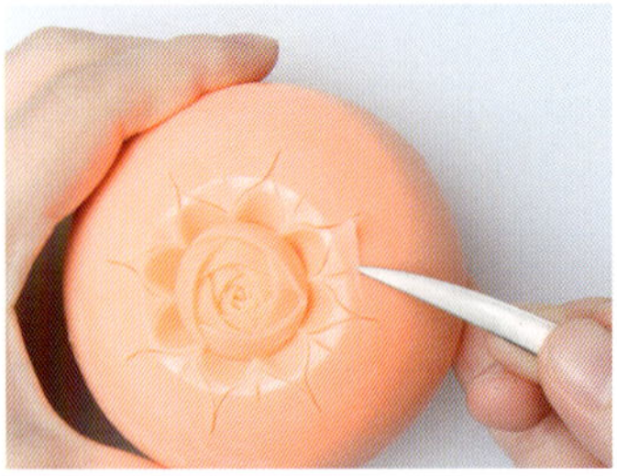

23. 칼을 눕혀 라인 바깥쪽을 제거한다

24. 꽃잎과 꽃잎사이 9부에서 새로운 꽃잎라인을 그린다

25. 마찬가지로 두번째 층 꽃잎라인을 모두 그린다

26. 칼을 눕혀서 꽃잎라인 안쪽 절반을 U자로 파낸다

27. 남은 절반또한 마찬가지로 U자로 파낸다

28. 칼을 눕혀 라인 바깥쪽을 제거한다

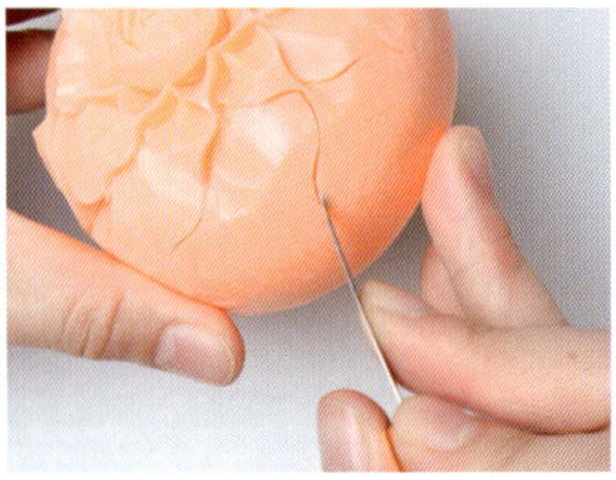

29. 칼을 세워 꽃잎과 꽃잎 사이에 새로운 꽃잎라인을 그린다

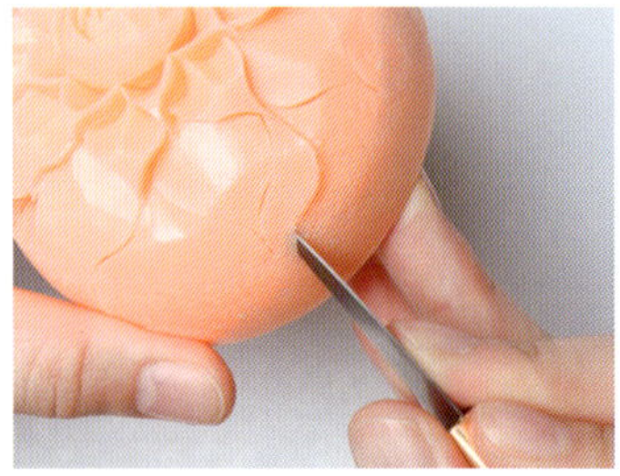

30. 칼을 눕혀 라인 바깥쪽을 두께감있게 제거한다

31. 사진과 같이 꽃잎라인으로 파낸다

32. 칼을 눕혀 꽃잎라인의 왼쪽 모서리를 제거한다

33. 오른쪽 모서리는 꽃잎라인의 끝에서부터 제거하면 쉽다

34. 모서리를 모두 제거한 모습이다

35. 칼을 세워 사진과 같이 라인을 그린다

36. 칼을 눕혀 라인이 드러나도록 파낸다

37. 칼을 세워 첫번째 라인과 겹치게 두번째 라인을 그린다

38. 칼을 눕혀 라인이 드러나도록 제거한다

39. 두번째 라인의 중간에서 칼을 세워 오른쪽 꽃잎라인을 그린다

40. 칼을 눕혀 라인이 드러나도록 제거한다

41. 세번째 라인의 중간에서 왼쪽 꽃잎라인을 그린다

42. 칼을 눕혀 라인이 드러나도록 파낸다

43. 네번째 라인의 중간에서 오른쪽 꽃잎라인을 그린다

44. 칼을 눕혀 라인이 드러나도록 파낸다

45. 다섯번째 라인의 중간에서 왼쪽 꽃잎라인을 그린다

46. 칼을 눕혀 라인이 드러나도록 파낸다

47. 떨어지는 조각은 제거한다

48. 칼을 세워 톱니모양의 꽃잎라인을 그린다

49. 끝부분에는 칼을 살짝 눕혀 한바퀴 돌려준다

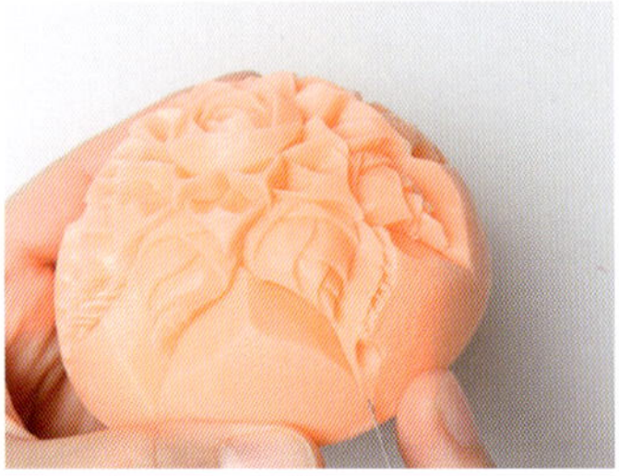
50. 떨어지는 찌꺼기를 제거하고, 꽃잎라인을 그린다

51. 반대편도 마찬가지로 칼을 세워 톱니모양의 꽃잎라인을 그린다

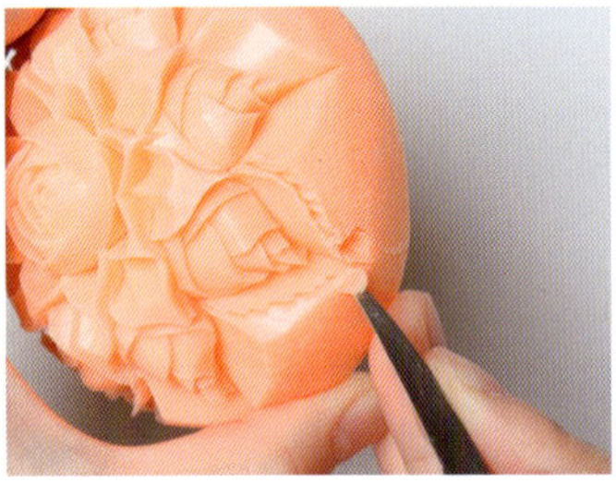
52. 끝부분에는 칼을 살짝 눕혀 한바퀴 돌려준다

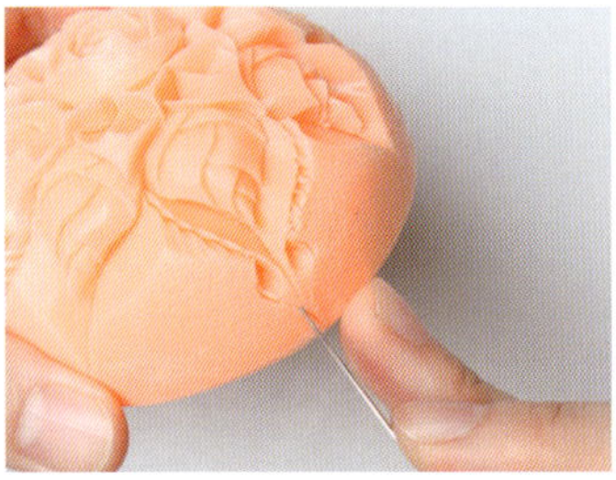
53. 떨어지는 조각을 제거하고, 꽃잎라인을 그린다

54. 칼을 눕혀 라인 바깥쪽이 드러나도록 파낸다

55. 반대쪽도 마찬가지로 파낸다

56. 완성한다

2급 실기 - 11

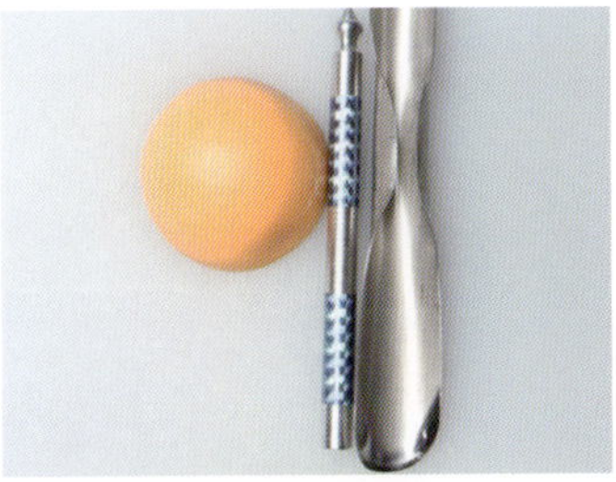

1. 비누와 도구를 준비한다

2. 스텐조각도 5호의 작은부분을 사용해 센터봉오리 중심을 잡아준다

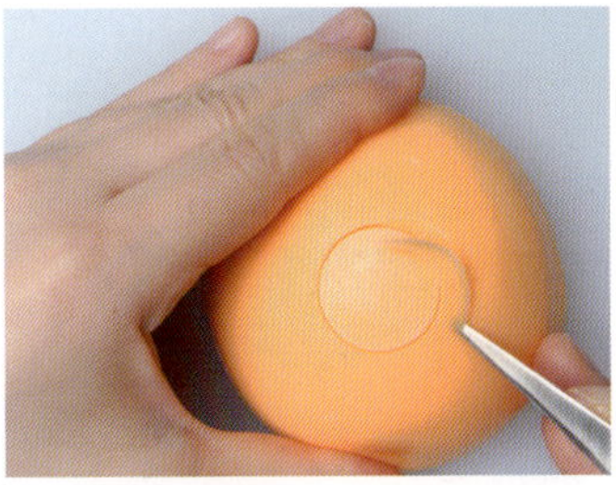

3. 샤토나이프를 눕혀서 원 바깥쪽을 제거한다

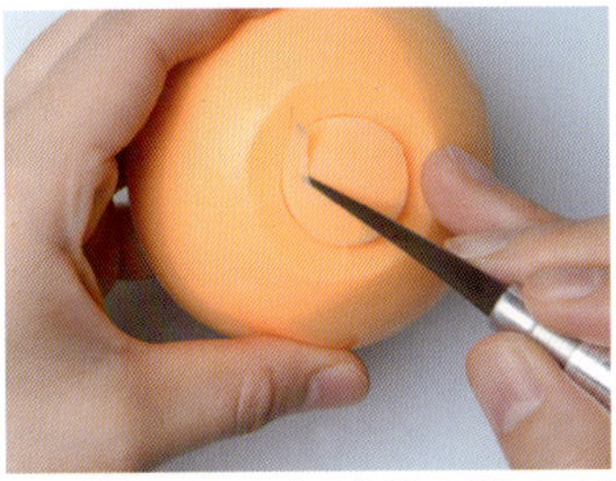

4. 칼을 45도로 눕혀 원 안쪽 모서리를 제거한다

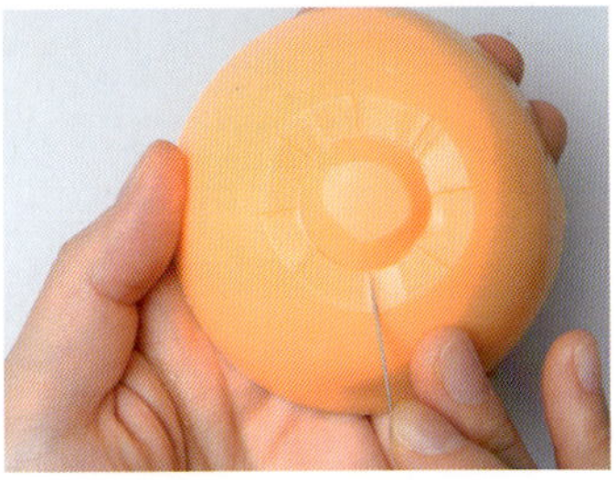

5. 원 바깥쪽을 8등분 한다

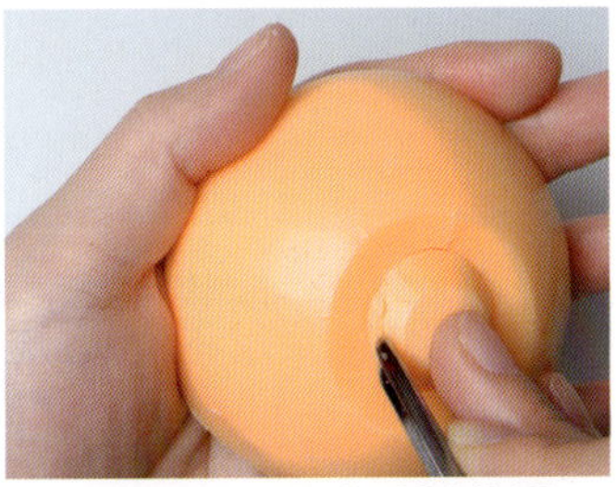

6. 스텐조각도 1호의 작은부분을 사용해 원 안을 돌려가며 찍어준다

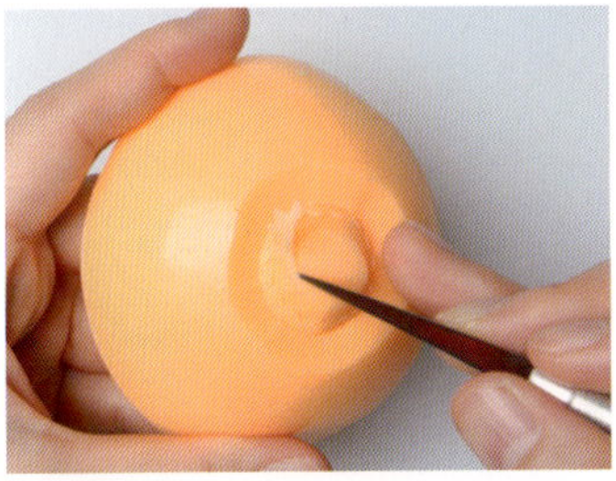

7. 칼을 눕혀 라인이 드러나도록 파내준다

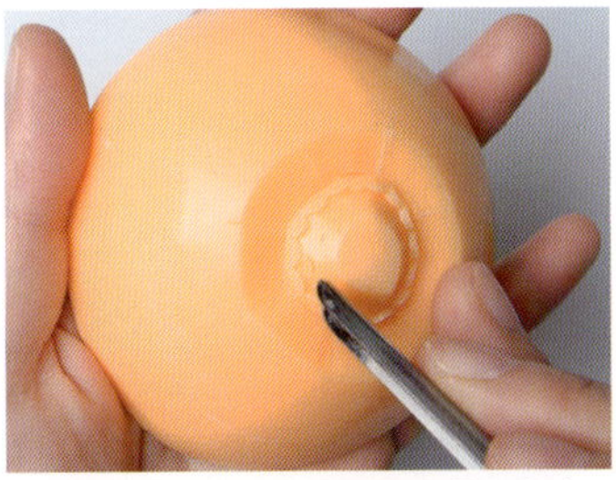

8. 같은 사이즈로 첫번째 층 사이사이에 다시 둥근 라인을 찍어준다

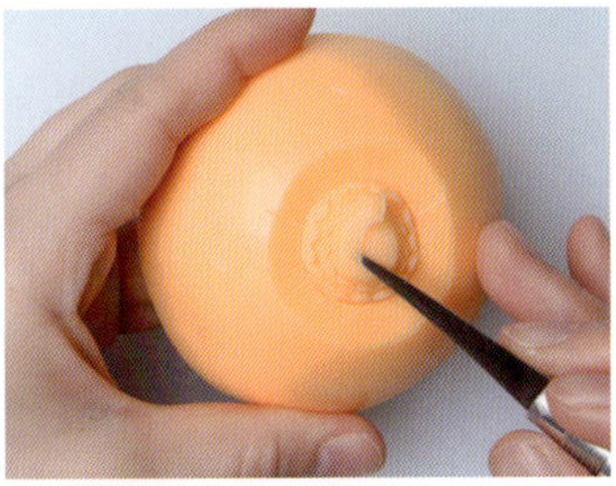

9. 칼을 눕혀 라인이 드러나도록 파내준다

10. 반복하여 4층까지 완성해준다

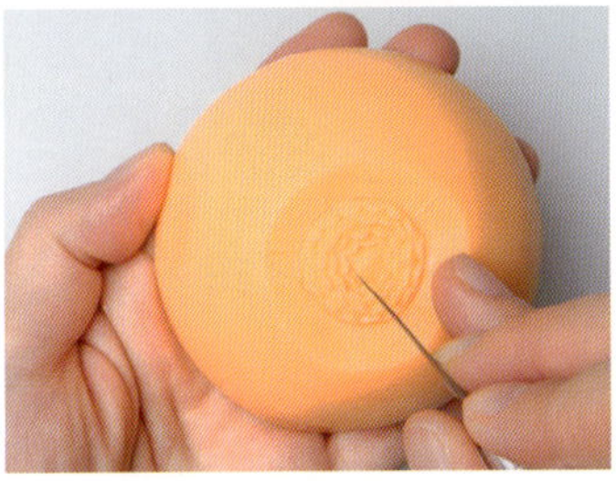

11. 스텐조각도가 들어가지 않는 곳은 샤토나이프로 둥근라인을 그려준다

12. 칼을 눕혀 라인이 드러나도록 파내준다

13. 반복하여 센터봉오리를 완성한다

14. 등분선 안쪽으로 칼을 눕혀 굴곡라인을 파낸다

15. 동일한 방법으로 첫번째 층 모두 파내준다

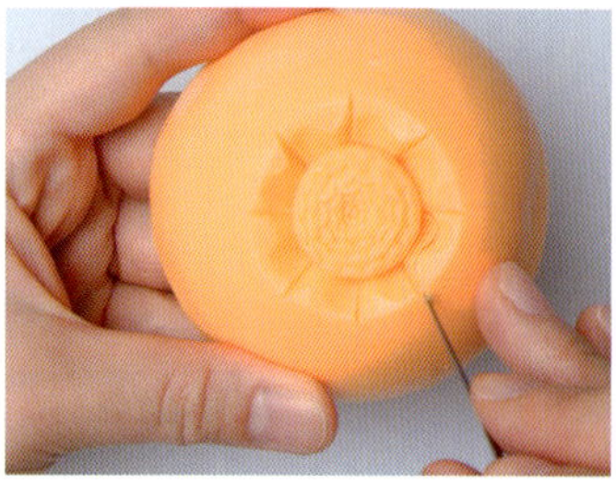

16. 칼을 세워 파내준 곳 위쪽에 굴곡 라인을 그린다

17. 첫번째 층 모두 굴곡라인을 그린다

18. 등분선을 더 아래쪽까지 선명하게 그려준다

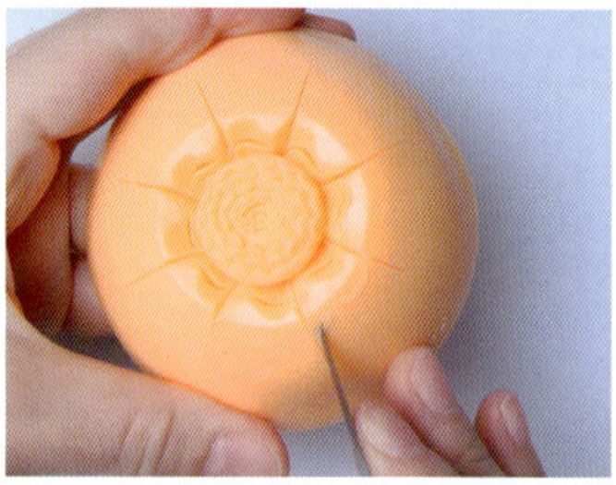

19. 첫번째 층과 똑같은 굴곡라인을 조금 더 크게 파내준다

20. 칼을 세워서 파낸곳 위에 굴곡 라인을 그린다

21. 두번째 층 모두 완성한다

22. 칼을 눕혀 동일한 모양으로 조금 더 크게 굴곡라인을 파내준다

23. 세번째 층 모두 파내준 모습이다

24. 칼을 세워 파내준 굴곡라인 위로 곡선을 그린다

25. 세번째 층 모두 완성한다

26. 칼을 눕혀 세번째 층과 같은 굴곡라인으로 더 크게 파내준다

27. 칼을 세워 파내준 굴곡라인 위로 톱니모양 곡선을 그린다

28. 라인이 드러나게 칼을 눕혀서 아래쪽을 파낸다

29. 떨어지는 조각을 제거한다

30. 완성한다

2급 실기 - 12

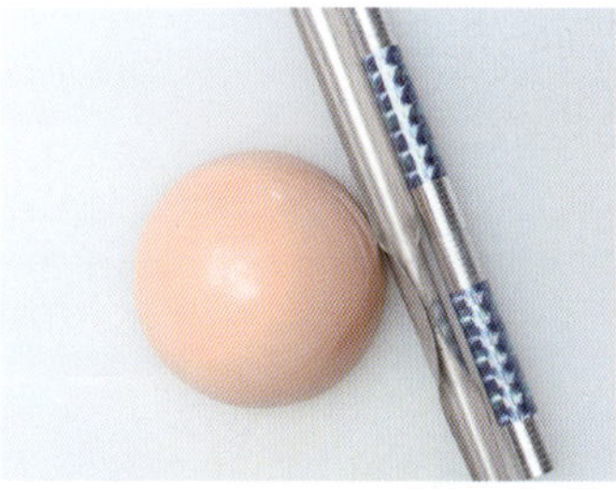

1. 비누와 도구를 준비한다

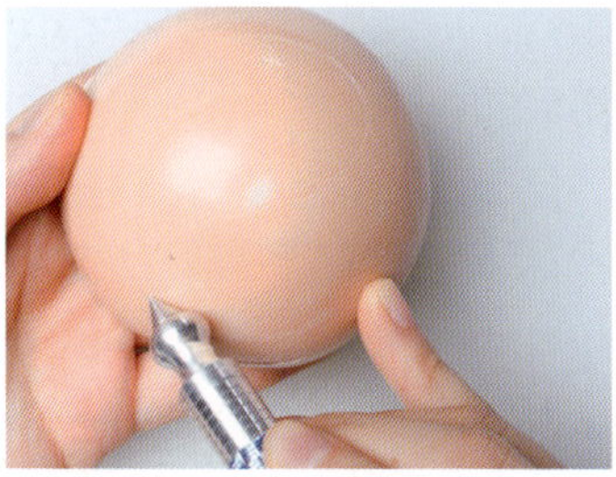

2. 뾰족한 도구를 이용해서 큰 S라인을 드로잉한다

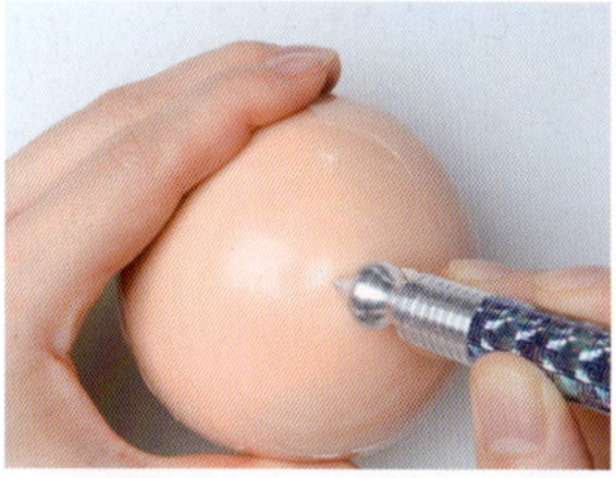

3. 뾰족한 부분으로 S라인의 중간지점을 찍는다

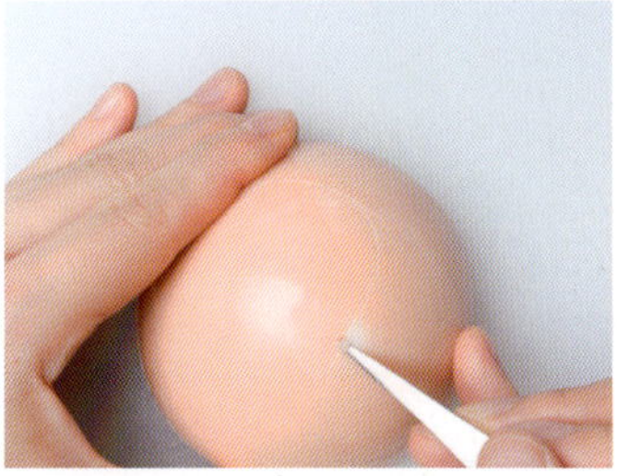

4. 칼을 살짝 눕혀 중간지점을 원뿔모양으로 파낸다

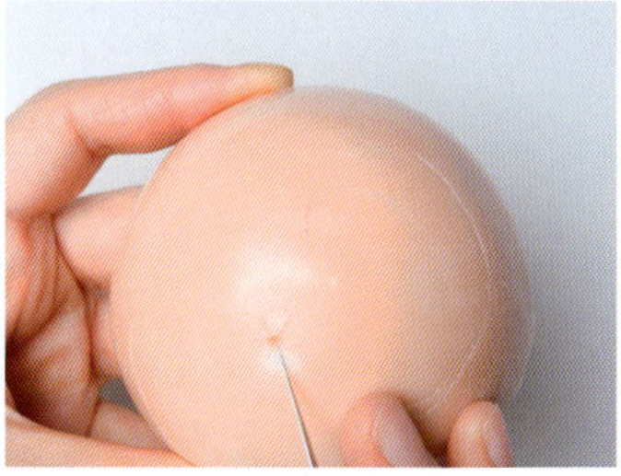

5. 파낸 부분을 6등분 한다

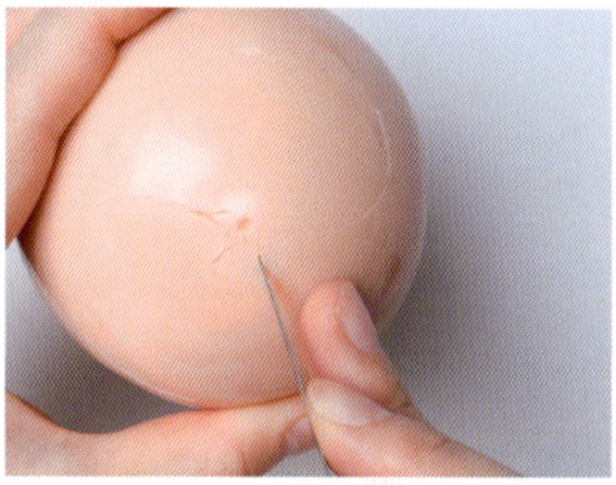

6. 칼을 똑바로 세워 6개의 꽃잎을 그린다

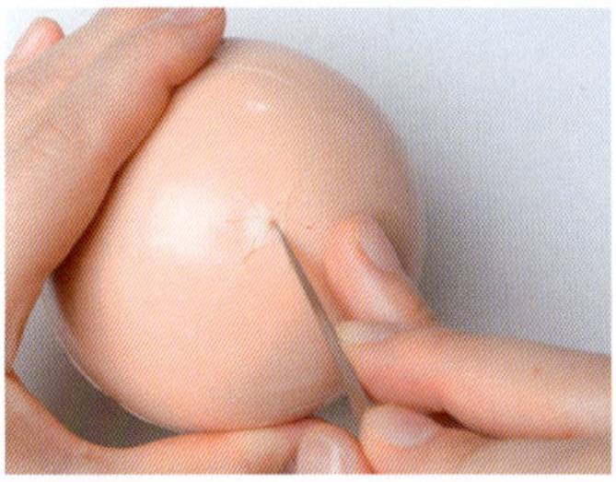

7. 칼을 눕혀 꽃잎라인 안쪽을 V자로 파낸다

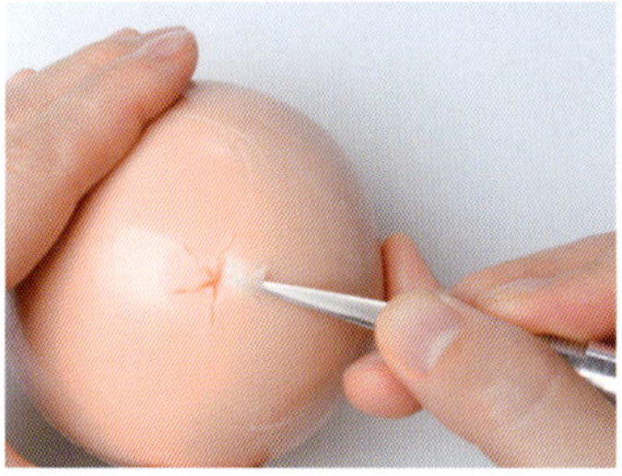

8. 칼을 눕혀 라인 바깥쪽을 파낸다

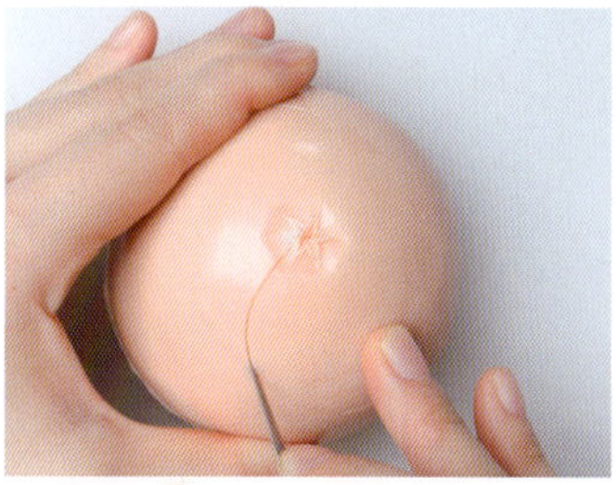

9. 칼을 세워 드로잉을 따라 선을 넣는다

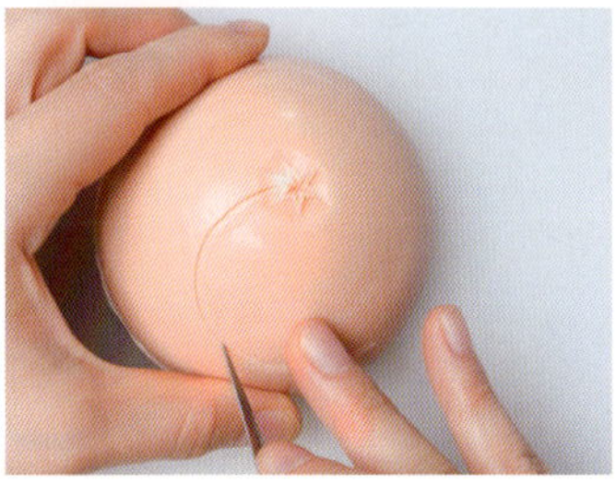

10. 한줄 더 넣어서 라인을 그린다

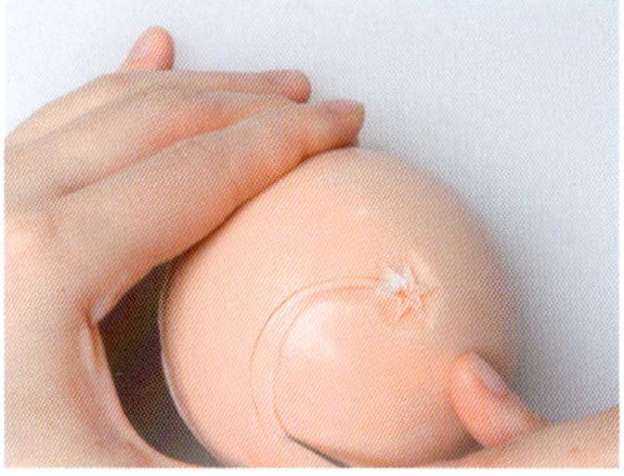

11. 칼을 눕혀서 라인이 드러나도록 파낸다

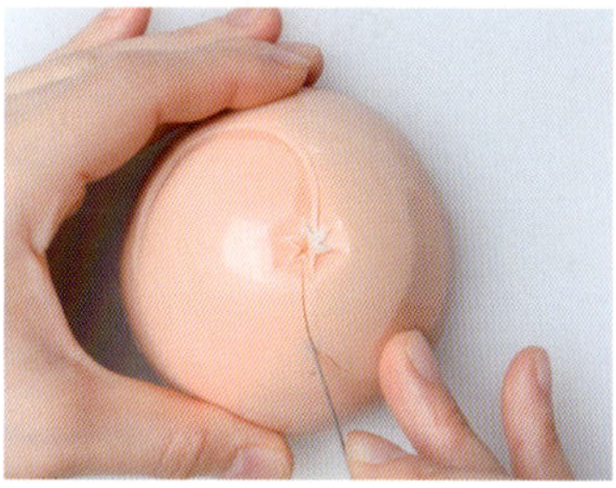

12. 반대쪽도 마찬가지로 칼을 세워 라인 두줄을 그린다

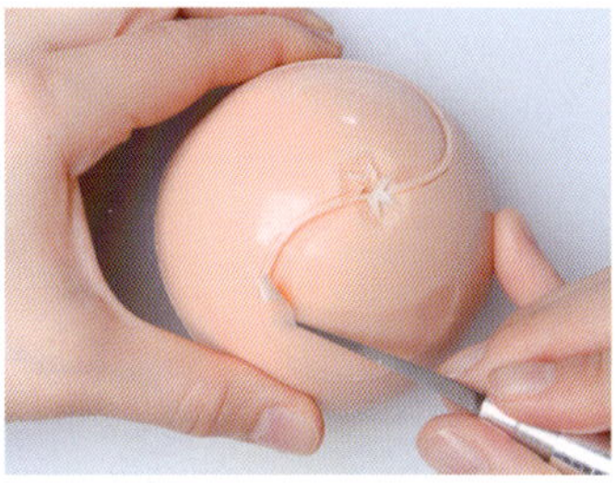

13. 칼을 눕혀 라인이 드러나도록 파낸다

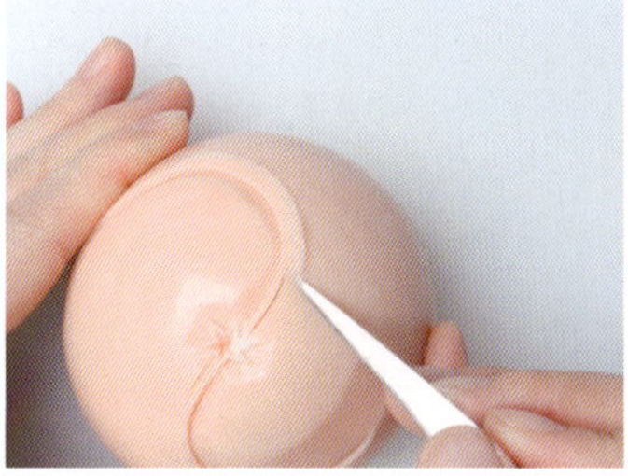

14. 바깥쪽도 파내준다

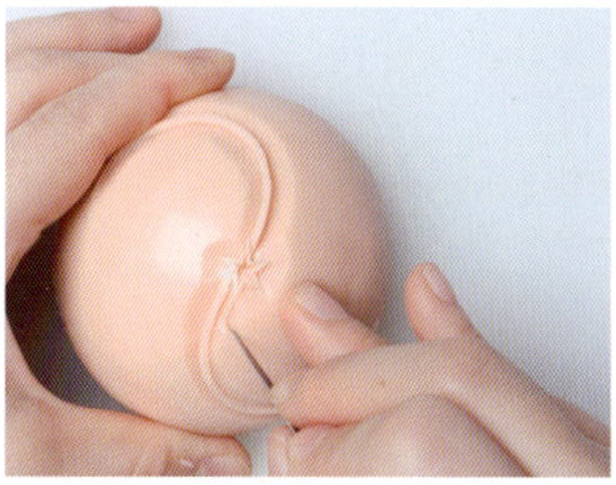

15. 칼을 세워 S라인 주변으로 굴곡라인을 그린다

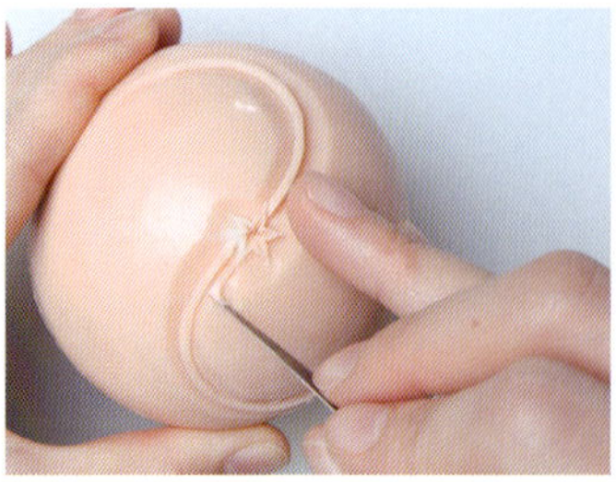

16. 굴곡라인의 꼬리 부분도 칼을 세워 그려준다

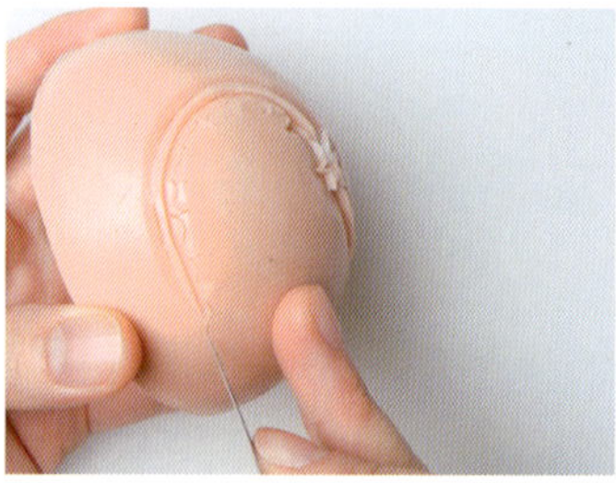

17. 마지막 부분에는 꽃잎라인으로 마무리한다

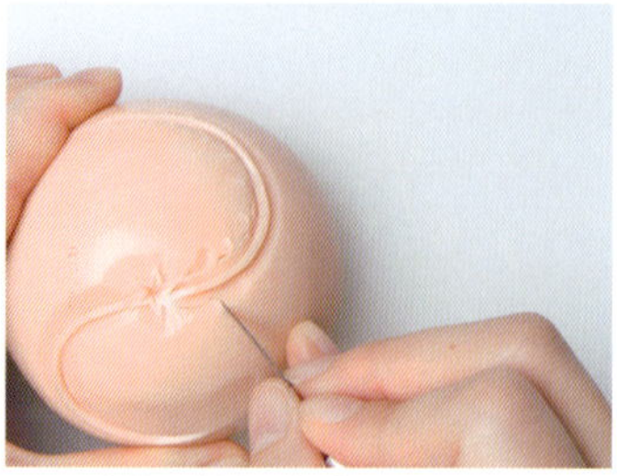

18. 칼을 세워 반대쪽 부분에도 굴곡라인을 그린다

19. 꽃잎라인으로 마무리한다

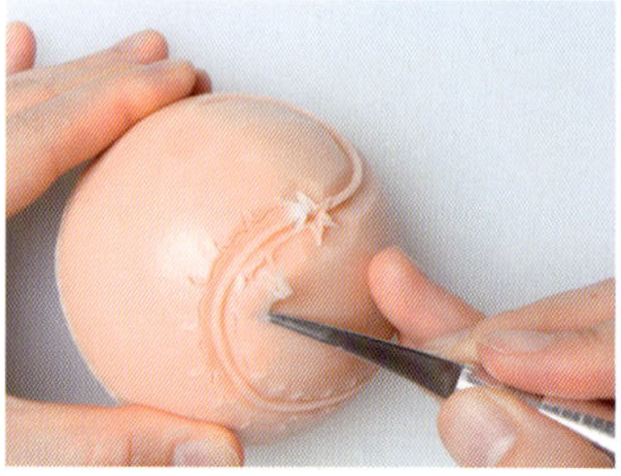

20. 칼을 눕혀 라인이 드러나도록 파내준다

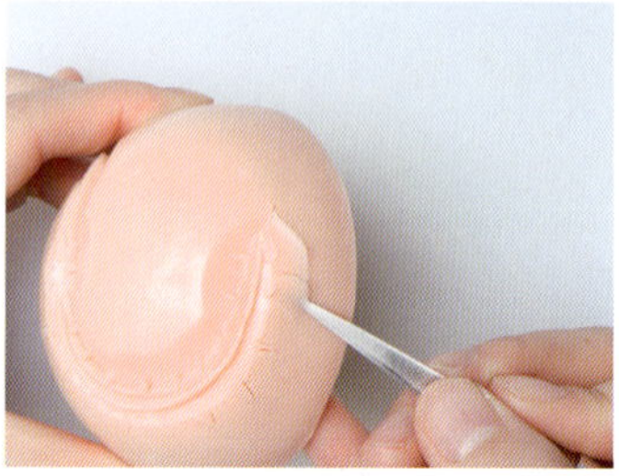

21. 바깥부분도 파내준다

22. 칼을 눕혀 굴곡라인 안쪽을 입체감있게 파내준다

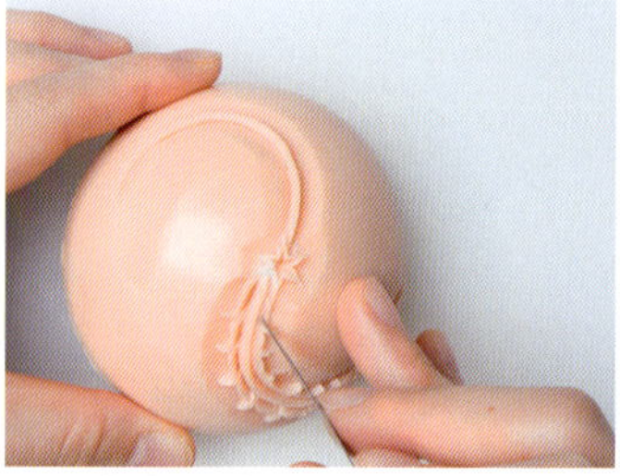

23. 반대쪽 라인 안쪽도 파내준다

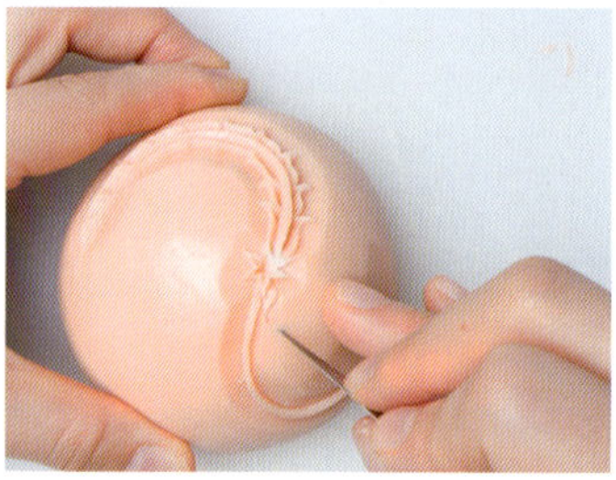

24. 반대편 라인도 동일한 라인을 그린다

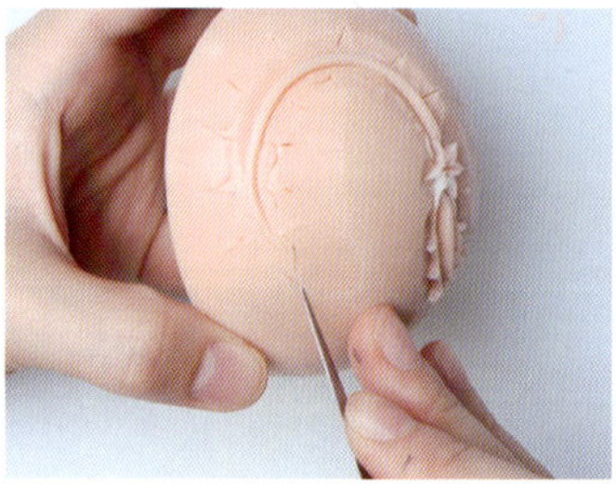

25. 꽃잎라인으로 마무리한다

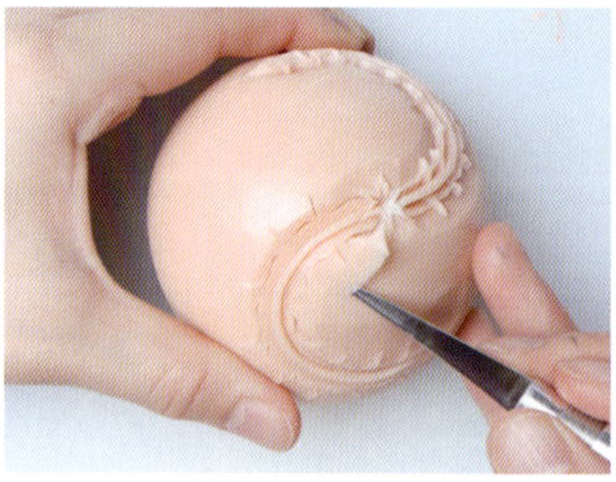

26. 칼을 눕혀서 라인 바깥쪽을 파낸다

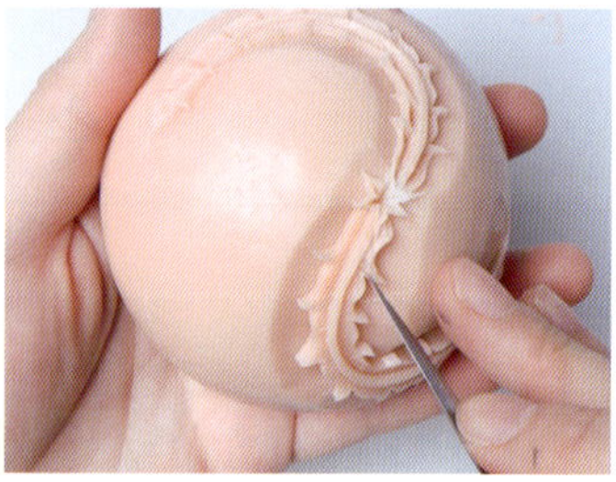

27. 굴곡라인 안쪽을 입체감있게 파낸다

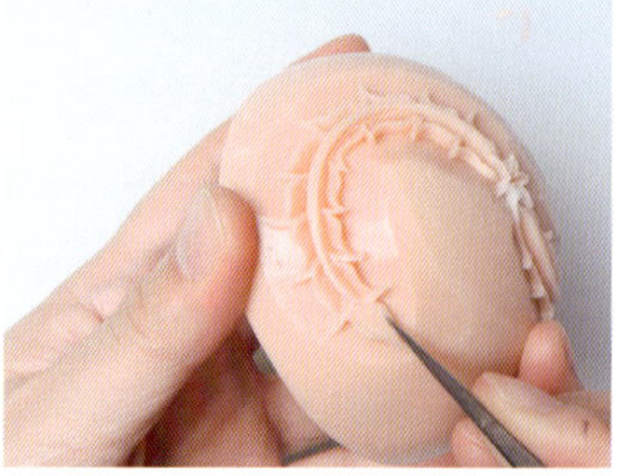

28. 꽃잎라인 안쪽도 입체감있게 파내준다

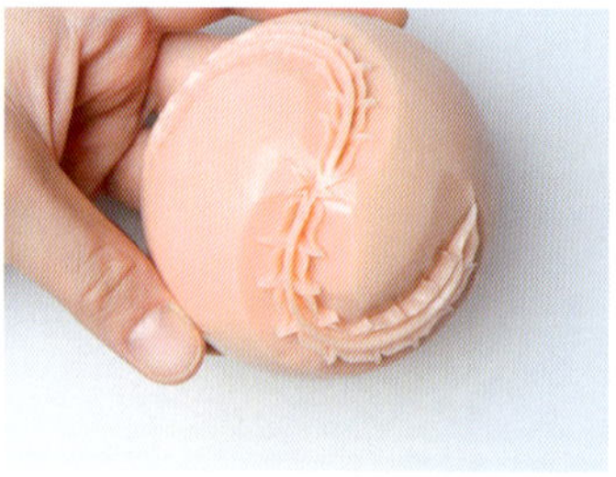

29. 사진과같다

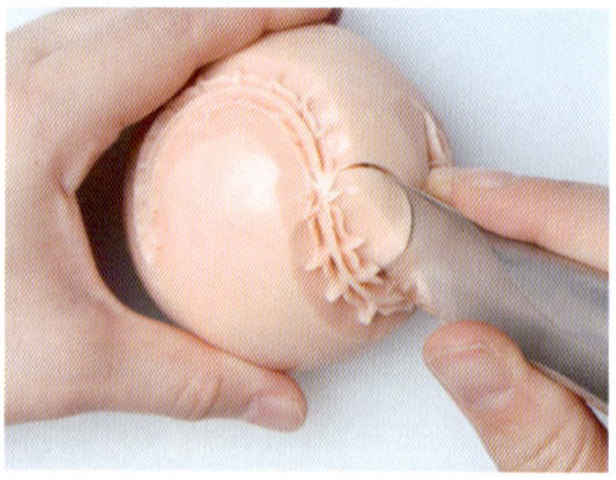

30. 스텐조각도 5호의 작은부분을 세워 반원을 찍어준다

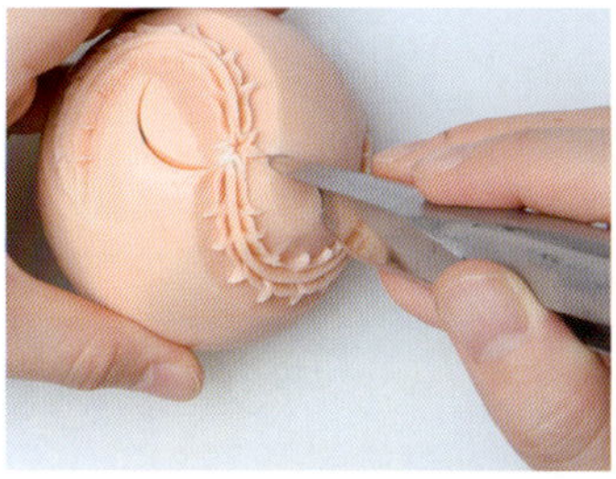

31. 반대편에도 동일한 위치에 반원을 찍어준다

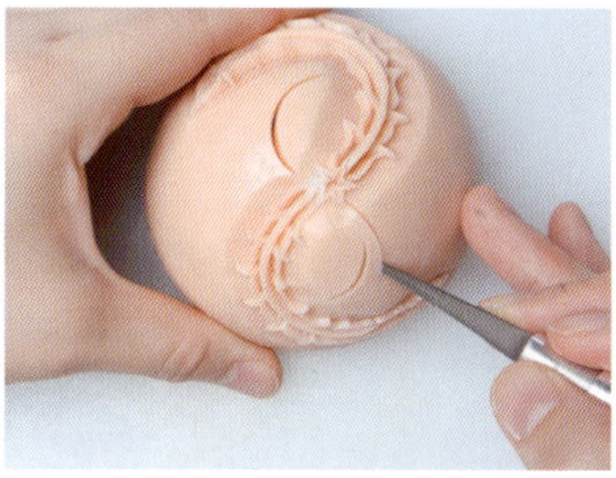

32. 칼을 눕혀 원 바깥쪽을 제거한다

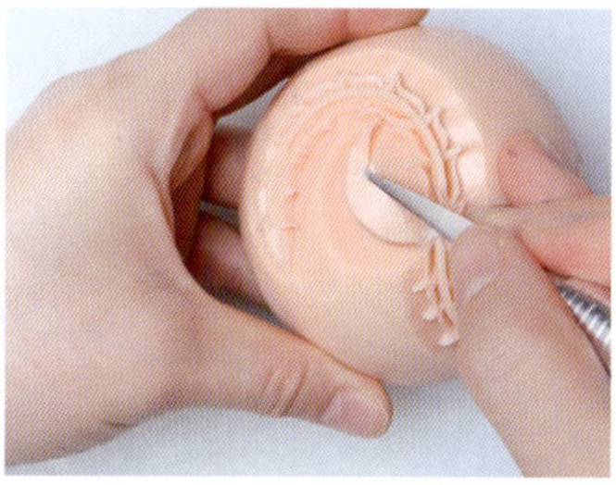

33. 칼을 눕혀 원 안쪽 모서리를 제거한다

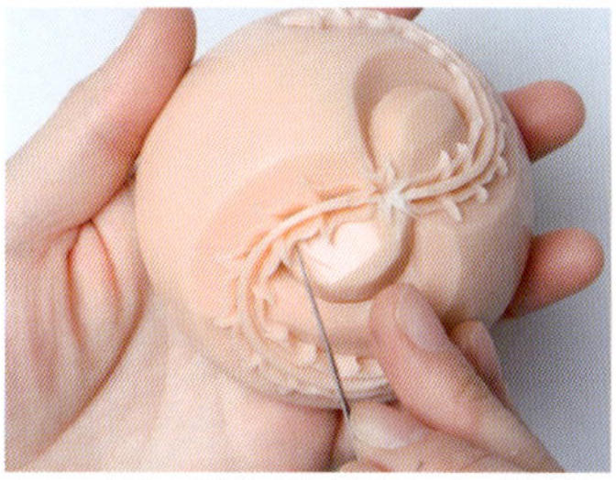

34. 칼을 세워 센터봉오리 라인을 곡선으로 그린다

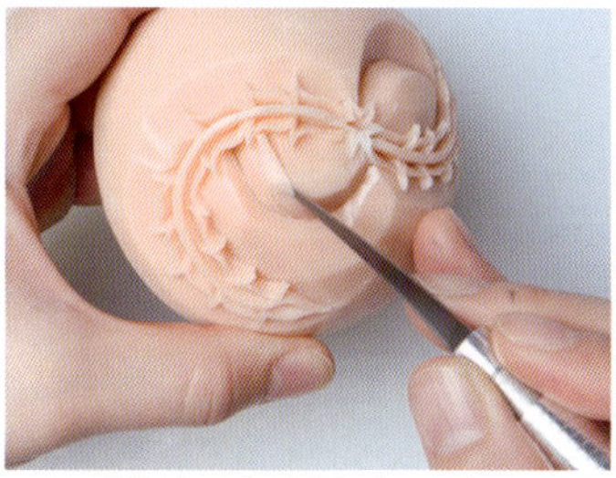

35. 칼을 눕혀 라인이 드러나도록 파낸다

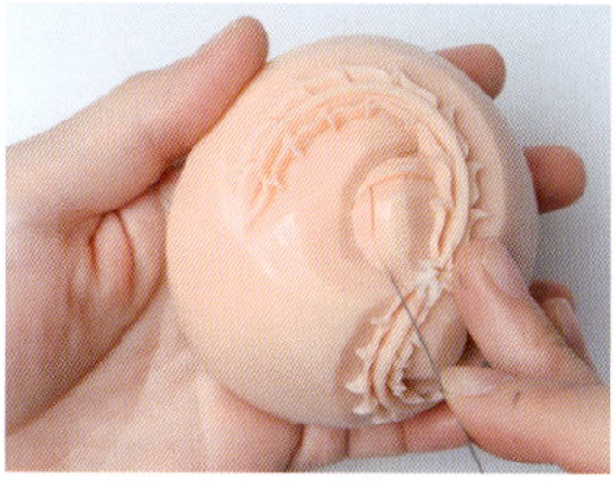

36. 칼을 세워 라인을 곡선으로 그린다

37. 칼을 눕혀 라인이 드러나도록 파낸다

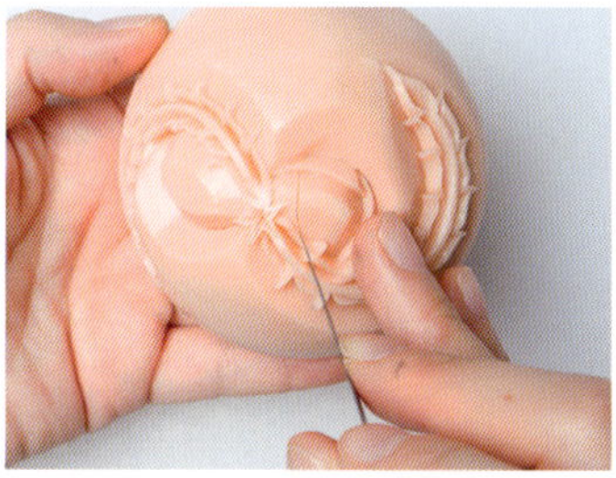

38. 칼을 세워 세번째 라인을 곡선으로 그린다

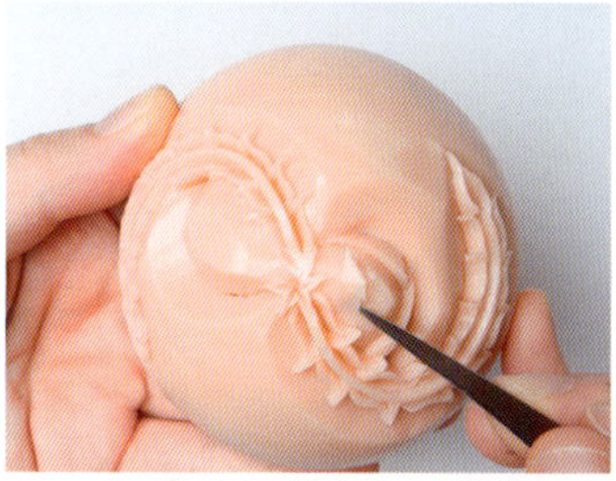

39. 칼을 눕혀 라인이 드러나도록 파내준다

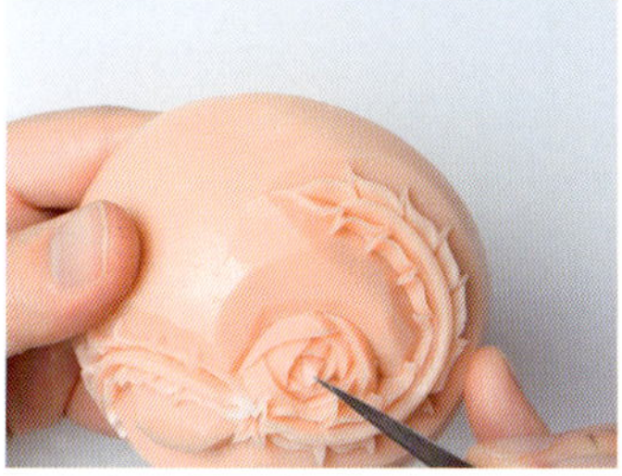

40. 반복하여 센터봉오리를 완성한다

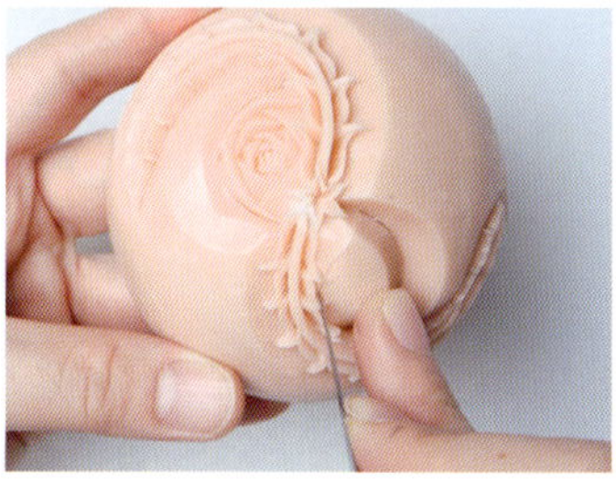

41. 반대편 센터봉오리도 34번과 동일하게 센터봉오리 작업을 해준다

42. 센터봉오리가 모두 완성된 모습이다

43. 센터봉오리 바깥쪽을 4등분 해준다

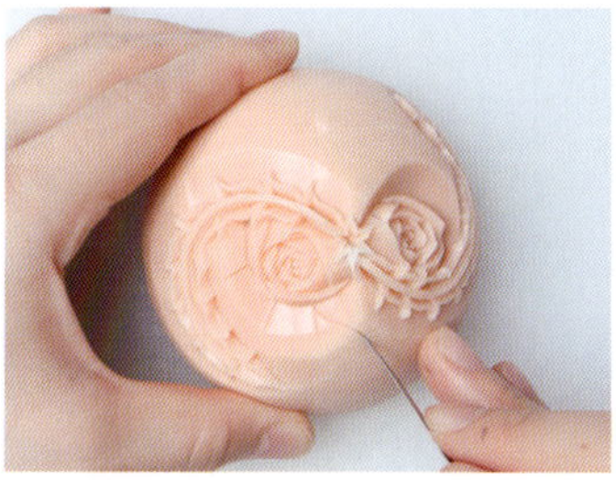

44. 칼을 세워 왼쪽꽃잎라인을 곡선으로 그린다

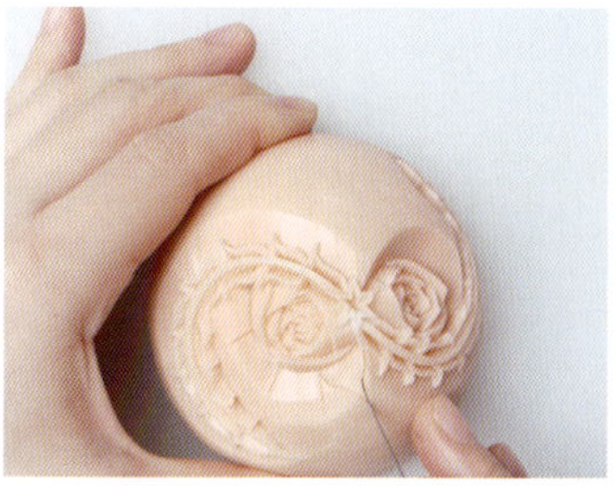

45. 오른쪽 꽃잎라인도 곡선으로 그린다

46. 네 개의 꽃잎라인을 모두 그리다

47. 칼을 눕혀 라인 안쪽을 입체감있게 파내준다

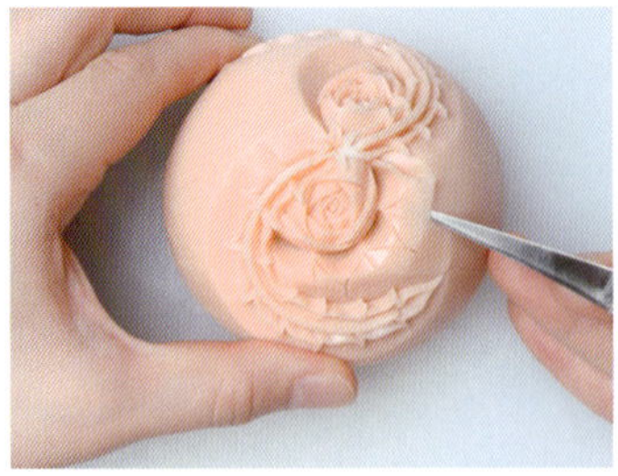

48. 칼을 눕혀 꽃잎라인 바깥쪽을 파내준다

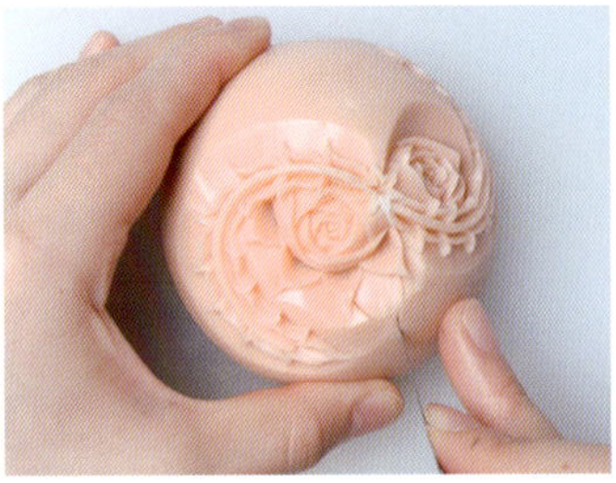

49. 꽃잎과 꽃잎 사이 9부에서 새로운 꽃잎라인을 그려준다

50. 칼을 눕혀 꽃잎라인 안쪽을 입체감있게 파낸다

51. 칼을 눕혀 라인 바깥쪽을 제거한다

52. 꽃잎과 꽃잎 사이 9부에서 새로운 꽃잎라인을 그린다

53. 칼을 눕혀 라인 안쪽을 입체감있게 파낸다

54. 칼을 눕혀 라인 바깥쪽을 파낸다

55. 사진과 같은 위치에 스텐조각도를 사용하여 반원을 찍는다

56. 칼을 눕혀 라인 바깥쪽을 파낸다

57. 칼을 눕혀 안쪽 모서리를 제거한다

58. 칼을 세워 첫번째 센터봉오리 라인을 곡선으로 그린다

59. 칼을 눕혀 라인이 드러나도록 제거한다

60. 36번~40번의 과정을 반복하여 센터봉오리를 완성한다

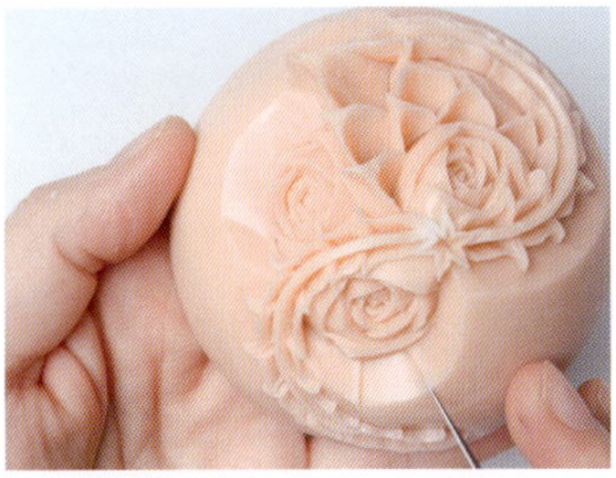

61. 원 바깥쪽을 4등분 한다

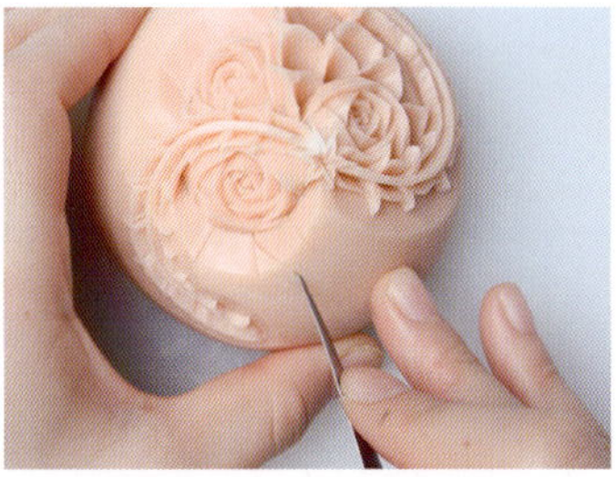

62. 반대쪽과 같이 작업해준다

63. 스텐조각도를 세워 사진과 같은 위치에 반원을 찍는다

64. 32번~42번 과정처럼 센터봉오리를 완성해준다

65. 칼을 세워 원 바깥쪽을 4등분한다

66. 44번~51번 순서와 같이 꽃잎라인을 2층까지 완성해준다

67. 반대편도 마찬가지로 작업해준다

68. 완성한다

제 2장

비누카빙 1급

1급 실기 - 1

1. 비누와 도구를 준비한다

2. 각도를 앞으로 밀며 받침대를 만들어준다

3. 각도를 뒤로 당기며 드로잉 한다

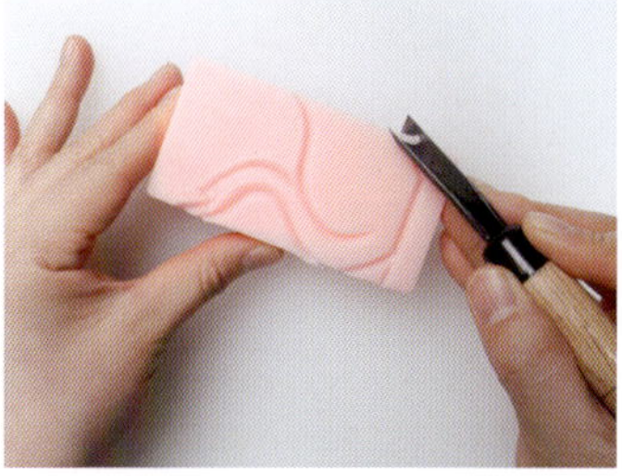

4. 각도를 앞으로 밀며 드로잉을 따라 파내준다

5. 칼을 똑바로 세워 필요없는 부분을 제거한다

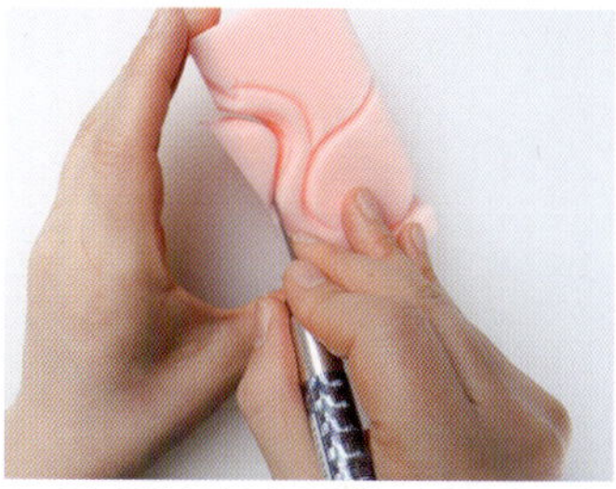

6. 목 앞쪽의 필요없는 부분을 제거한다

7. 필요없는 부분 제거가 끝난 모습이다

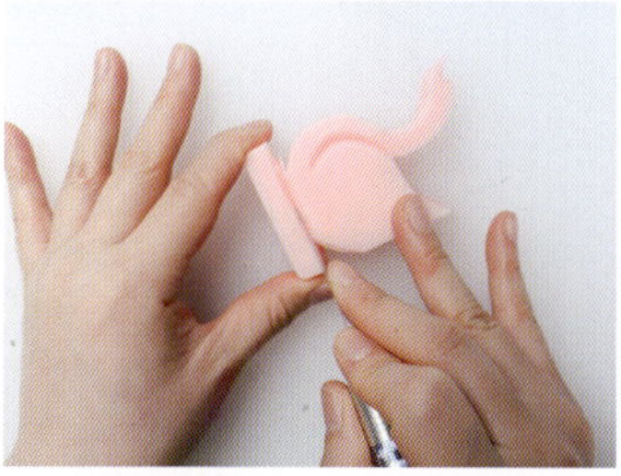

8. 칼을 세워 비누 두께의 3분의1 만큼 칼날을 넣어준다

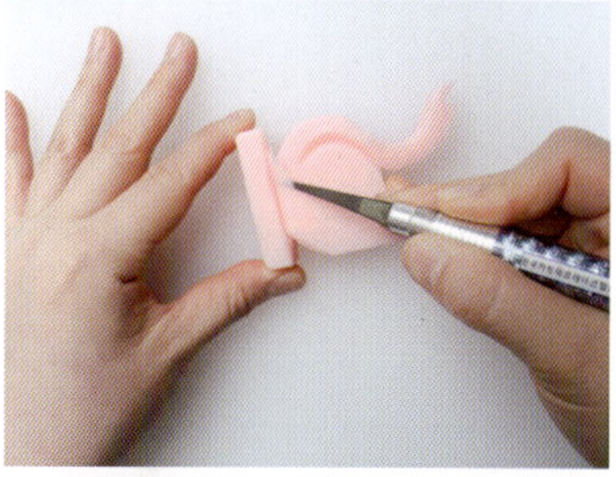

9. 칼을 눕혀 입체감이 드러나도록 파낸다

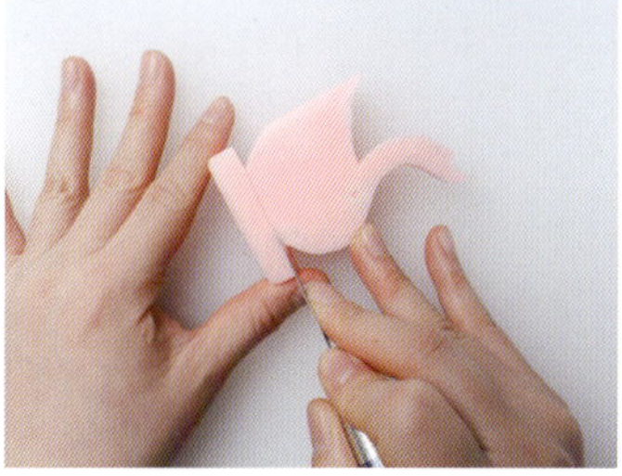

10. 드로잉이 되어있지 않은 뒷면에도 칼을 3분의1만큼 넣는다

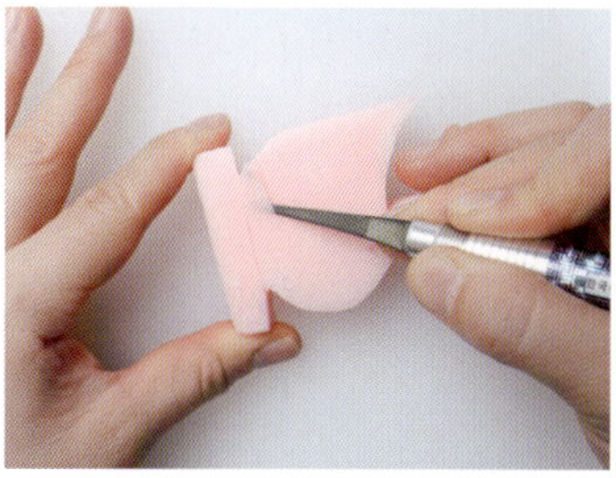

11. 칼을 눕혀 입체감이 드러나도록 파낸다

12. 각도로 목 라인을 드로잉한다

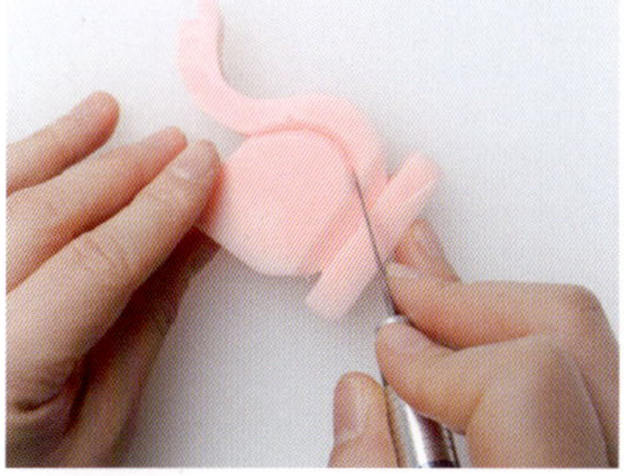

13. 마찬가지로 비누두께의 3분의 1만큼 칼날을 넣어준다

14. 목 라인이 드러나도록 머리 양쪽부분을 제거한다

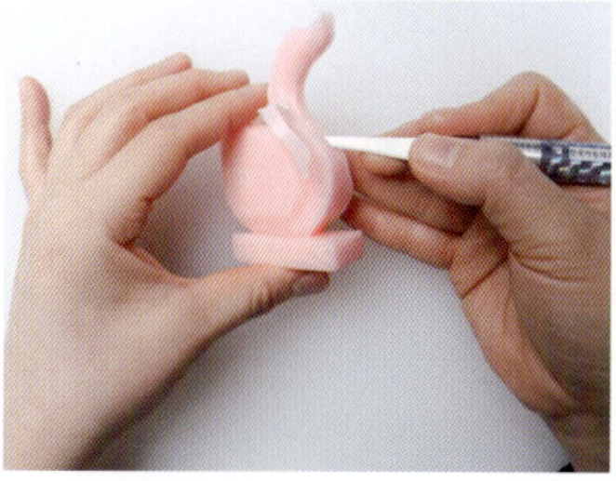

15. 목부터 몸통 아래쪽까지 모서리를 제거한다

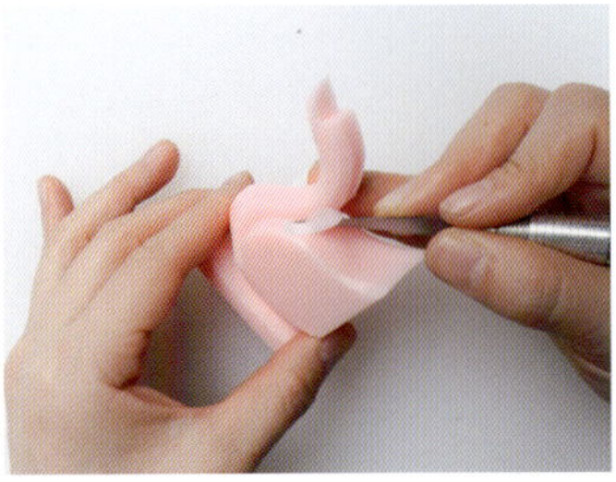

16. 머리부터 등 위까지 모서리를 제거한다

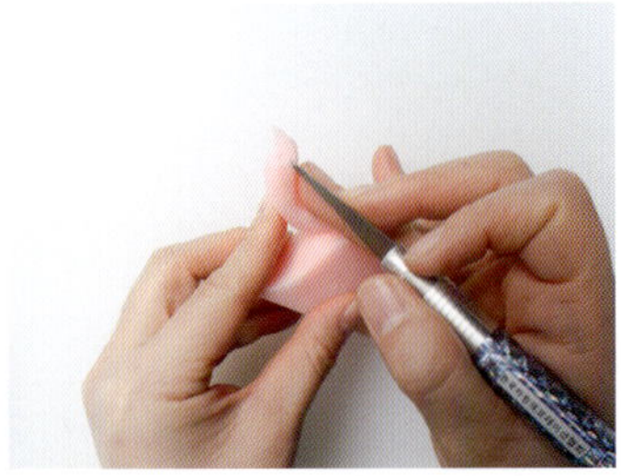

17. 부리 쪽에 칼날을 살짝 넣어준다

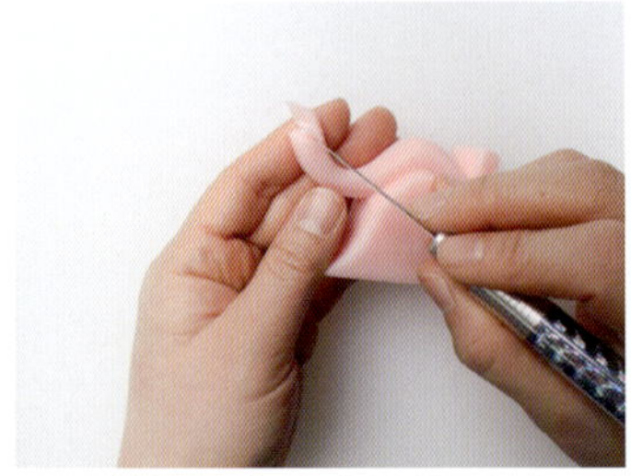

18. 칼을 굴려 머리 쪽을 자연스럽게 만들어준다

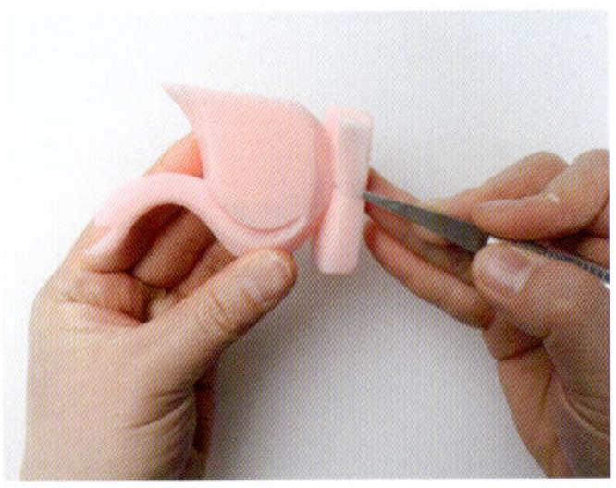

19. 받침대도 예쁘게 정리해준다

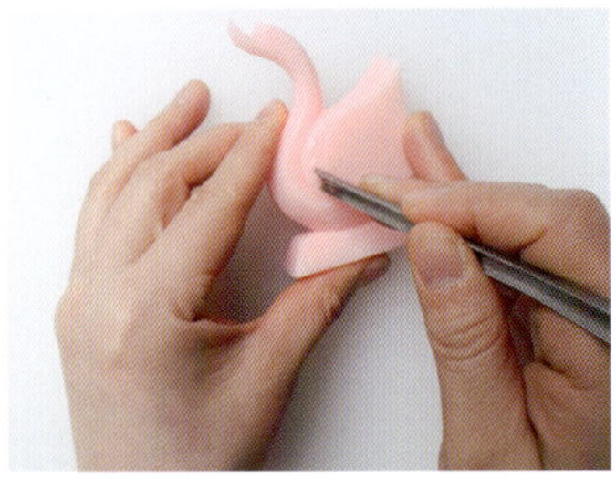

20. 스텐조각도 1호의 작은부분으로 날개깃을 찍어낸다

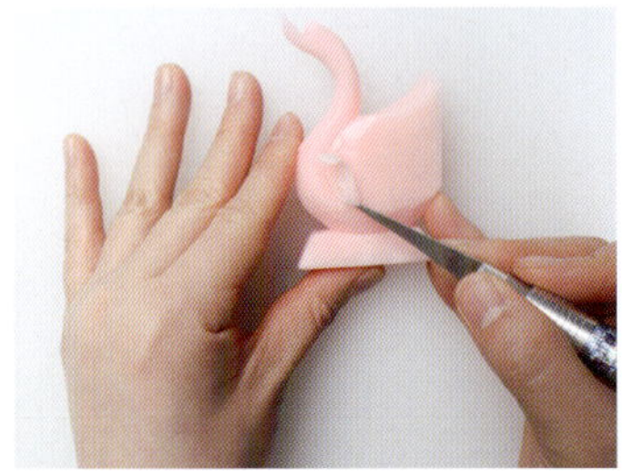

21. 칼을 눕혀 날개깃이 드러나도록 파내준다

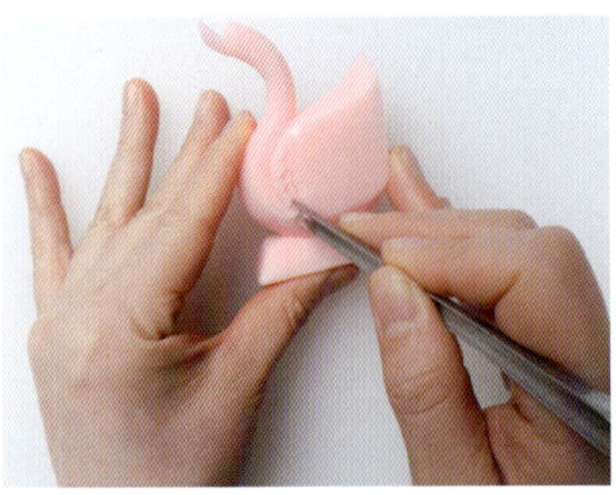

22. 날개깃이 겹치지 않도록 사이사이에 날개를 찍어낸다

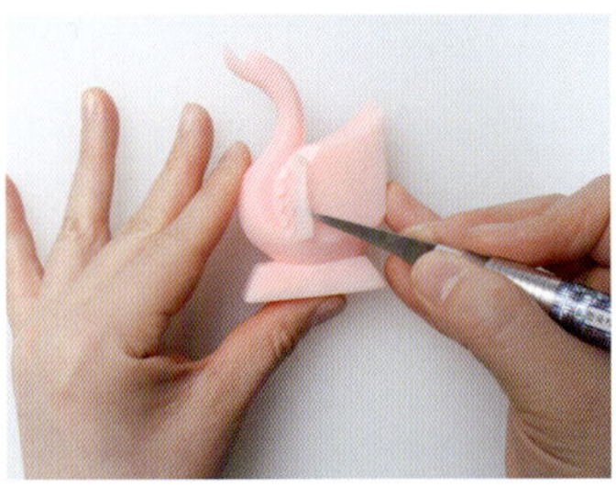

23. 칼을 눕혀 날개깃이 드러나도록 파내준다

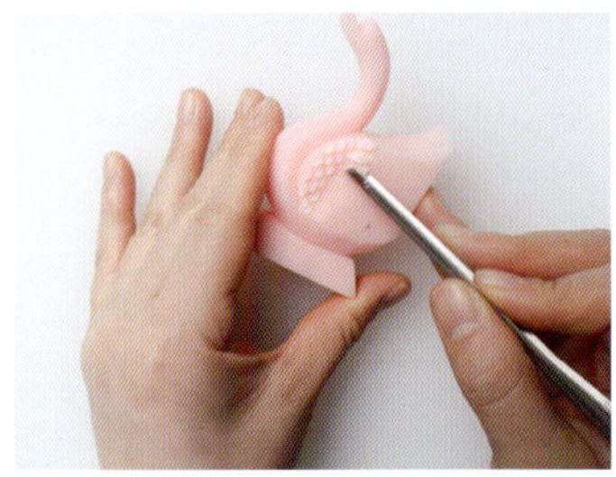

24. 스텐조각도를 살짝 찍고, 눕혀서 돌리며 날개깃을 넣어준다

25. 칼을 눕혀 날개깃이 드러나도록 파내준다

26. 동일한 방법으로 날개깃을 넣어준다

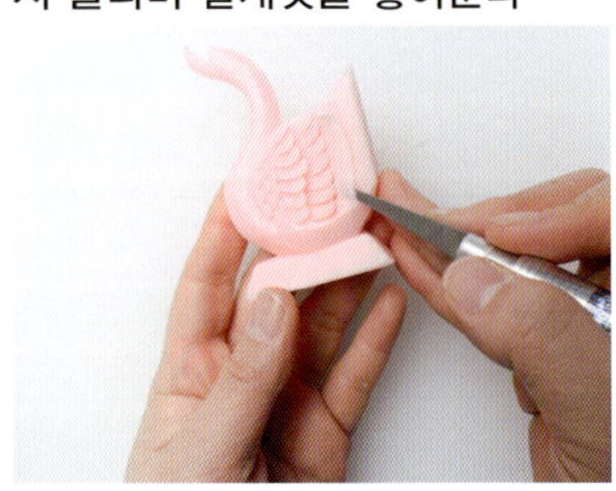

27. 칼을 눕혀 라인 바깥쪽을 파낸다

28. 날개에 입체감이 생기도록 날개깃 위쪽을 둥글게 파낸다

29. 동일한 방법으로 더 큰 날개깃을 넣어준다

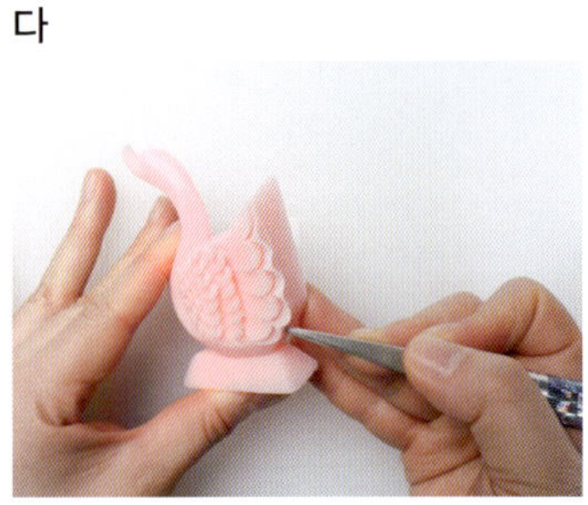

30. 날개가 드러나도록 칼을 눕혀 아래쪽을 파낸다

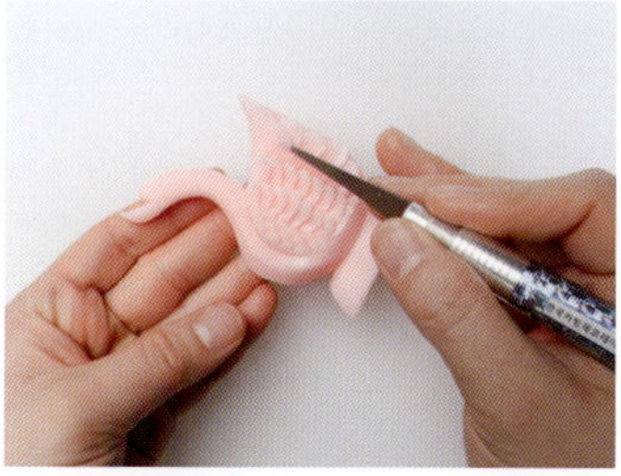

31. 입체감이 드러나도록 날개 깃 위쪽을 둥글게 파낸다

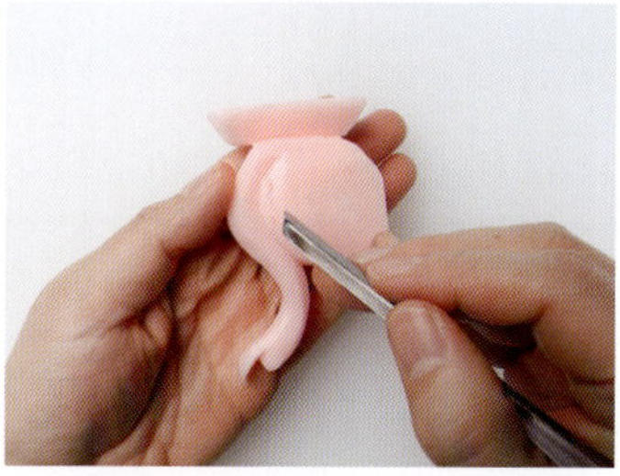

32. 뒷면도 동일하게 날개 작업을 해준다

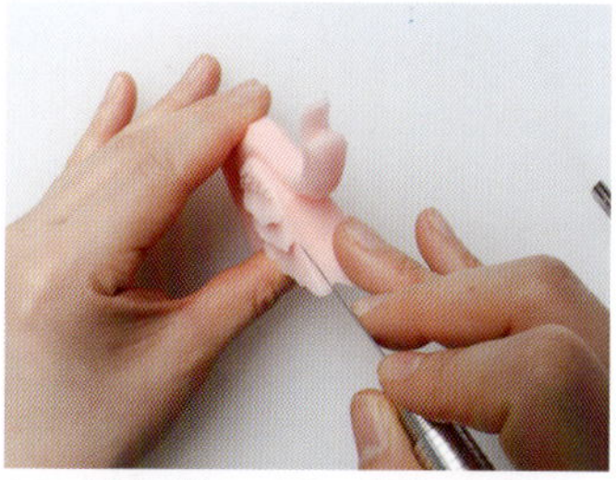

33. 위쪽에는 칼을 세워 라인을 그린다

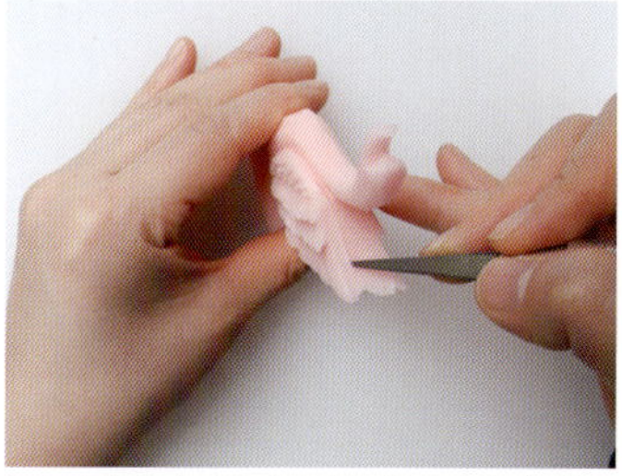

34. 칼을 눕혀 두 날개를 분리해 준다

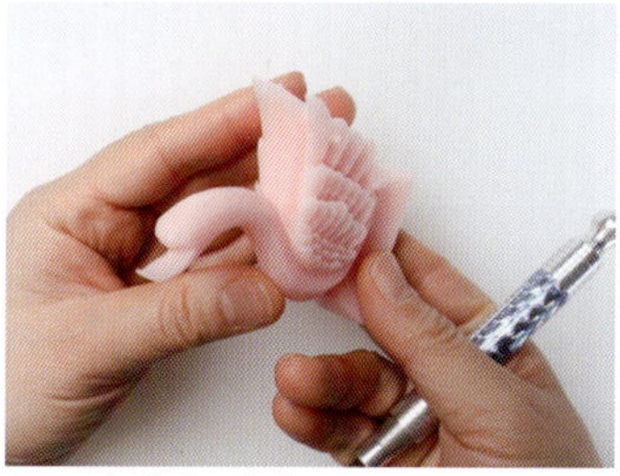

35. 사진과 같다

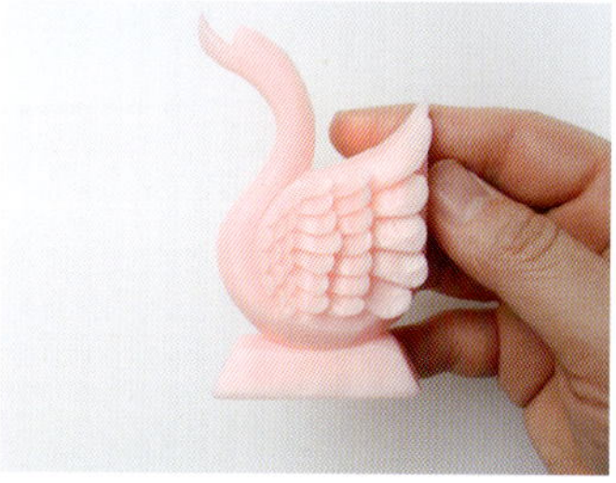

36. 완성한다

1급 실기 - 2

1. 비누와 도구를 준비한다

2. 각도를 앞으로 밀며 받침대를 그린다

3. 각도를 뒤로 당기며 드로잉을 한다

4. 각도를 앞으로 밀며 드로잉을 따라 파낸다

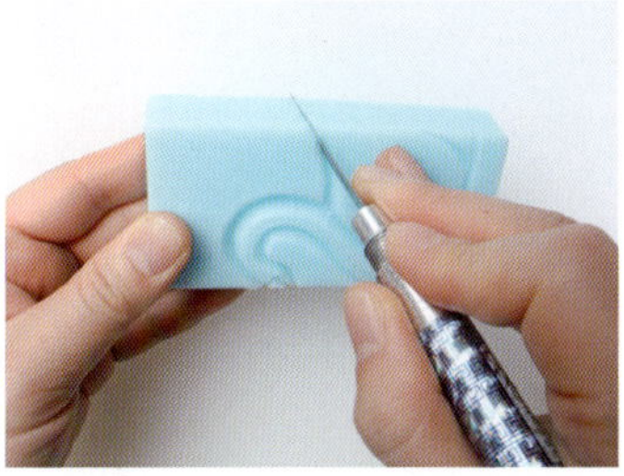

5. 칼을 똑바로 세워 앞뒷면이 똑같도록 필요없는 부분을 잘라낸다

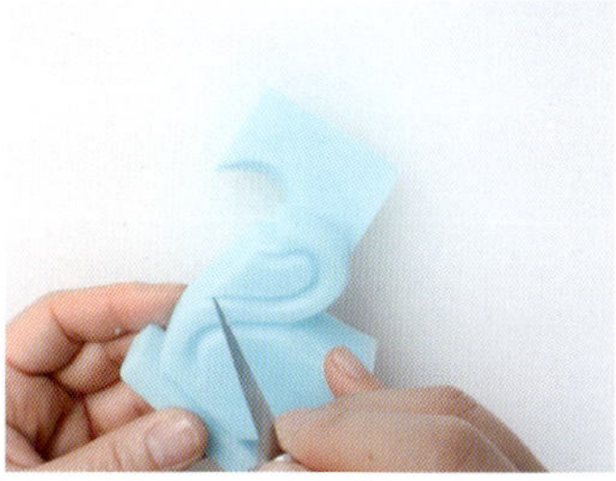

6. 칼을 똑바로 세워 목 앞쪽의 필요없는 부분을 잘라낸다

7. 옆면재단을 끝낸 모습이다

8. 뒷면에도 드로잉이 필요한 부분에 각도로 드로잉을 해준다

9. 목 뒷라인도 드로잉한다

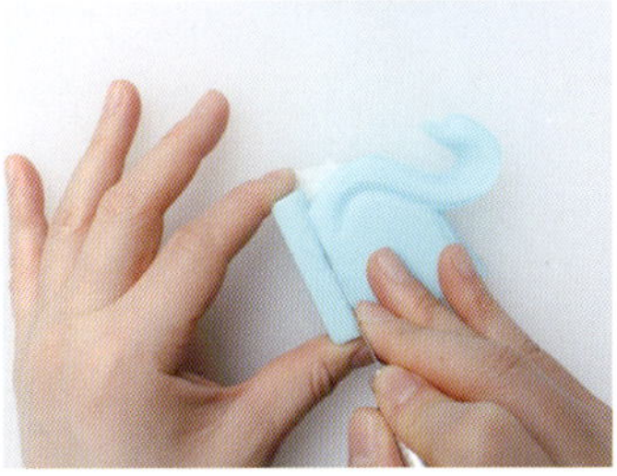

10. 비누 두께의 3분의1만큼 칼을 넣는다

11. 칼을 눕혀 입체감이 생기도록 제거한다

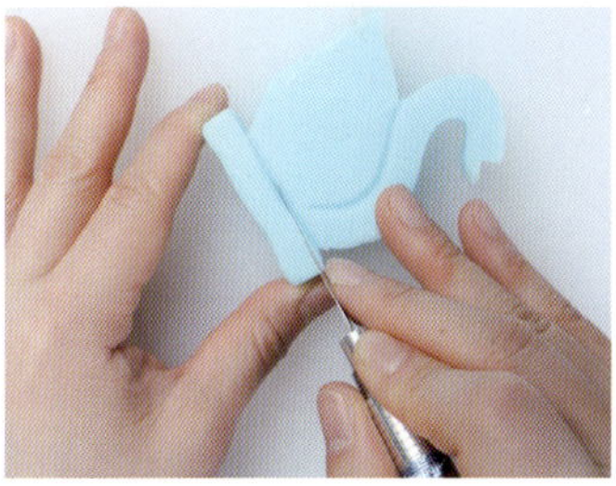

12. 뒷면에도 3분의1정도만 칼날을 넣어준다

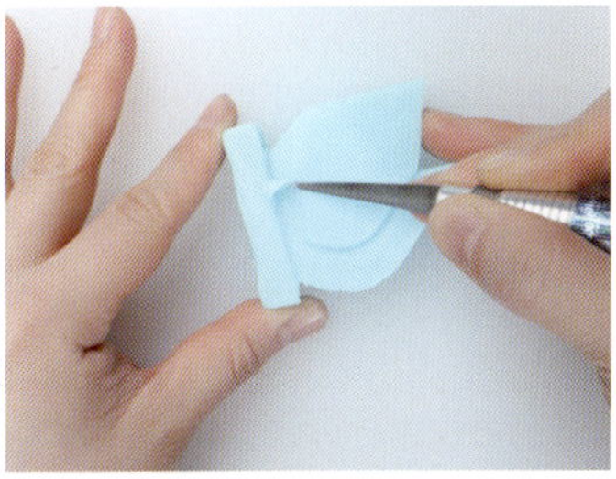

13. 칼을 눕혀 모서리를 제거한다

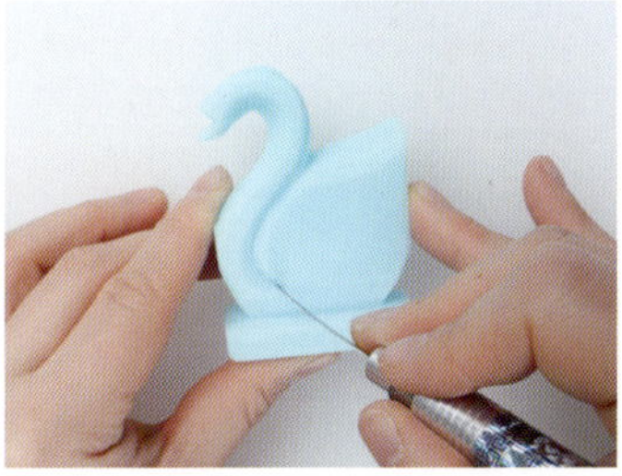

14. 목 라인에도 3분의1만큼 칼날을 넣어준다

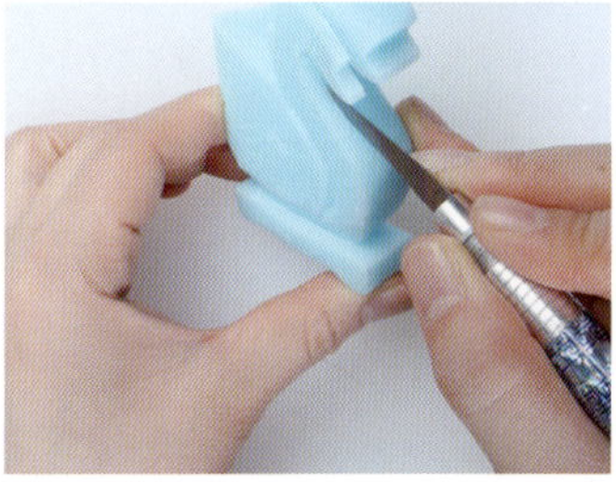

15. 머리 양쪽부분을 4분의1정도 잘라낸다

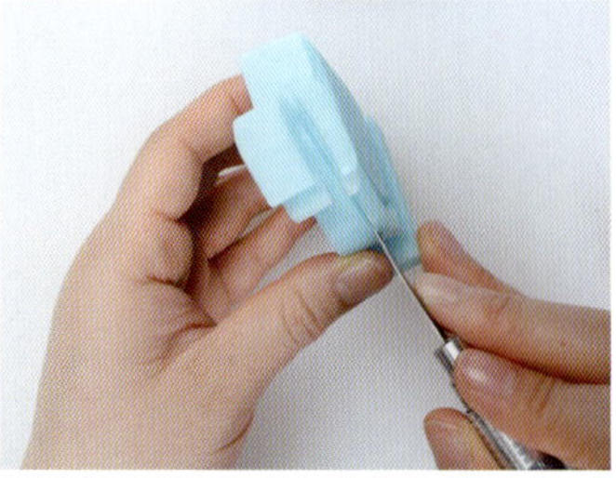

16. 사진과 같다

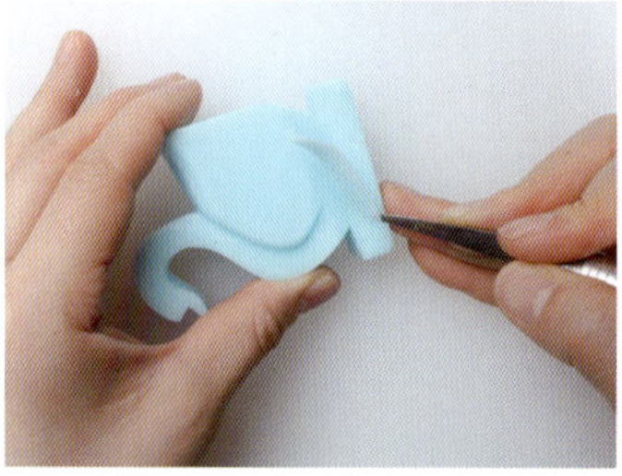

17. 받침대도 예쁘게 다듬어준다

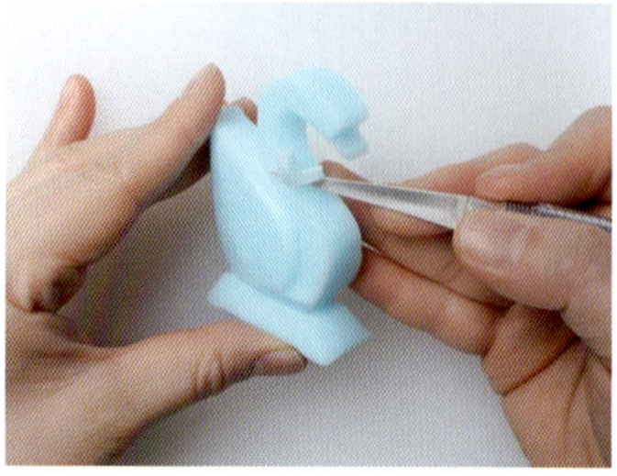

18. 목에서 몸통 아래까지 모서리를 제거한다

19. 앞면 뒷면 모두 모서리를 제거한다

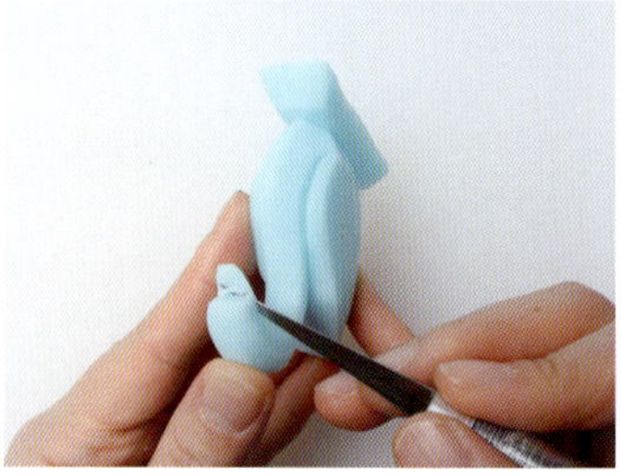

20. 부리쪽에 칼날을 살짝 넣어준다

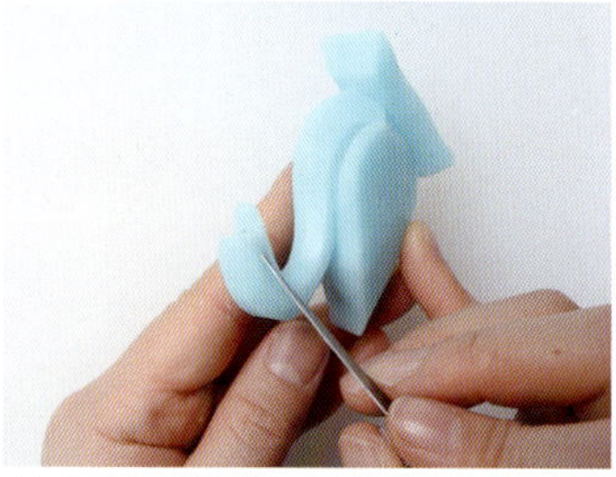

21. 머리 앞부분에 칼을 굴려 자연스럽게 만들어준다

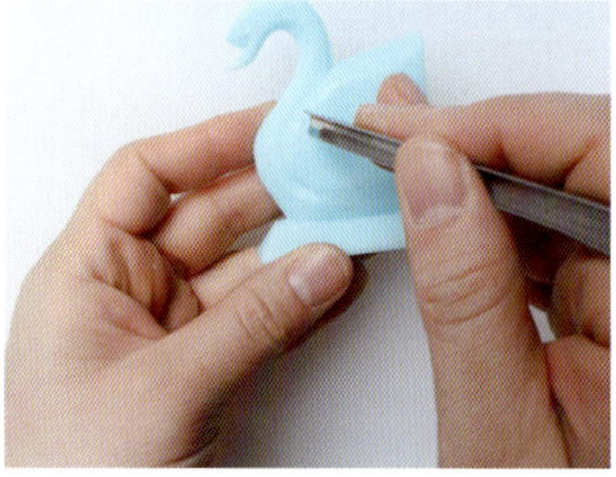

22. 스텐조각도 1호의 작은부분으로 날개깃을 찍어준다

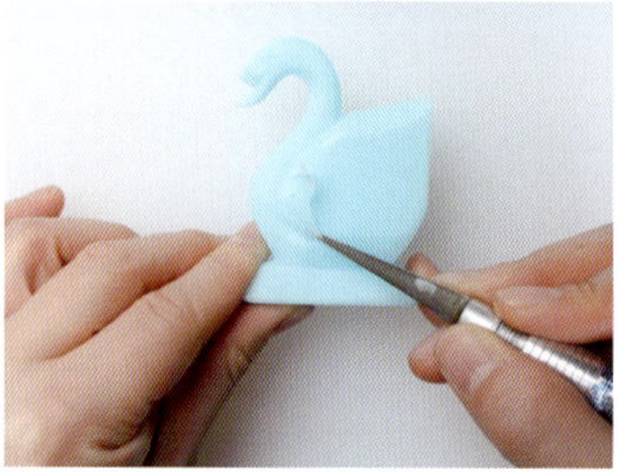

23. 라인이 드러나도록 칼을 눕혀 파내준다

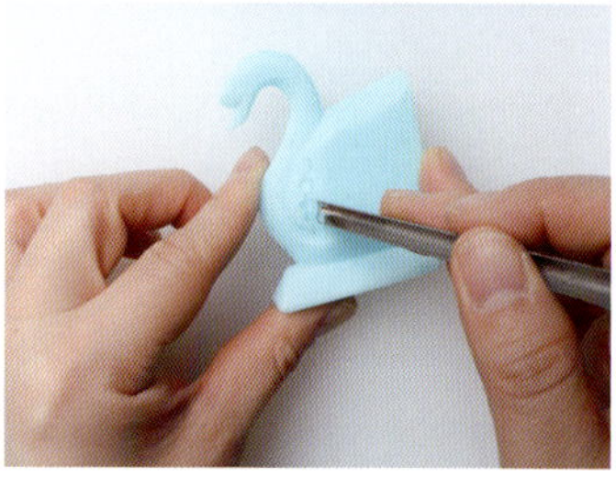

24. 날개깃이 겹치지 않게 사이사이에 다시한번 스텐조각도를 찍어낸다

25. 칼을 눕혀 라인이 드러나도록 파내준다

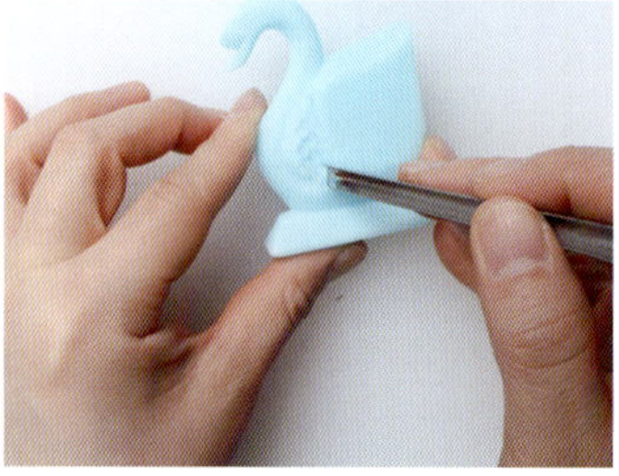

26. 날개깃이 겹치지 않게 사이사이에 다시 한번 스텐조각도를 찍어낸다

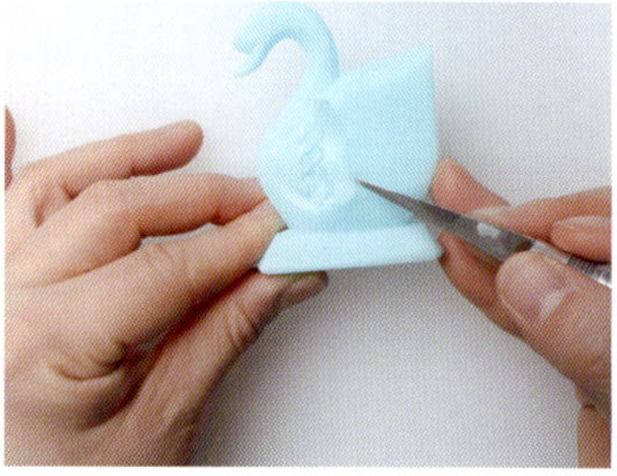

27. 칼을 눕혀 라인이 드러나도록 파낸다

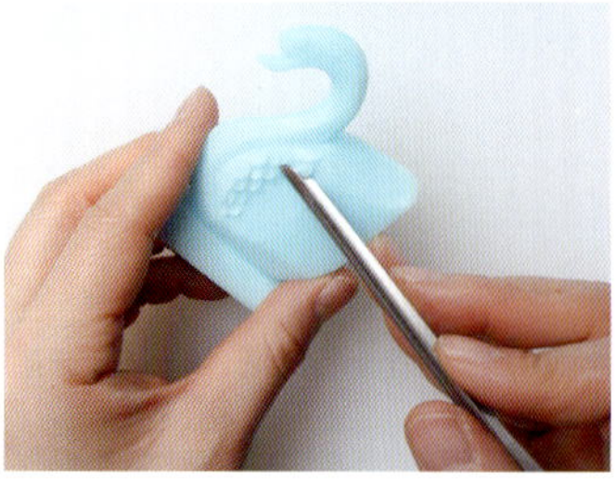

28. 스텐조각도를 찍고, 살짝 돌려서 밀어주며 날개깃을 넣는다

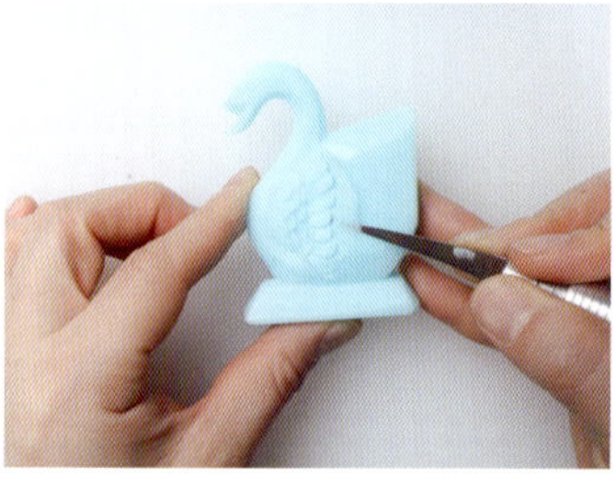

29. 칼을 눕혀 날개가 드러나도록 파내준다

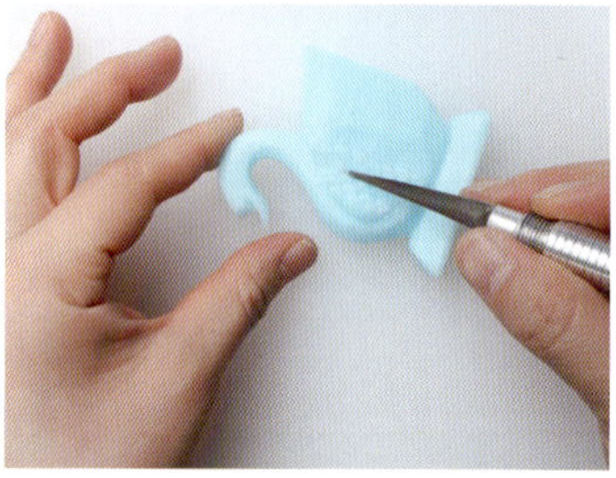

30. 칼을 눕혀 날개 깃 위쪽을 둥글게 파낸다

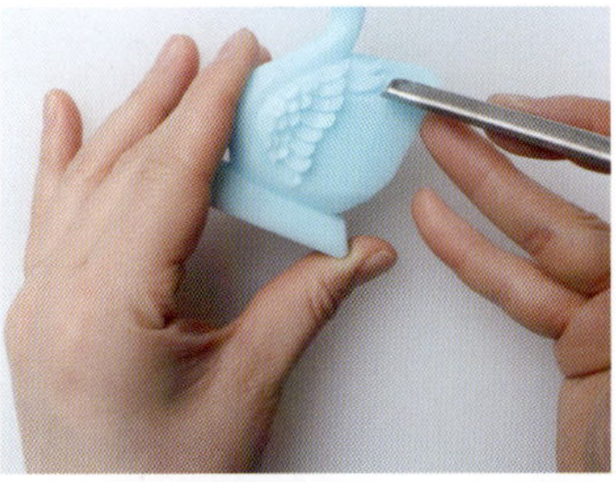

31. 스텐조각도를 찍고, 살짝 돌려서 밀어주며 날개깃을 넣는다

32. 날개깃이 드러나도록 칼을 눕혀 파낸다

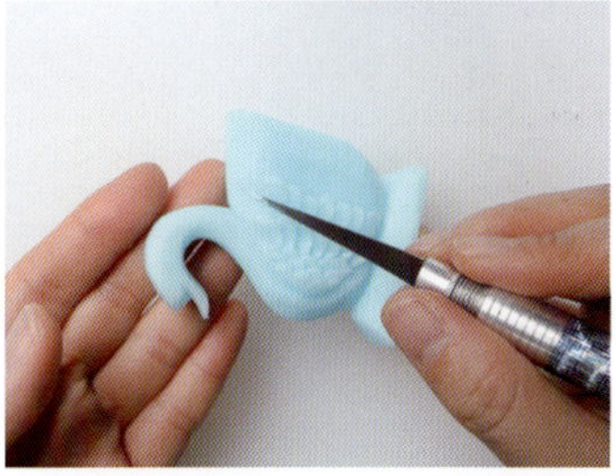

33. 칼을 눕혀 날개 깃 위쪽을 둥글게 파낸다

34. 이전보다 큰 스텐조각도를 찍어 더 큰 날개깃을 만들어준다

35. 칼을 눕혀 날개 뒤쪽을 파내준다

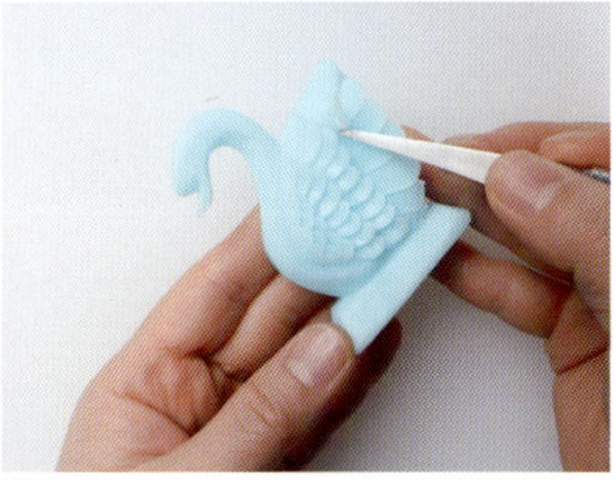

36. 날개깃 위쪽을 둥글게 파내준다

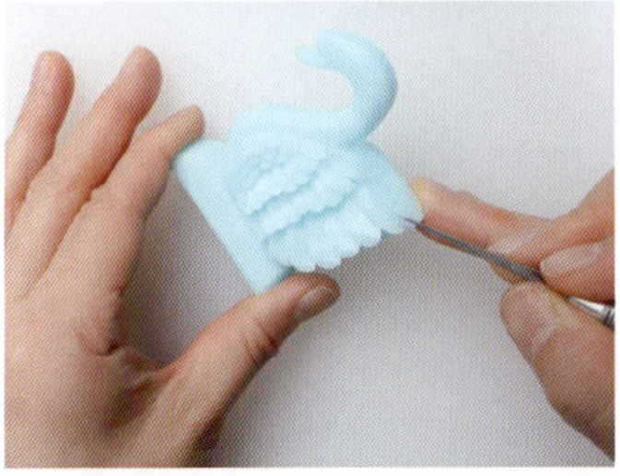

37. 맨 위쪽에는 칼로 라인을 그려준다

38. 날개가 확실히 드러나도록 눕혀서 파낸다

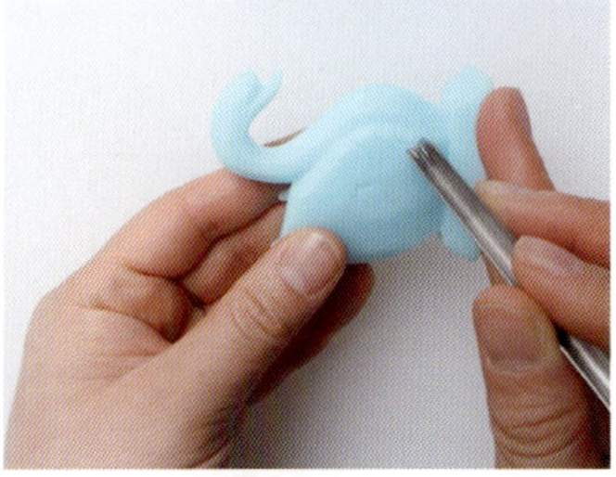

39. 뒤쪽도 동일하게 작업한다

40. 사진과 같다

41. 완성한다

1급 실기 - 3

1. 비누와 도구를 준비한다

2. 각도를 뒤로 당기며 드로잉한다

3. 각도를 앞으로 밀며 드로잉 라인을 따라 파낸다

4. 칼을 똑바로 세워 필요없는 부분을 제거한다

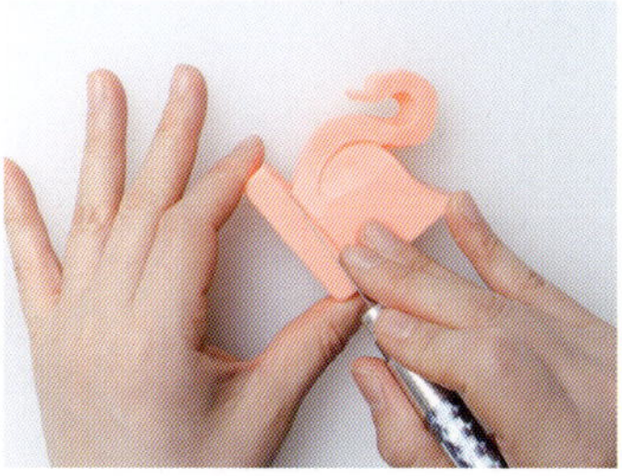

5. 드로잉 라인을 따라 비누 두께의 3분의1만큼 칼날을 넣어준다

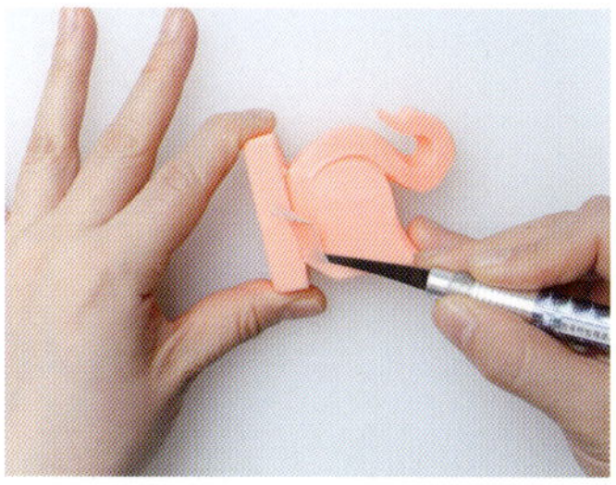

6. 입체감이 생기도록 칼을 눕혀 제거한다

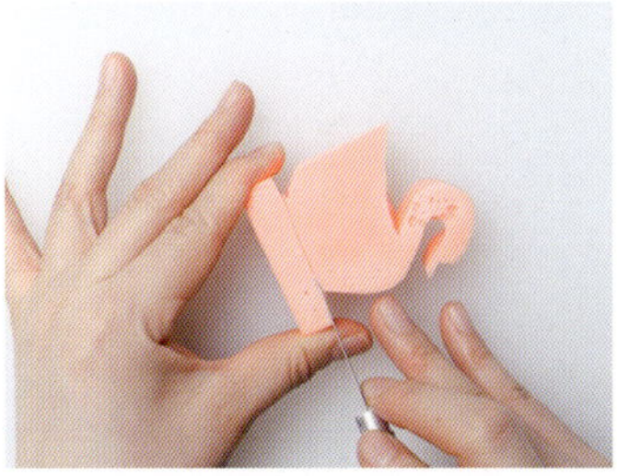

7. 뒷면에도 3분의1만큼 칼날을 넣어준다

8. 칼을 눕혀 제거한다

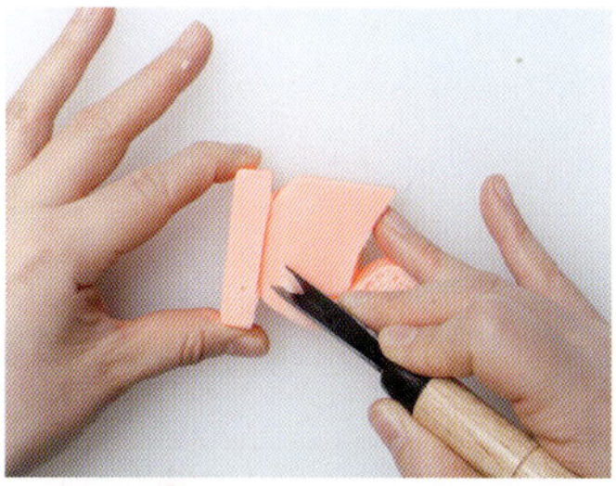

9. 각도를 앞으로 밀며 목 라인을 드로잉한다

10. 목 부분도 칼날을 3분의 1만큼만 넣어준다

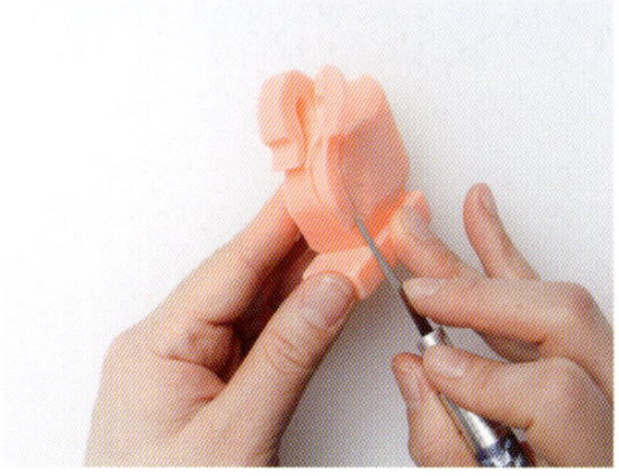

11. 목 라인이 드러나도록 머리 양쪽을 제거한다

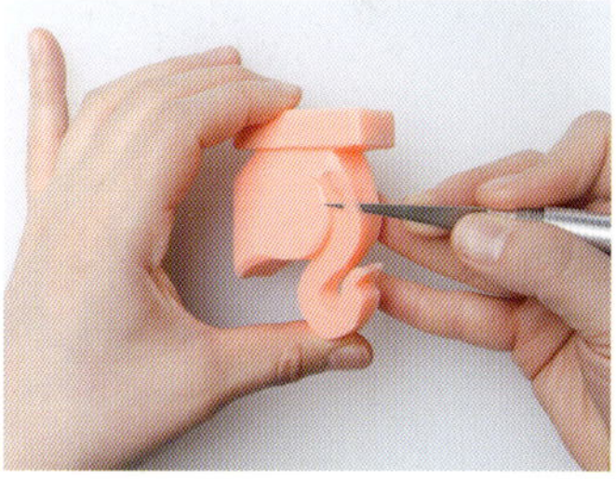

12, 몸통 아래쪽부터 목라인까지 모서리를 제거한다

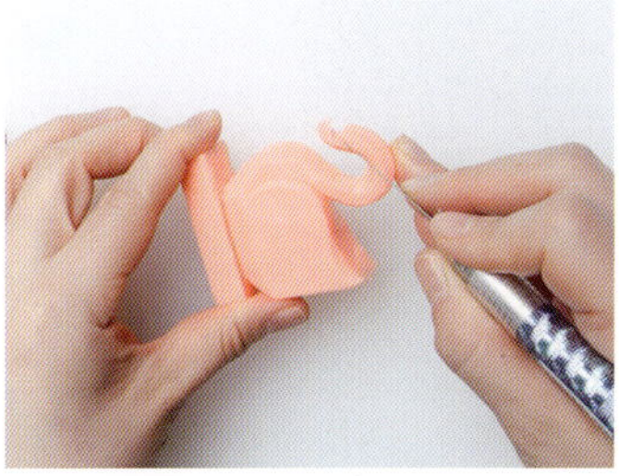

13. 머리와 부리가 이어지는 부분을 다듬어준다

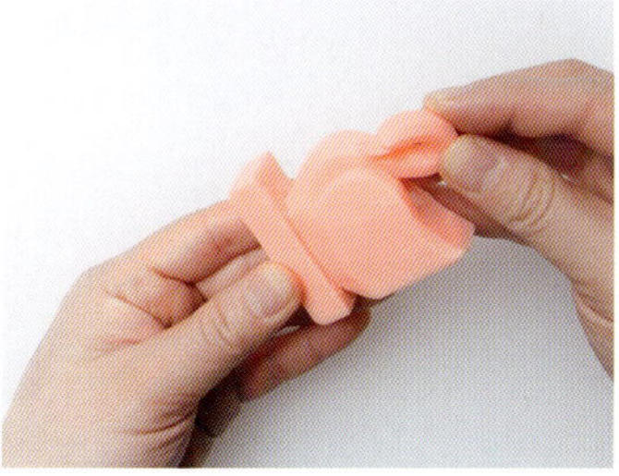

14. 목을 살짝 앞으로 돌려준다

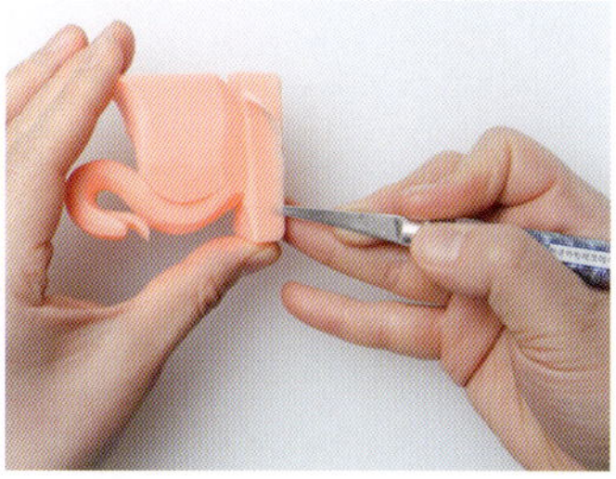

15. 받침대를 예쁘게 정리한다

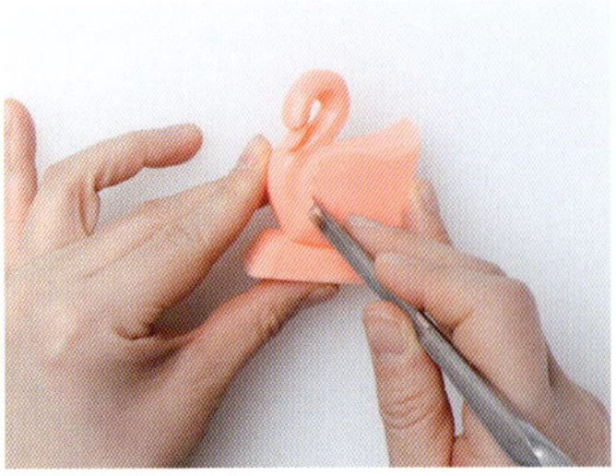

16. 스텐조각도 1호의 작은부분으로 날개깃을 찍어준다

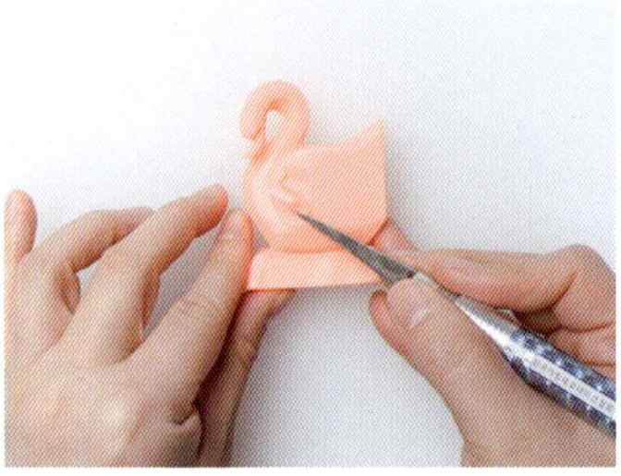

17. 날개깃이 드러나도록 칼을 눕혀 파내준다

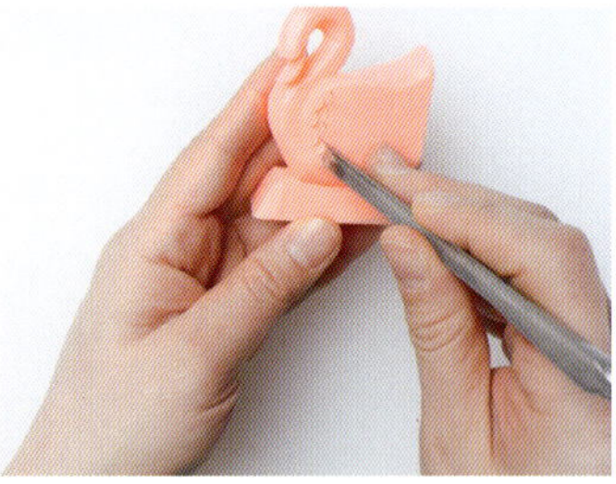

18. 날개깃이 겹치지 않도록 칼을 세워 사이사이에 날개깃을 찍어낸다

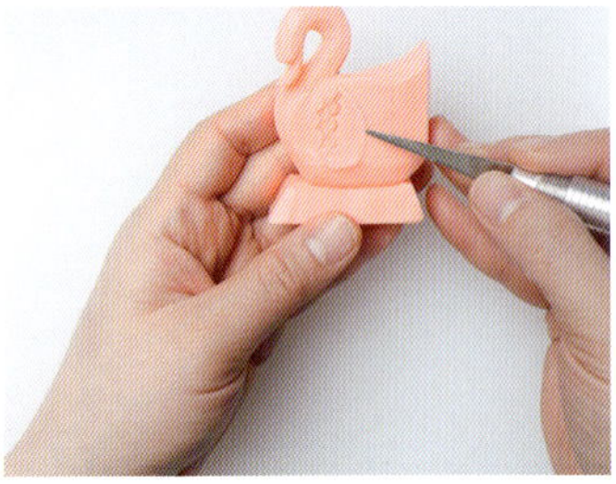

19. 칼을 눕혀 날개가 드러나도록 파내준다

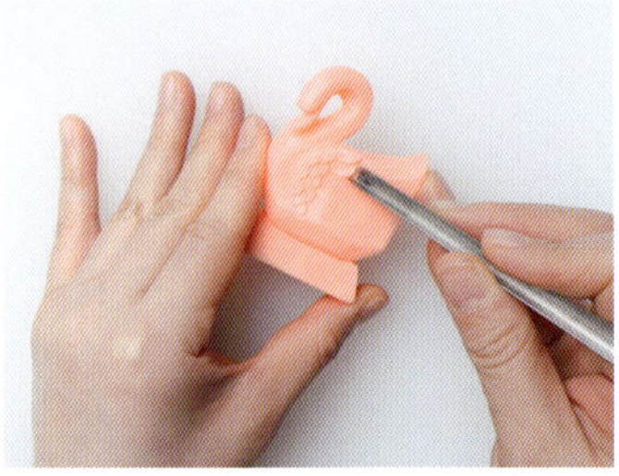

20. 스텐조각도로 찍고, 눕혀서 살짝 돌려주며 날개깃을 만든다

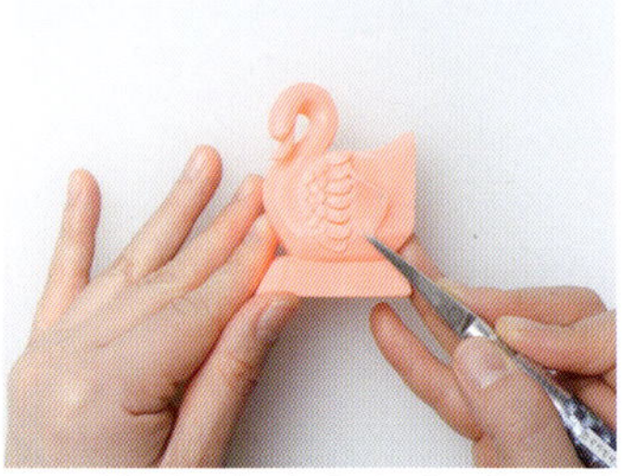

21. 칼을 눕혀 날개깃 뒤쪽을 제거한다

22. 날개깃 위쪽을 둥글게 파낸다

23. 스텐조각도로 찍고, 눕혀서 살짝 돌려주며 날개깃을 만든다

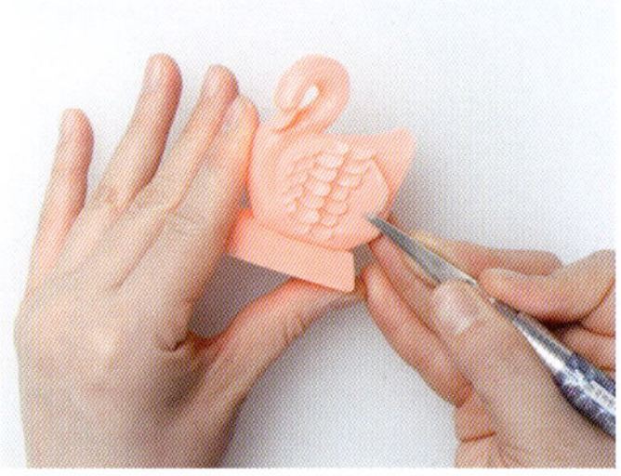

24. 칼을 눕혀 라인 바깥쪽을 파낸다

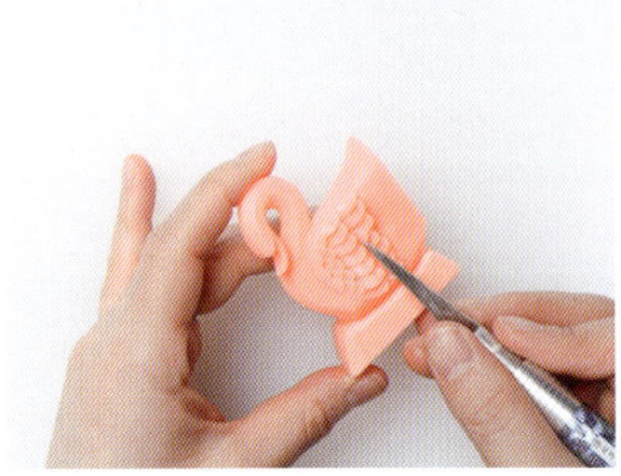

25. 날개의 입체가 드러나도록 날개깃 위쪽을 둥글게 파낸다

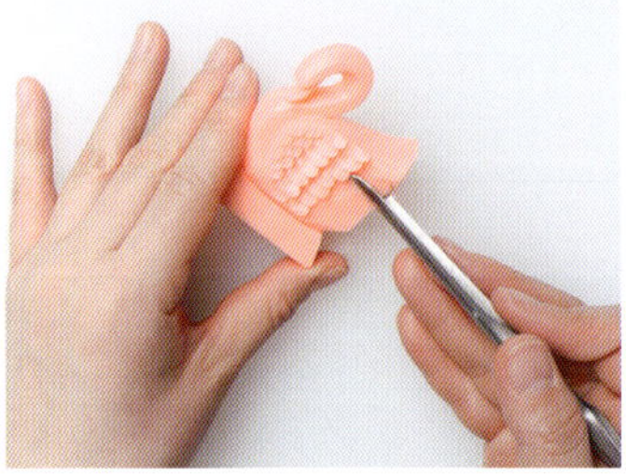

26. 조금 더 큰 스텐조각도로 더 큰 날개깃을 만든다

27. 칼을 눕혀 날개깃 위쪽을 둥글게 파낸다

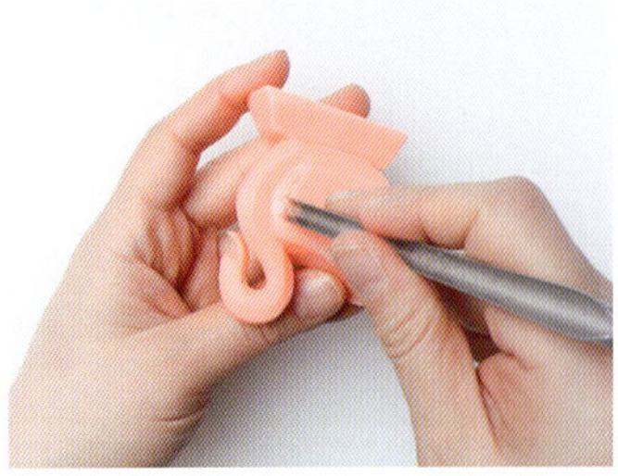

28. 뒷면도 동일하게 날개 작업을 한다

29. 윗부분에 칼을 넣어준다

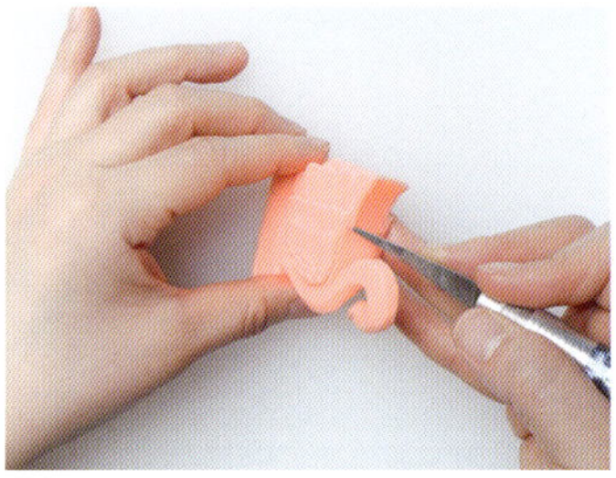

30. 모서리를 제거하여 양쪽 날개를 분리해준다

31. 완성한다

1급 실기 - 4

1. 비누와 도구를 준비한다.

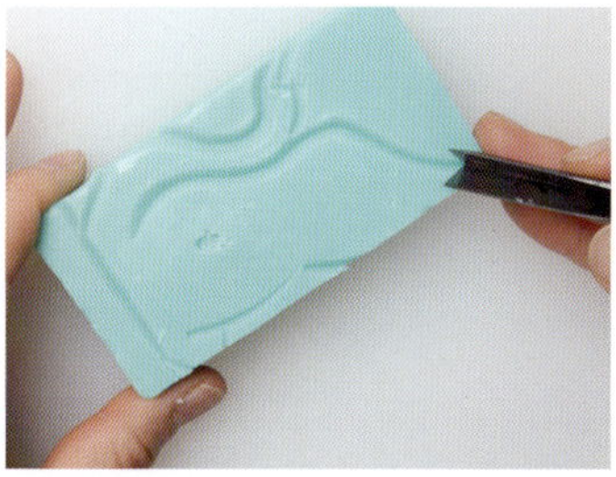

2. 각도를 뒤로 당기며 드로잉한다.

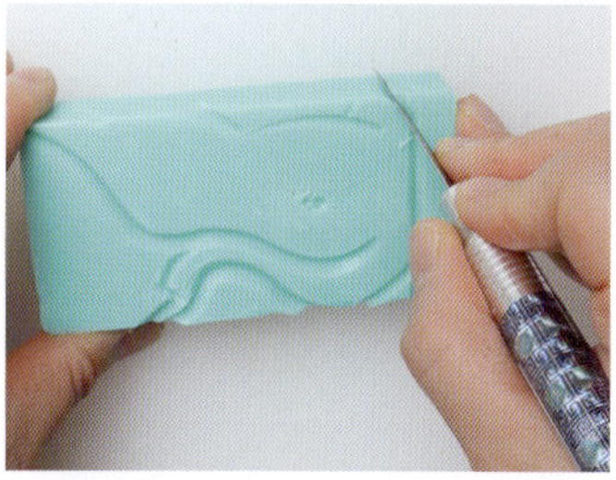

3. 칼을 똑바로 세워서 필요없는 부분을 제거한다

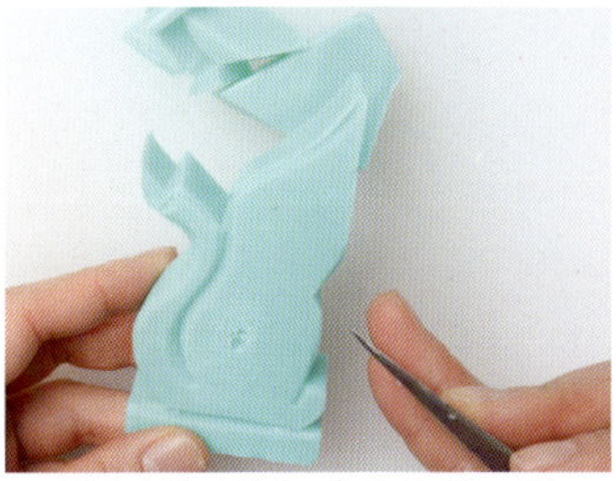

4. 필요없는부분 제거가 완료된 모습이다

5. 뒷면에도 각도를 당기며 드로잉한다

6. 비누두께의 3분의1씩 칼을 넣고, 눕혀서 제거한다

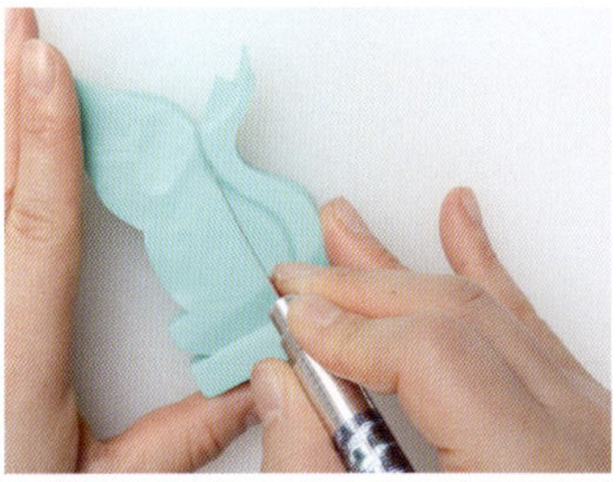

7. 목 라인에도 3분의1만큼 칼날을 넣는다

8. 꼬리부분도 3분의1만큼 칼날을 넣는다

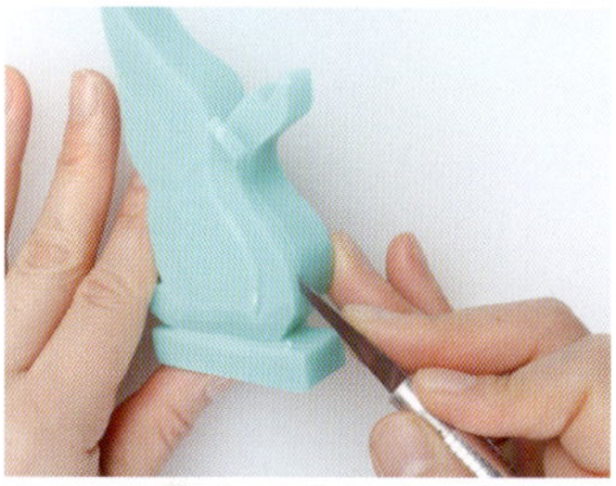

9. 목 라인이 드러나도록 머리 양쪽을 제거한다

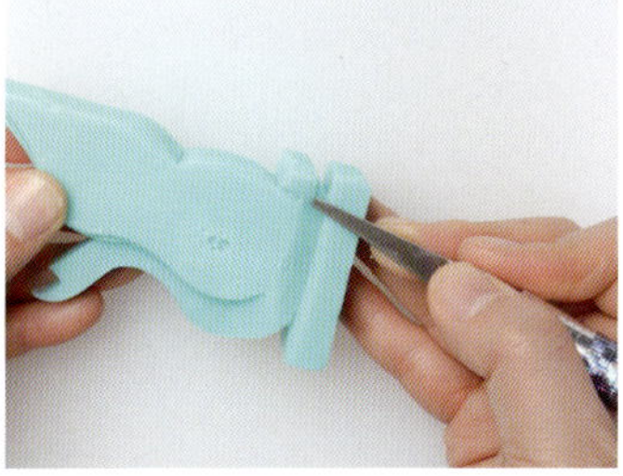

10. 꼬리가 드러나도록 칼을 눕혀 제거한다

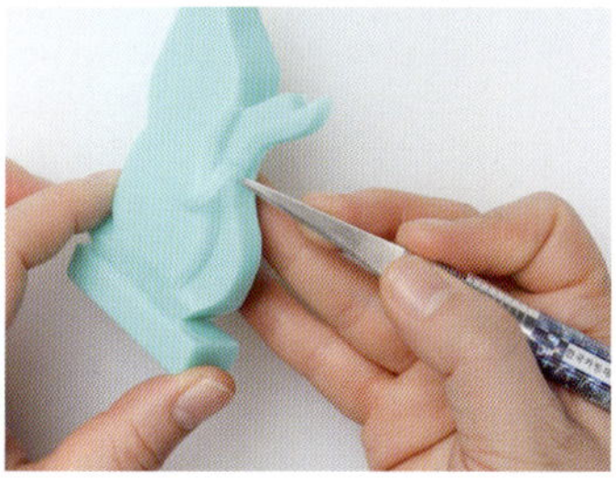

11. 목라인부터 몸통 끝까지 모서리를 제거한다

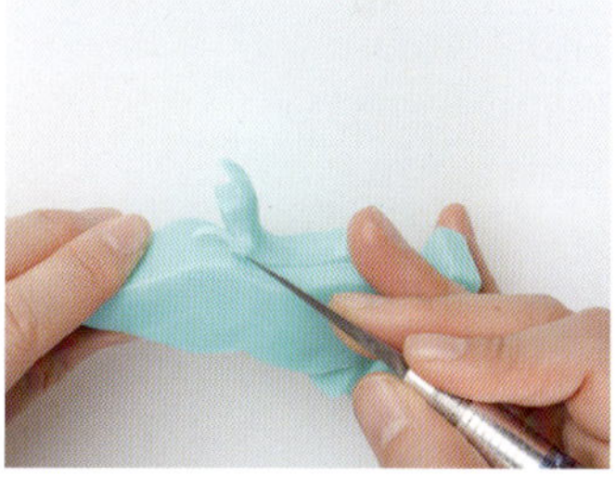

12. 머리 위쪽 모서리도 제거한다

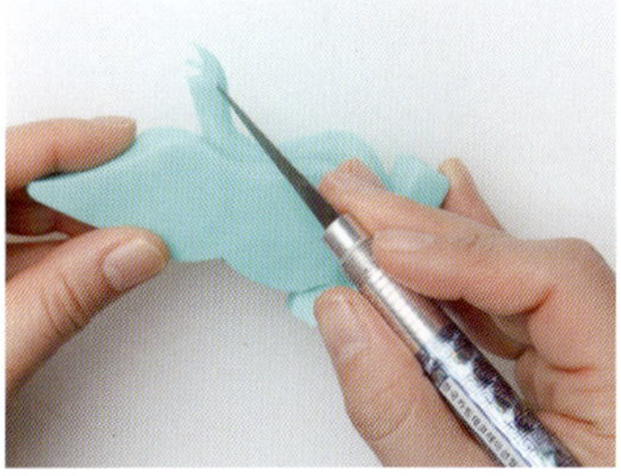

13. 부리부분을 정리한다

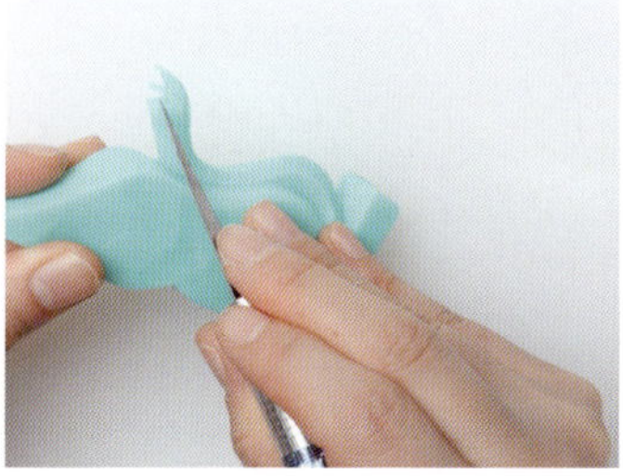

14. 머리쪽을 굴리며 자연스럽게 만든다

15. 날개 위쪽을 칼을 눕혀 분리시킨다

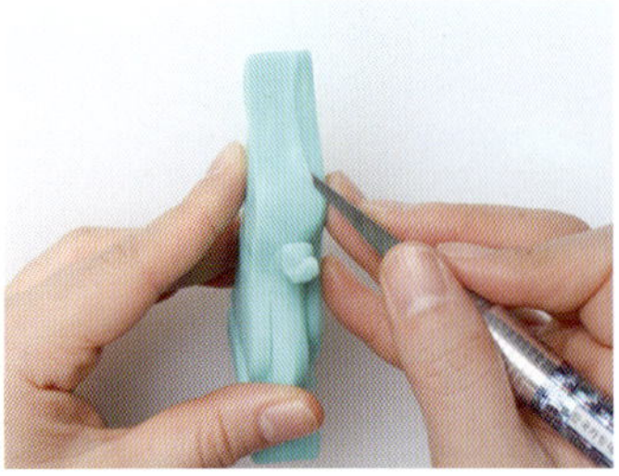

16. 반대쪽에도 동일하게 칼을 눕혀 분리한다

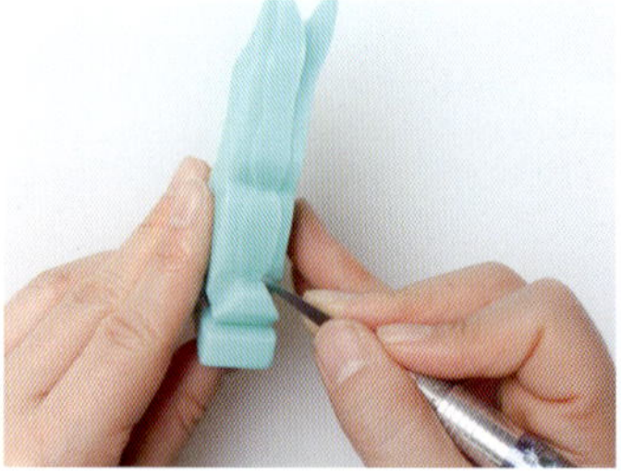

17. 날개 뒤쪽도 칼을 눕혀 동일하게 분리시킨다

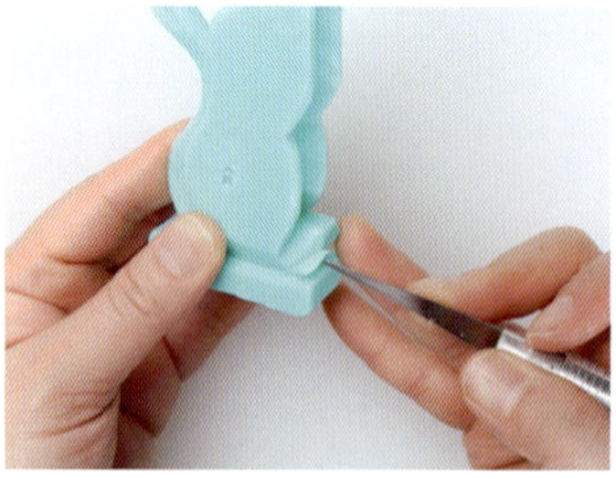

18. 꼬리쪽 모서리를 제거한다

19. 받침대를 예쁘게 다듬는다

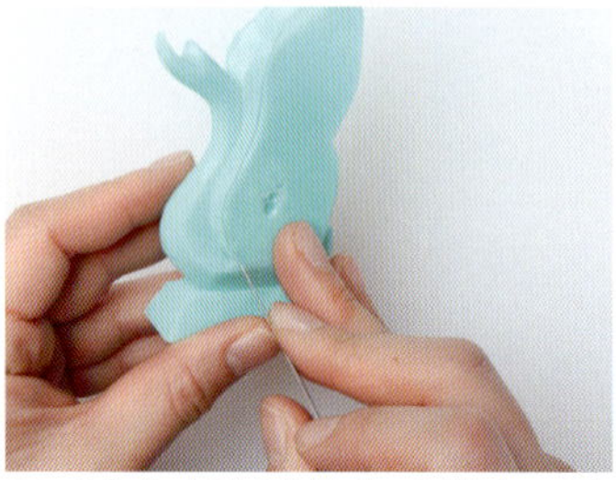

20. 날개라인 앞쪽에 뼈대를 그린다

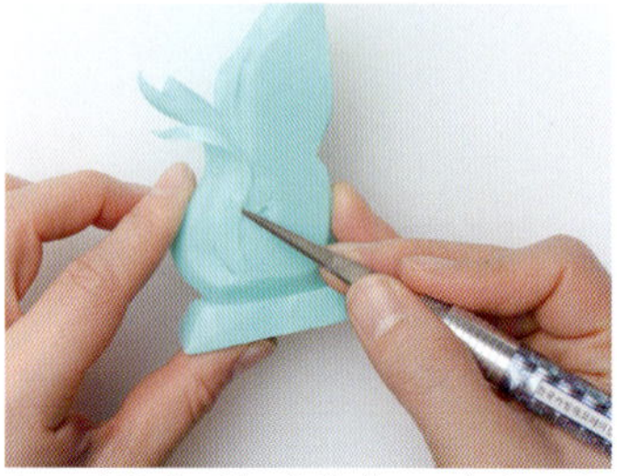

21. 칼을 눕혀 뼈대가 드러나도록 제거한다

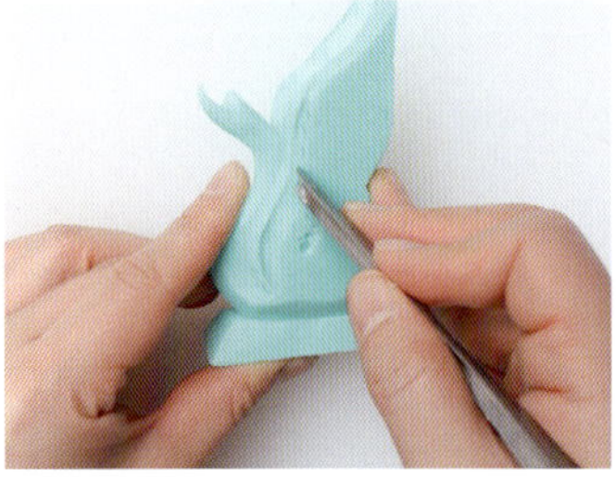

22. 스텐조각도 1호의 작은부분으로 날개라인을 따라 날개깃을 찍어낸다

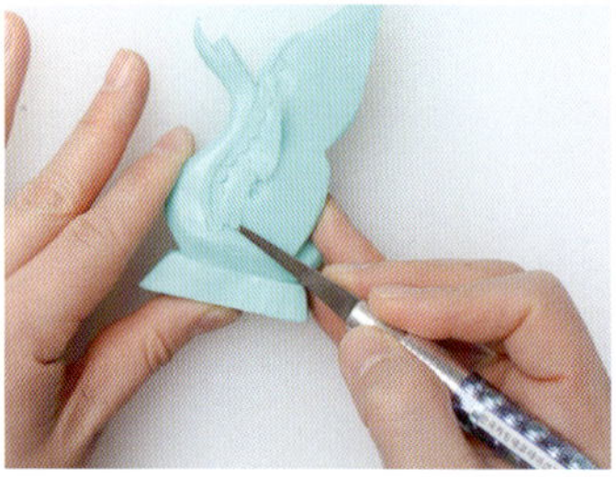

23. 날개깃이 드러나도록 칼을 눕혀 날개 뒤쪽을 제거한다

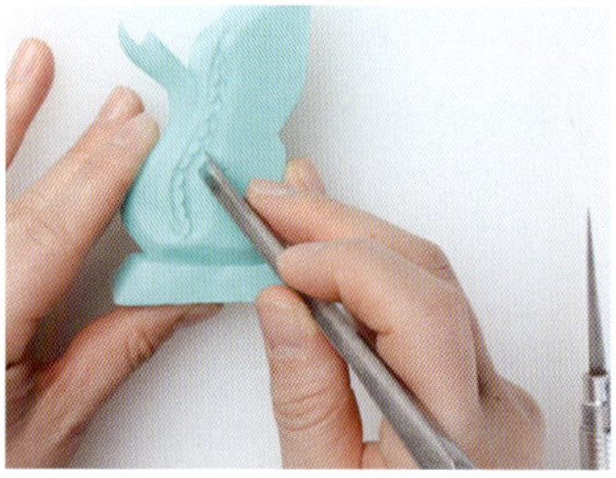

24. 날개깃이 겹치지 않도록 동일한 방법으로 날개깃을 찍어낸다

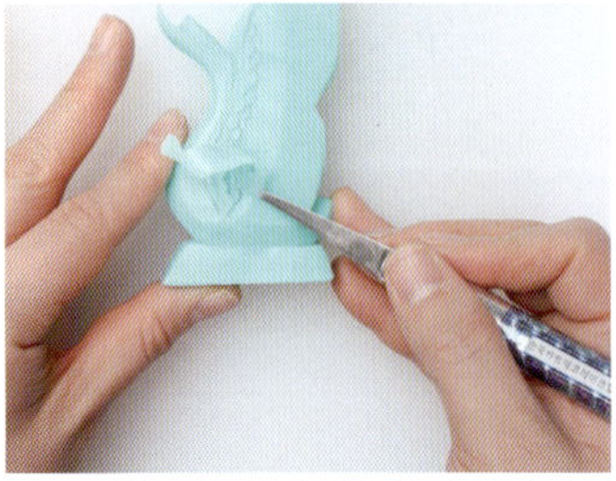

25. 칼을 눕혀 날개 뒤쪽을 제거한다

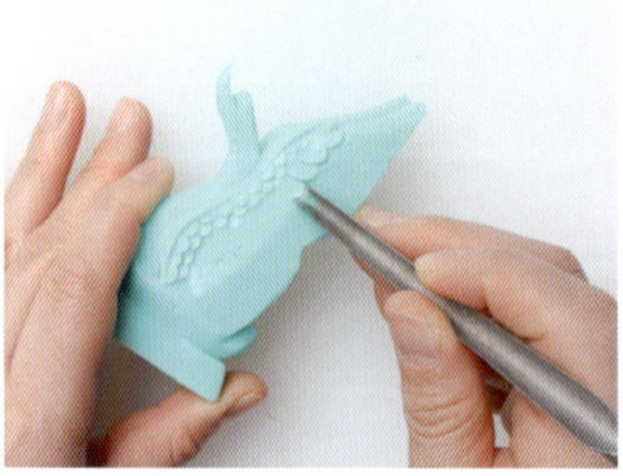

26. 스텐조각도를 찍고 눕히며 돌려서 중간날개깃을 만든다

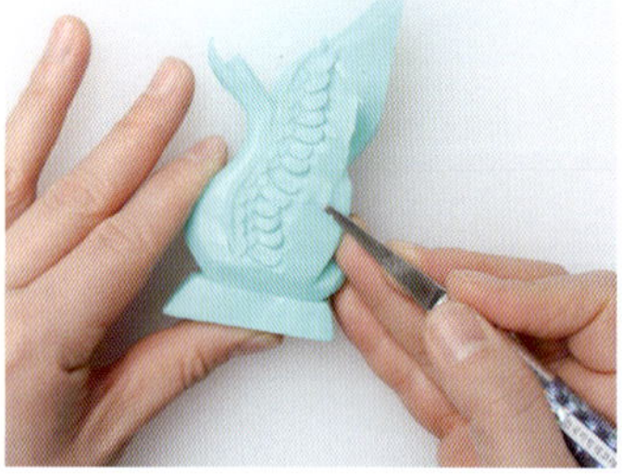

27. 날개가 드러나도록 칼을 눕혀 뒤쪽을 제거한다

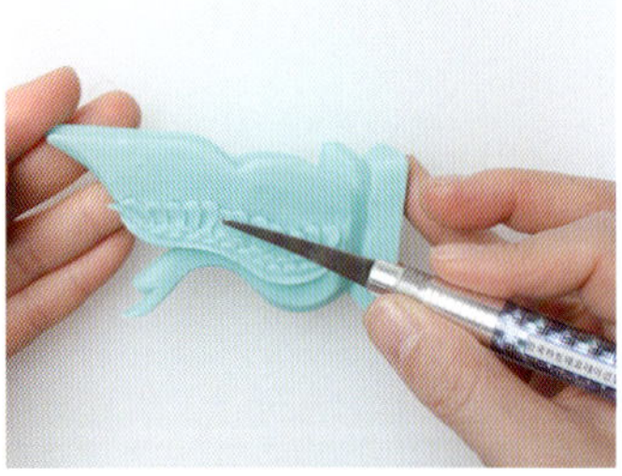

28. 날개 입체감이 드러나도록 날개깃 위쪽을 제거한다

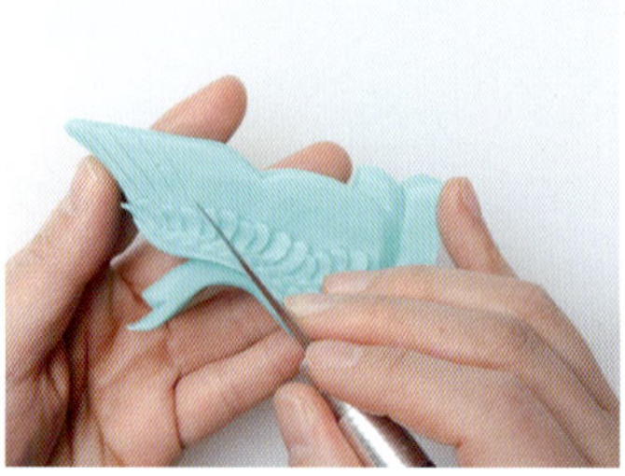

29. 칼을 세워 마지막 큰 날개를 그린다

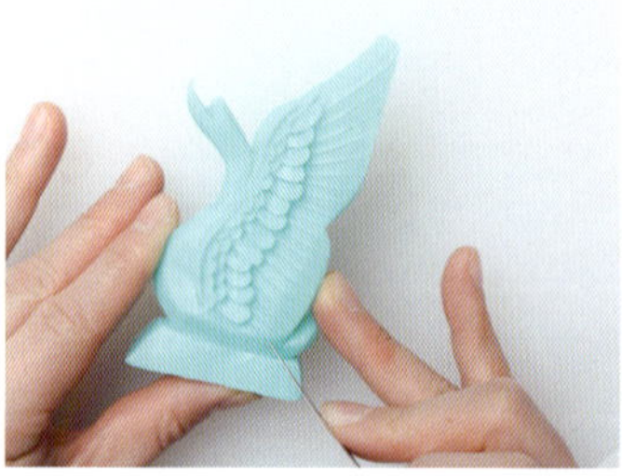

30. 사진과 같이 아래쪽까지 넣어준다

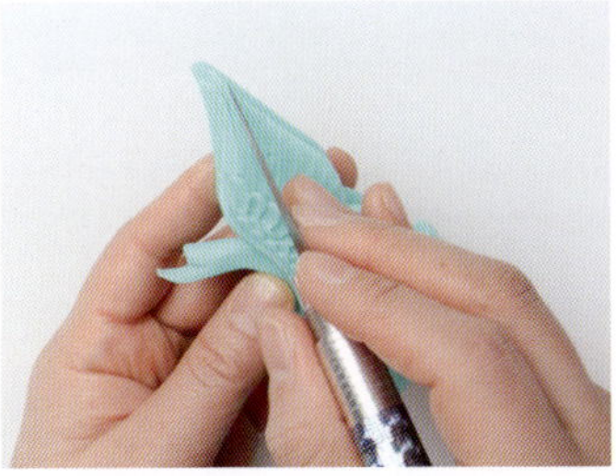
31. 칼을 세워 날개깃 끝쪽을 분리 시켜준다

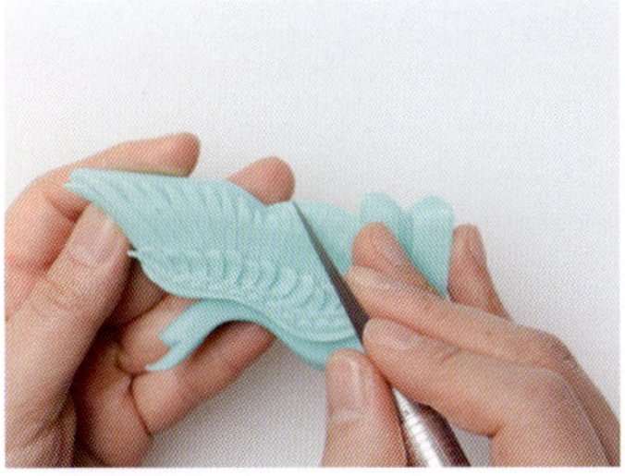
32. 사진과 같다

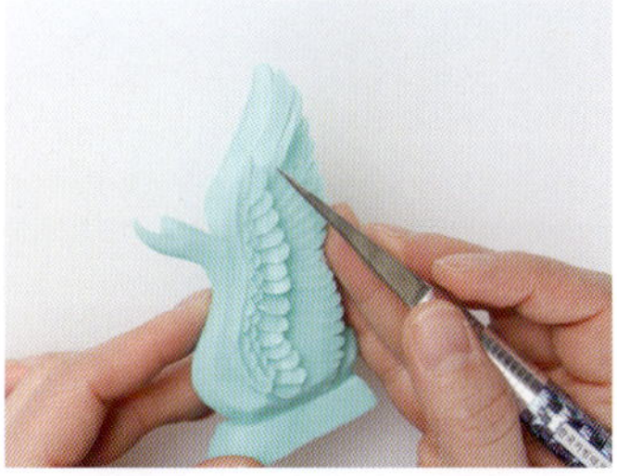
33. 칼을 눕혀 날개깃 위쪽을 둥글게 파낸다

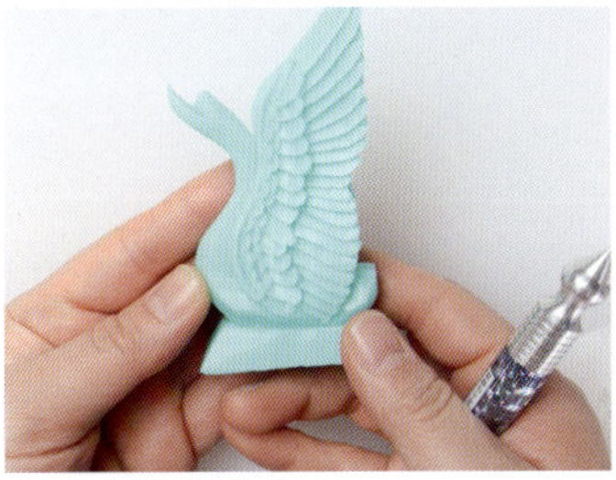
34. 사진과 같다

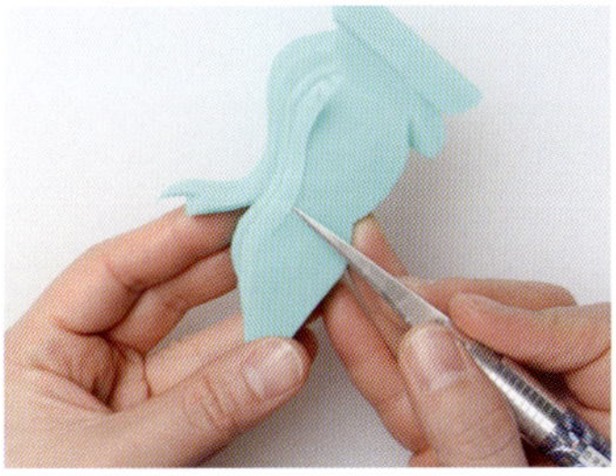
35. 뒤쪽에도 동일하게 날개작업을 해준다

36. 사진과 같다

37. 완성한다

1급 실기 - 5

1. 비누와 도구를 준비한다

2. 각도를 뒤로 당기며 드로잉한다

3. 각도를 앞으로 밀며 드로잉 라인을 따라 파내준다

4. 칼을 똑바로 세워 필요없는부분을 제거한다

5. 필요없는 부분 제거가 완료된 모습이다

6. 뒷면에도 드로잉을 해준다

7. 드로잉되어있는 부분에 모두 칼날을 3분의1두께만큼 넣어준다

8. 칼을 눕혀 라인을 파내준다

9. 꼬리 양쪽을 분리한다

10. 목라인이 드러나도록 머리 양옆을 제거한다

11. 날개 뒤쪽을 칼을 눕혀 분리시킨다

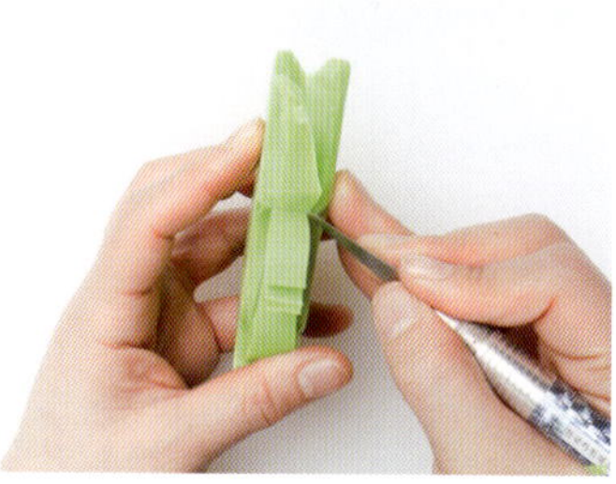

12. 머리 위쪽 날개도 칼을 눕혀 분리시킨다

13. 목라인부터 몸통 아래쪽까지 모서리를 제거한다

14. 머리부분은 칼을 둥글려서 자연스럽게 정리해준다

15. 부리부분을 정리한다

16. 각도로 뼈대를 그린다

17. 칼을 눕혀서 뼈대라인이 드러나도록 파내준다

18. 스텐조각도 1호의 작은부분으로 날개라인을 따라 날개깃을 찍어낸다

19. 날개라인이 드러나도록 칼을 눕혀 제거한다

20. 날개라인이 겹치지 않게 동일한 방법으로 날개를 찍어낸다

21. 칼을 눕혀 날개가 드러나도록 파내준다

22. 스텐조각도를 살짝 찍고 눕혀서 돌리며 중간날개깃을 넣어준다

23. 칼을 눕혀 날개 뒤쪽을 파내준다

24. 입체감이 드러나도록 날개 위쪽을 둥글게 파낸다

25. 샤토나이프를 세워 마지막 날개깃을 그려준다

26. 칼을 세워 날개 깃 끝쪽을 분리시킨다

27. 입체감이 드러나도록 날개깃 위쪽을 둥글게 파낸다

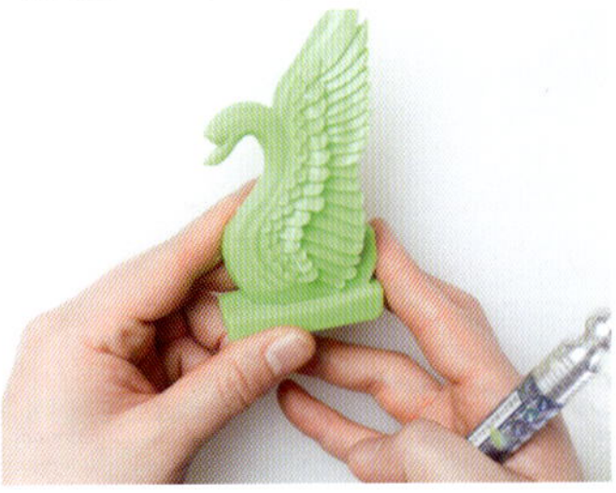

28. 사진과 같다

29. 뒤쪽 날개도 동일하게 작업해준다

30. 꼬리쪽 모서리제거를 한다

31. 받침대를 예쁘게 정리해준다

32. 완성한다

1급 실기 - 6

1. 비누와 도구를 준비한다

2. 각도를 뒤로 당기며 드로잉한다

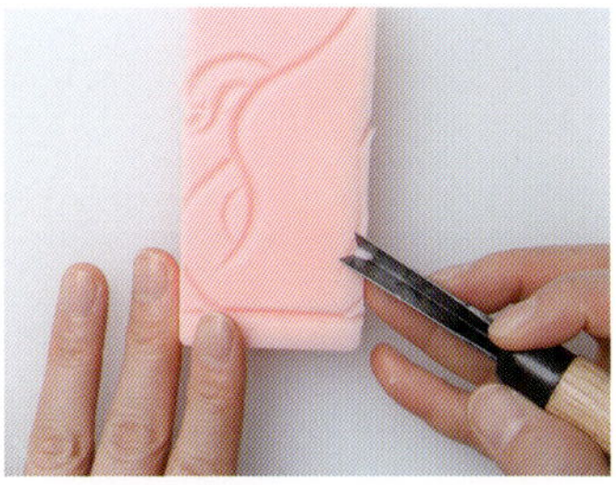

3. 각도를 앞으로 밀며 드로잉 라인을 따라 파내준다

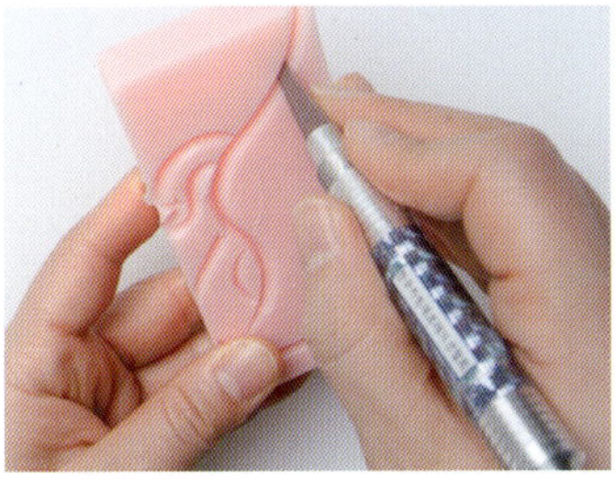

4. 칼을 똑바로 세워 필요없는 부분을 제거한다

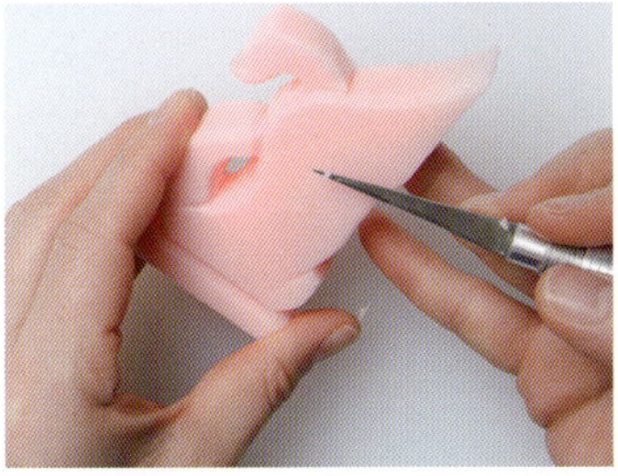

5. 필요없는 부분을 모두 제거한 모습이다

6. 칼을 똑바로 세워 비누 두께의 3분의1만큼 칼날을 넣는다

7. 드로잉 되어있는 부분에 모두 3분의1만큼 칼날을 넣어준다

8. 머리를 드러내기 위해 머리 양옆을 제거한다

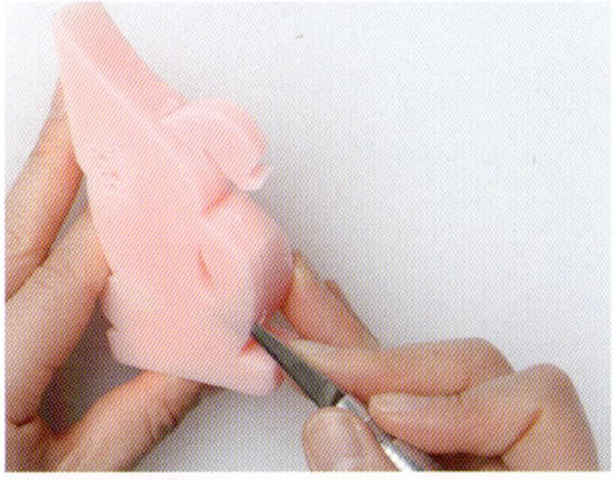

9. 목라인을 드러내기 위해 목 양옆을 제거한다

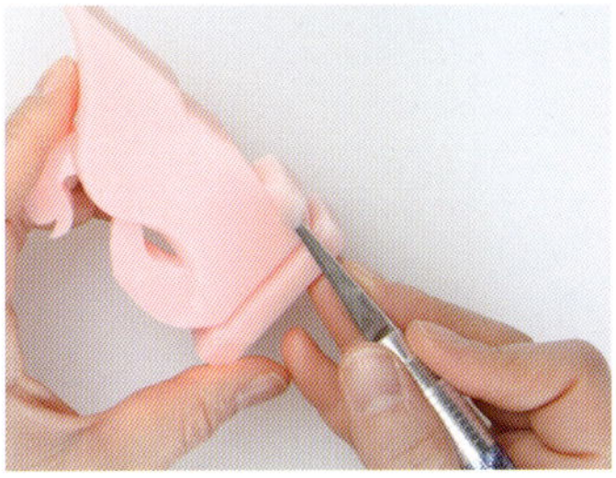

10. 꼬리 양옆을 제거한다

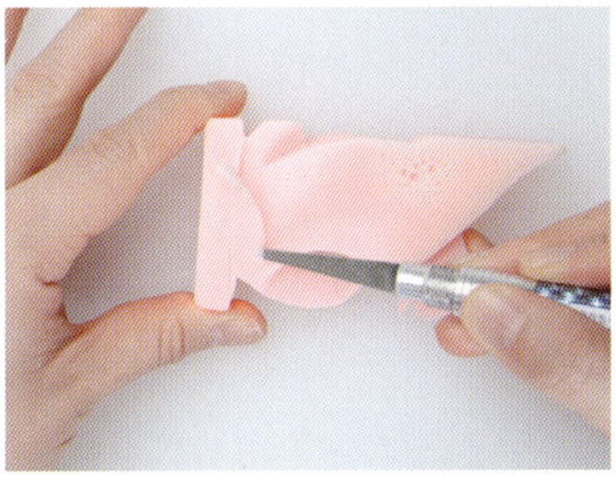

11. 몸통과 받침대를 분리한다

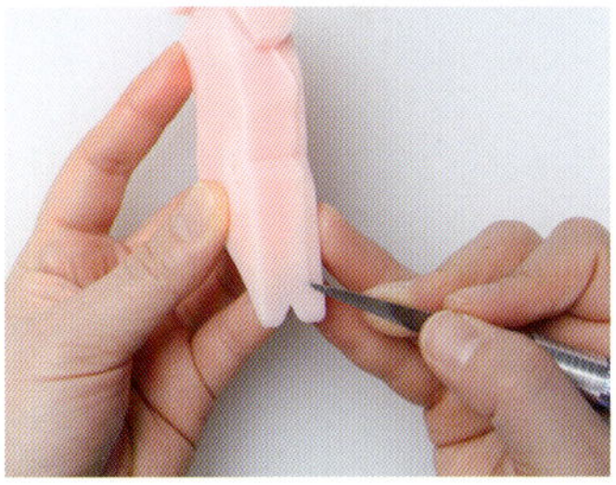

12. 날개 위쪽은 칼을 눕혀 분리시킨다

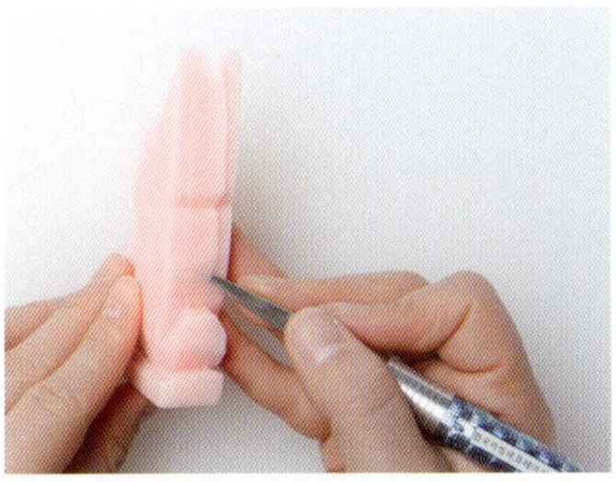

13. 날개 뒤쪽도 마찬가지로 칼을 눕혀 분리시켜준다

14. 목라인 모서리를 제거한다

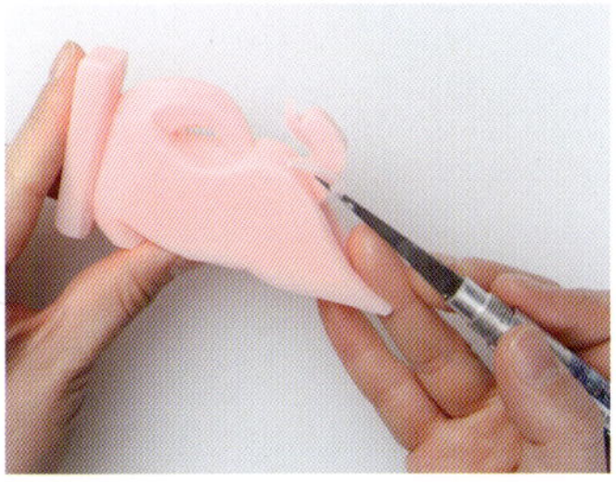

15. 머리쪽 모서리를 제거한다

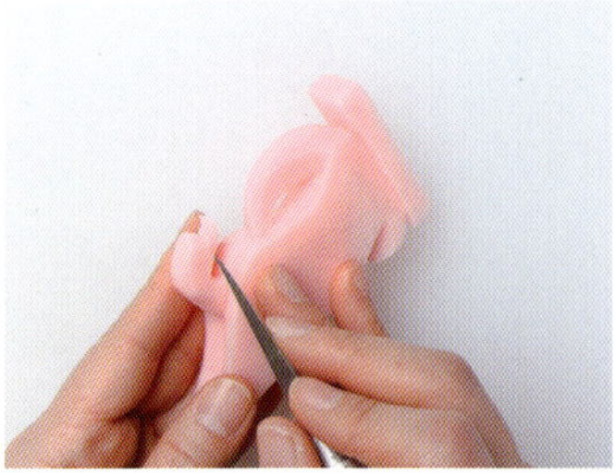
16. 부리를 다듬는다

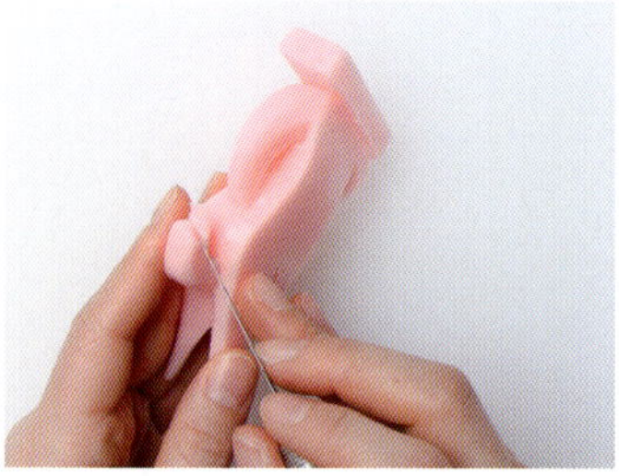
17. 머리를 동그랗게 굴려 자연스럽게 만들어준다

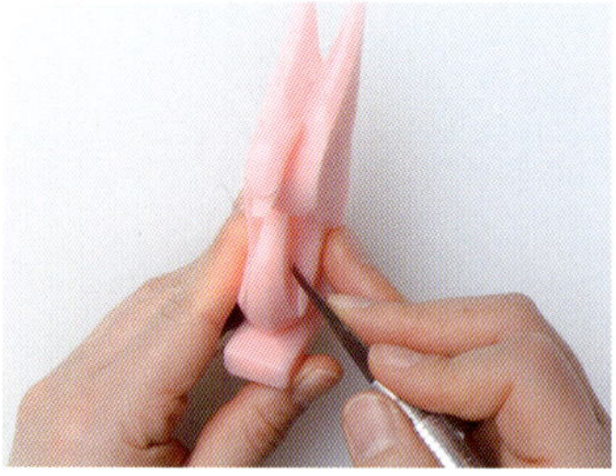
18. 목 뒤쪽 몸통도 자연스럽게 분리해준다

19. 반대쪽에도 칼을 넣어 빼낸다

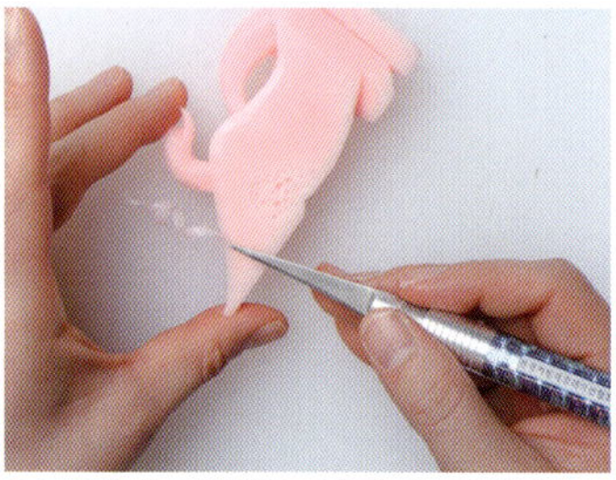
20. 날개 앞쪽은 살짝만 칼을 눕혀 모서리제거한다

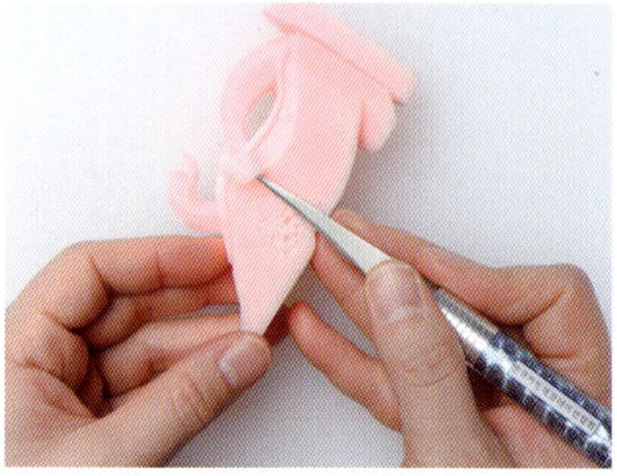
21. 뼈대를 그리고, 칼을 눕혀 뼈대가 드러나게끔 제거한다

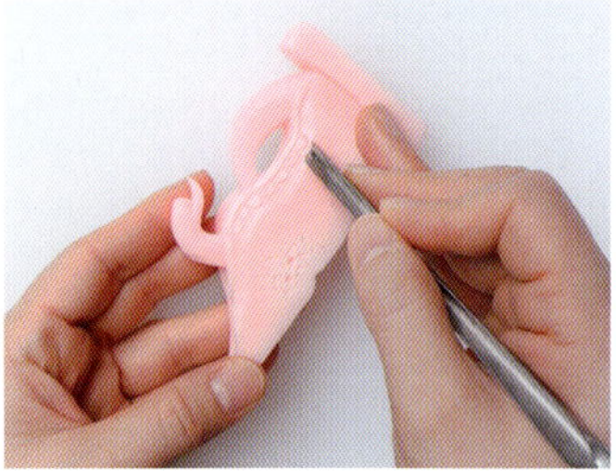
22. 스텐조각도 1호의 작은부분으로 날개라인을 따라 날개깃을 넣는다

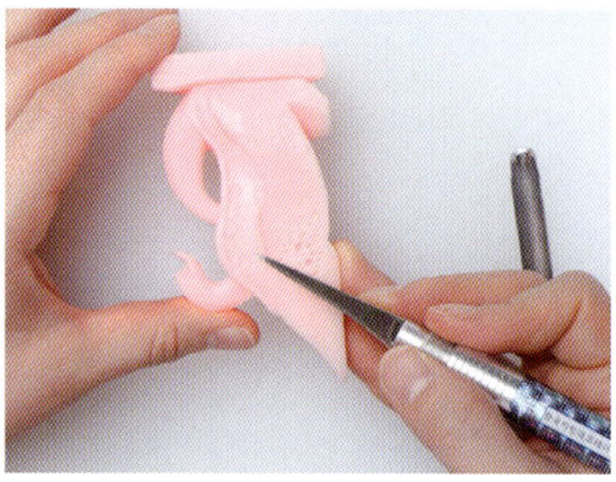
23. 칼을 눕혀 날개깃이 드러나도록 파내준다

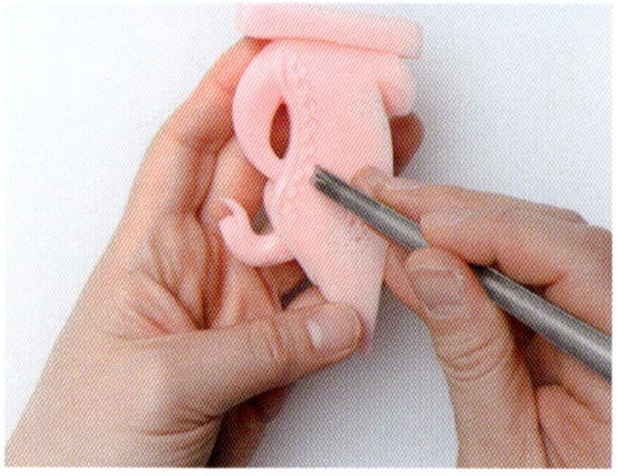
24. 날개가 겹치지 않게 날개깃을 동일한 방법으로 찍어낸다

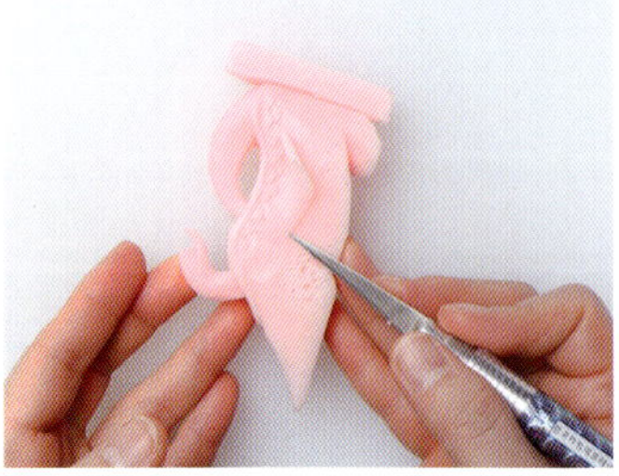
25. 칼을 눕혀 날개깃이 드러나도록 바깥쪽을 파낸다

26. 스텐조각도를 찍고 눕히며 돌려서 중간날개깃을 넣어준다

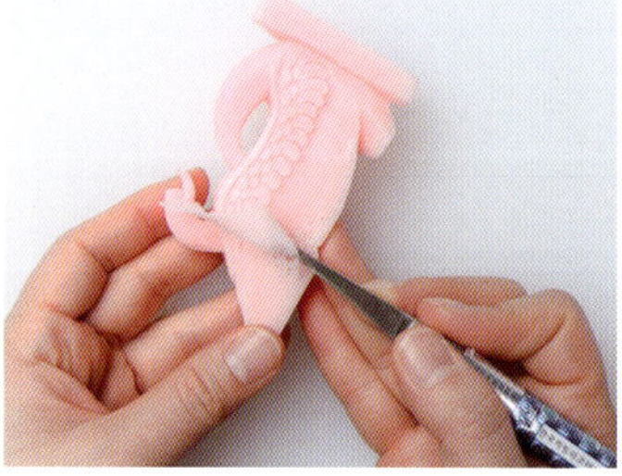
27. 칼을 눕혀 날개가 드러나도록 제거한다

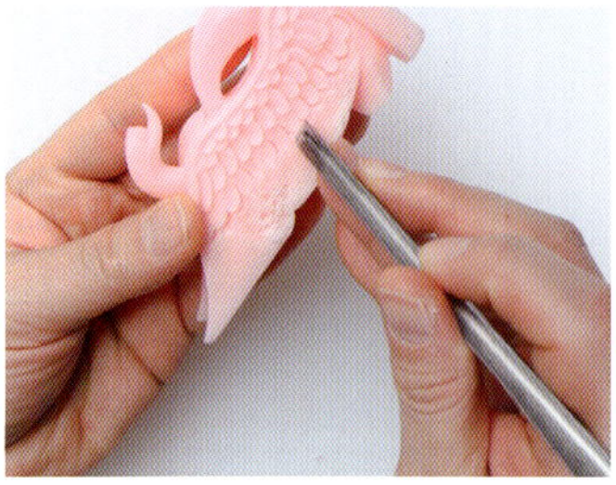
28. 동일한 방법으로 날개깃을 넣어준다

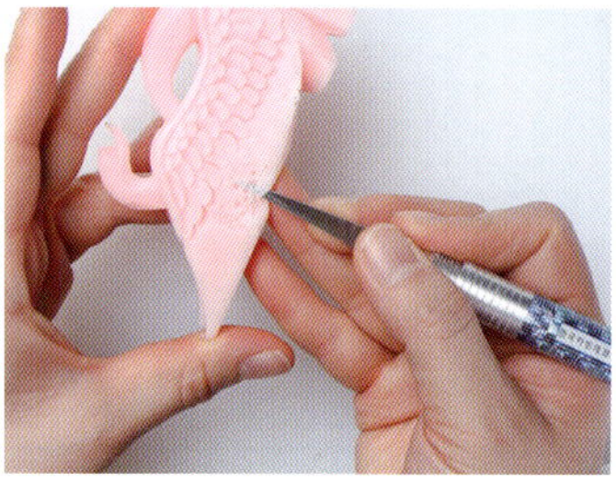
29. 칼을 눕혀 날개가 드러나도록 파내준다

30. 칼을 세워 마지막 날개깃을 넣는다

31. 칼을 세워 날개 끝부분을 분리 해준다

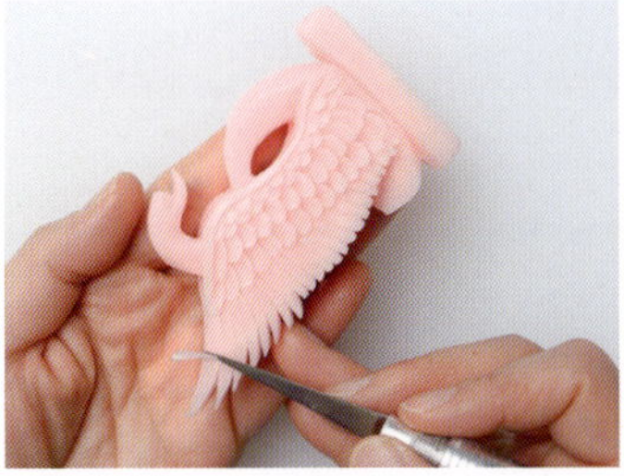

32. 날개깃 위쪽을 동그랗게 파내 준다

33. 사진과 같다

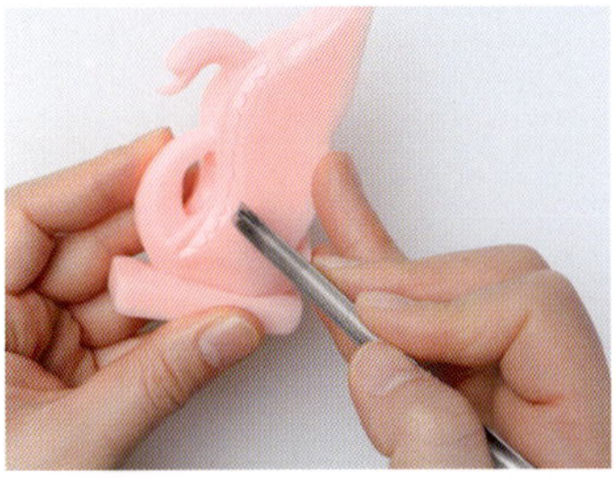

34. 뒷면도 동일한 방법으로 날개 작업을 해준다

35. 꼬리부분 모서리제거를 해준다

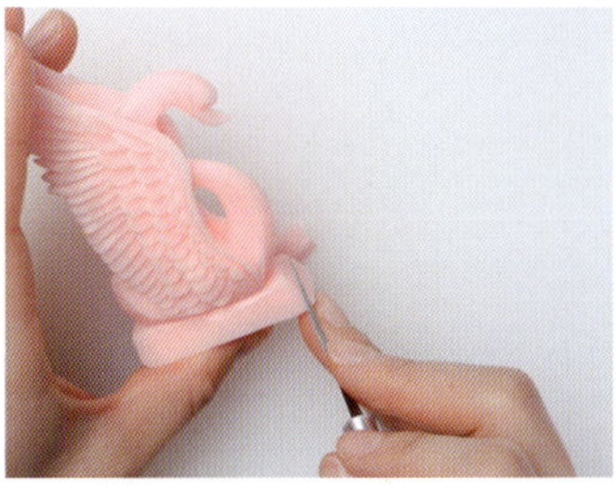

36. 받침대를 예쁘게 다듬는다

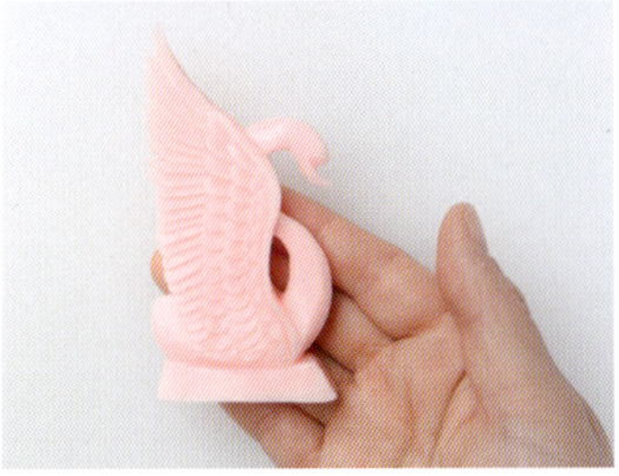

37. 완성한다

1급 실기 - 7

1. 비누와 도구를 준비한다

2. 각도를 뒤로 당기며 드로잉한다

3. 각도를 앞으로 밀며 드로잉 라인을 따라 파내준다

4. 칼을 똑바로 세워 필요없는 부분을 제거한다

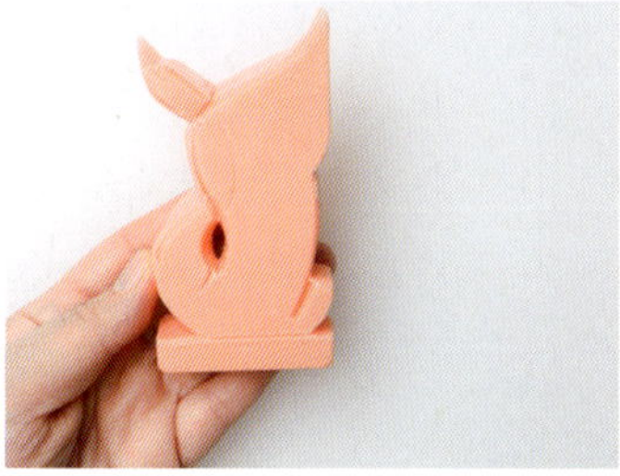

5. 옆면재단이 완료된 모습이다

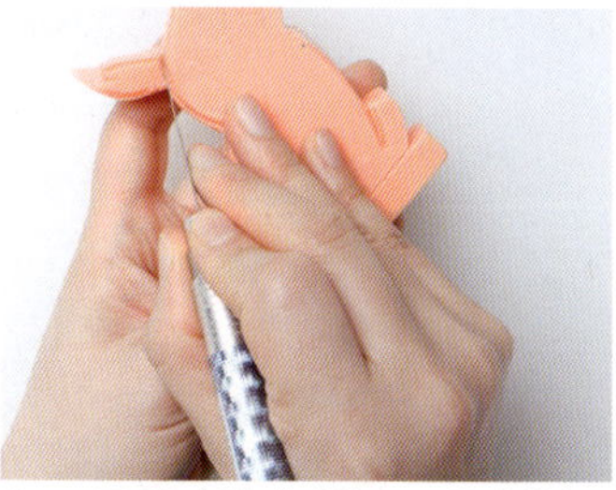

6. 드로잉라인이 있는 모든 부분에 칼날을 3분의1만큼 넣어준다

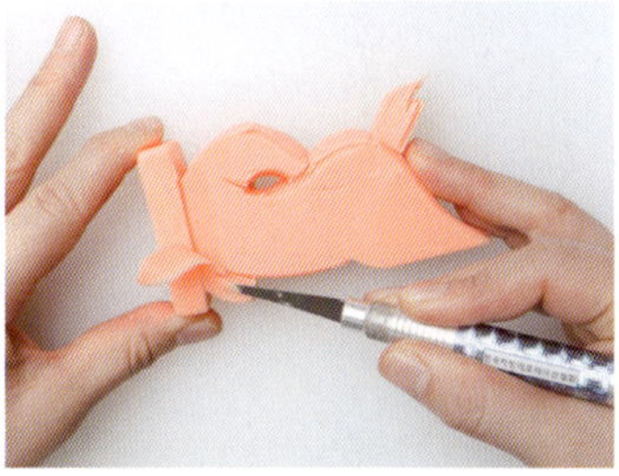

7. 칼을 눕혀 파내준다

8. 머리가 드러나도록 머리 양옆을 제거한다

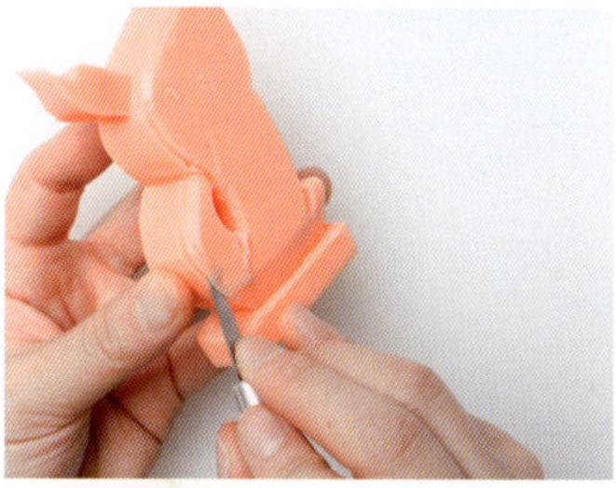

9. 목 라인이 드러나도록 목 양옆을 제거한다

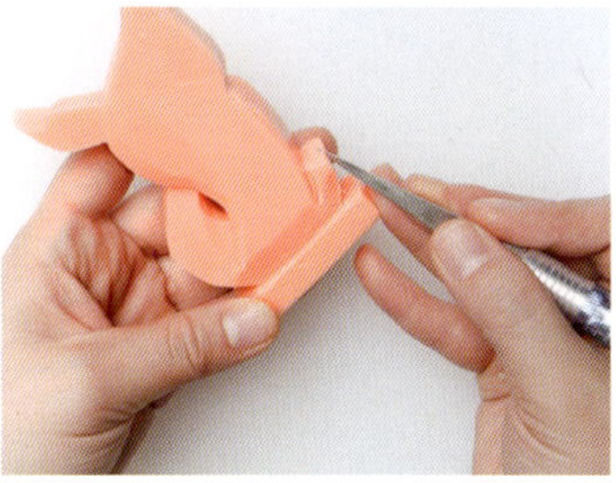

10. 꼬리 양옆을 제거한다

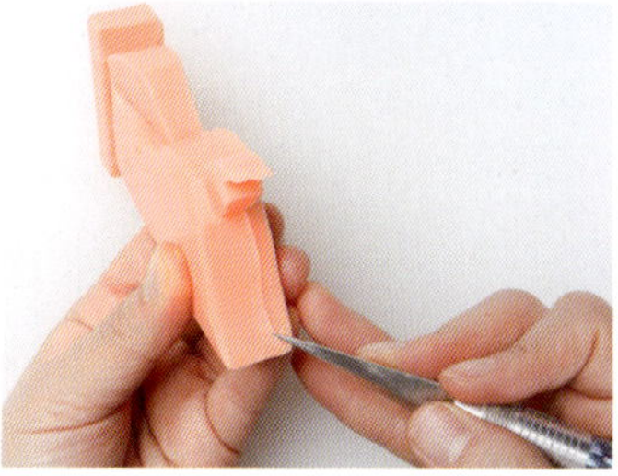

11. 칼을 눕혀 위쪽 날개를 분리시켜준다

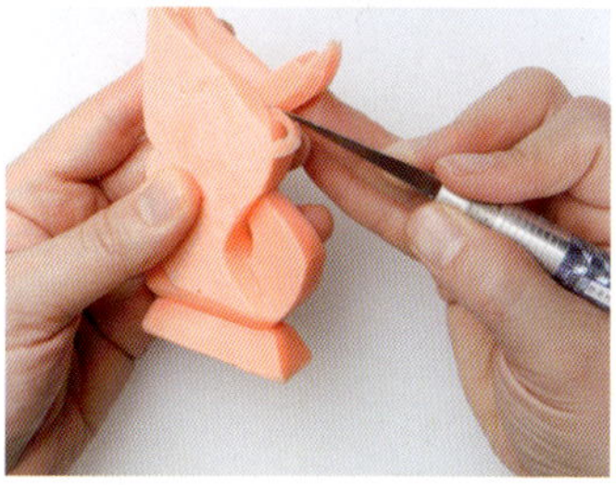

12. 머리부분과 날개부분을 분리시켜준다

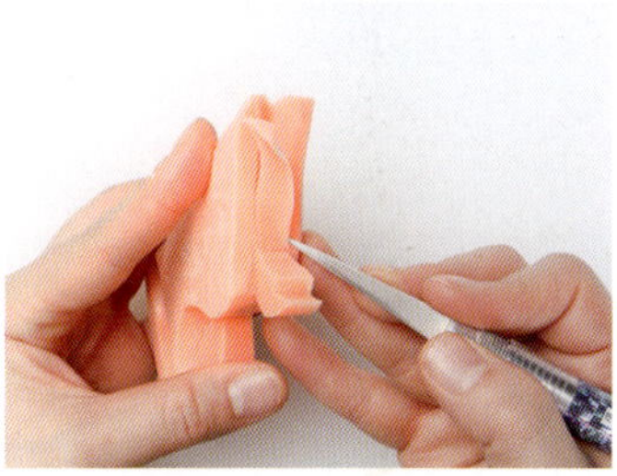

13. 반대쪽에서도 칼을 눕혀 넣어 떨어지는 조각을 제거한다

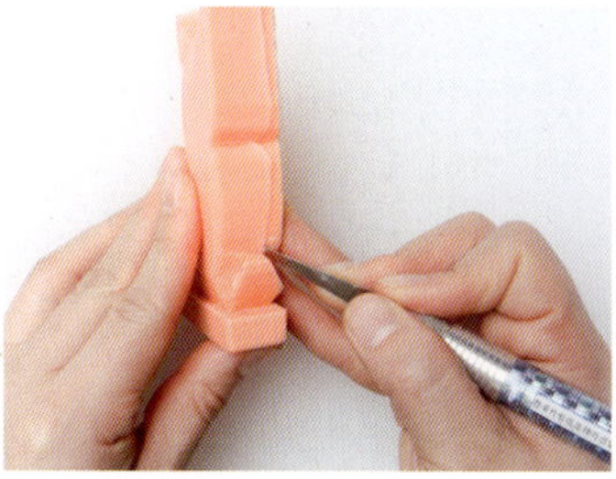

14. 날개 뒤쪽도 칼을 눕혀 넣어 분리시킨다

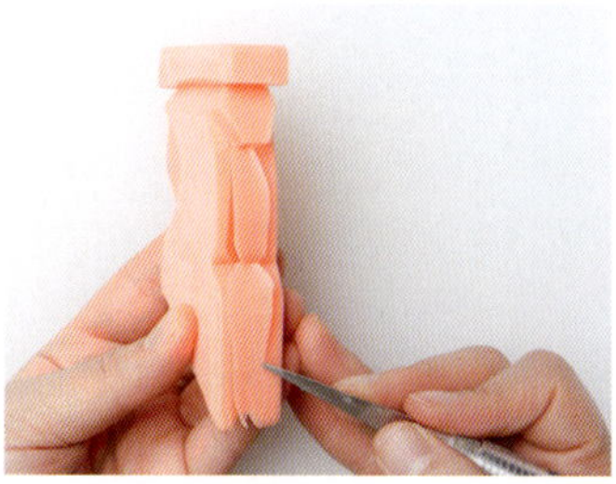

15. 사진과 같다

16. 받침대를 정리해준다

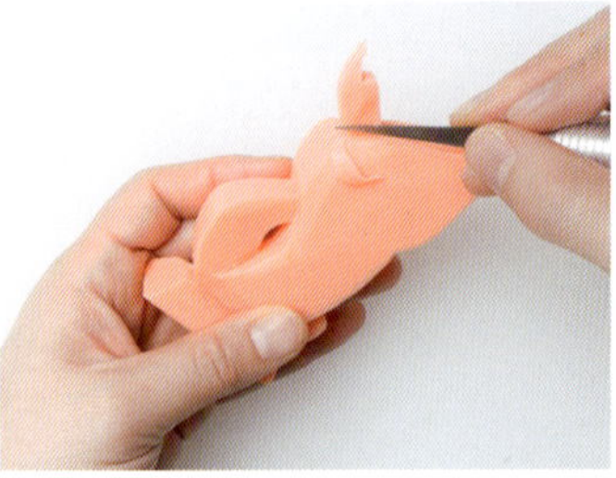
17. 머리부분 모서리제거를 한다

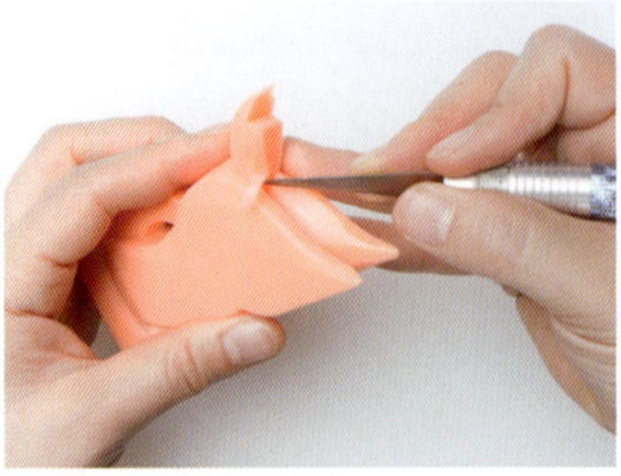
18. 머리 위쪽도 모서리를 제거한다

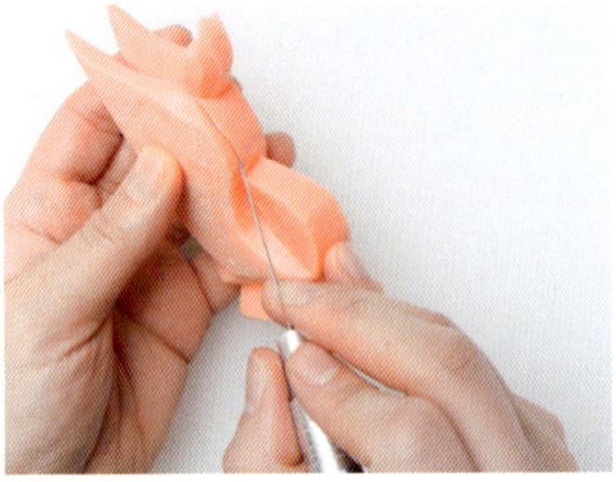
19. 목라인과 날개라인을 분리시켜준다

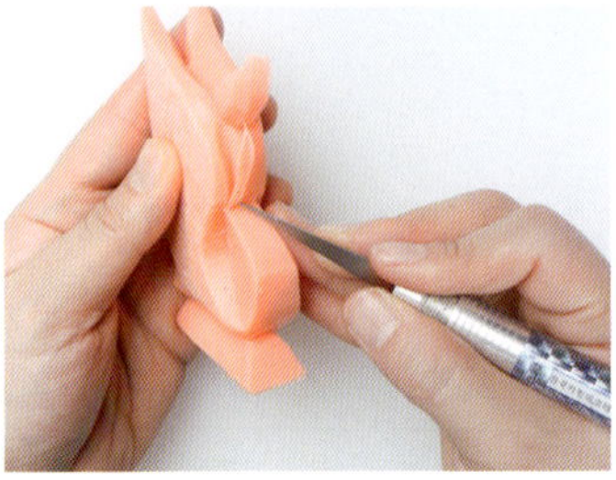
20. 떨어지는 조각을 제거한다

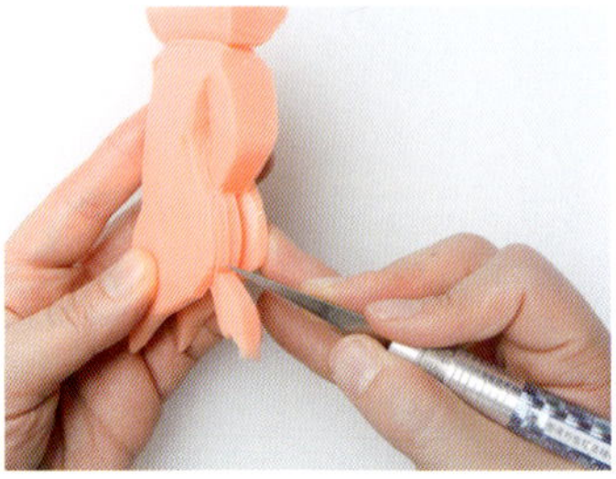
21. 사진과 같이 분리시킨다

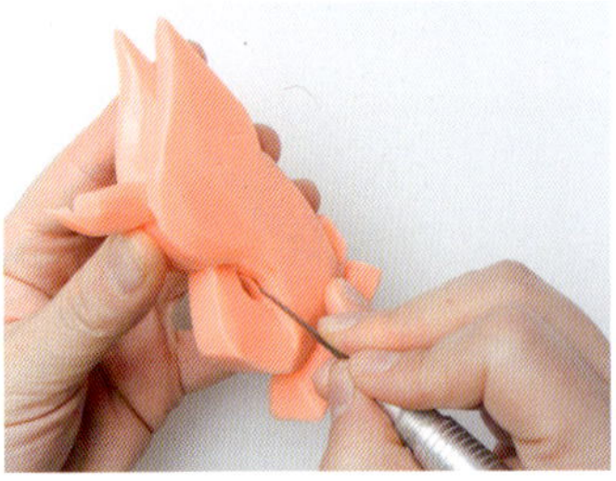
22. 목라인 뒷 부분의 날개도 칼을 눕혀 넣어 분리시켜준다

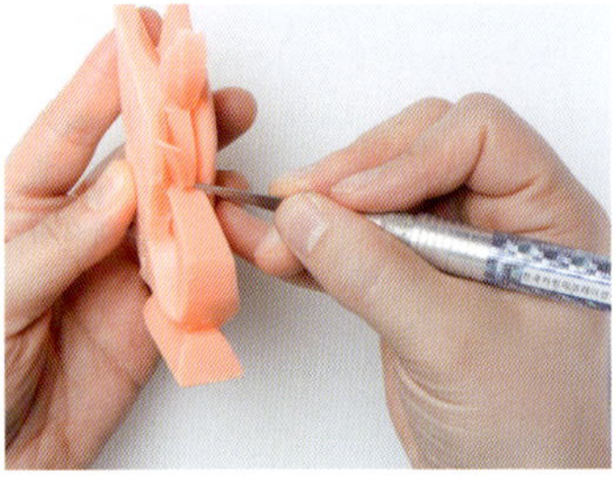
23. 목 부분을 자연스럽게 정리해준다

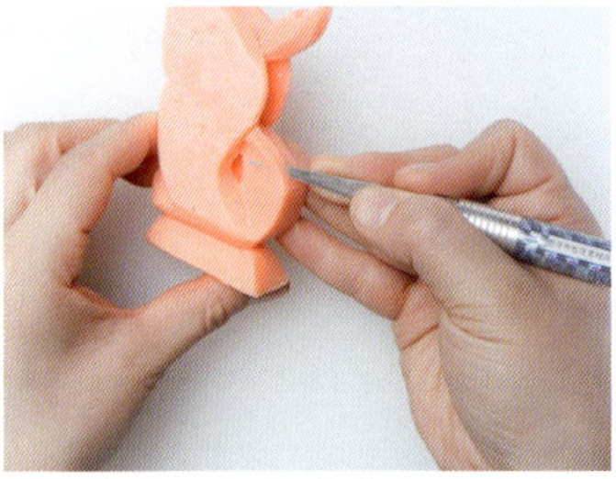
24. 아래 몸통라인까지 모서리를 제거한다

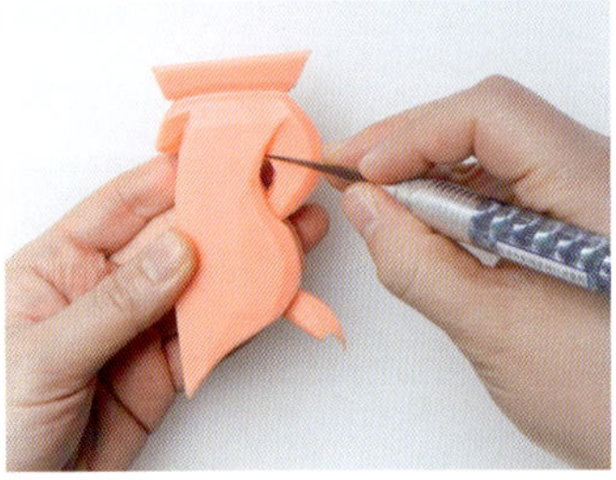
25. 목 뒤쪽라인도 모서리를 제거한다

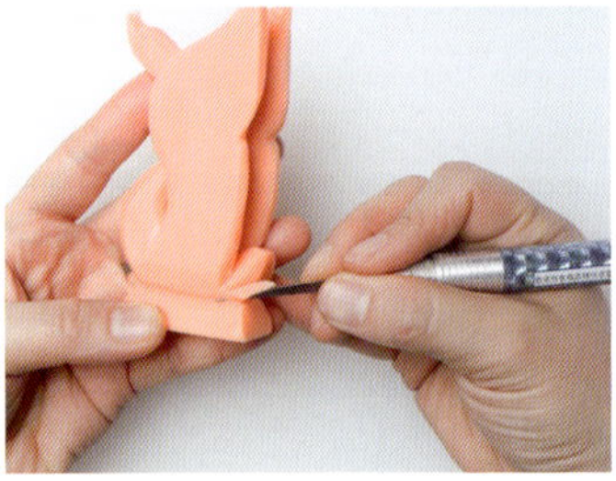
26. 꼬리부분 모서리를 제거한다

27. 머리 앞부분은 칼을 굴려 자연스럽게 정리한다

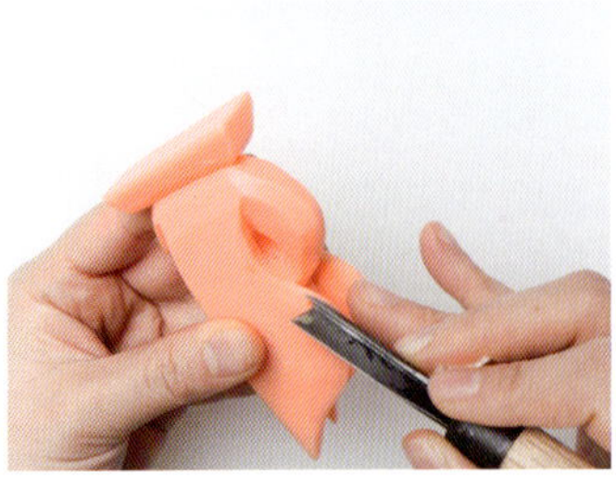
28. 각도로 뼈대 라인을 넣어준다

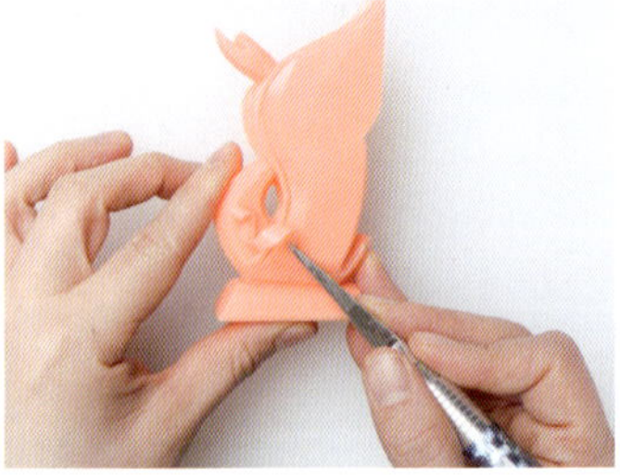
29. 칼을 눕혀 뼈대라인이 드러나도록 파내준다

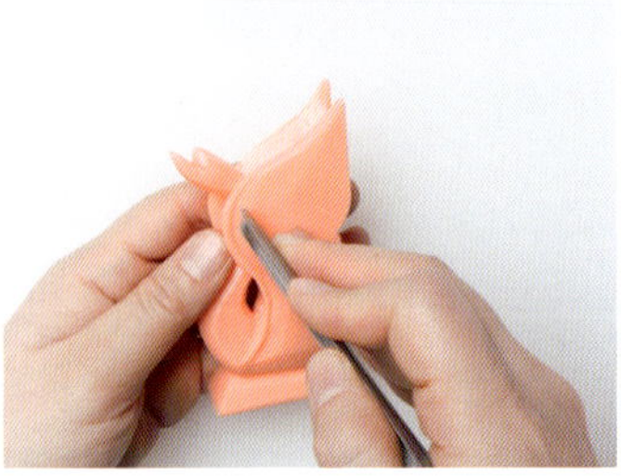
30. 스텐조각도 1호의 작은부분을 사용하여 날개라인을 따라 날개깃을 찍어낸다

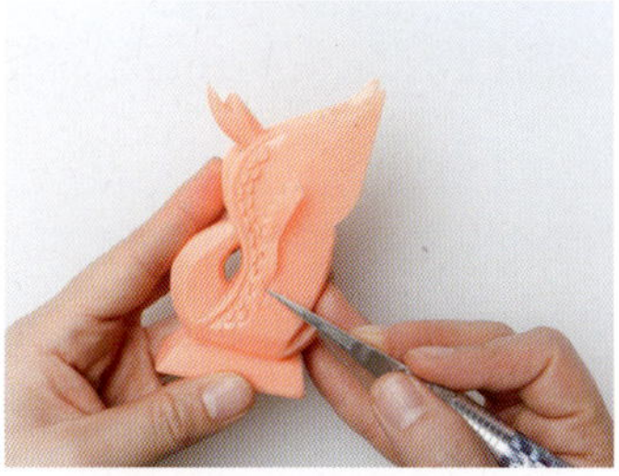

31. 칼을 눕혀 날개라인이 드러나도록 뒤쪽을 파낸다

32. 스텐조각도를 살짝 찍고, 눕혀서 돌리며 중간날개깃을 넣는다

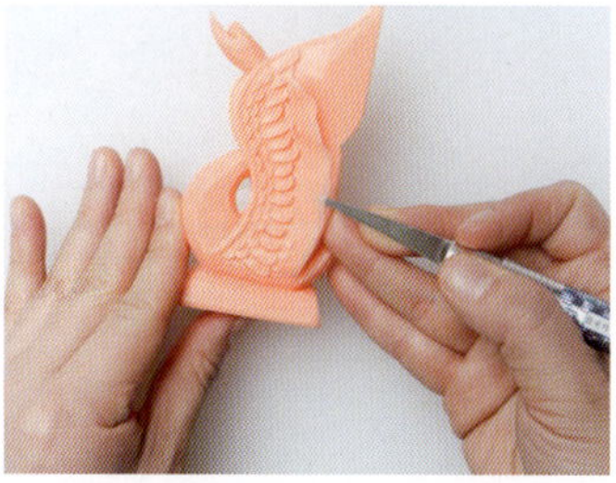

33. 날개가 드러나도록 뒤쪽을 파낸다

34. 동일한 방법으로 날개깃을 절반만 넣어준다

35. 칼을 세워 마지막 날개깃을 그린다

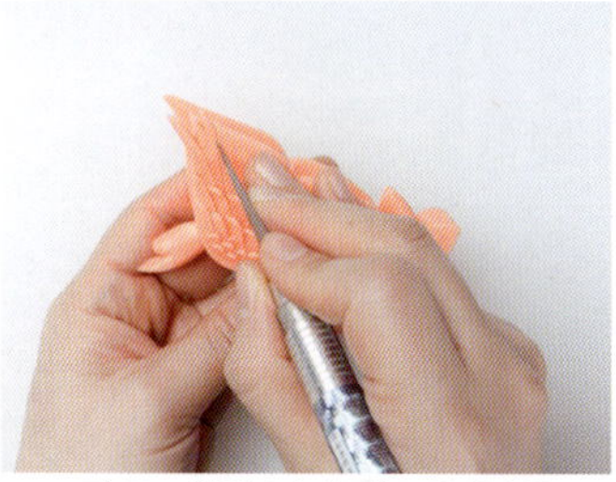

36. 칼을 세워 날개깃 끝부분을 분리한다

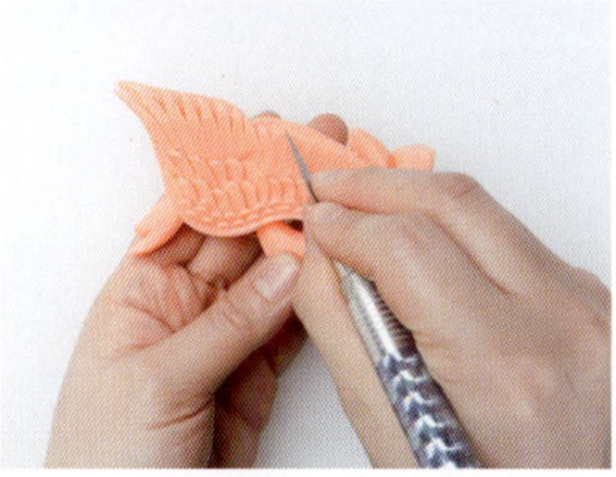

37. 뒷부분 날개도 동일하게 작업해준다

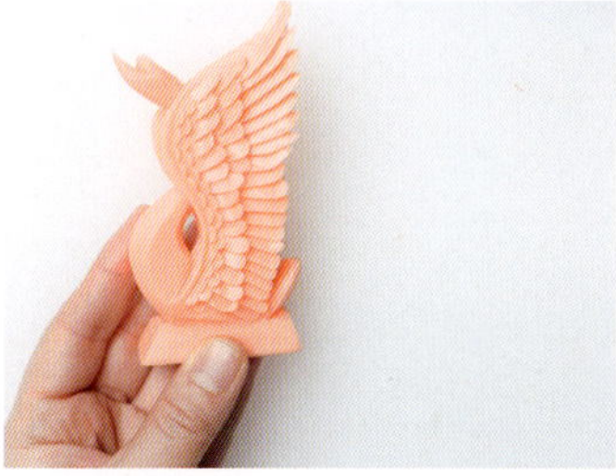

38. 완성한다

제 3장

비누카빙 마스터 고급동물

고급동물 - 1

1. 비누와 도구를 준비한다

2. 각도로 드로잉한다

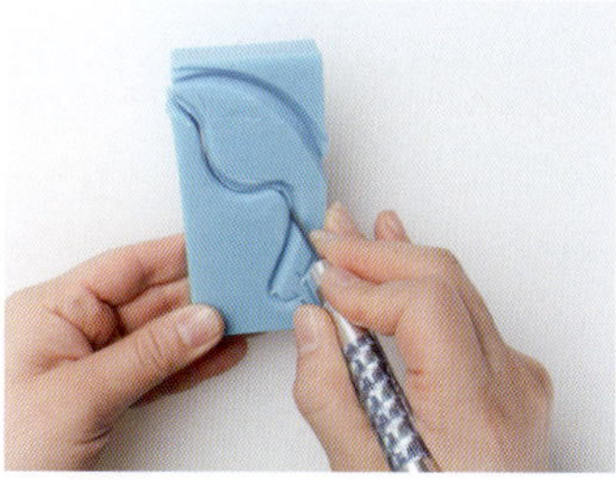

3. 샤토나이프를 세워 필요없는 부분을 제거한다

4. 비누자투리로 긴 부리를 만들어준다

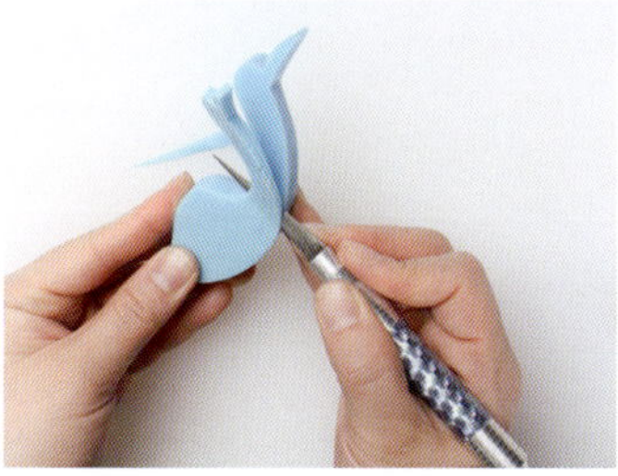

5. 얼굴라인부터 목라인까지 얇아지도록 양 옆을 제거한다

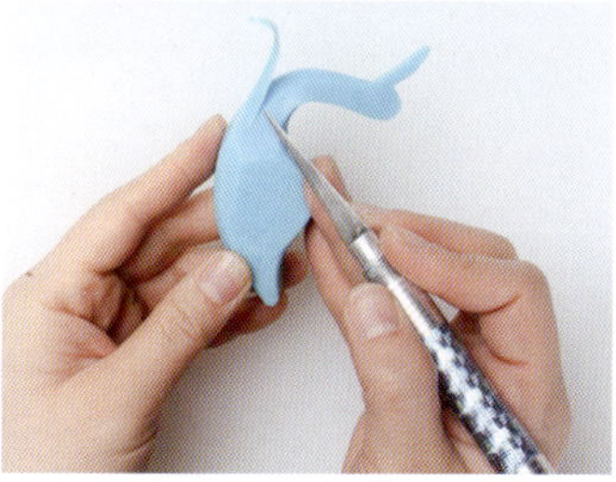

6. 모서리를 제거한다

7. 부리를 제거한다

8. 얼굴라인과 목 라인을 구분하는 선을 긋는다

9. 칼을 눕혀 아래쪽을 제거한다

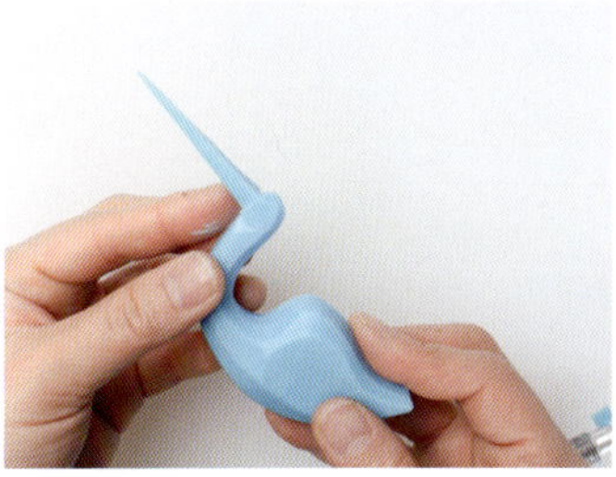

10. 사진과 같다

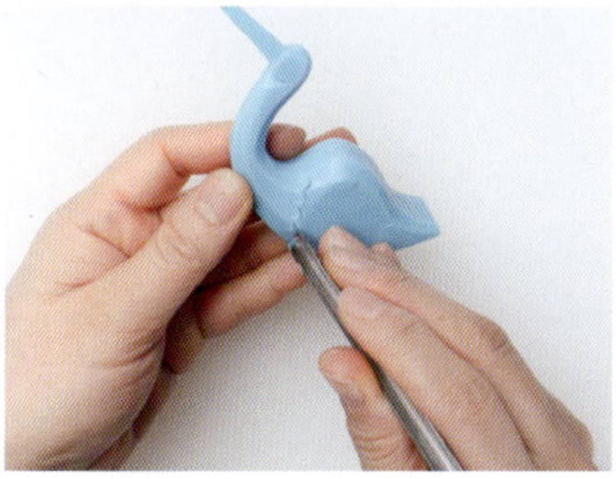

11. 스텐조각도 1호의 작은부분으로 날개깃을 넣는다

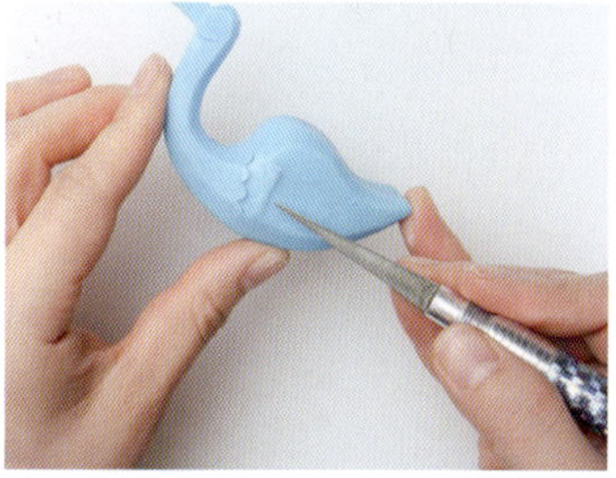

12. 칼을 눕혀 날개 깃이 드러나도록 제거한다

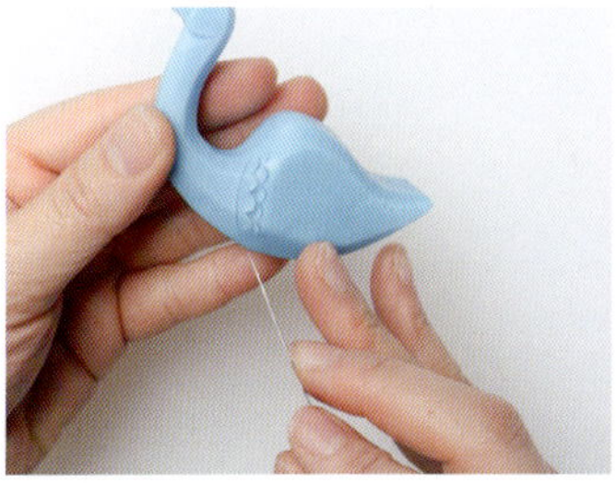

13. 날개깃 앞쪽에 날개를 구분하는 선을 넣어준다

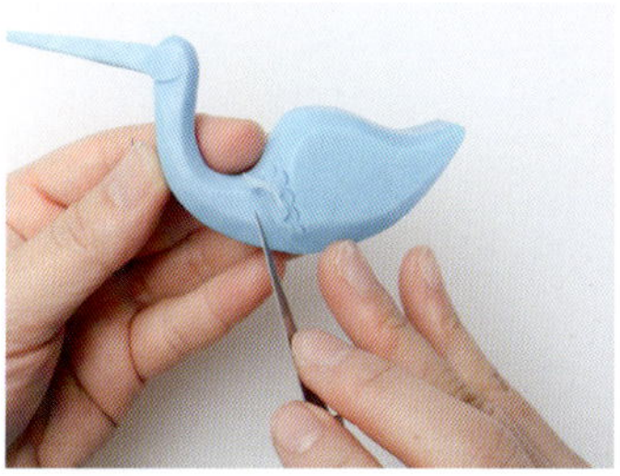

14. 칼을 눕혀서 날개깃 앞쪽을 제거한다

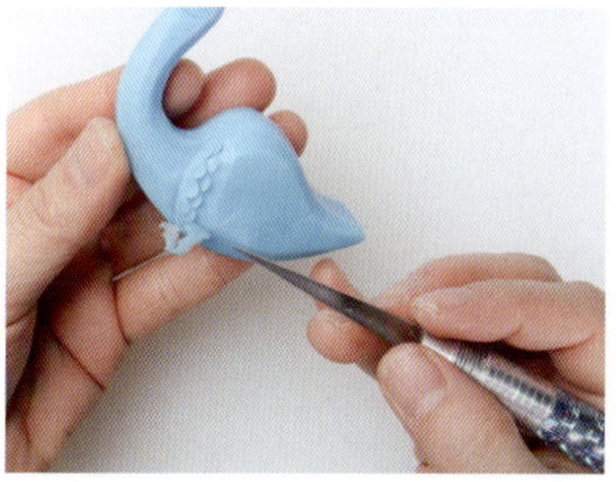

15. 칼을 눕혀서 깃이 드러나도록 제거한다

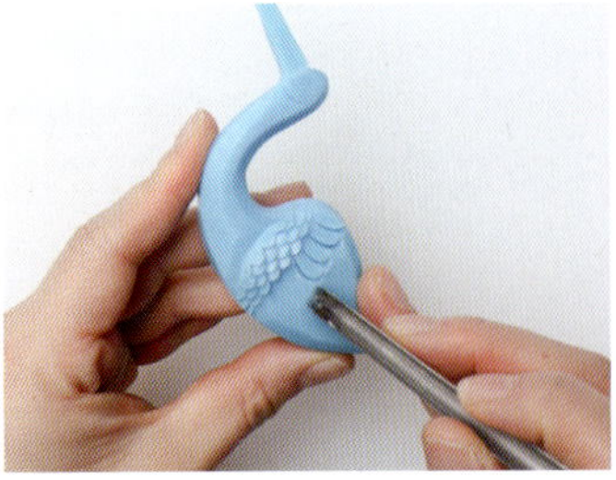
16. 스텐조각도 1호의 작은부분을 사용하여 중간날개깃을 넣어준다

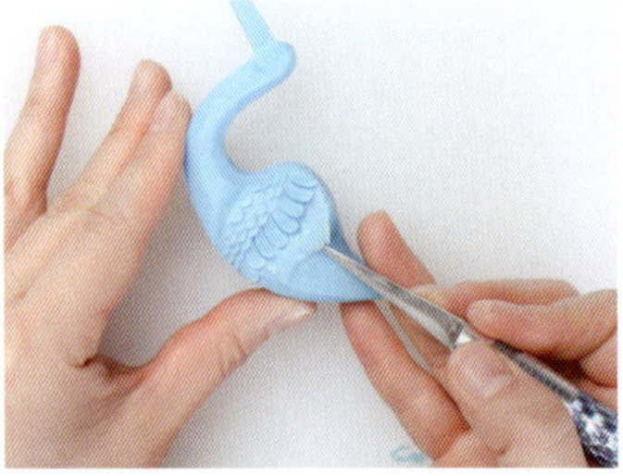
17. 칼을 눕혀서 날개깃이 드러나도록 아래쪽을 제거한다

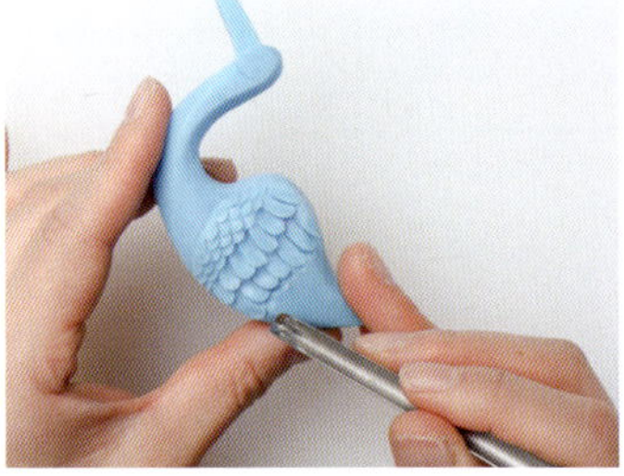
18. 동일한 방법으로 중간날개깃을 한번 더 넣어준다

19. 날개깃 뒤쪽을 제거한다

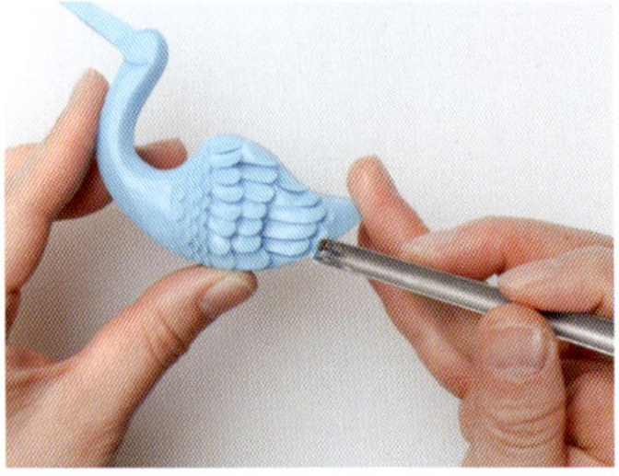
20. 몸통 모양에 맞춰 마지막 날개깃을 길게 넣는다

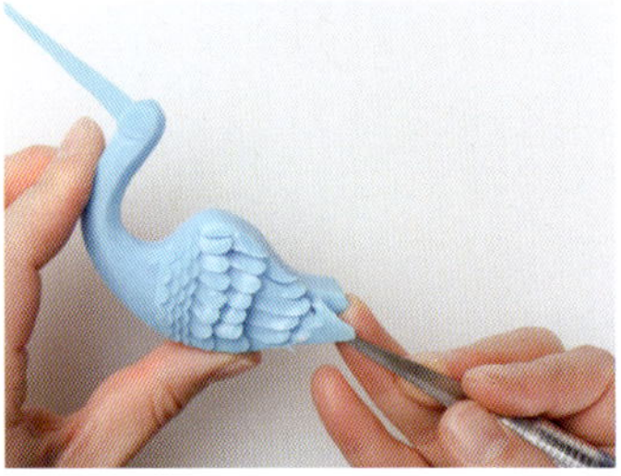
21. 뒷 부분을 제거한다

22. 날개라인을 따라 선을 넣는다

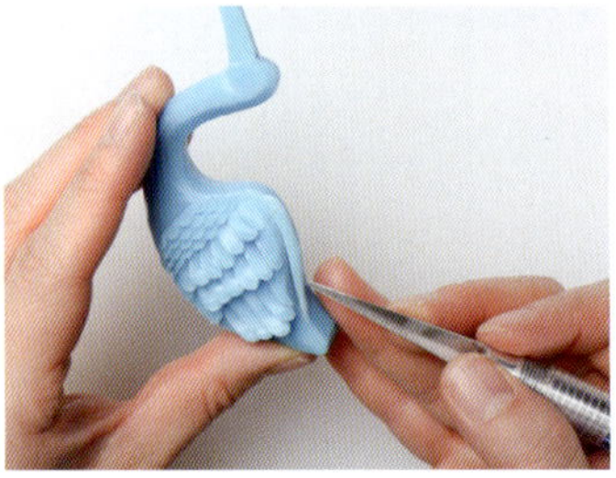
23. 반대쪽에서 칼을 눕혀 넣어 날개와 몸통을 분리해준다

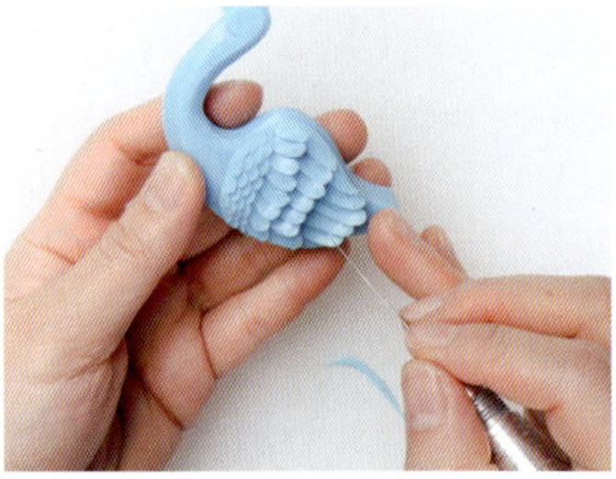
24. 칼을 세워 날개깃 중간에 선을 넣는다

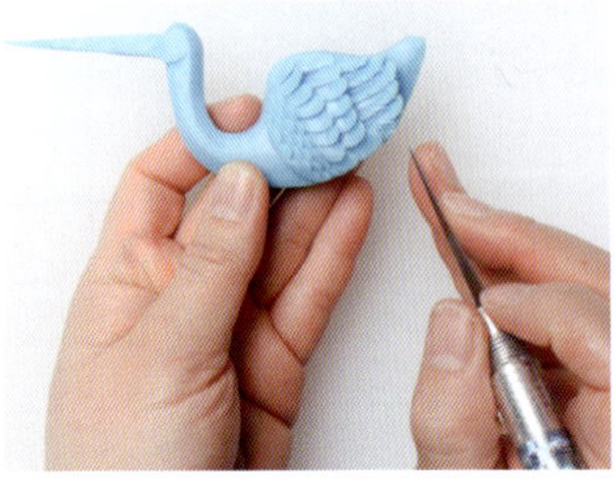
25. 깃털 표현을 해준다

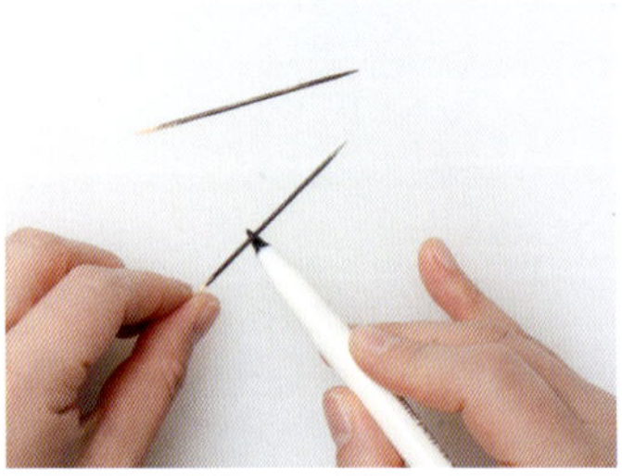
26. 이쑤시개를 까맣게 색칠한다

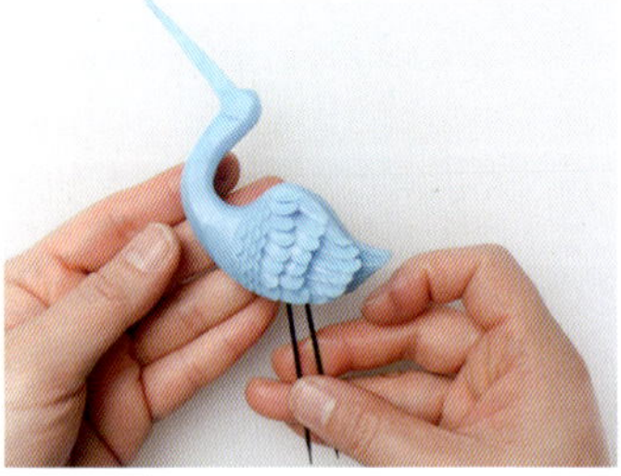
27. 학 다리처럼 꽂아준다

28. 비누자투리로 받침대를 만든다

29. 꽂아서 완성한다

고급동물 - 2

1. 비누와 도구를 준비한다

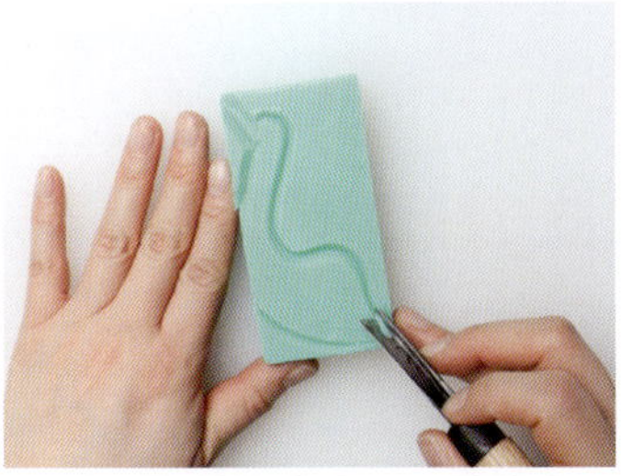

2. 각도를 이용하여 드로잉한다

3. 칼을 세워 필요없는 부분을 제거한다

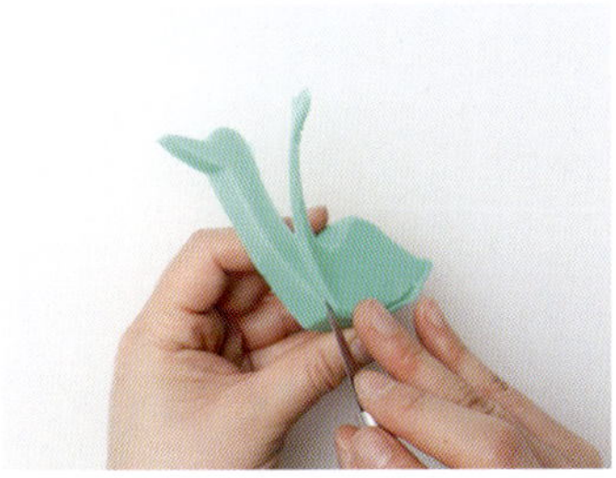

4. 머리부분부터 목부분까지 양옆을 얇게 제거한다

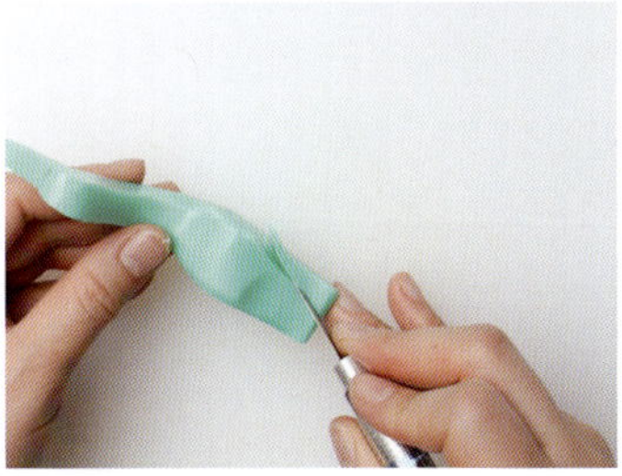

5. 꼬리 양쪽을 얇게 제거하여 얇게 만들어준다

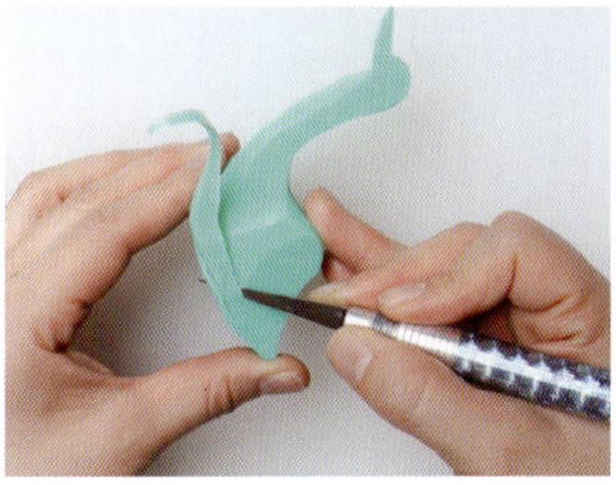

6. 모서리를 제거한다

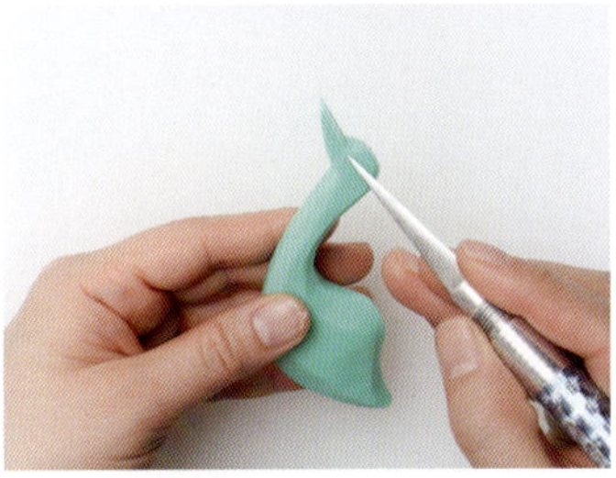

7. 부리를 제거한다

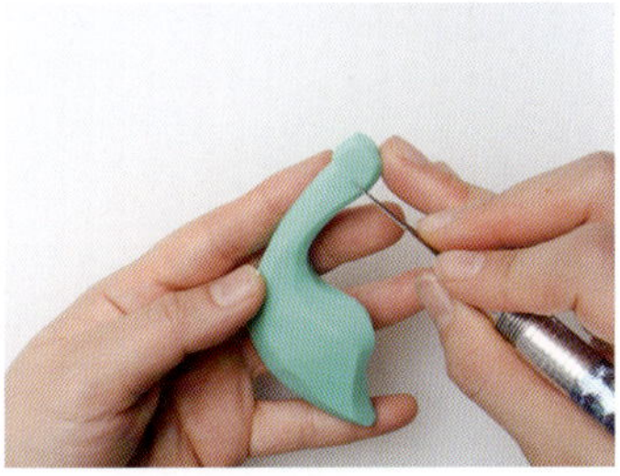

8. 머리와 목 부분을 구별하는 라인을 살짝 넣어준다

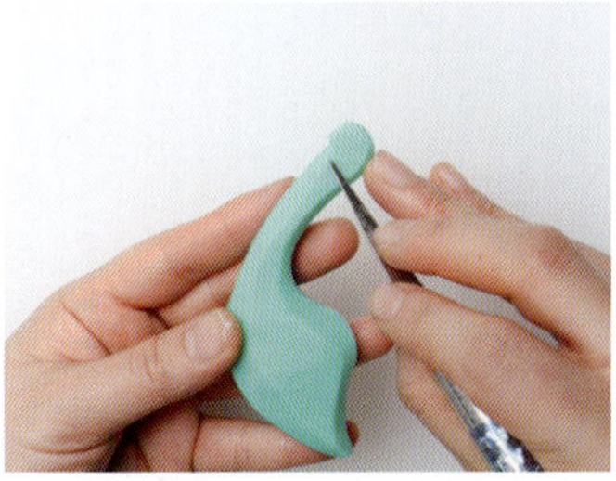

9. 칼을 눕혀서 라인 아래쪽을 파낸다

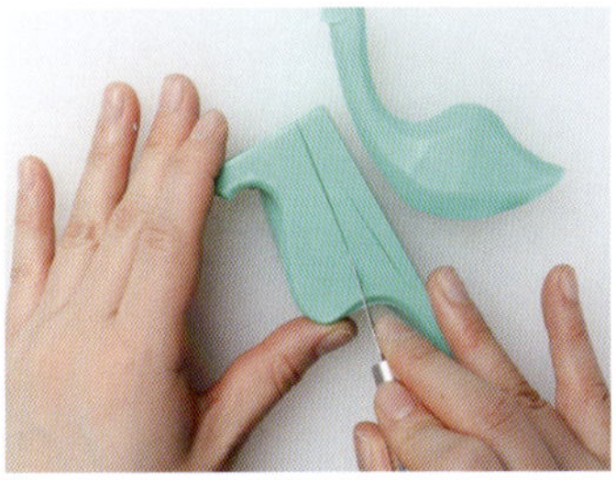

10. 비누 자투리에 긴 부리를 만들어준다

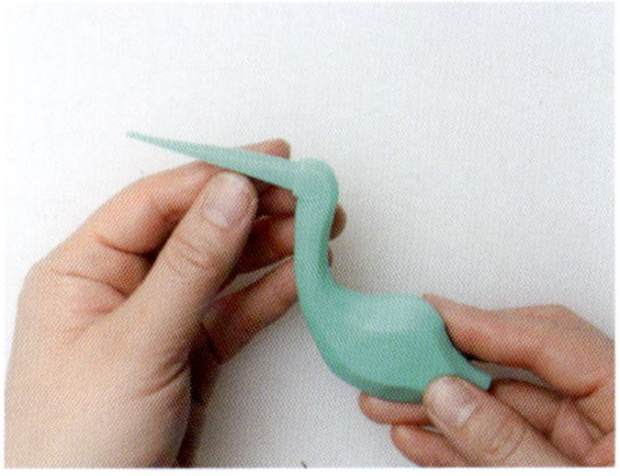

11. 원래 몸통에 새로만든 부리를 붙인다

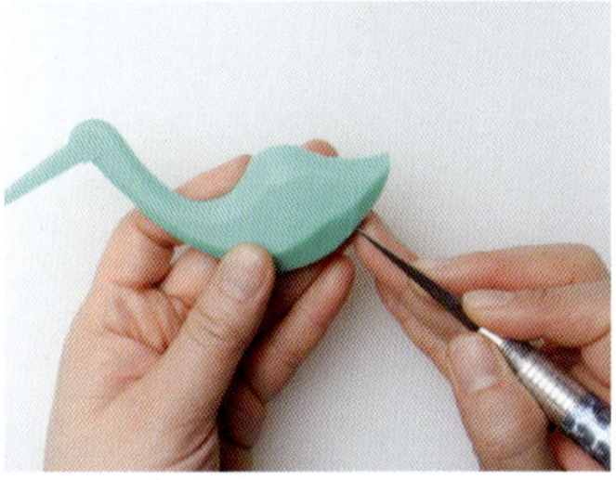

12. 꼬리부분에 칼을 살짝 넣어 라인을 그린다

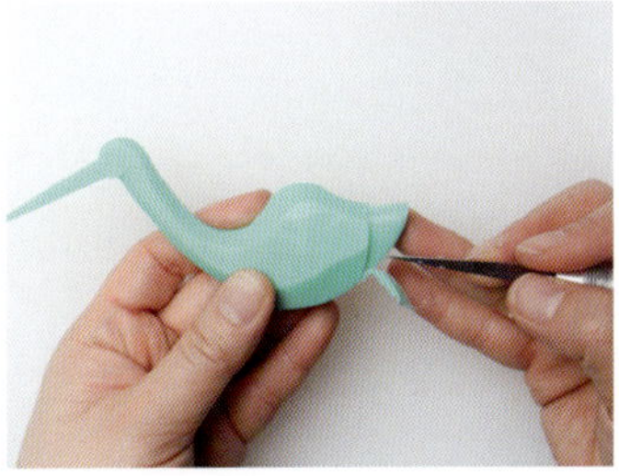

13. 라인이 드러나도록 아래쪽을 살짝 파낸다

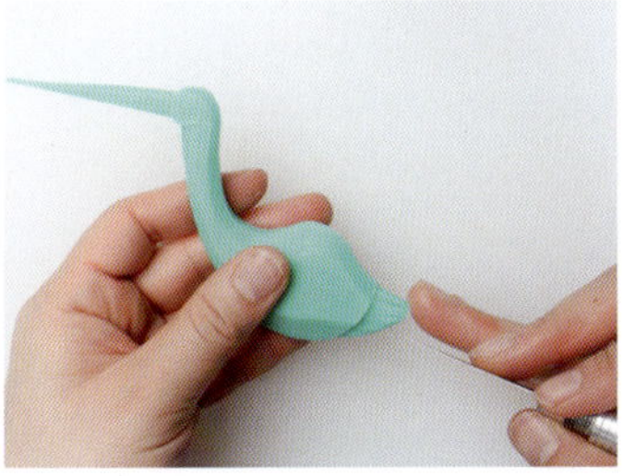

14. 샤토나이프를 세워 꼬리 깃을 그린다

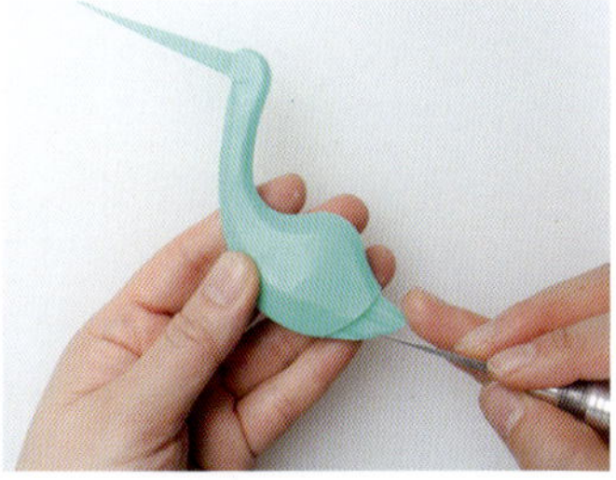

15. 칼을 눕혀 깃이 드러나도록 파내준다

16. 사진과 같은 두께로 비누를 얇게 재단한다

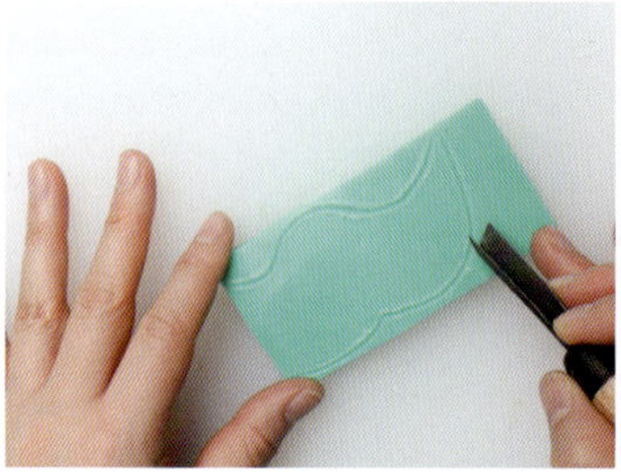

17. 각도를 뒤로 당기며 날개를 드로잉한다

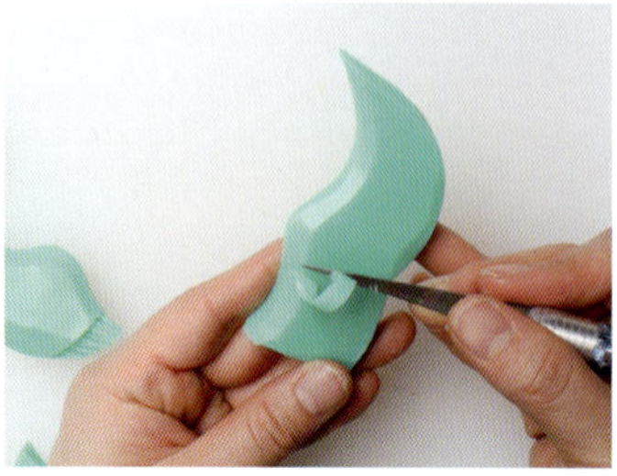

18. 모서리를 살짝 제거한다

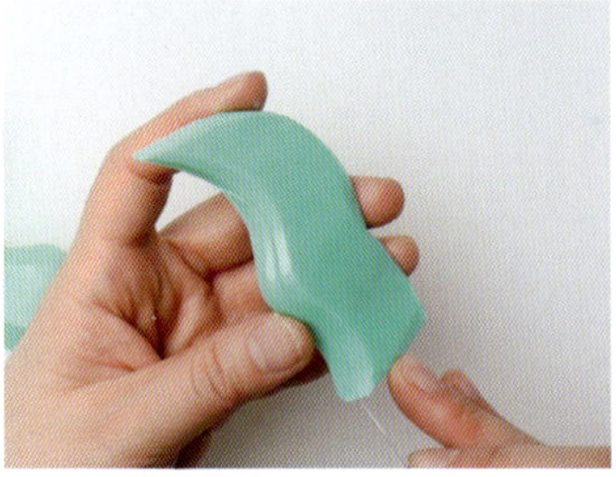

19. 뼈대 라인을 그린다

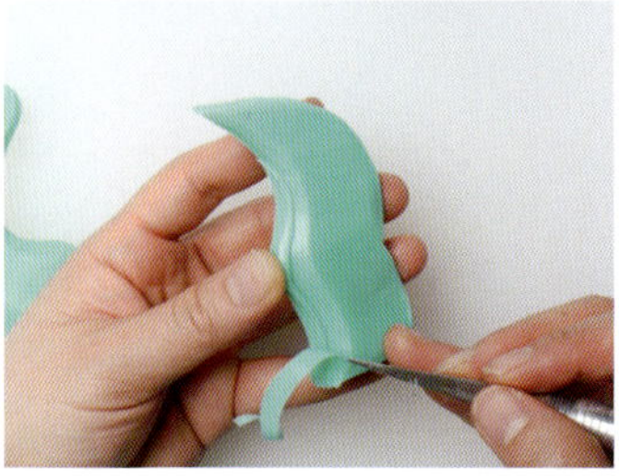

20. 칼을 눕혀 뼈대라인이 드러나도록 살짝 파낸다

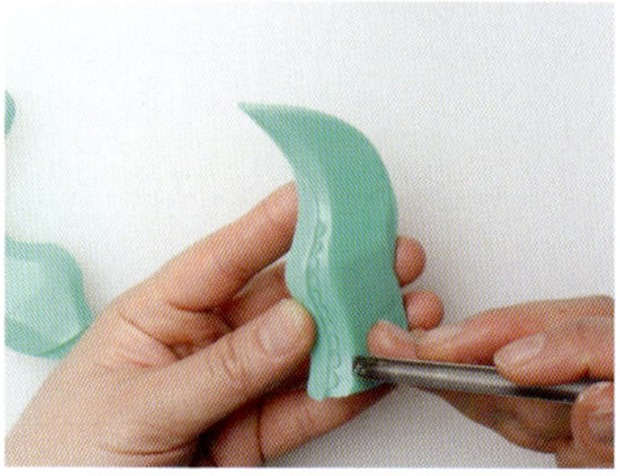

21. 스텐조각도 1호의 작은부분으로 날개라인을 따라 날개깃을 찍어낸다

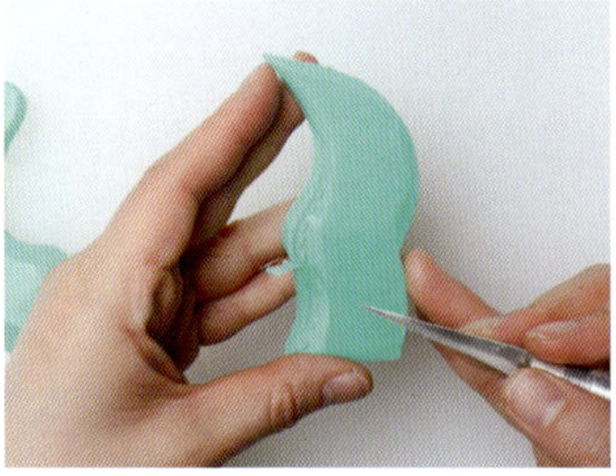

22. 칼을 눕혀 날개깃이 드러나도록 아래쪽을 파내준다

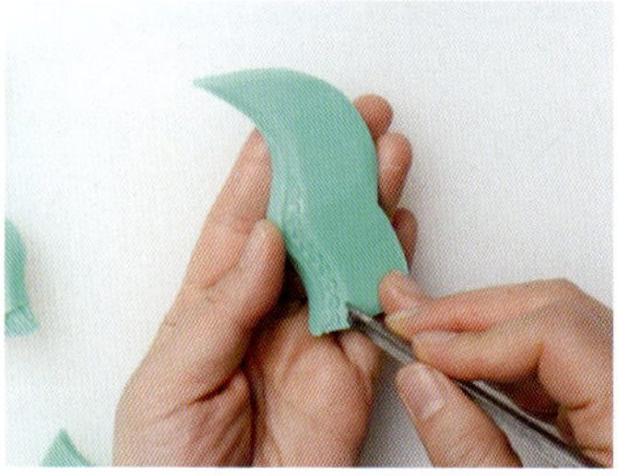

23. 날개깃이 겹치지 않게 동일한 방법으로 날개깃을 찍어낸다

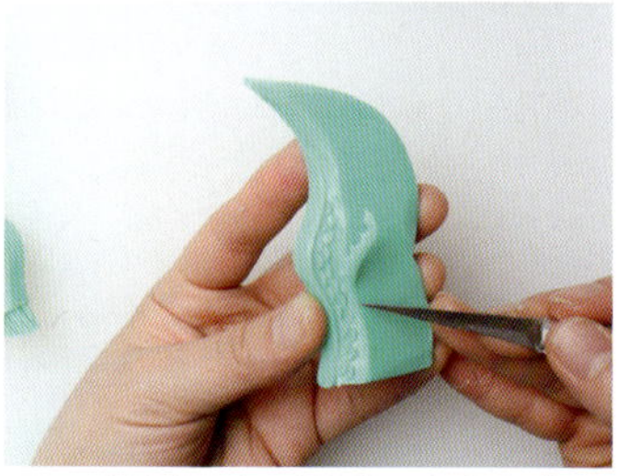

24. 칼을 눕혀 뒤쪽을 파내준다

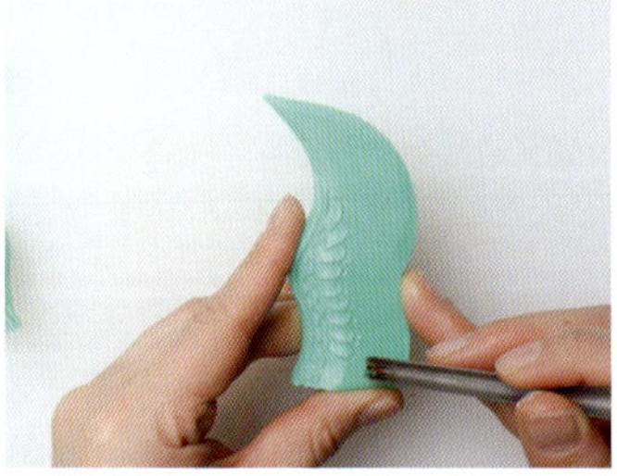

25. 스텐조각도로 살짝 찍고 눕혀서 돌리며 중간날개깃을 만든다

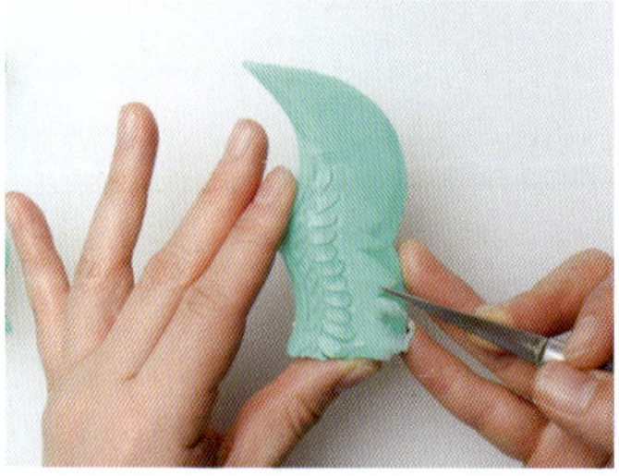

26. 칼을 눕혀 뒤쪽을 파내준다

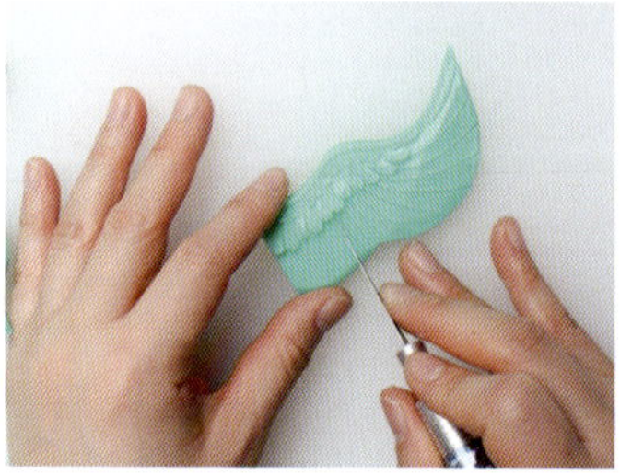

27. 샤토나이프로 마지막 날개깃을 그린다

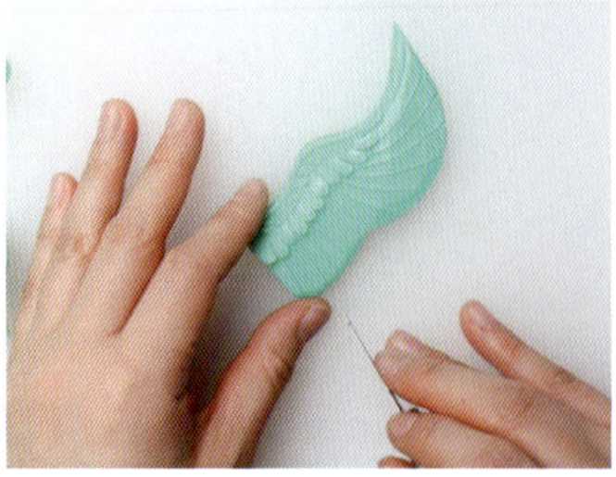

28. 사진과 같다

29. 날개깃 끝부분을 분리해준다

30. 사진과 같다

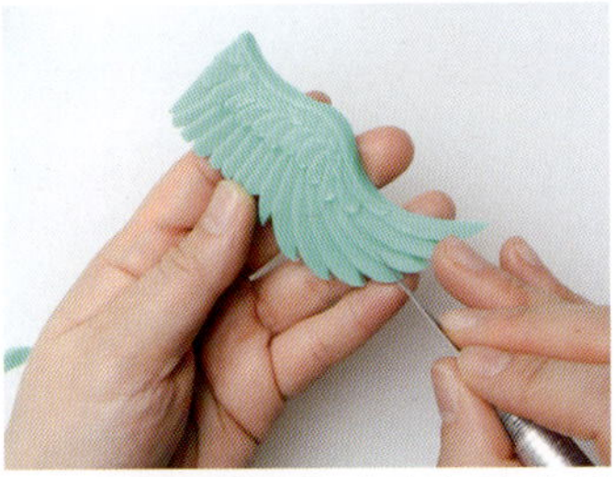

31. 날개깃 안쪽에 사진과 같이 선을 넣는다

32. 칼을 눕혀 선이 드러나도록 아래쪽을 파내준다

33. 사진과 같이 깃털 표현을 해준다

34. 양쪽 날개를 모두 완성한다

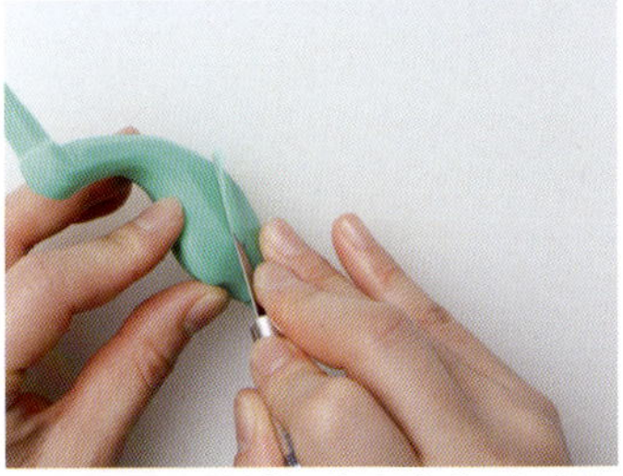

35. 몸통 부분을 매끈하게 정리한다

36. 날개 붙일 부분을 사선으로 정리한다

37. 몸통에 살짝 붙인다

38. 비누 자투리로 받침대를 만든다

39. 이쑤시개를 까맣게 색칠한다

40. 학 다리처럼 꽂아 받침대에 고정시킨다

41. 완성한다

고급동물 - 3

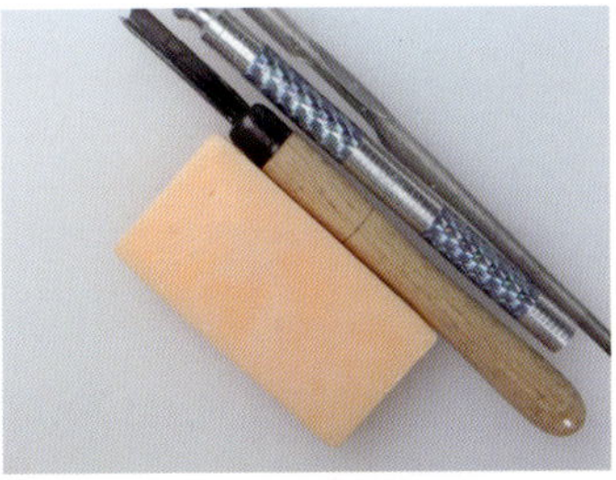

1. 비누와 도구를 준비한다

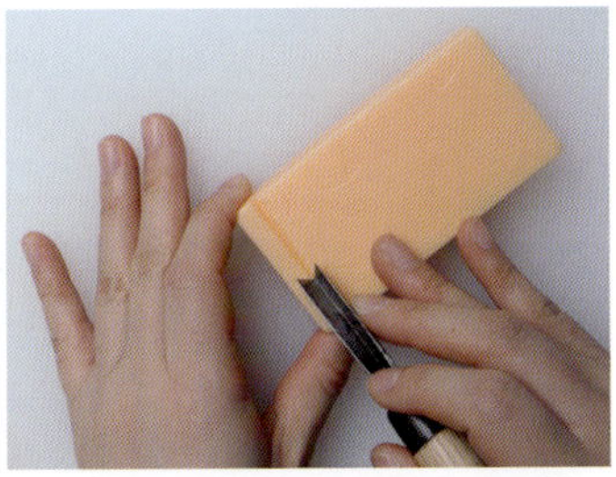

2. 각도를 뒤로 당기며 드로잉한다

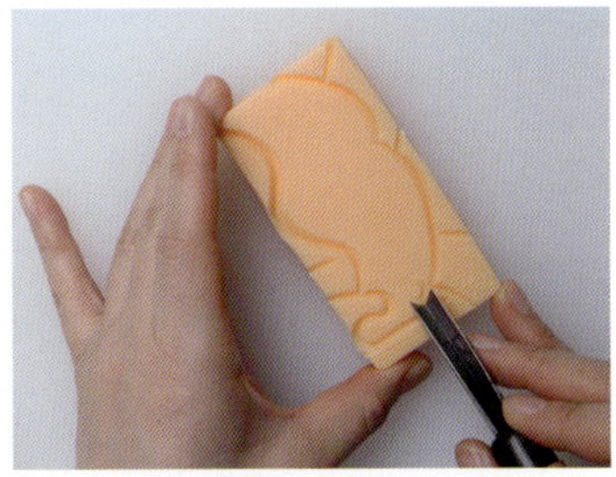

3. 각도를 앞으로 밀며 드로잉 라인을 따라 파낸다

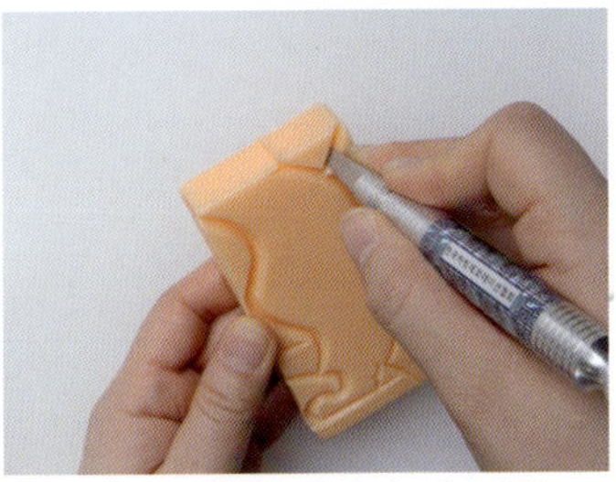

4. 칼을 똑바로 세워서 필요없는 부분을 제거한다

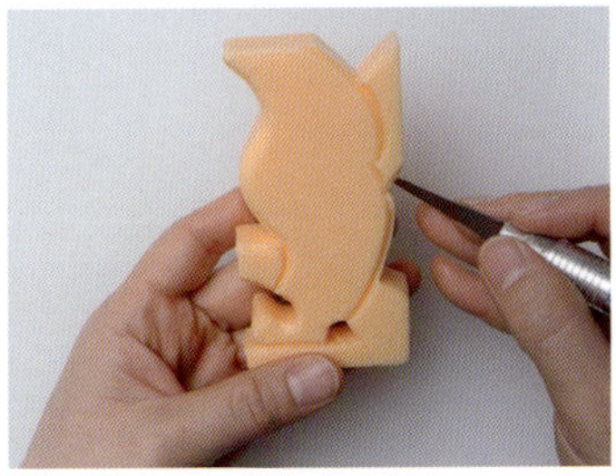

5. 필요없는 부분을 모두 제거한 모습이다

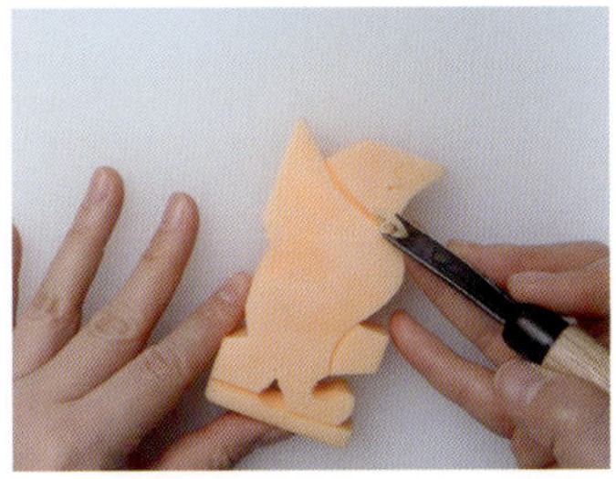

6. 드로잉이 되어있지 않은 뒷면에도 드로잉을 해준다

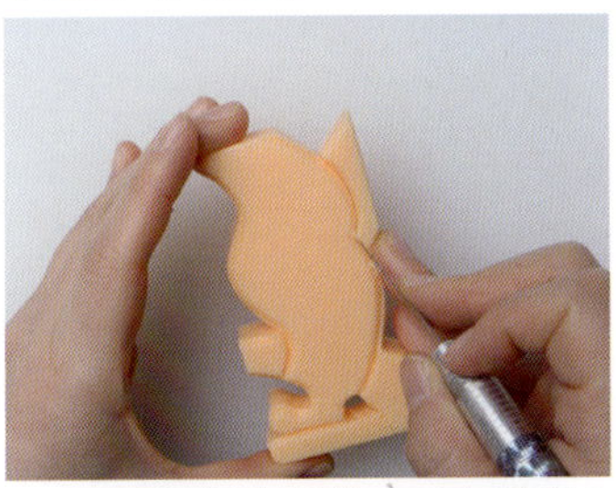

7. 드로잉이 되어있는 모든 곳에 3분의1 두께로 칼날을 넣어준다

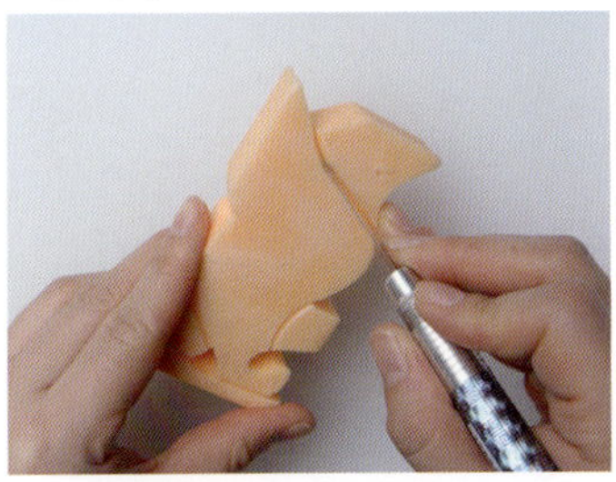

8. 뒷면에도 3분의1 두께로 칼날을 넣어준다

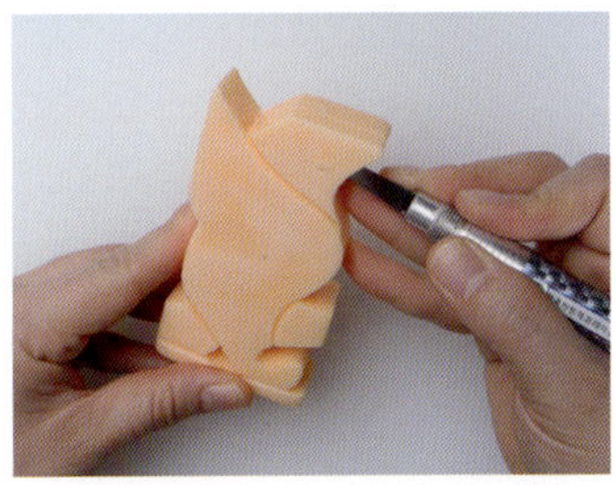

9. 날개 윗부분의 2분의1을 잘라낸다

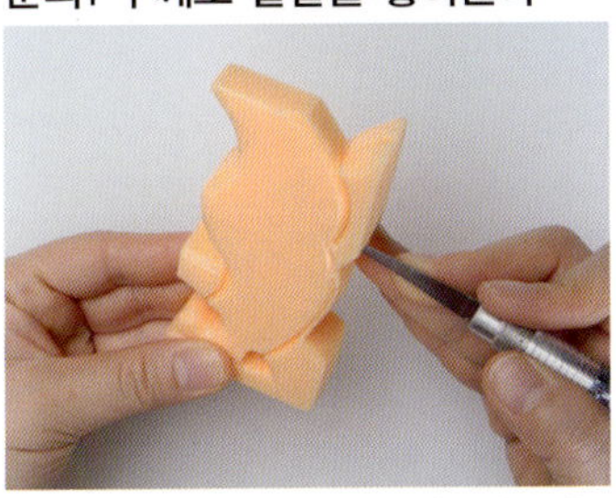

10. 날개 뒷부분의 2분의1을 잘라낸다

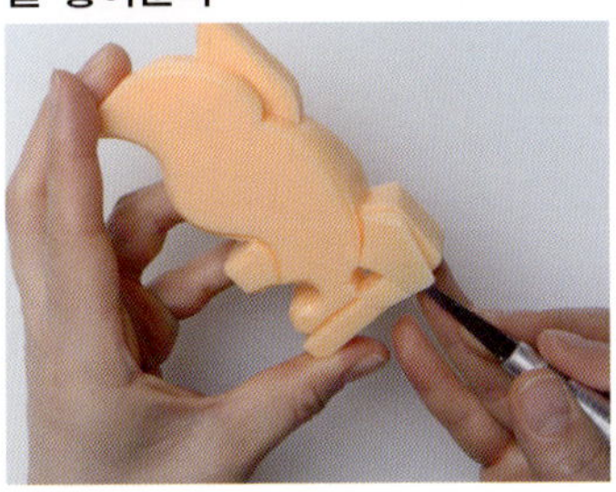

11. 꼬리부분에 칼을 넣어 날개와 분리시킨다

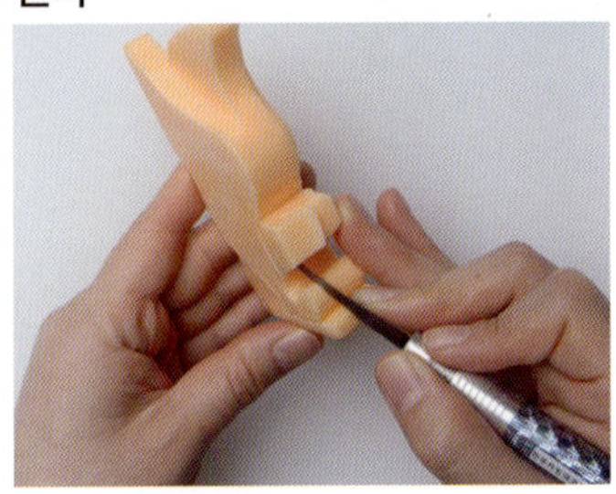

12. 고개를 돌린 것 처럼 얼굴 뒷부분을 동그랗게 굴려준다

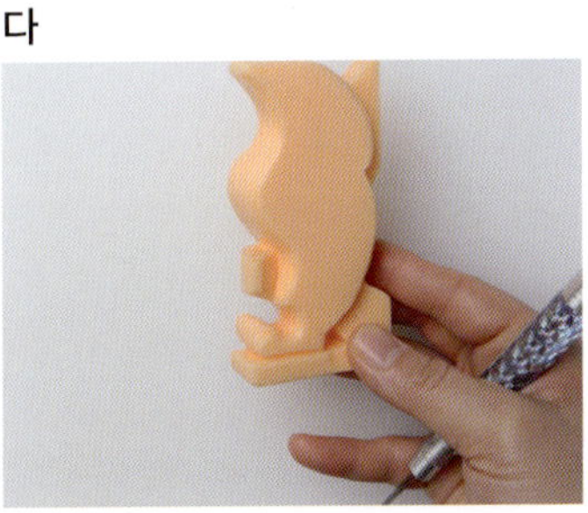

13. 얼굴 앞부분을 살짝 제거한다

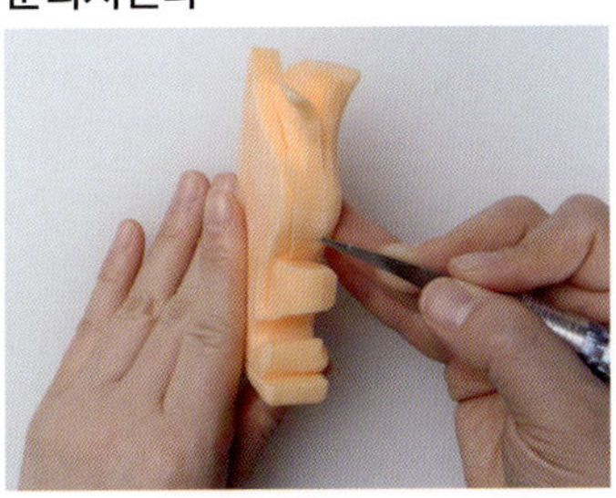

14. 날개 앞쪽에 칼을 눕혀 넣어 양쪽 날개를 분리시켜준다

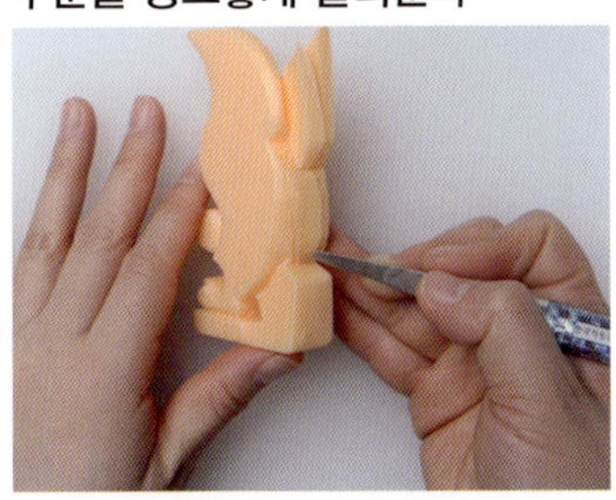

15. 뒤쪽 날개도 꼬리 위까지 칼을 눕혀 넣어 분리시켜준다

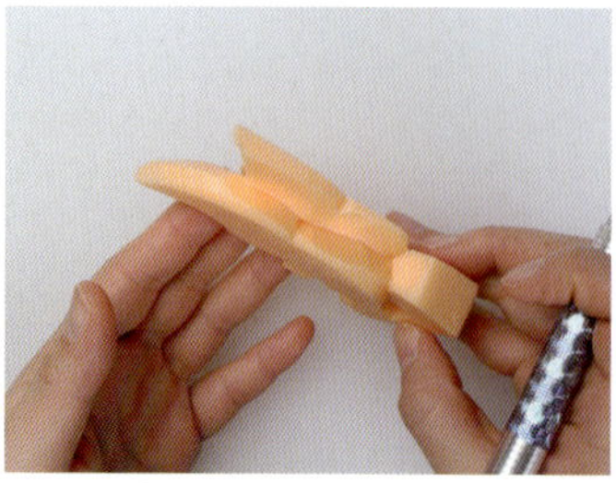

16. 사진과 같다

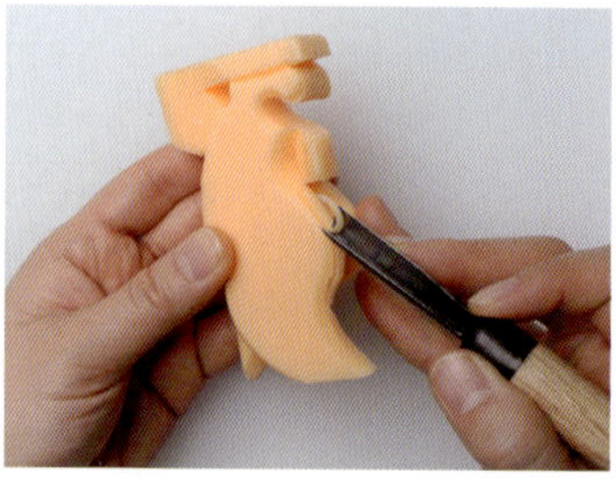

17. 각도를 앞으로 밀며 뼈대라인을 그린다

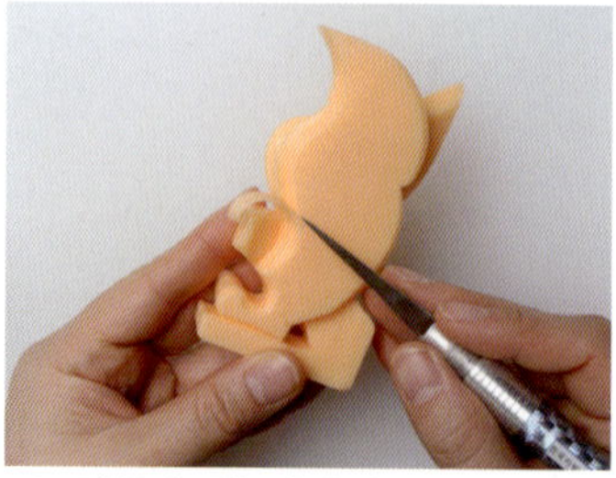

18. 칼을 눕혀 뼈대가 드러나도록 뒤쪽을 얇게 제거한다

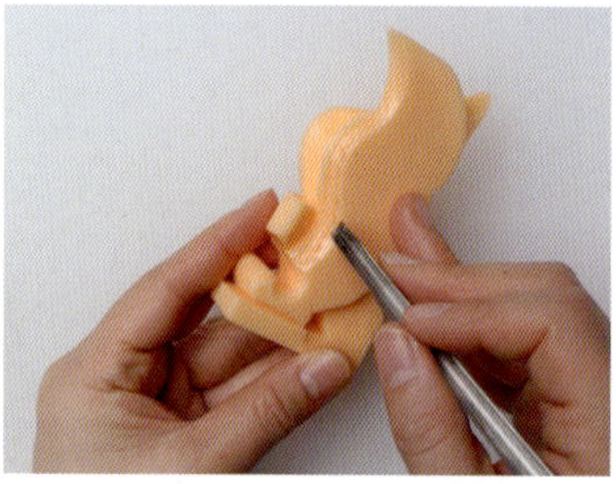

19. 스텐조각도 1호의 작은부분으로 날개라인을 따라 날개깃을 찍어낸다

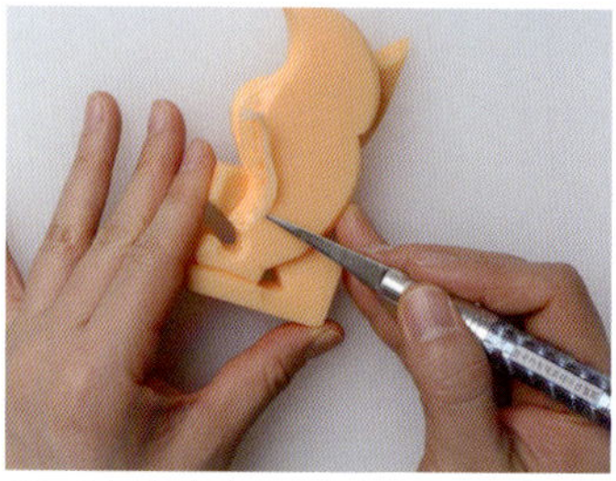

20. 날개깃이 드러나도록 칼을 눕혀 파내준다

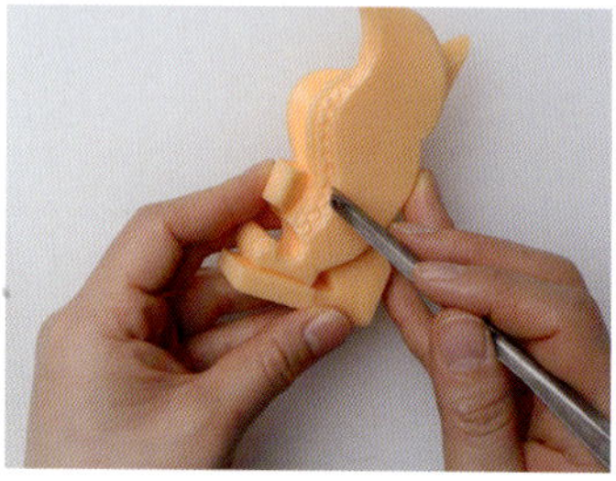

21. 날개깃이 겹치지 않도록 사이사이에 동일하게 날개깃을 찍어낸다

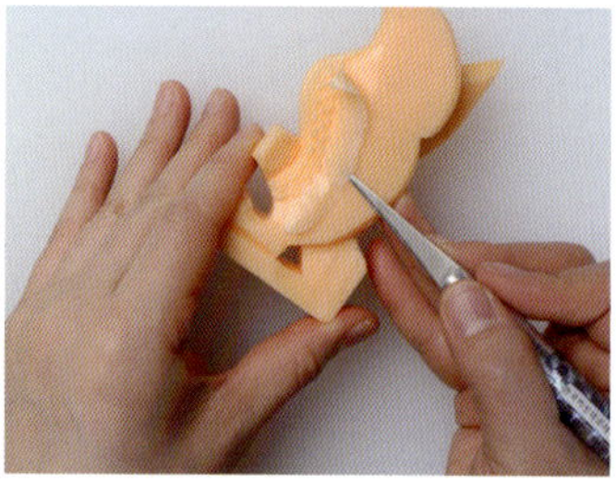

22. 날개깃이 드러나도록 칼을 눕혀 파내준다

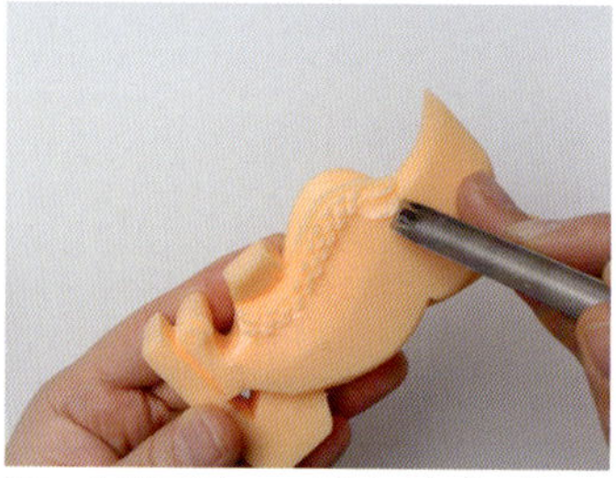

23. 스텐조각도 1호를 살짝 찍고 눕혀 돌리며 중간날개깃을 만든다

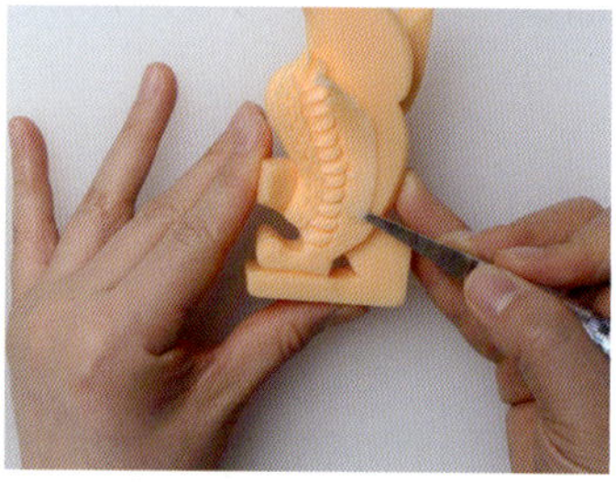

24. 칼을 눕혀 날개깃이 드러나도록 뒤쪽을 제거한다

25. 스텐조각도 1호의 큰 부분으로 마지막 날개깃을 넣어준다

26. 칼을 똑바로 세워 날개 끝쪽을 분리시킨다

27. 날개깃이 잘 보이도록 날개 위쪽을 둥글게 제거한다

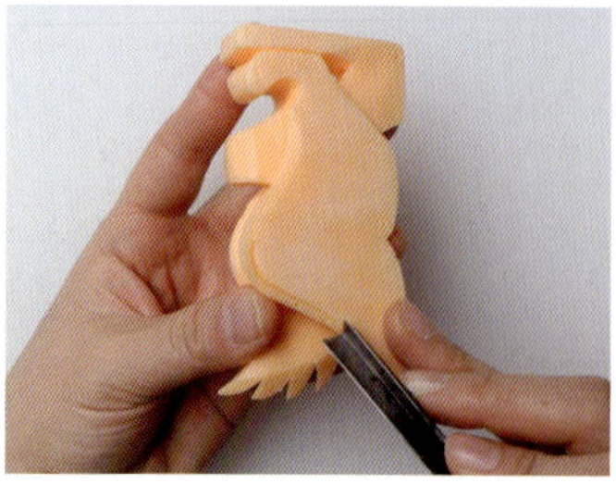

28. 뒷면에도 각도를 이용해 뼈대라인을 그려준다

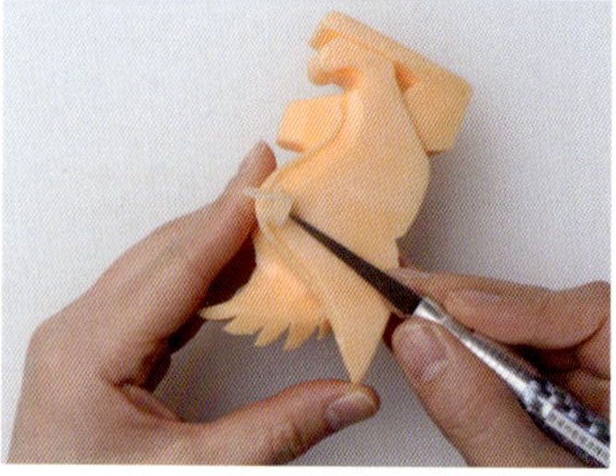

29. 뼈대가 드러나도록 칼을 눕혀 제거한다

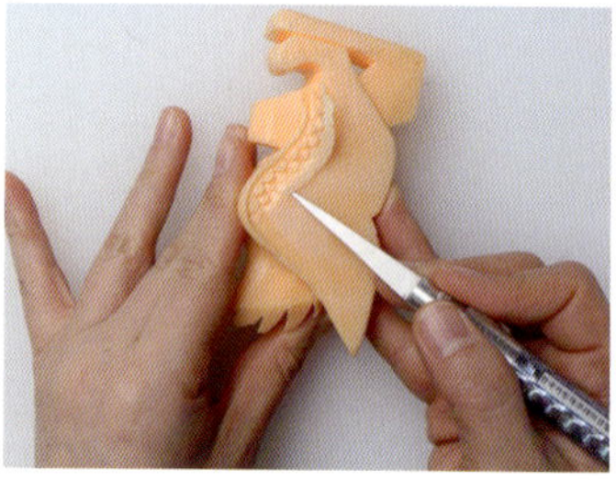

30. 앞면과 동일한 방법으로 첫번째 날개깃을 찍어낸다

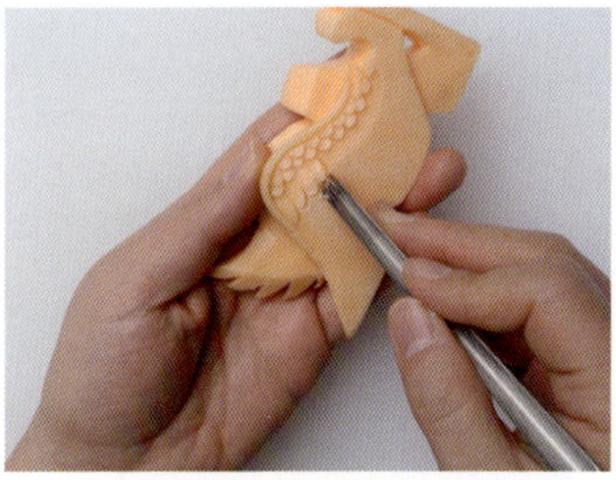

31. 스텐조각도를 살짝 찍고 눕혀 돌리면서 중간 날개깃을 넣는다

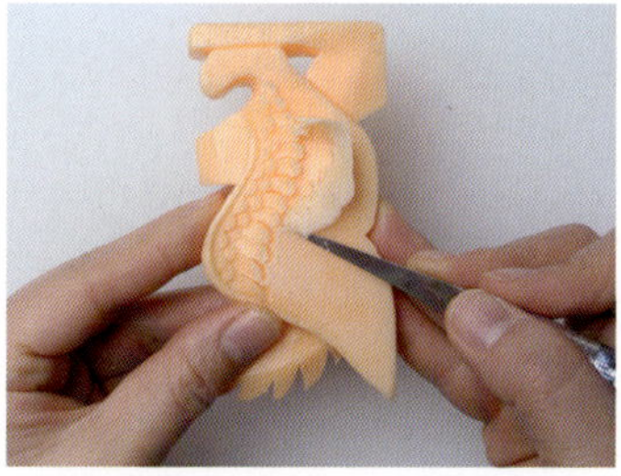

32. 날개깃이 드러나도록 칼을 눕혀 뒷쪽을 파내준다

33. 날개깃의 입체감이 드러나도록 날개 위쪽을 둥글게 파내준다

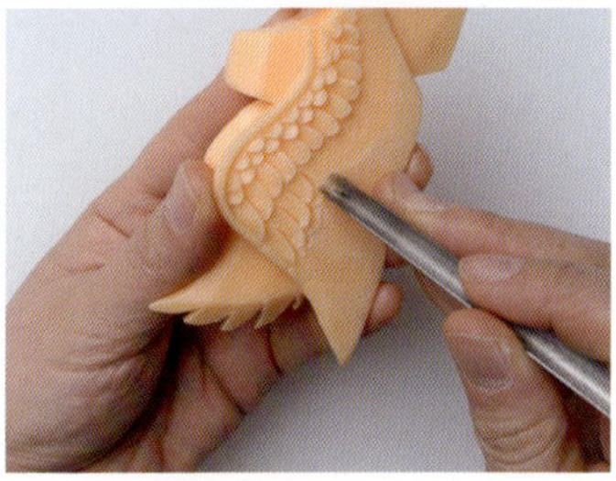

34. 동일한 방법으로 중간날개깃을 한번 더 넣는다

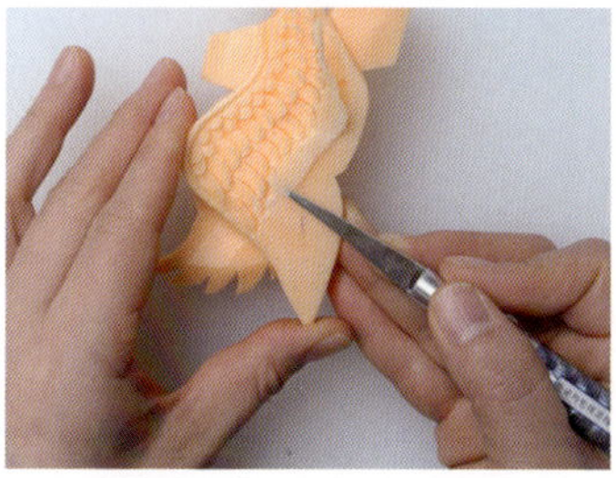

35. 칼을 눕혀 날개깃 뒤쪽을 제거해준다

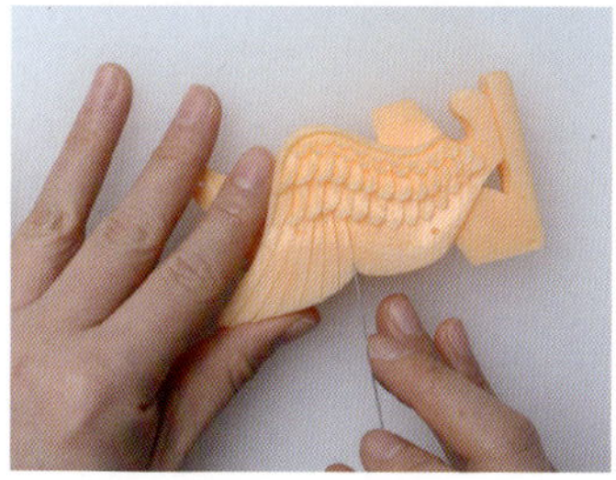

36. 샤토나이프를 이용해 마지막 큰 날개깃을 넣어준다

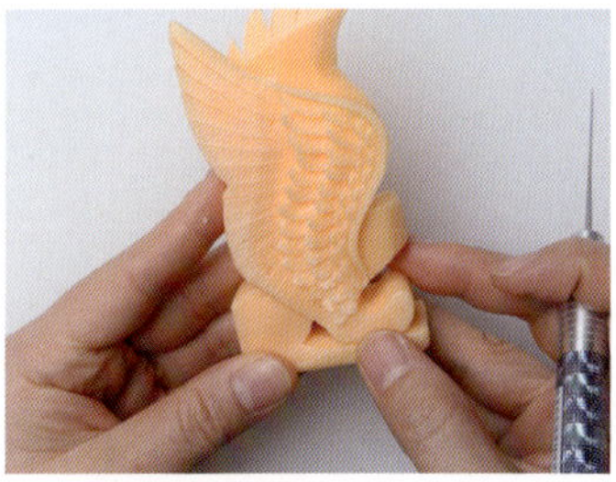

37. 사진과 같다

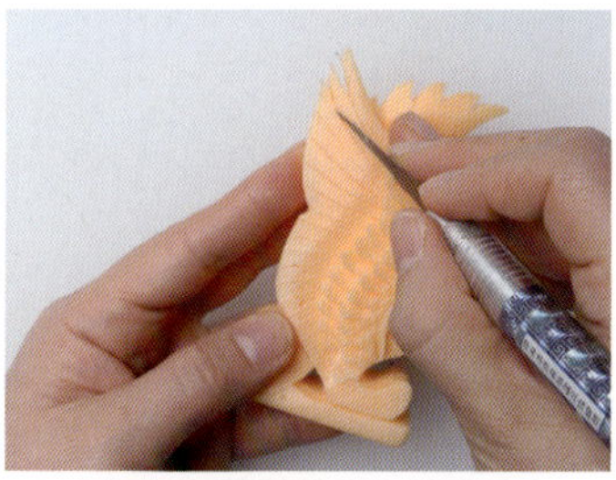

38. 날개 끝부분을 분리해준다

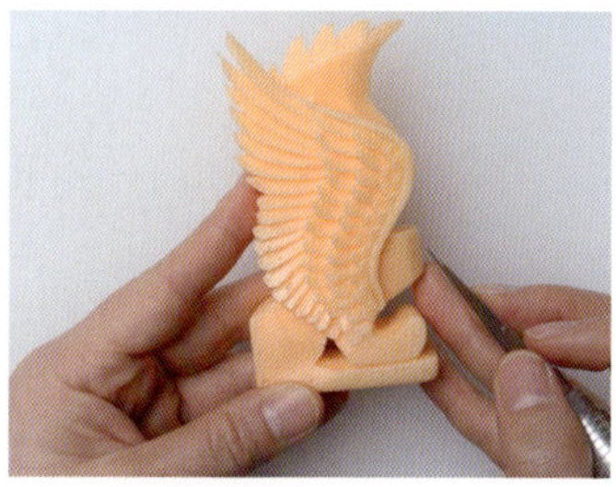

39. 사진과 같다

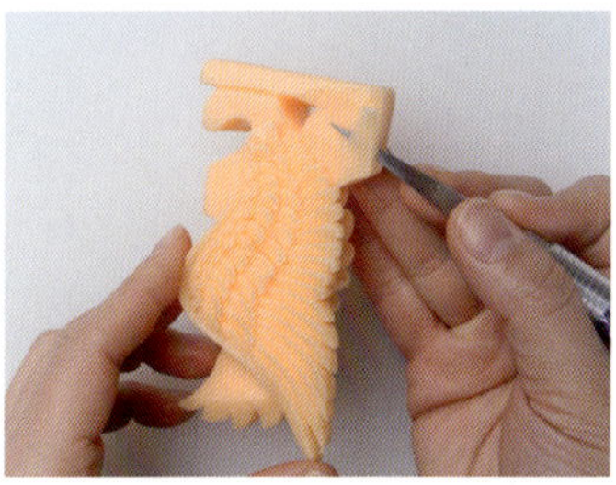

40. 꼬리부분 모서리를 제거한다

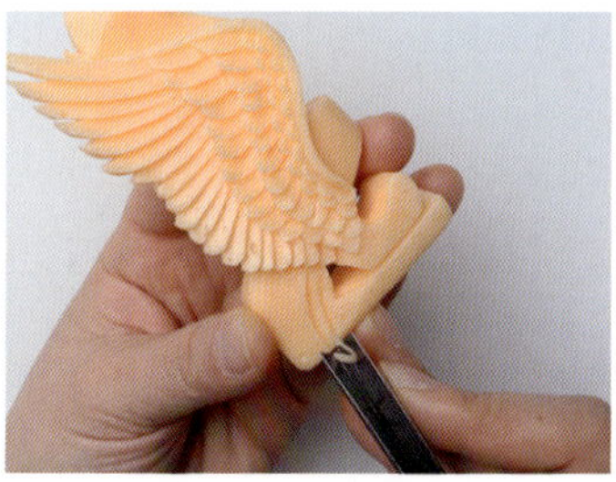

41. 각도를 앞으로 밀며 꼬리 깃을 넣어준다

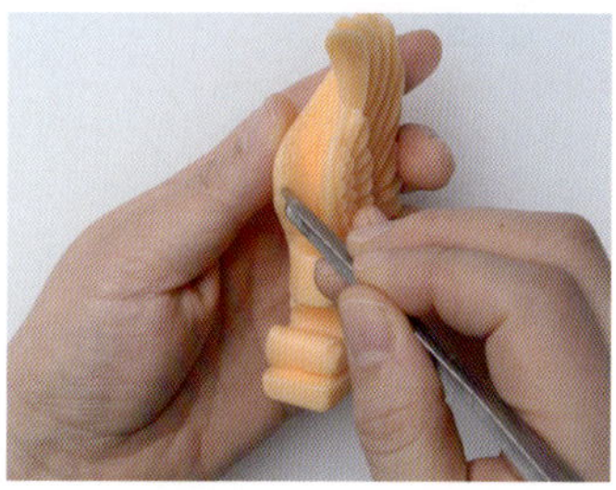

42. 스텐조각도 1호의 작은 부분으로 날개깃 앞쪽을 찍어준다

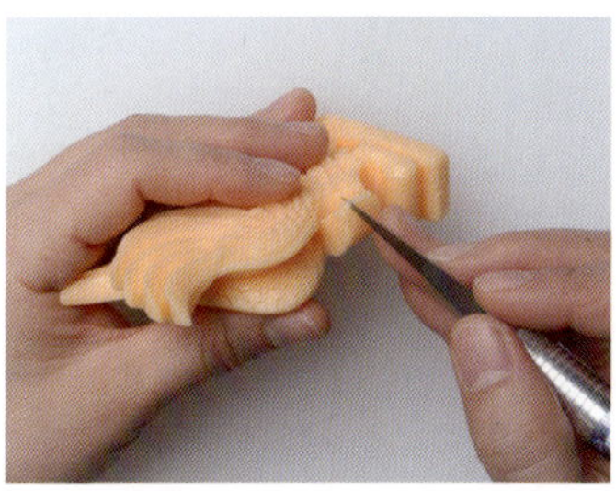

43. 머리 앞쪽에 칼을 살짝 넣어준다

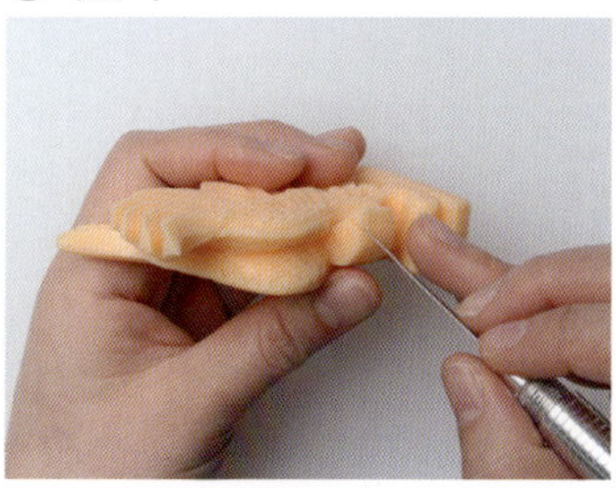

44. 머리 위쪽에 칼을 넣어 만나는 부분을 떼어낸다

45. 사진과 같이 독수리 부리를 표현해준다

46. 떨어지는 조각을 제거한다

47. 부리 뒤쪽을 사진과 같이 정리한다

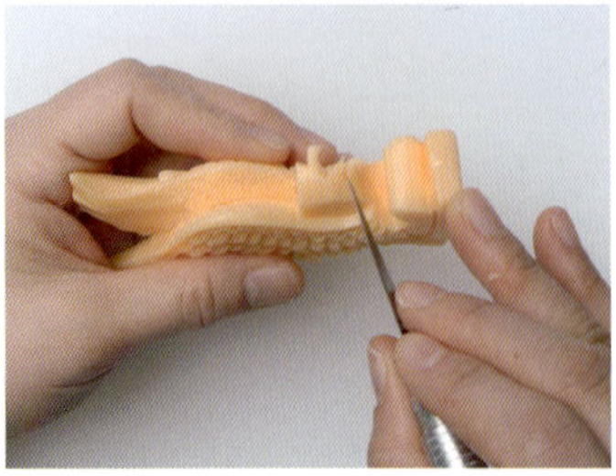

48. 턱 부분을 자연스럽게 정리해준다

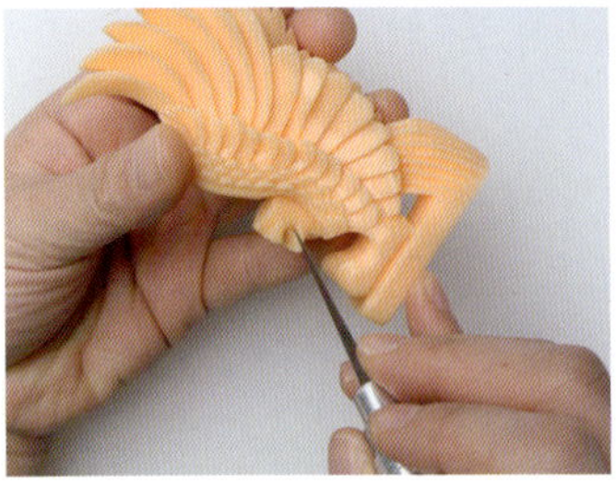

49. 칼을 눕혀 입 안을 살짝 파내준다

50. 떨어지는 조각을 제거한다

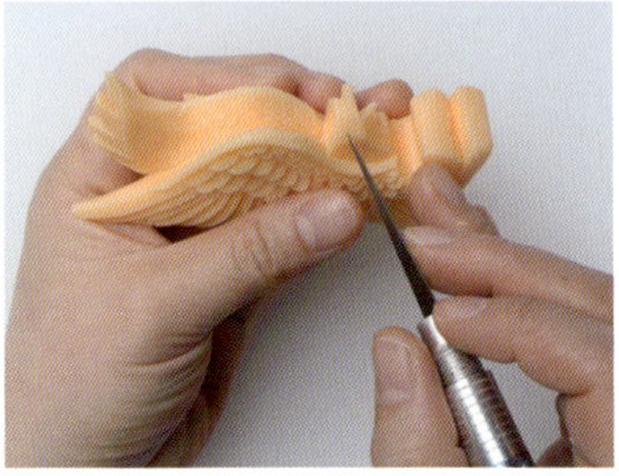

51. 사진과 같이 눈매 라인을 넣는다

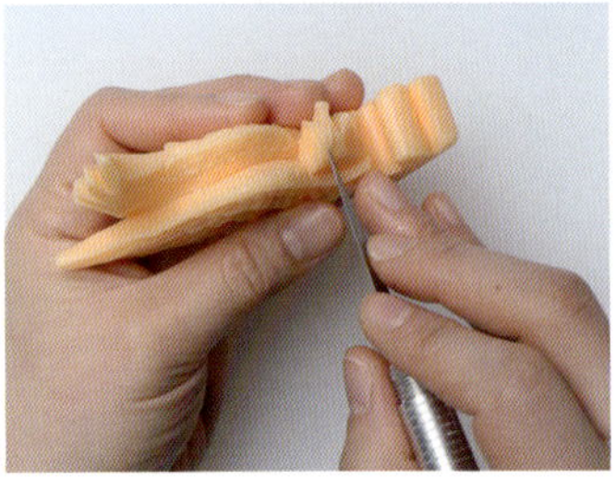

52. 칼을 눕혀 떨어지는 조각을 제거한다

53. 칼을 살짝 눕혀 부리라인을 만들어준다

54. 칼을 반대쪽으로 눕혀 떨어지는 조각을 제거한다

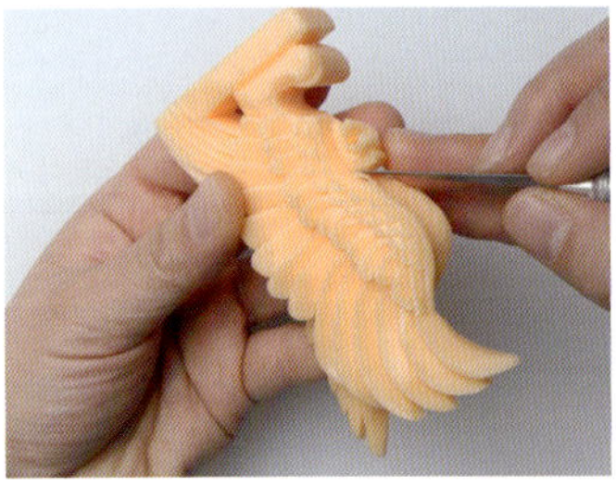

55. 머리 위쪽 모서리를 제거한다

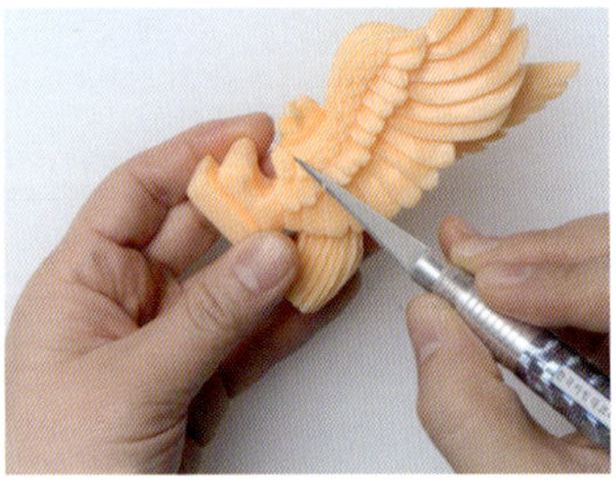

56. 목 부분 부터 발 까지 모서리를 정리한다

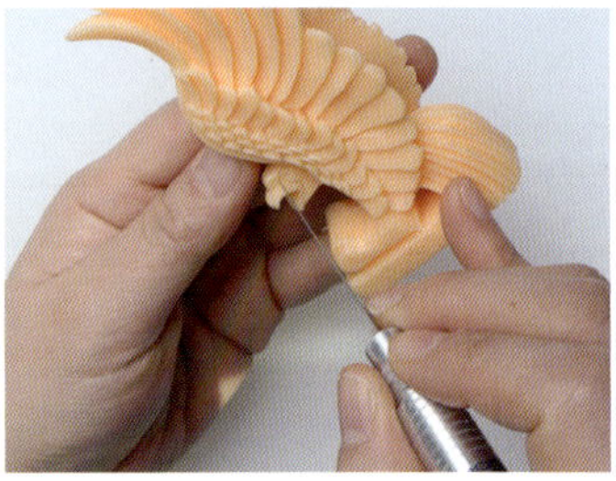

57. 눈 라인을 넣어준다

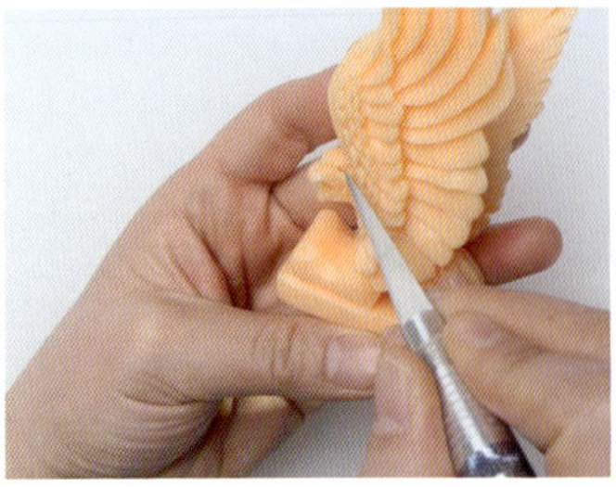

58. 아래쪽을 둥글게 파내준다

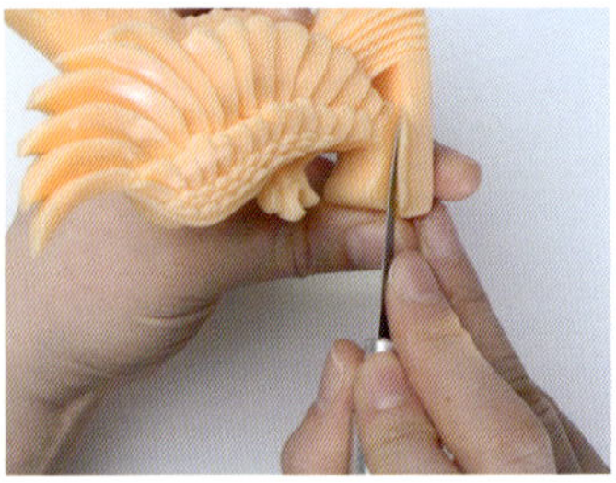

59. 발 양옆을 살짝 잘라낸다

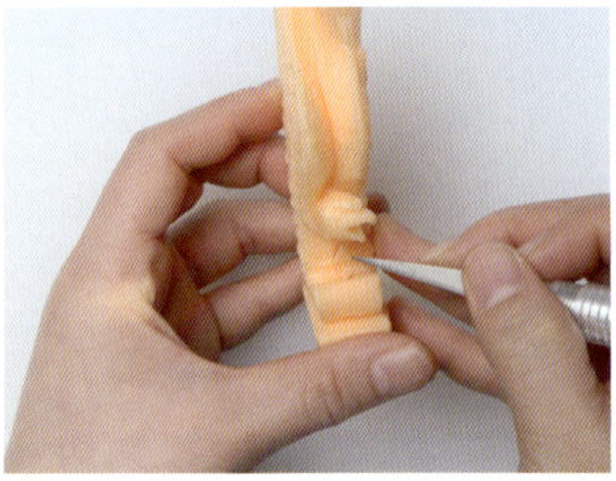

60. 중간 부분을 파내어 양쪽 다리를 구분해준다

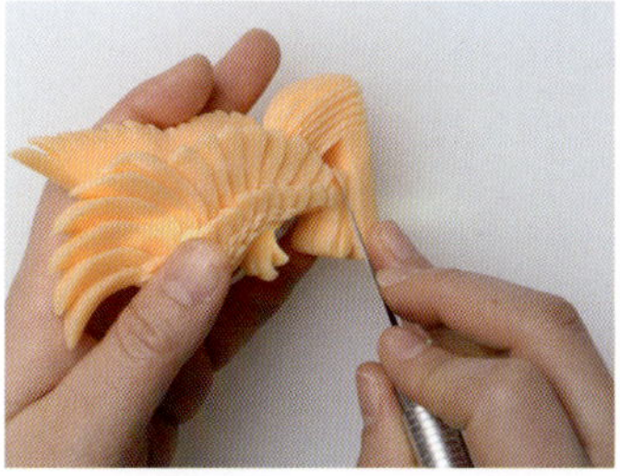

61. 발 뒤꿈치를 사선으로 잘라낸다

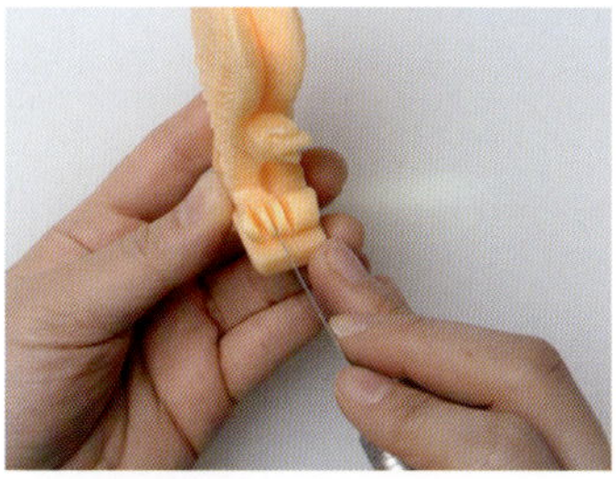

62. 발가락을 3개로 분리시켜준다

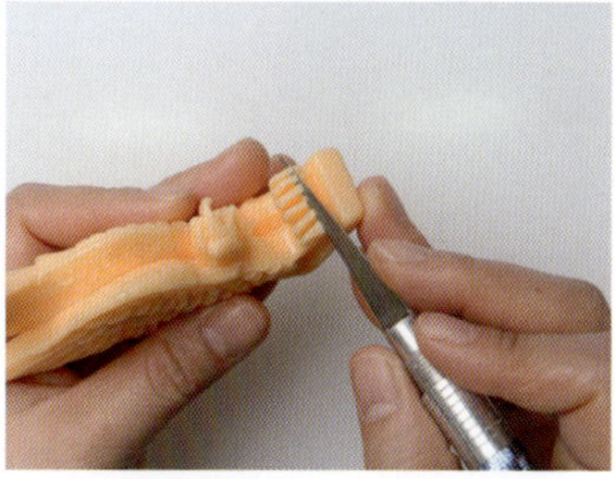

63. 칼을 눕혀 넣어 발톱부분을 분리시킨다

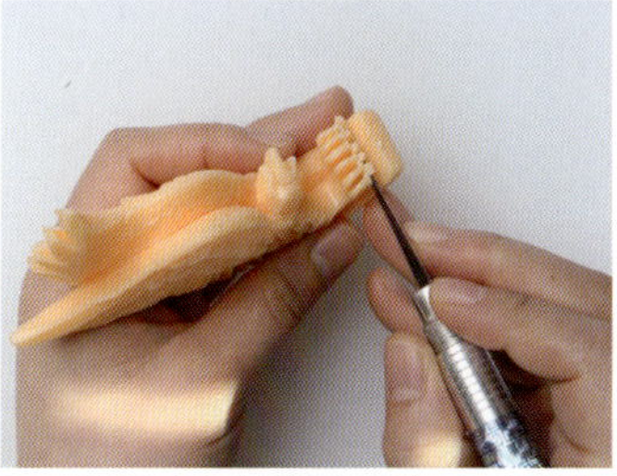

64. 칼을 굴려 발톱라인 아래쪽을 파낸다

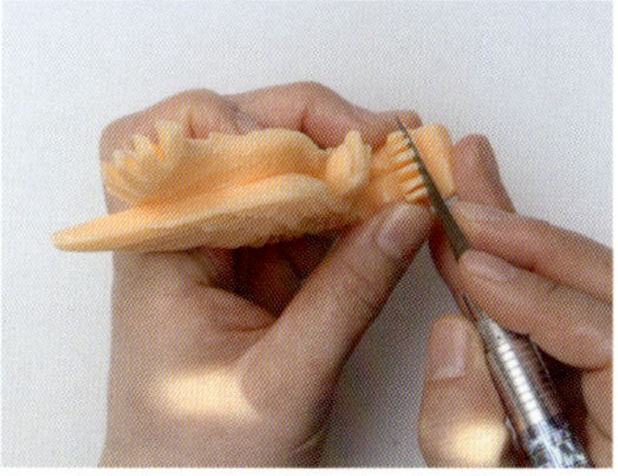

65. 발톱라인 위쪽에 다시한번 칼을 넣어준다

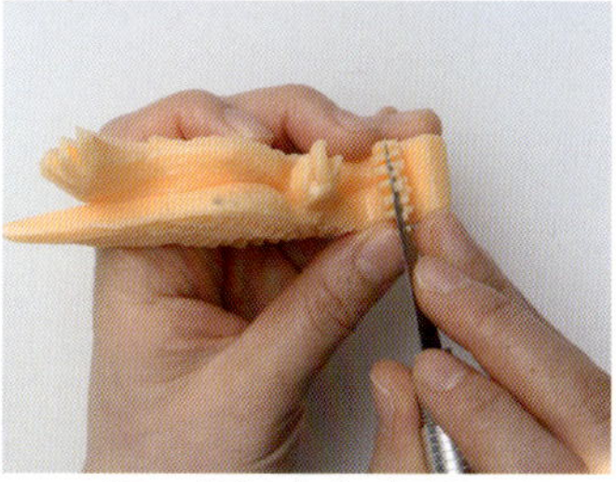

66. 칼을 세워 넣어 발톱을 만들어준다

67. 완성한다

고급동물 - 4

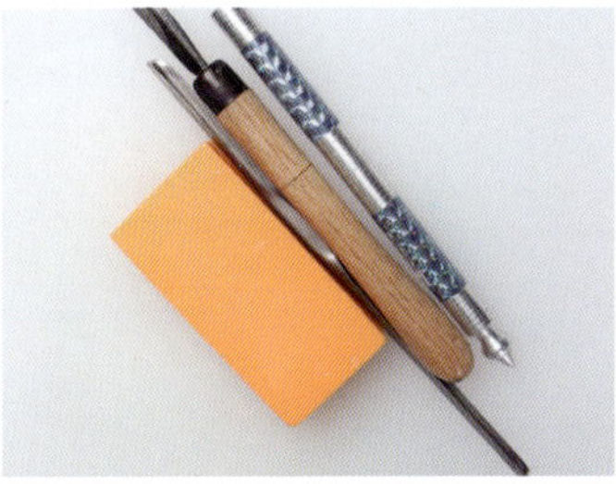

1. 비누와 도구를 준비한다

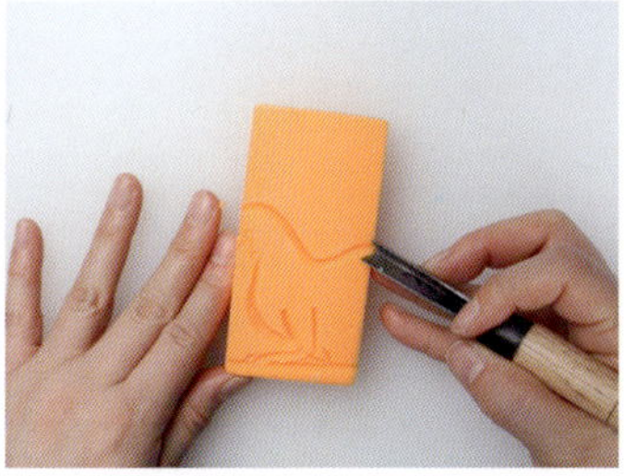

2. 각도를 이용하여 드로잉한다

3. 샤토나이프를 똑바로 세워 필요없는 부분을 제거한다

4. 필요없는부분 제거가 완료된 모습이다

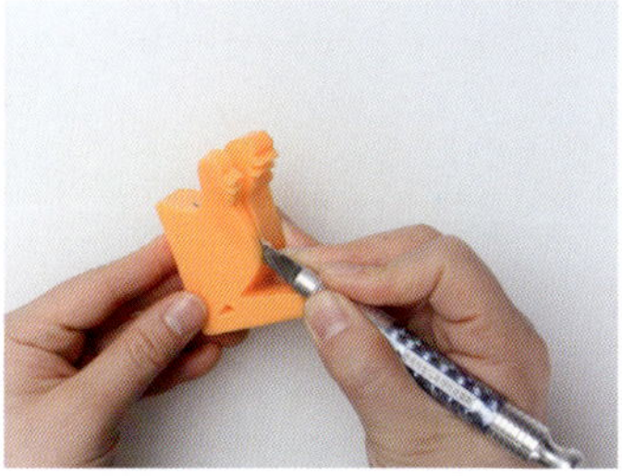

5. 머리부분 양옆을 제거한다

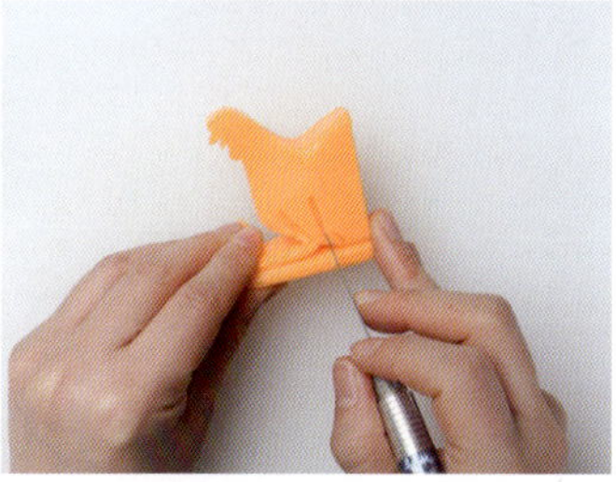

6. 드로잉이 되어있는 부분에 칼을 살짝 넣어준다

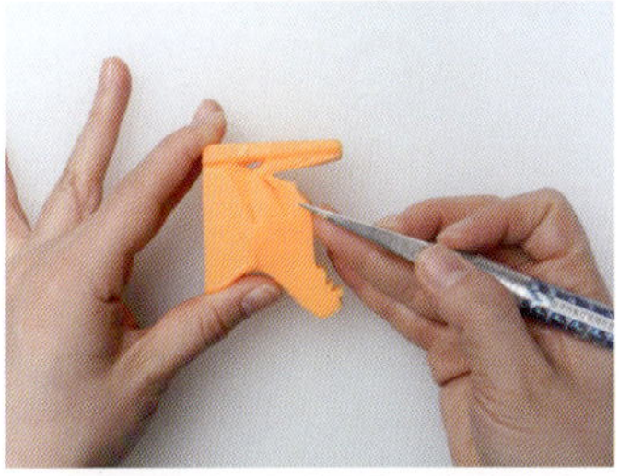

7. 칼을 눕혀 아래쪽을 제거하여 라인이 드러나도록 해준다

8. 모서리를 제거한다

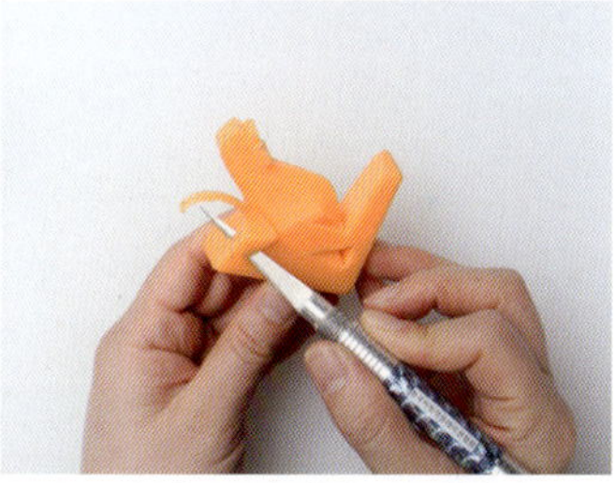

9. 등 라인 모서리를 제거한다

10. 양쪽에서 칼을 사선으로 넣어 부리라인을 만들어준다

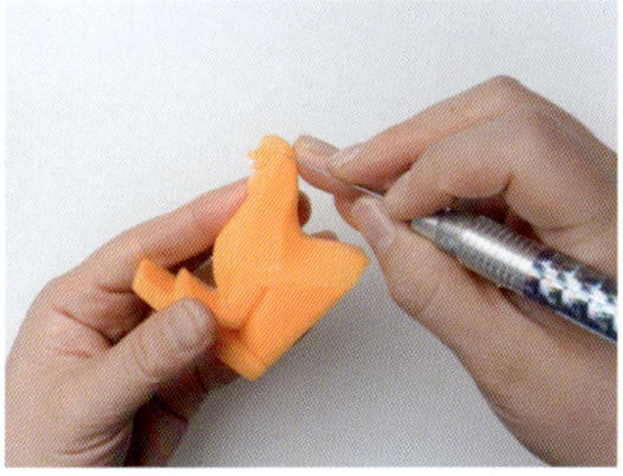

11. 눈매라인을 살짝 넣어준다

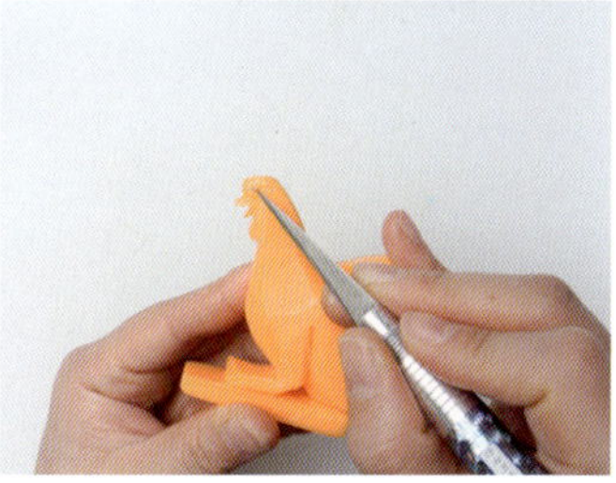

12. 칼을 눕혀 라인이 드러나도록 파내준다

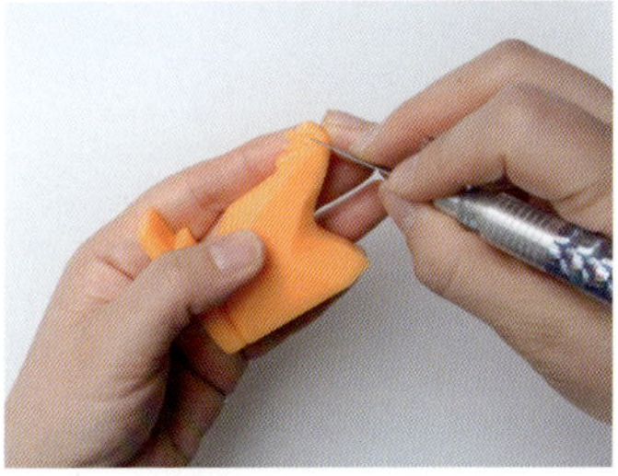

13. 눈 라인을 넣는다

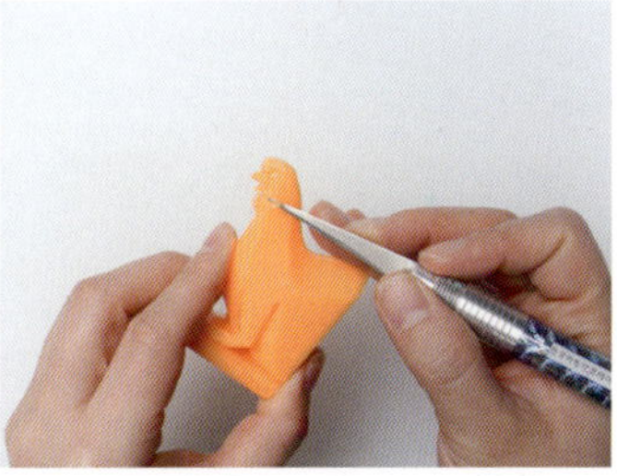

14. 칼을 눕혀 눈 라인이 드러나도록 동그랗게 파내준다

15. 샤토나이프로 목 깃을 넣어준다

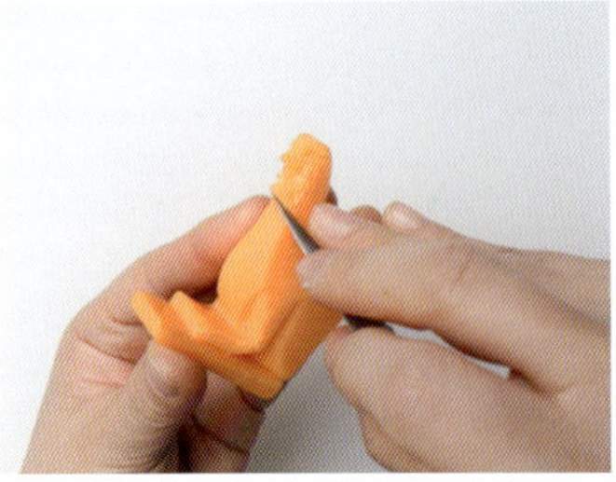

16. 칼을 눕혀 아래쪽을 파낸다

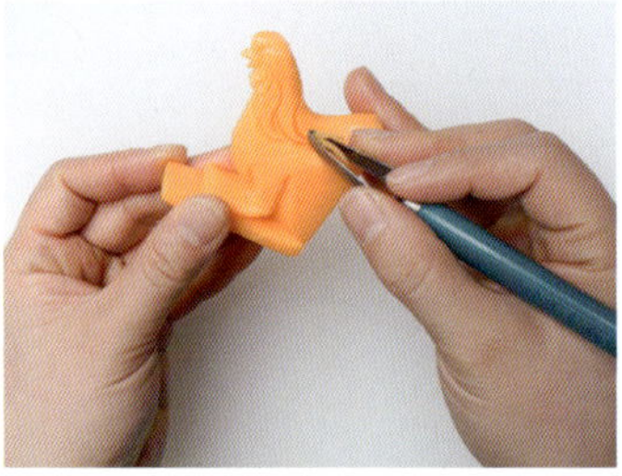

17. 풀카빙나이프로 몸통 깃을 넣어준다

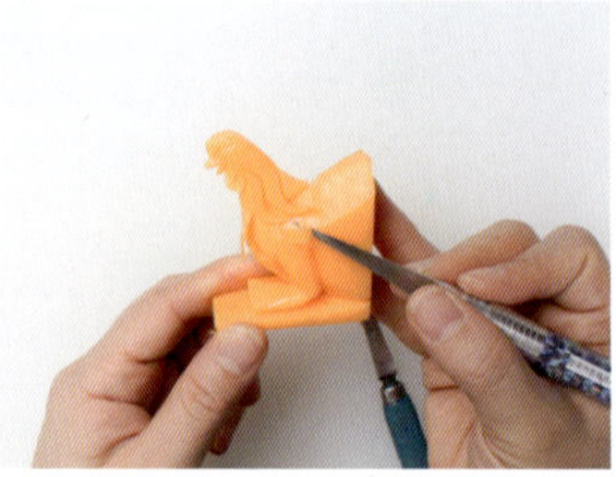

18. 몸통 깃이 드러나도록 아래쪽을 파내준다

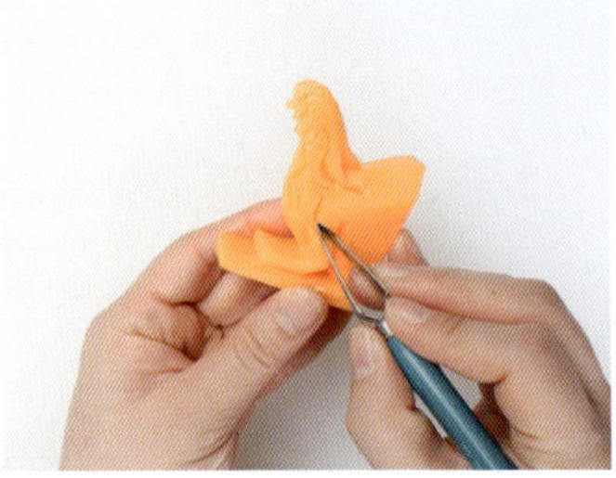

19. 사이사이에 몸통 깃을 넣어준다

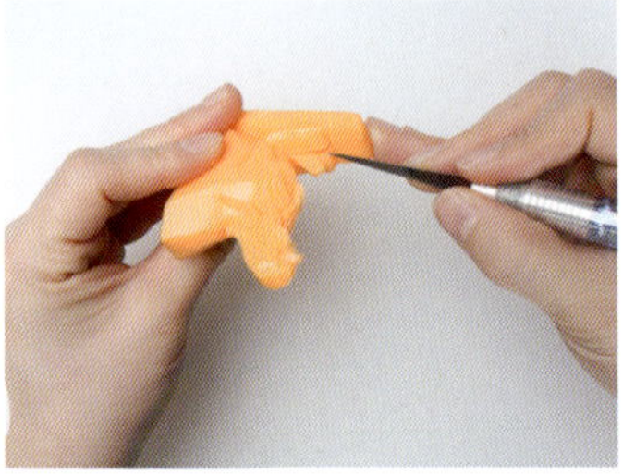

20. 다리 중간을 파내어 양쪽 다리를 구분해준다

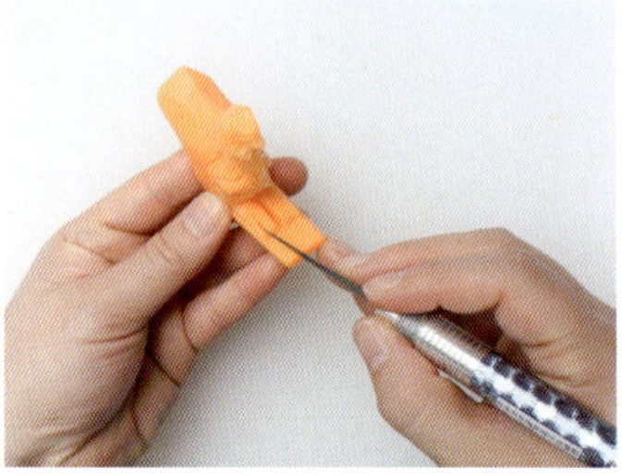

21. 칼을 살짝 사선으로 넣어 파내어 발가락을 구분해준다

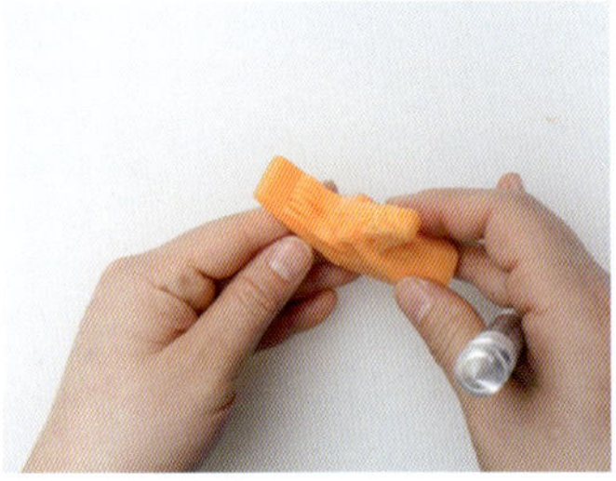

22. 사진과 같다

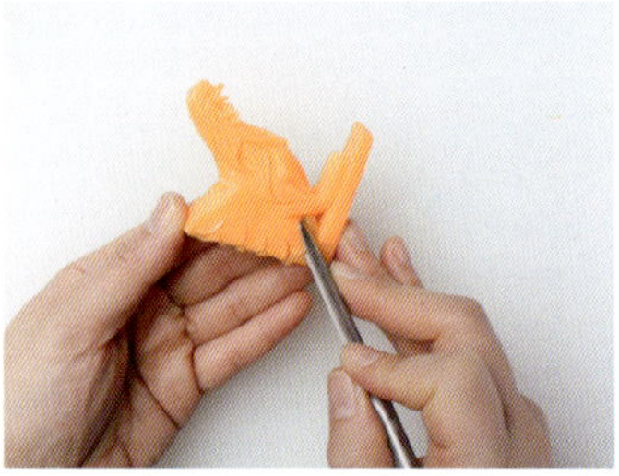

23. 스텐조각도를 이용하여 날개 깃을 넣어준다

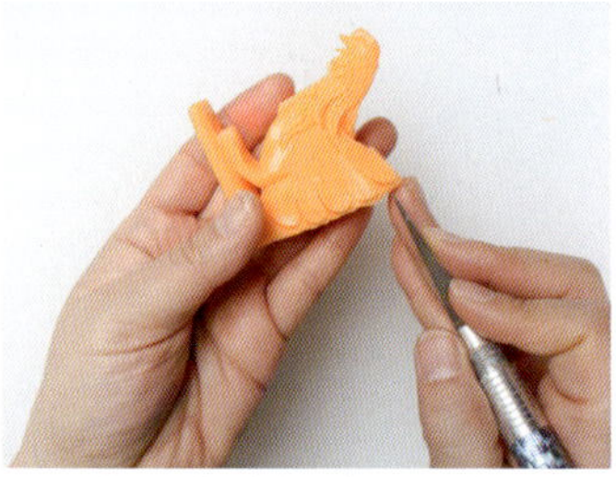

24. 뒤 쪽에 칼을 양옆에서 사선으로 넣어 양쪽 날개를 구분한다

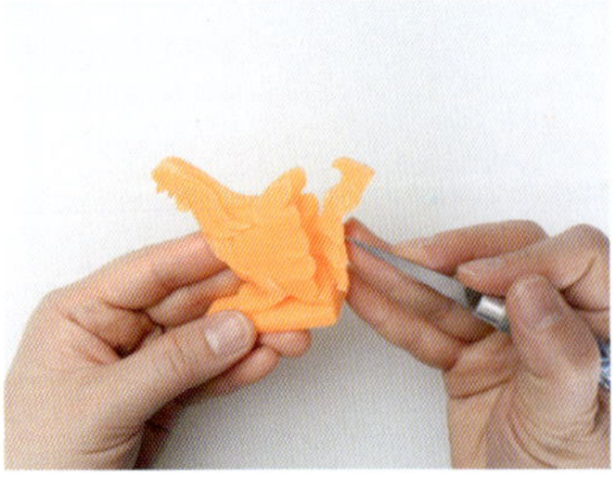

25. 떨어지는 조각을 제거한다

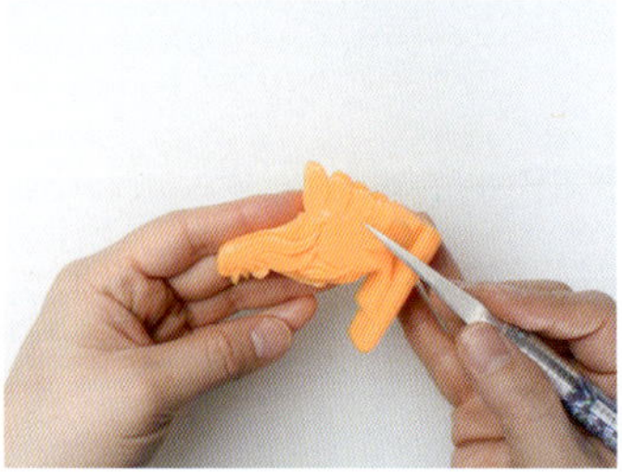

26. 칼을 눕혀 날개깃 안쪽을 살짝 제거한다

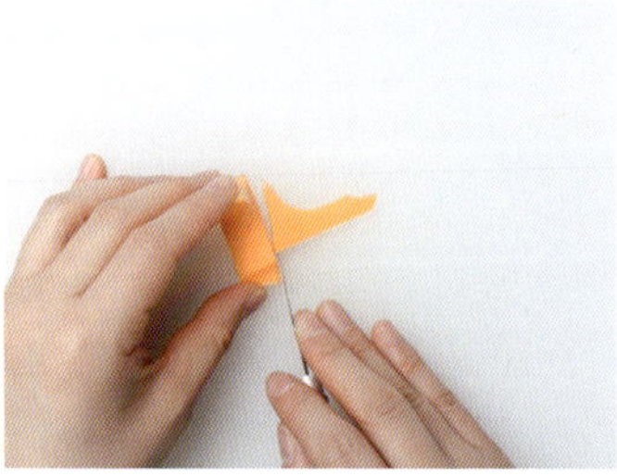

27. 비누자투리를 얇게 만들어준다

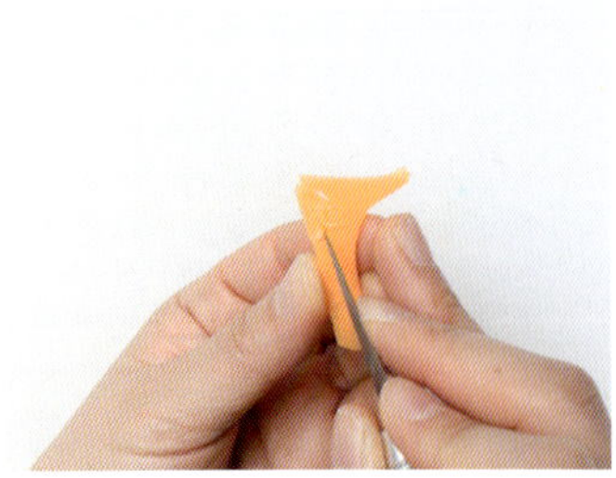

28. 닭 벼슬모양을 자른다

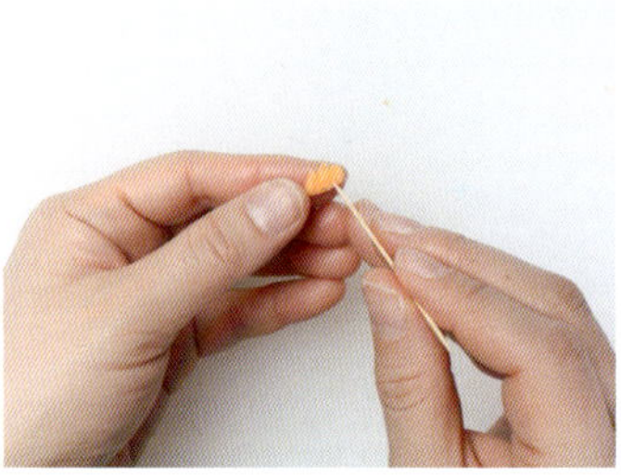

29. 이쑤시개로 살짝 구멍내준다

30. 머리 위에 붙여준다

31. 비누자투리를 얇게 재단한다

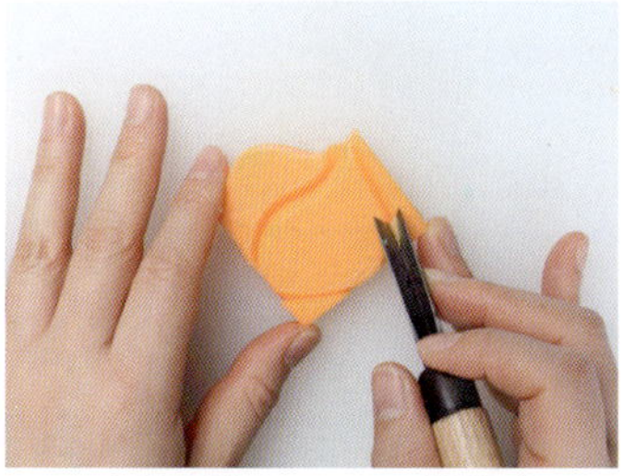

32. 날개모양으로 드로잉한다

33. 필요없는 부분을 제거한다

34. 스텐조각도 1호의 작은부분을 사용하여 날개깃을 찍어낸다

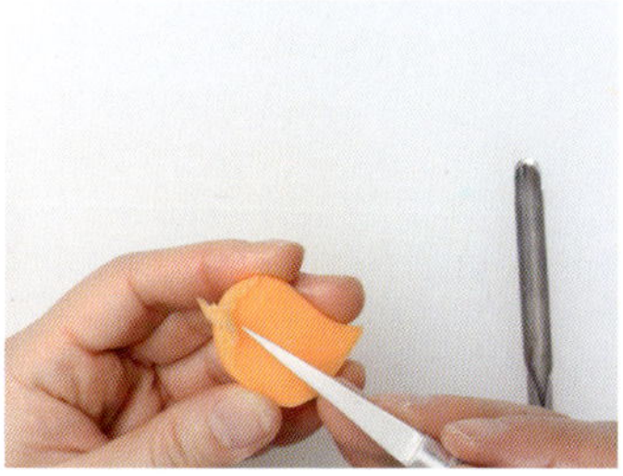

35. 칼을 눕혀 날개깃이 드러나도록 아래쪽을 파낸다

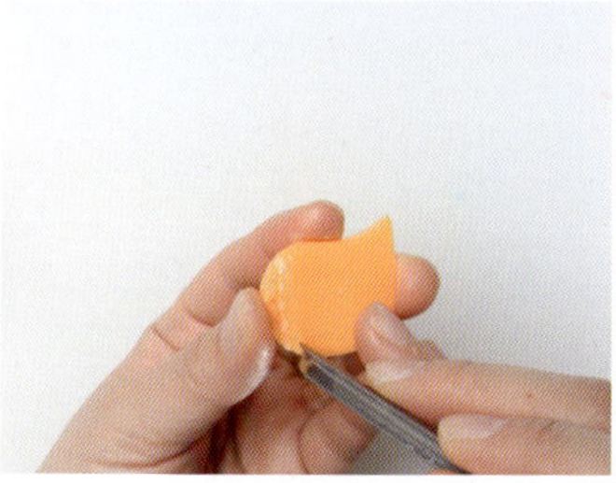

36. 날개깃이 겹치지 않도록 스텐조각도를 세워 사이사이에 찍어낸다

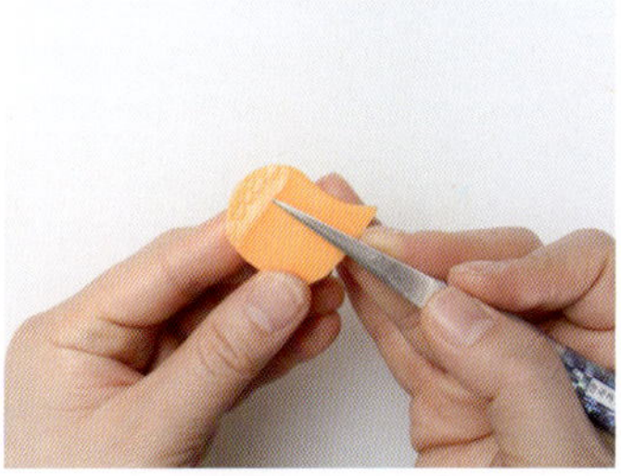

37. 칼을 눕혀서 아래쪽을 파낸다

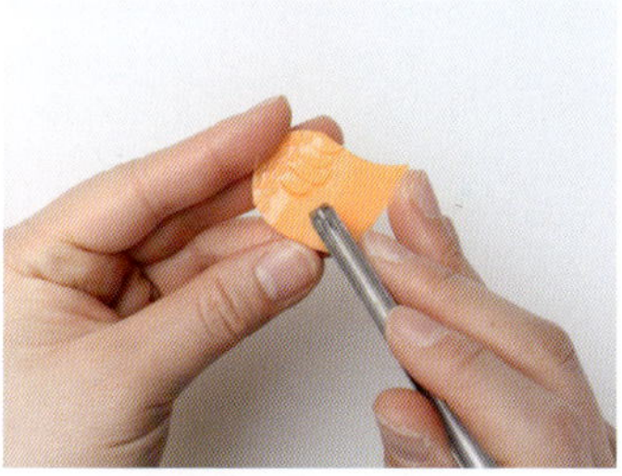

38. 스텐조각도를 살짝 찍고 눕히며 돌려서 중간날개깃을 만든다

39. 칼을 눕혀서 중간 날개깃이 드러나도록 아래쪽을 제거한다

40. 샤토나이프로 마지막 날개깃을 그린다

41. 날개깃 끝쪽을 분리해준다

42. 날개깃 안쪽을 제거한다

43. 사진과 같이 날개깃 안에 선을 넣는다

44. 깃털 표현을 해준다

45. 몸통에 날개를 고정시킨다

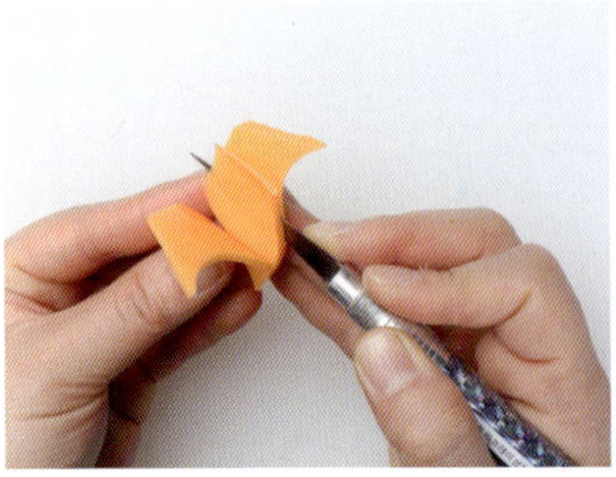

46. 비누자투리를 얇게 재단한다

47. 꼬리깃 모양으로 재단한다

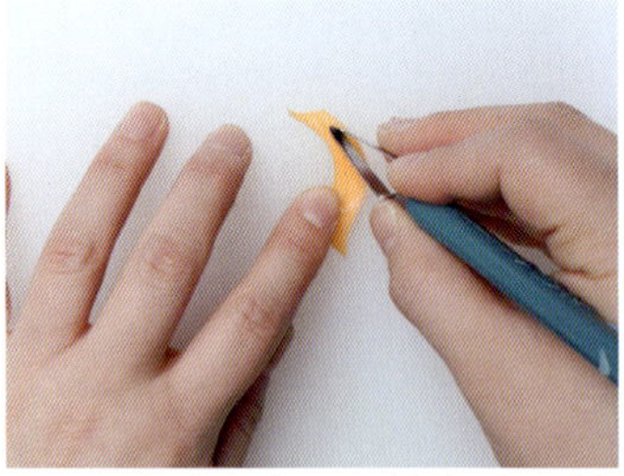

48. 풀카빙나이프로 살짝 깃 표현을 해준다

49. 사진과 같다

50. 꼬리 깃을 몸통에 붙여준다

51. 완성한다

고급동물 - 5

1. 비누와 도구를 준비한다

2. 각도로 드로잉을 한다

3. 배 앞쪽 지느러미도 드로잉 해 준다

4. 샤토나이프를 똑바로 세워서 필요없는 부분을 제거한다

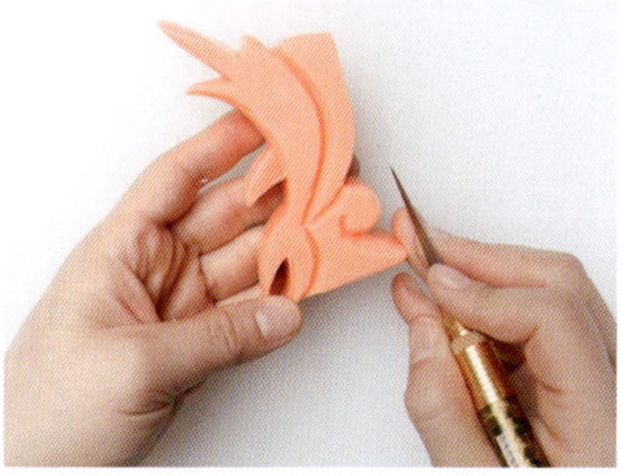

5. 필요없는부분 제거가 완료된 모습이다

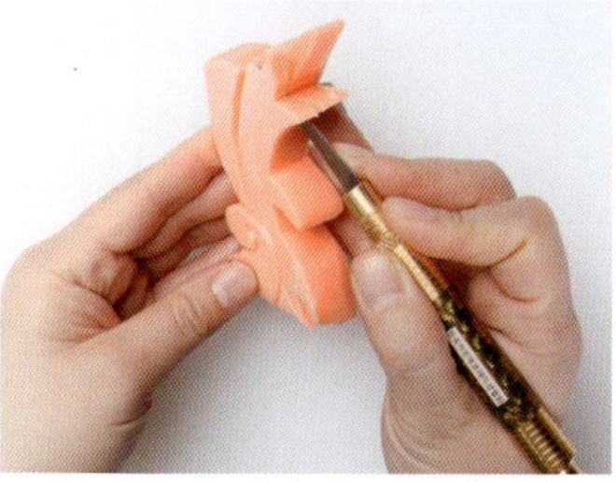

6. 부리쪽이 얇아지도록 양 옆을 잘라낸다

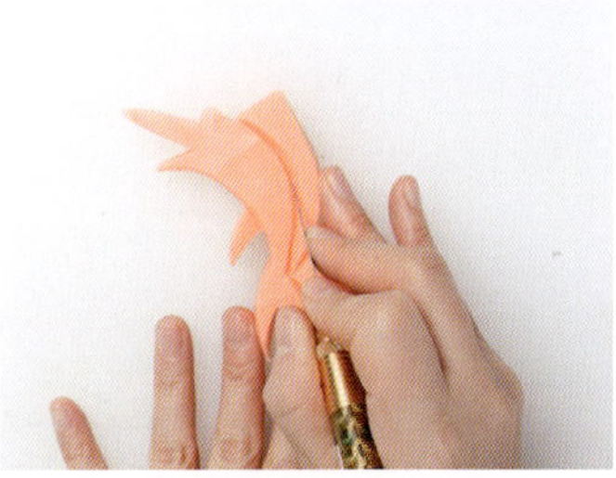

7. 등 부분에 비누두께의 3분의1만큼 칼날을 넣는다

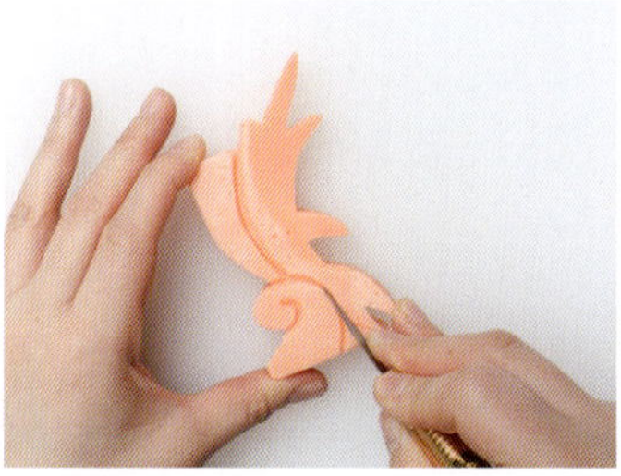

8. 뒷면도 마찬가지로 칼날을 넣는다

9. 칼을 눕혀 파도와 몸통을 분리한다

10. 드로잉 라인에 선을 살짝 넣는다

11. 칼을 눕혀 라인이 드러나도록 아래쪽을 제거한다

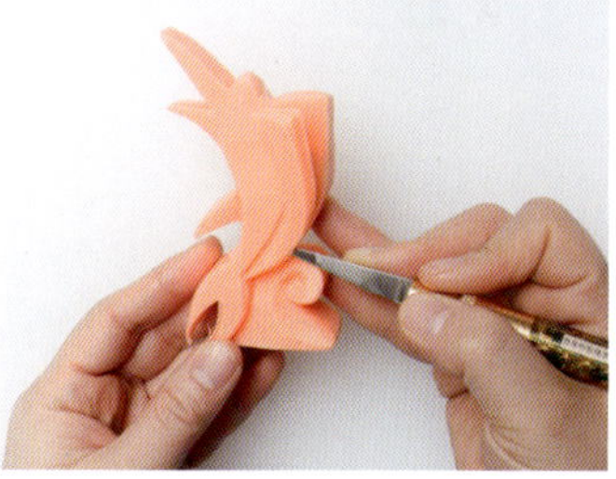

12. 지느러미의 양 옆을 잘라낸다

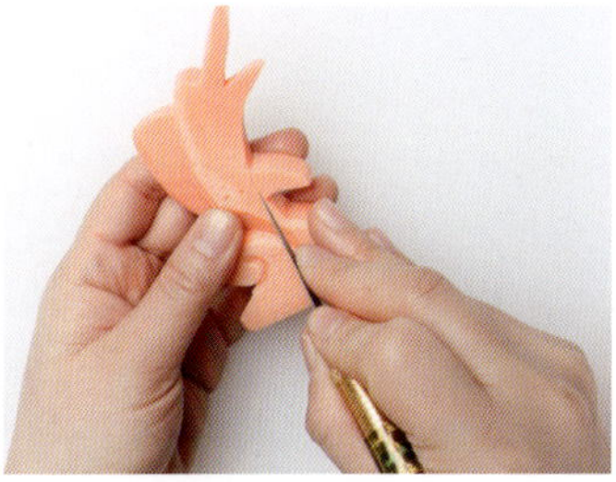

13. 배 부분과 지느러미 사이에 3분의1정도 칼날을 넣는다

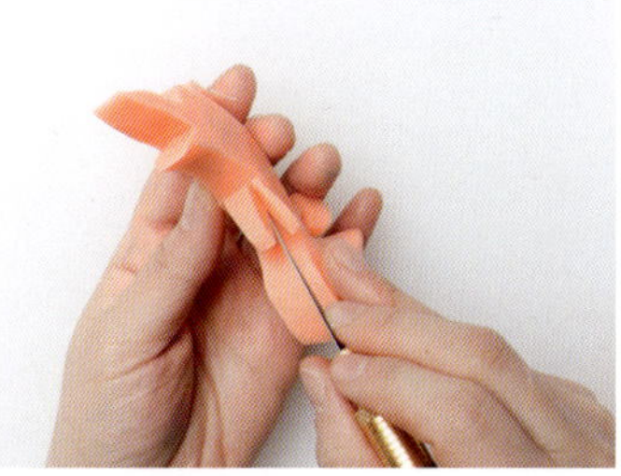

14. 지느러미가 드러나도록 양 옆을 잘라낸다

15. 배 앞쪽부분 모서리를 제거한다

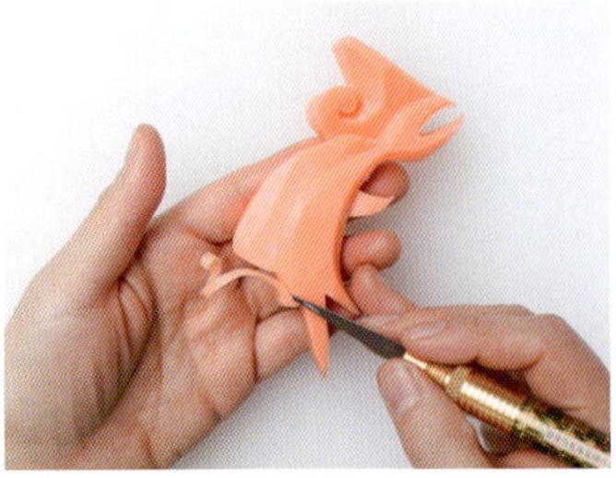

16. 등 라인 쪽 모서리를 제거한다

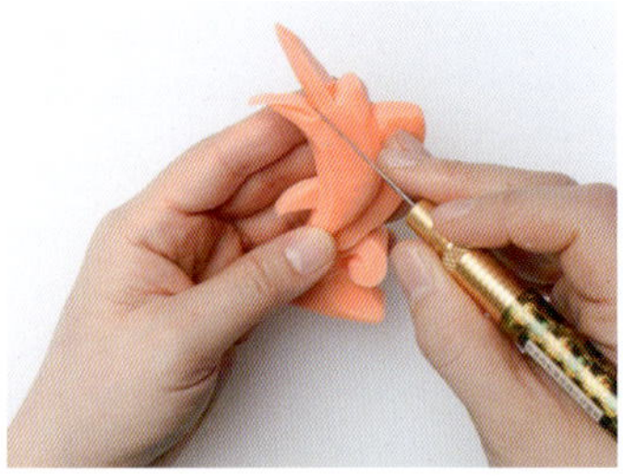

17. 입 안쪽 모서리를 제거한다

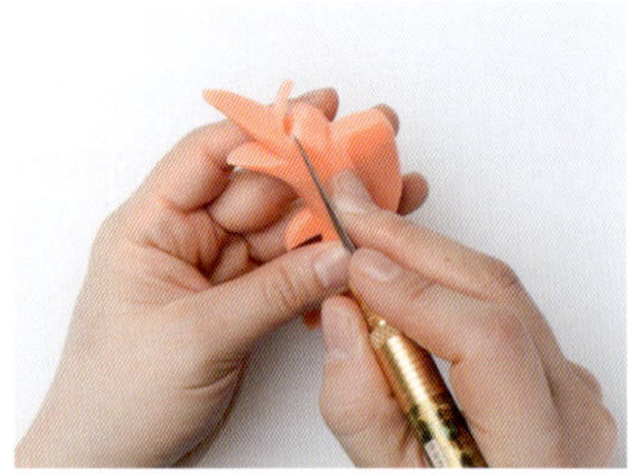

18. 머리부분에서 입 위쪽까지 모서리를 제거한다

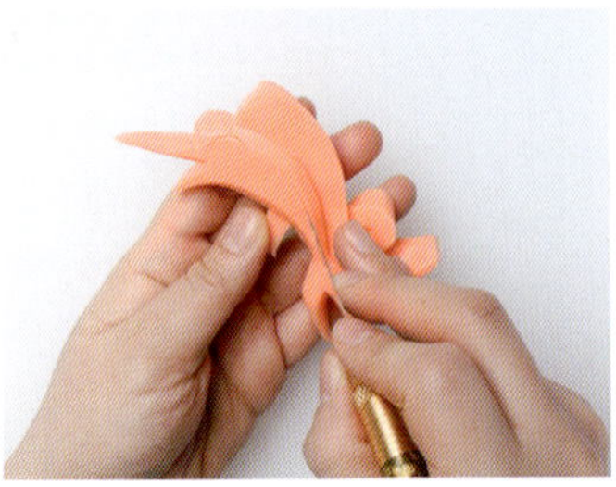

19. 눈매에서 이어지는 라인을 그린다

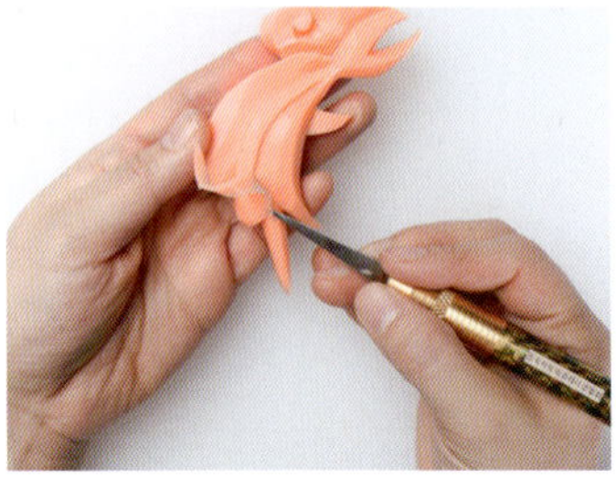

20. 아래쪽을 제거하여 라인을 드러낸다

21. 얼굴과 몸통을 구분하는 라인을 그어준다

22. 칼을 눕혀 아래쪽을 파낸다

23. 칼을 세워 눈동자를 넣어준다

24. 지느러미를 그린다

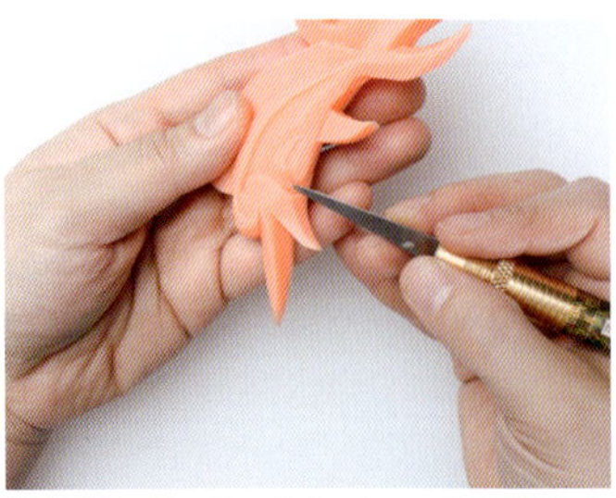

25. 아래쪽을 파내서 드러낸다

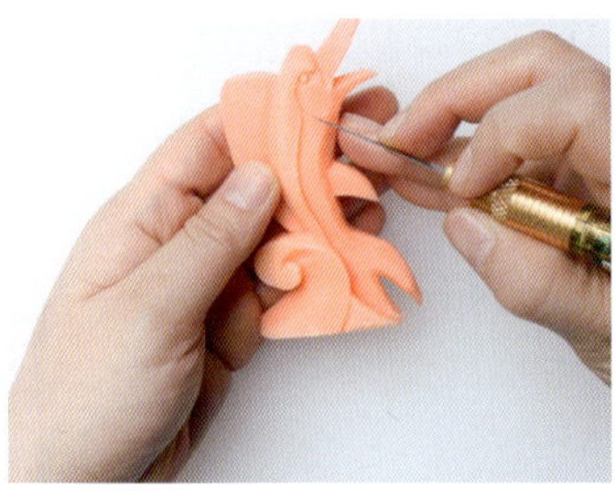

26. 뒷 면도 동일하게 작업한다

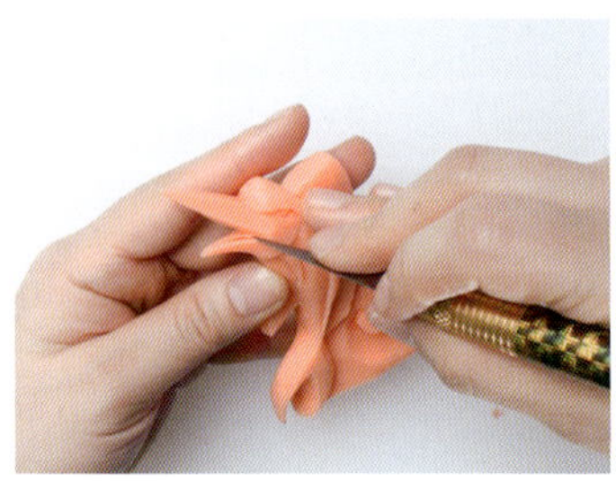

27. 칼을 사선으로 넣어 입 안쪽을 파낸다

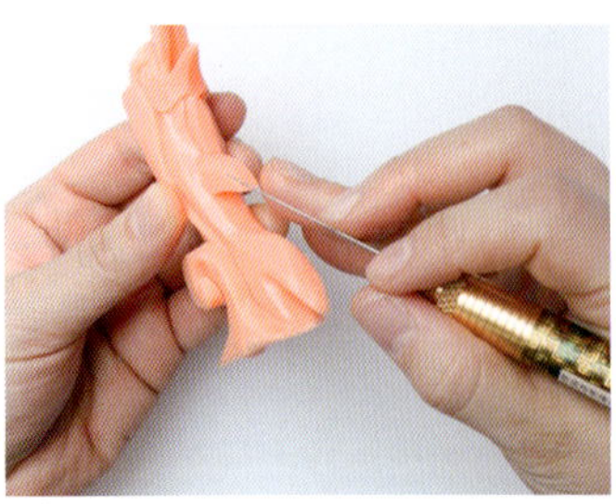

28. 지느러미 앞쪽을 얇게 제거해 준다

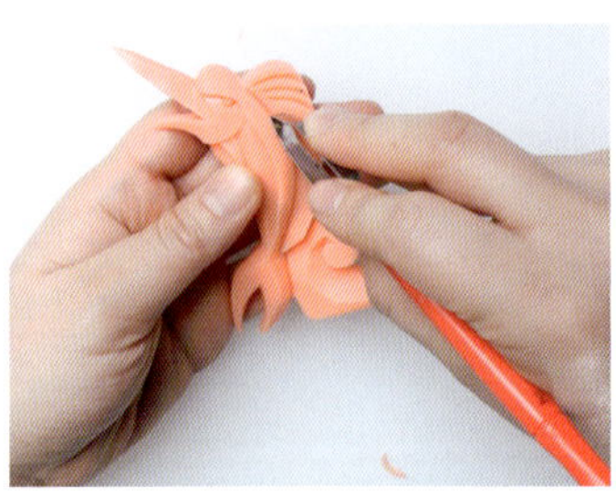

29. 풀카빙나이프로 등 지느러미를 표현한다

30. 풀카빙나이프로 파도 물결을 표현해준다

31. 풀카빙나이프로 꼬리 지느러미를 표현한다

32. 배 앞쪽의 지느러미도 풀카빙 나이프로 표현해준다

33. 사진과 같다

34. 비누 자투리를 얇게 만들어준다

35. 스텐조각도로 모양을 찍어낸다

36. 더 작은 스텐조각도로 한번 더 찍어낸다

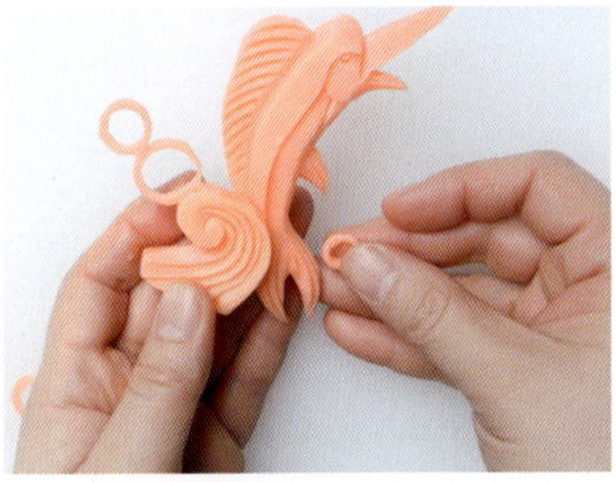

37. 접착제를 이용하여 살짝 붙인다

38. 완성한다

고급동물 - 6

1. 비누와 도구를 준비한다

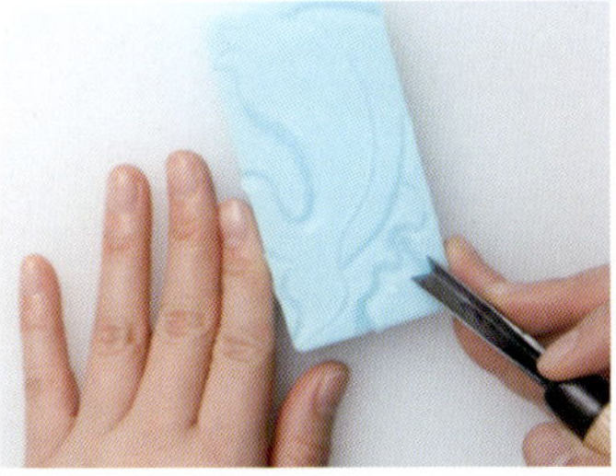

2. 각도를 이용하여 드로잉한다

3. 사진과 같다

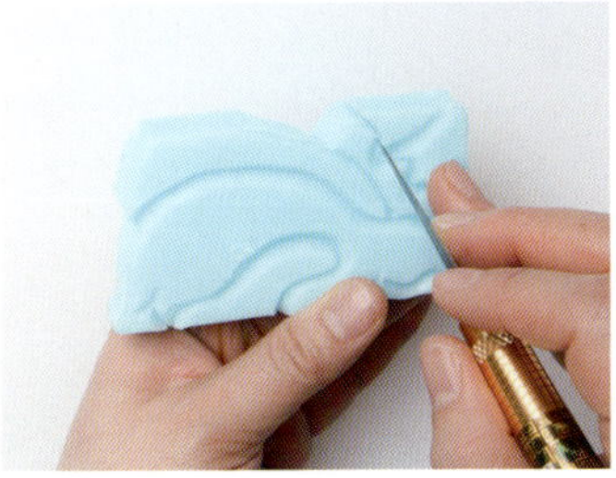

4. 칼을 똑바로 세워 필요없는 부분을 제거한다

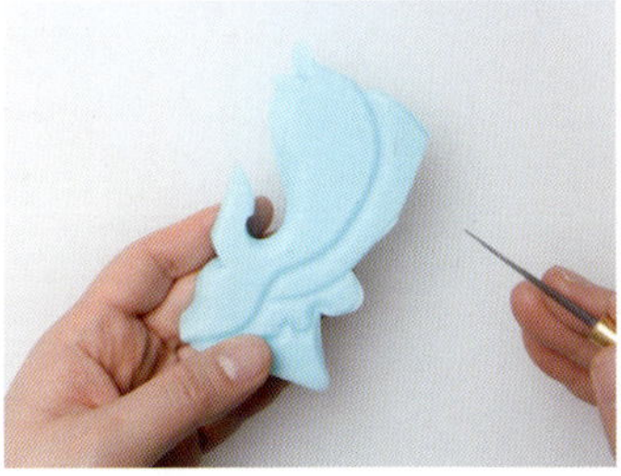

5. 필요없는 부분 제거가 완료된 모습이다

6. 뒷면에도 드로잉을 해준다

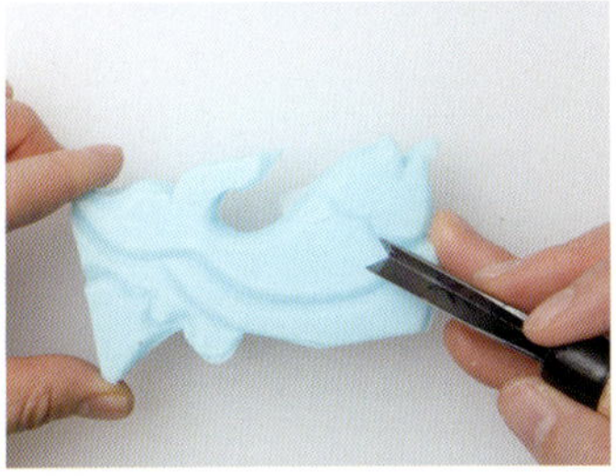

7. 각도를 뒤로 당기며 물고기 몸통 라인을 드로잉한다

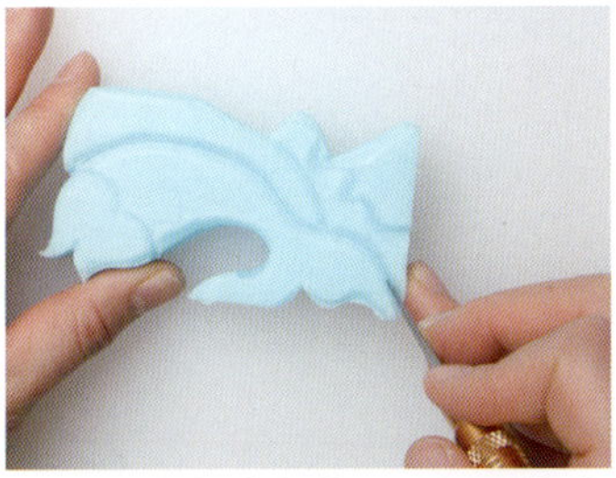

8. 드로잉이 되어있는 모든 곳에 비누두께의 3분의1만큼 칼날을 넣는다

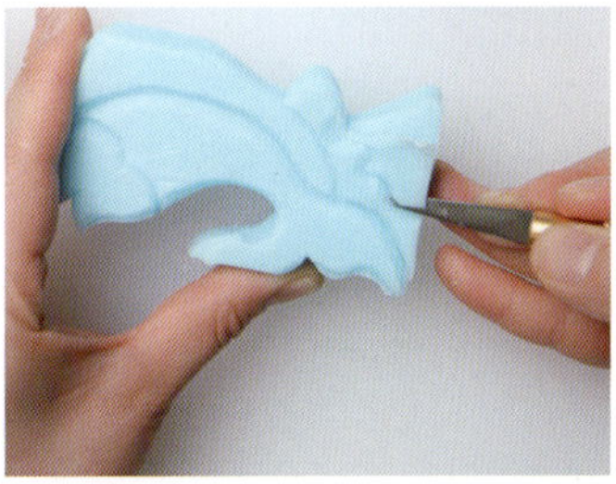

9. 칼을 눕혀 물고기와 파도를 분리시킨다

10. 지느러미 양 옆을 3분의1만큼 잘라낸다

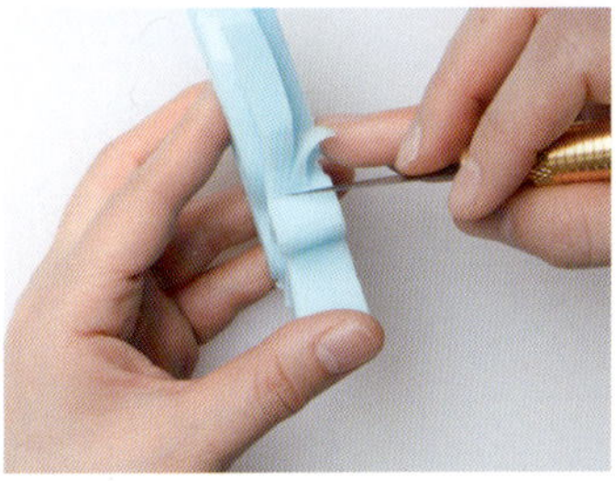

11. 아래쪽에 칼날을 넣어 분리시킨다

12. 각도로 파도라인을 드로잉한다

13. 드로잉 라인을 따라 칼날을 살짝 넣어준다

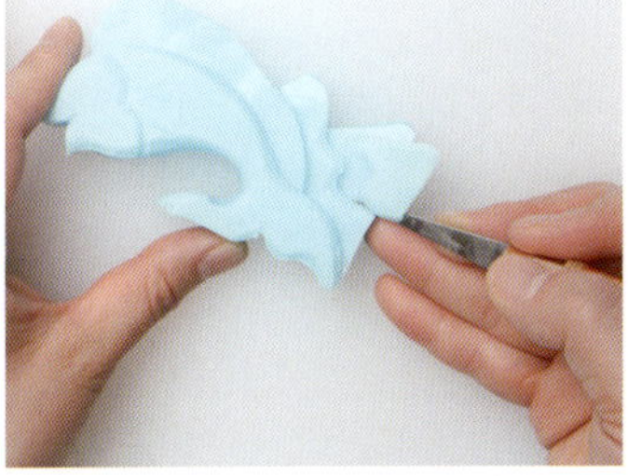

14. 칼을 눕혀넣어 분리한다

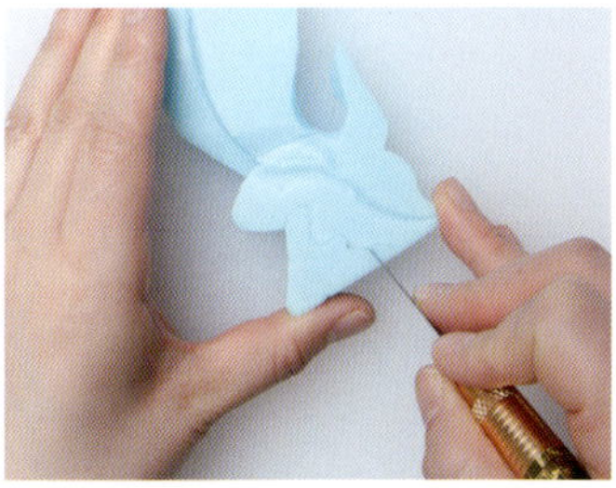

15. 뒷면에도 동일하게 드로잉하고, 칼날을 살짝 넣는다

16. 칼을 눕혀 분리시킨다

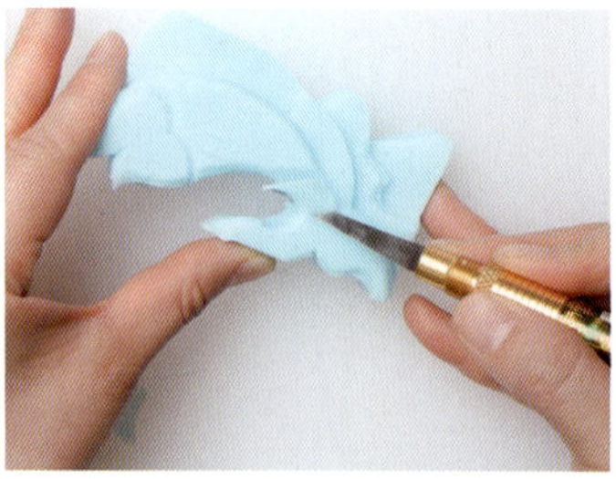

17. 꼬리부분을 얇게 정리해준다

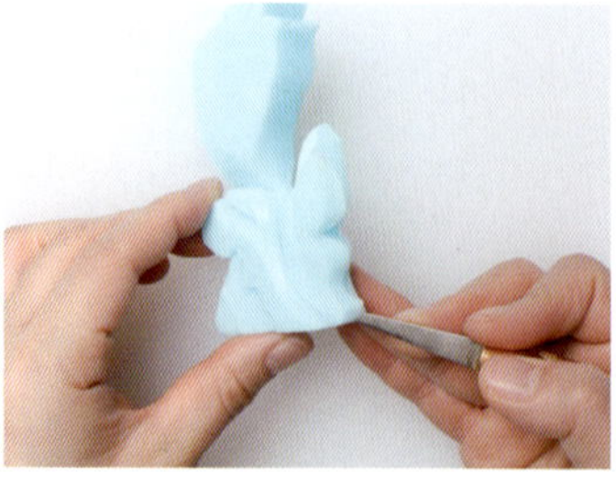

18. 꼬리 뒷부분도 얇게 정리해준다

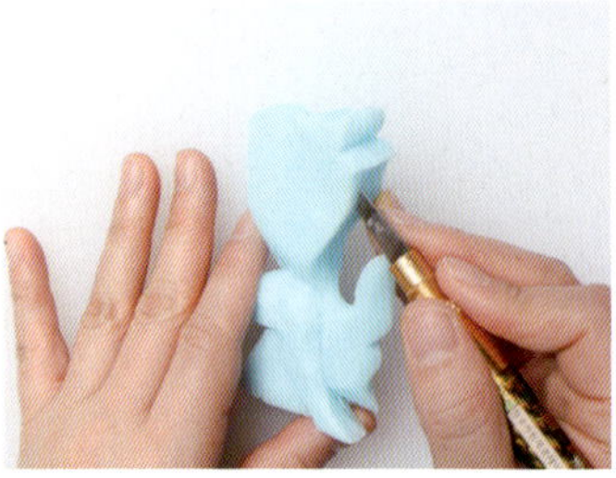

19. 얼굴부분을 얇게 정리해준다

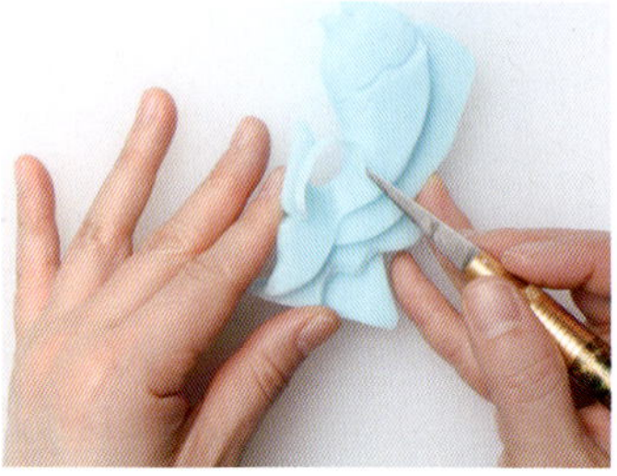

20. 각진부분 모서리를 제거한다

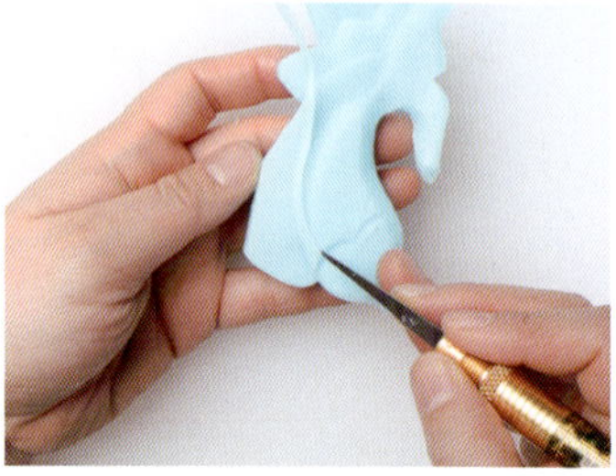

21. 등 라인의 모서리도 살짝 제거한다

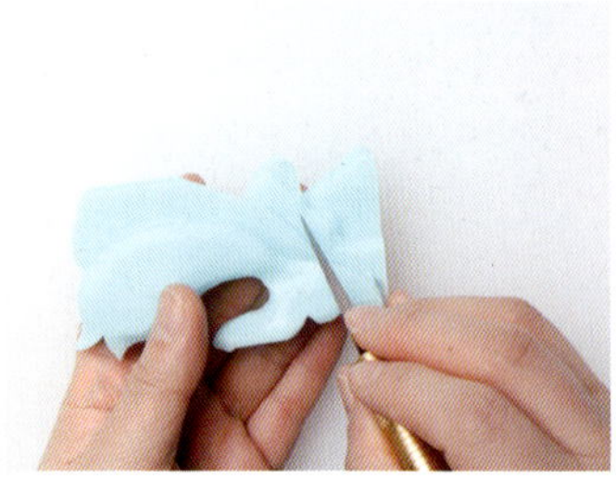

22. 파도라인 모서리를 제거한다

23. 얼굴 라인에 칼을 살짝 넣는다

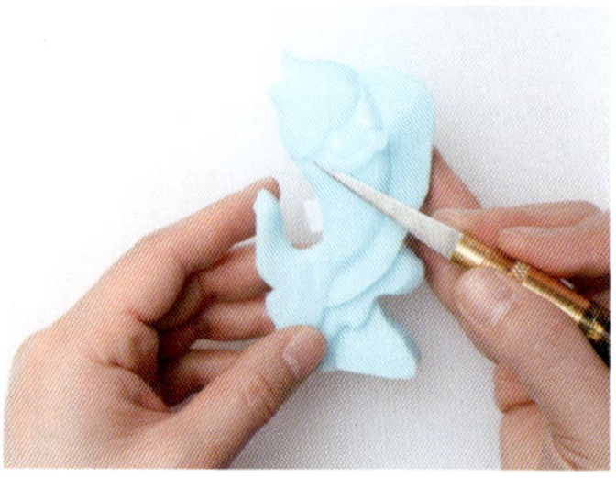

24. 칼을 눕혀 아래쪽을 제거한다

25. 아래쪽에 같은 라인을 얇게 한 번 더 넣어준다

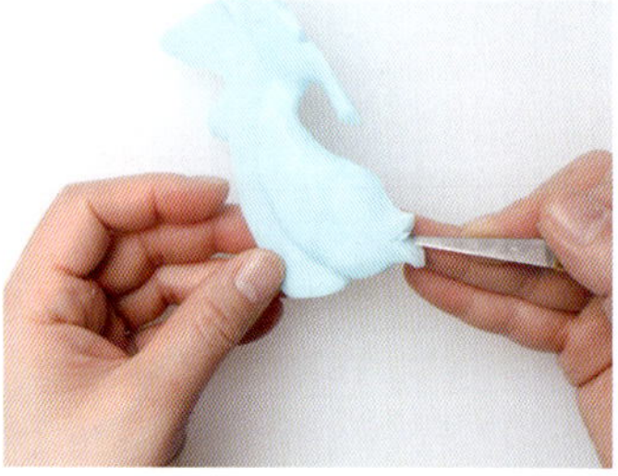

26. 칼을 사선으로 눕혀 입 안을 파내준다

27. 지느러미를 그린다

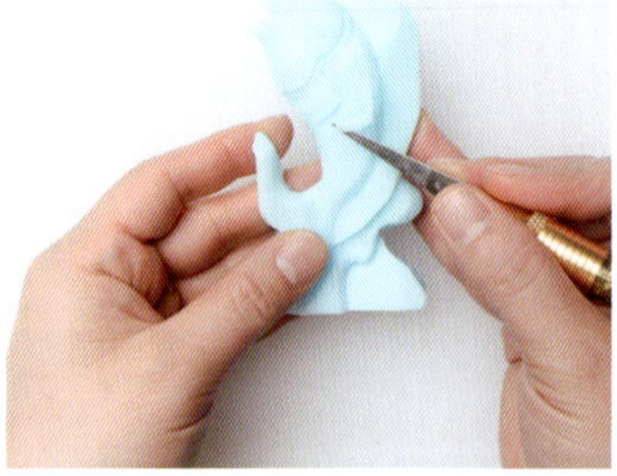

28. 그린 라인이 드러나도록 칼을 눕혀 제거한다

29. 사진과 같이 지느러미 결을 표현한다

30. 스텐조각도 1호의 작은부분으로 물고기 비늘을 찍어낸다

31. 칼을 눕혀 비늘이 드러나도록 파내준다

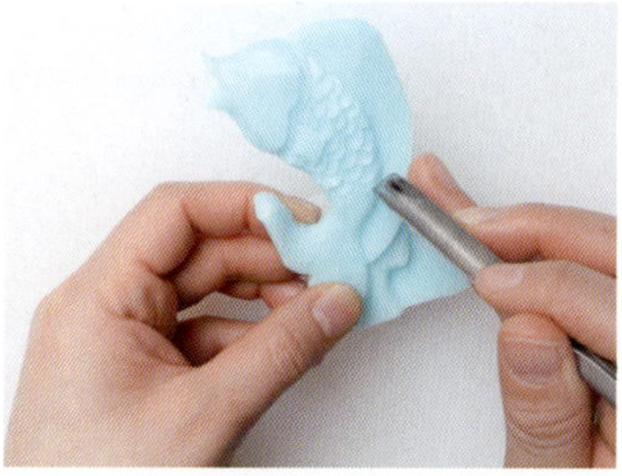
32. 스텐조각도를 세워 비늘이 겹치지 않게 계속해서 만든다

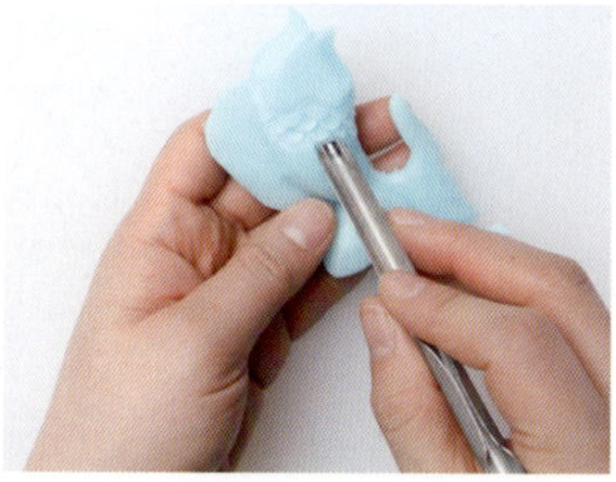
33. 뒷면에도 동일하게 작업한다

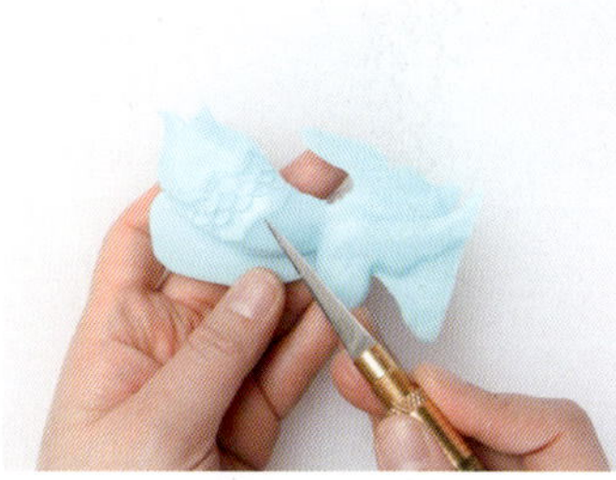
34. 칼을 눕혀 비늘이 드러나도록 제거한다

35. 각도를 앞으로 밀며 등 지느러미를 표현한다

36. 각도를 앞으로 밀며 꼬리부분을 표현한다

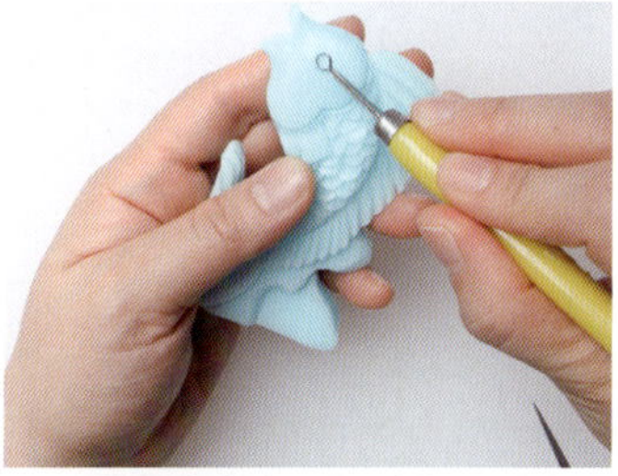
37. 풀카빙나이프를 이용하여 눈 모양을 표현한다

38. 샤토나이프를 눕혀 주변을 정리한다

39. 각도를 앞으로 밀며 파도 결을 표현한다

40. 사진과 같다

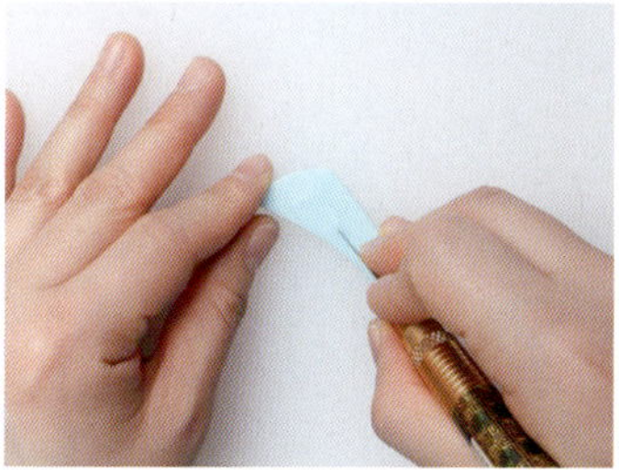
41. 비누자투리에 수염을 드로잉한다

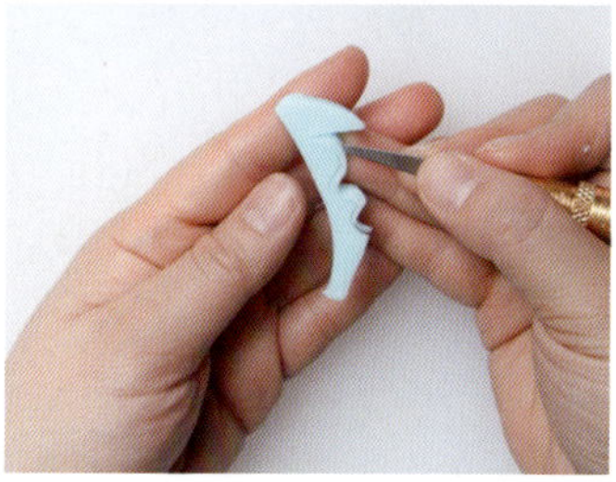
42. 사진과 같은 수염모양 2개를 만든다

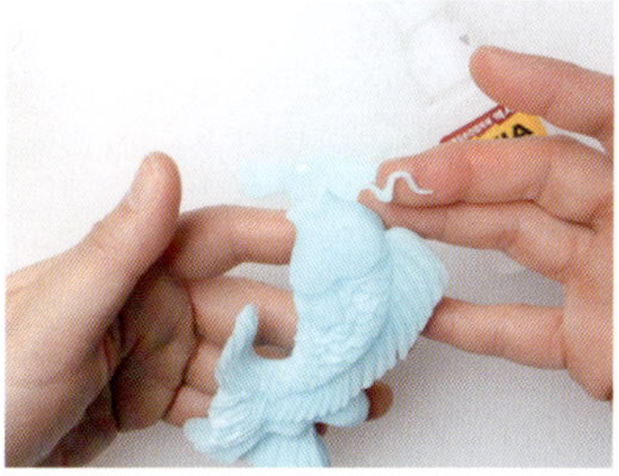
43. 접착제를 이용하여 살짝 붙인다

44. 사진과 같다

45. 얇은 비누 자투리를 준비한다

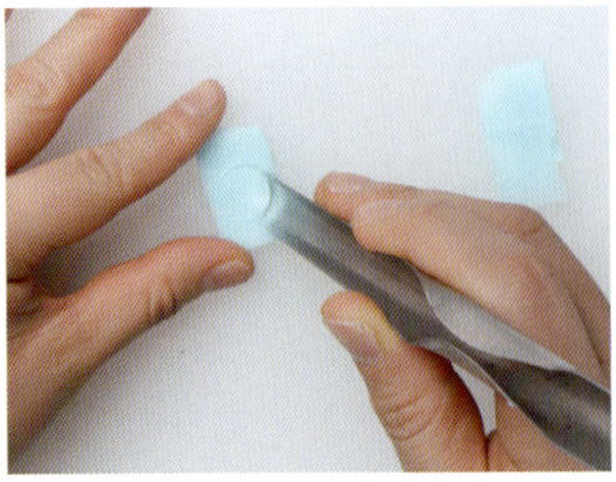
46. 스텐조각도로 찍어낸다

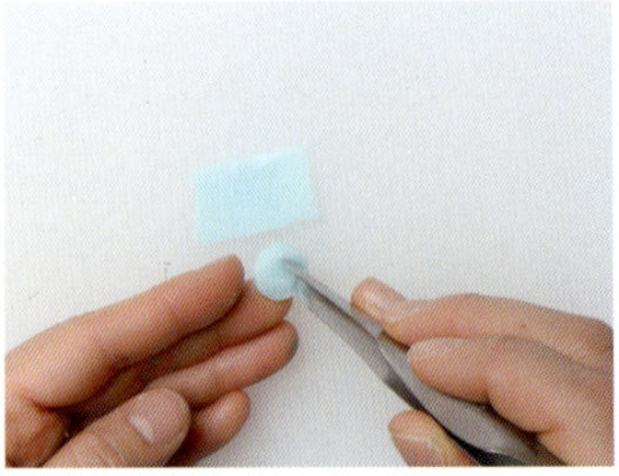
47. 찍어낸 모양 안에 더 작은 스텐조각도를 찍어낸다

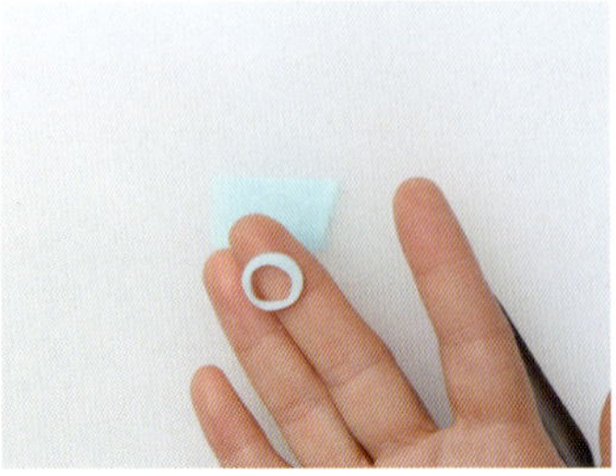
48. 사진과 같다

49. 접착제를 이용하여 살짝 붙인다

50. 완성한다

고급동물 - 7

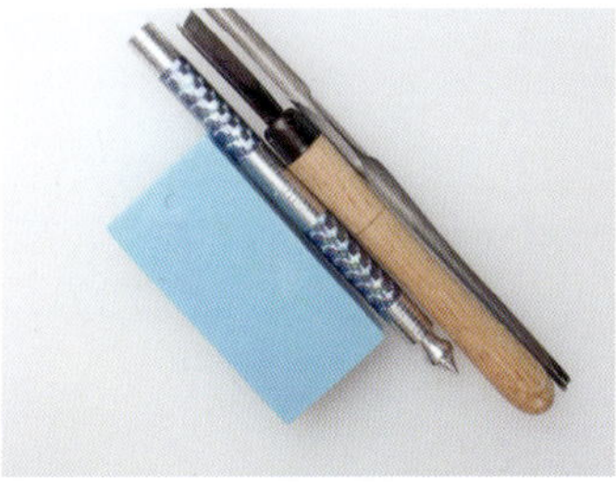

1. 비누와 도구를 준비한다

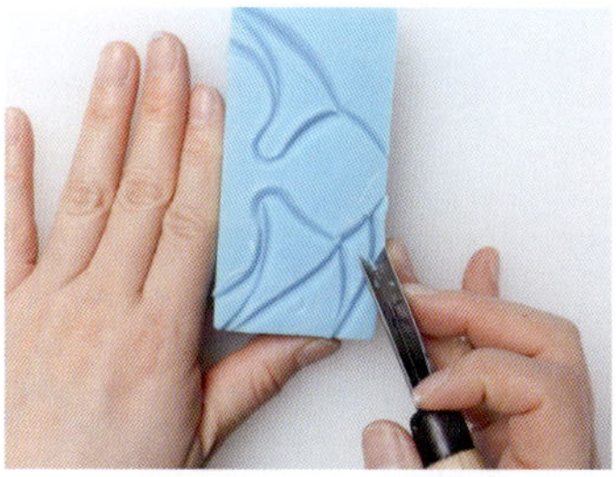

2. 각도를 이용하여 드로잉한다

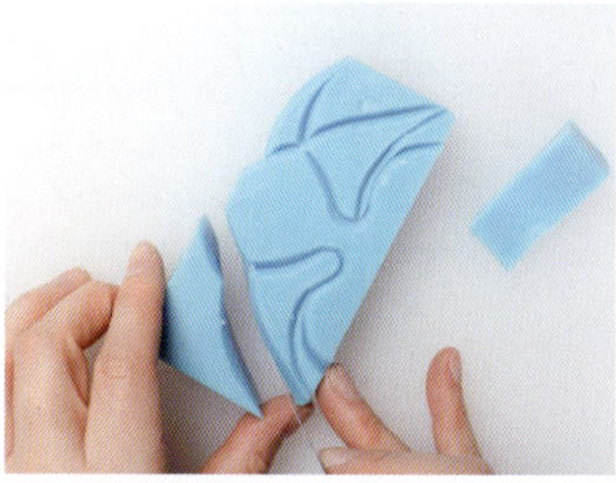

3. 칼을 똑바로 세워 필요없는 부분을 제거한다

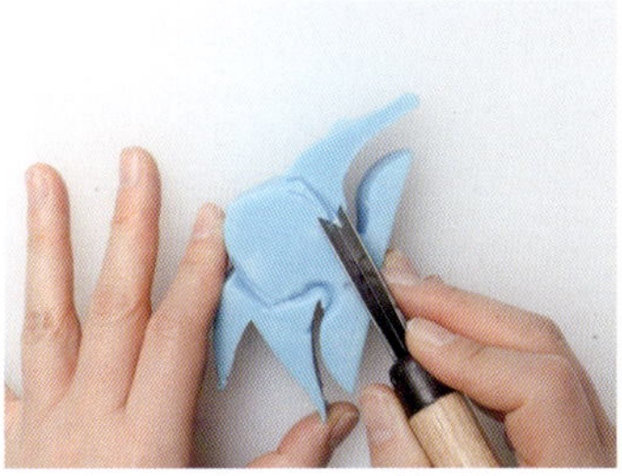

4. 뒷 부분에도 드로잉을 한다

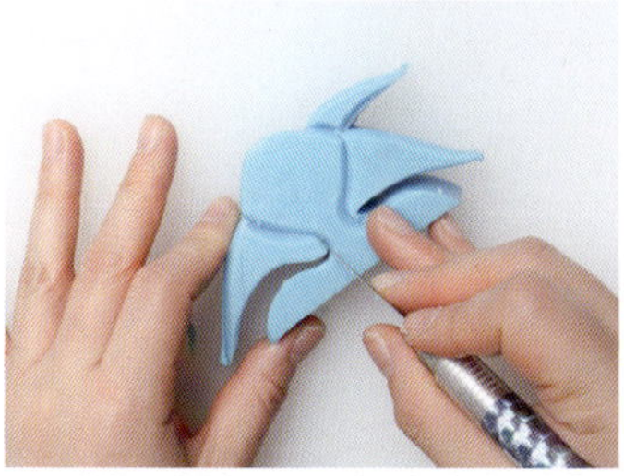

5. 칼을 세워 드로잉 라인에 칼을 살짝 넣어준다

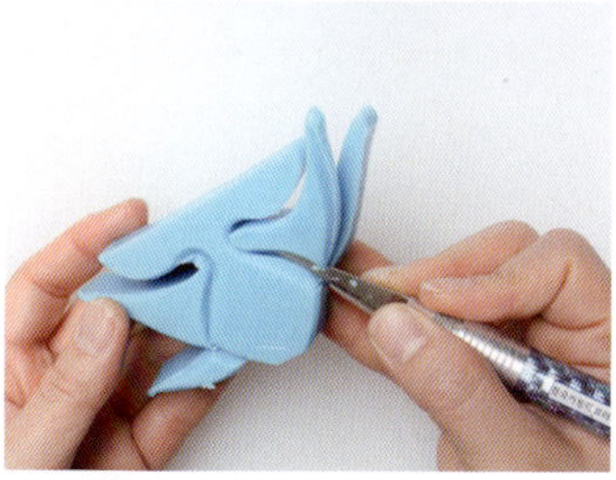

6. 칼을 눕혀 라인이 드러나도록 파내준다

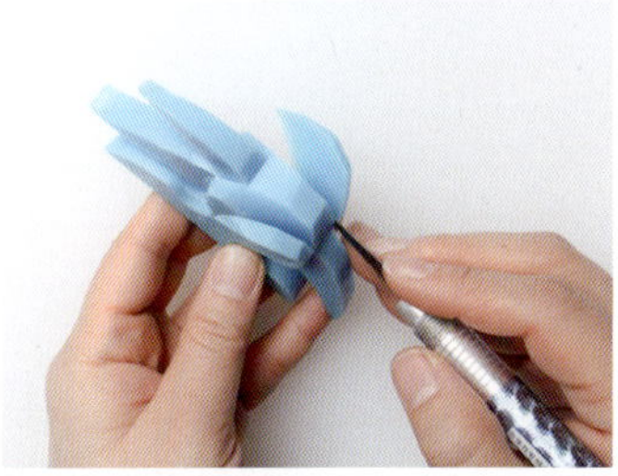

7. 머리부분이 얇아지도록 양쪽을 살짝 제거해준다

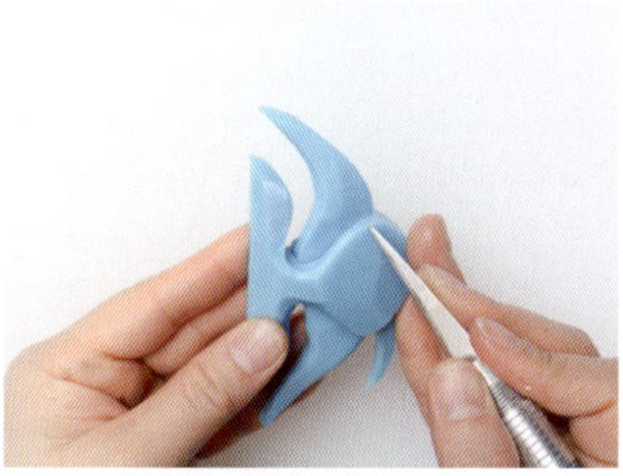

8. 모서리를 살짝 제거한다

9. 사진과 같이 입 라인을 파낸다

10. 몸통과 얼굴이 구분되도록 선을 살짝 넣어준다

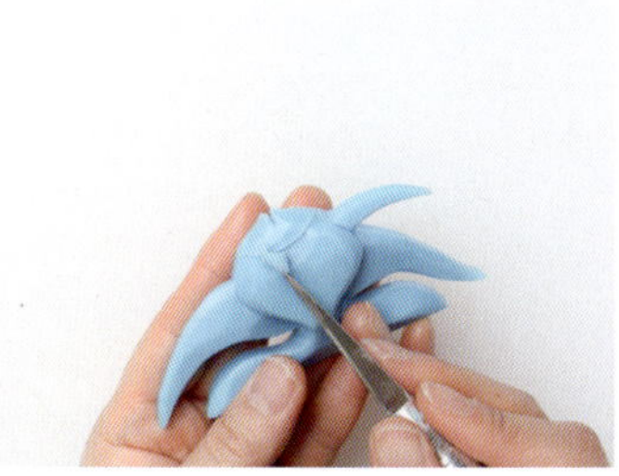

11. 칼을 눕혀 아래쪽을 파낸다

12. 눈 라인을 넣어준다

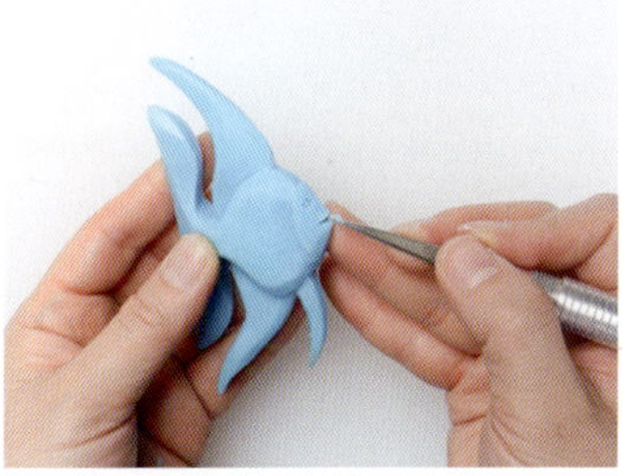

13. 안쪽을 둥글게 파내준다

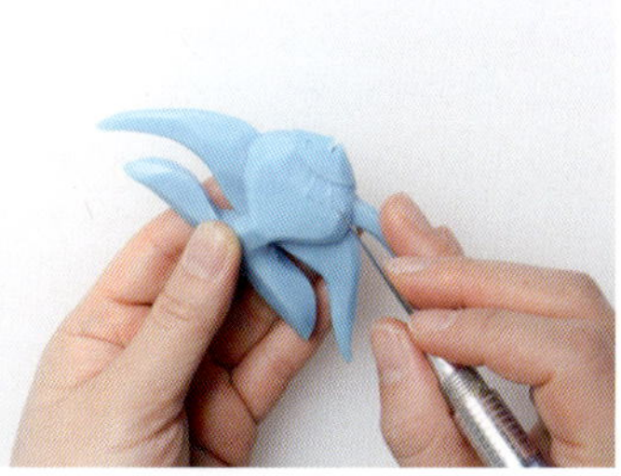

14. 지느러미를 그린다

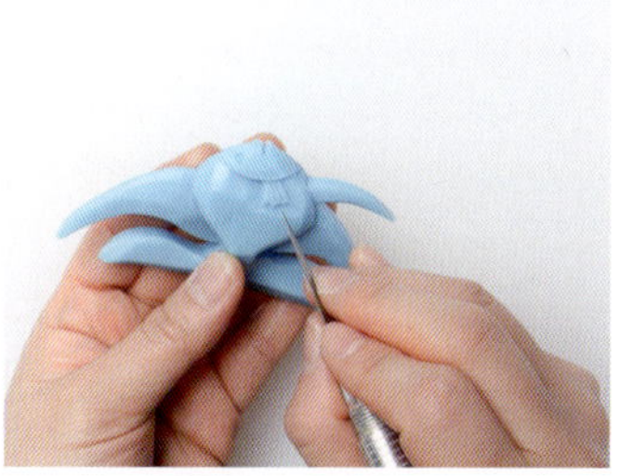

15. 지느러미에 라인을 넣고, 라인이 드러나도록 아래쪽을 파내준다

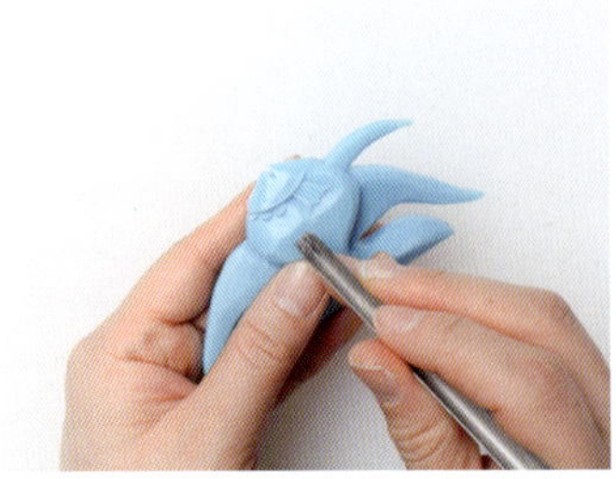

16. 스텐조각도 1호의 작은부분을 사용하여 비늘을 찍어낸다

17. 찍어내고, 눕혀서 파내고 반복하여 비늘을 모두 넣어준다

18. 풀카빙나이프를 사용하여 지느러미를 완성한다

19. 사진과 같다

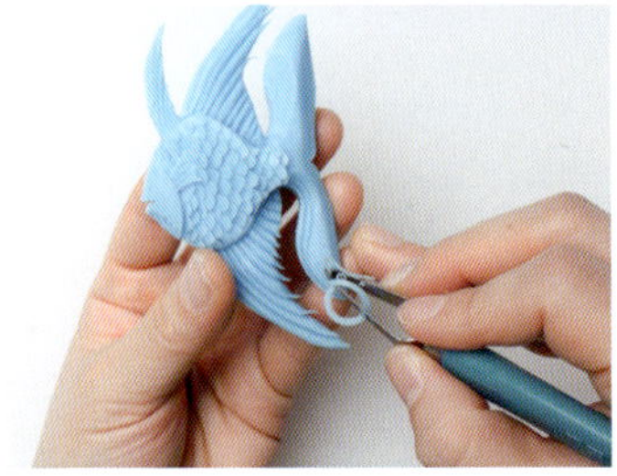

20. 꼬리부분도 풀카빙나이프로 작업해준다

21. 사진과 같다

22. 각도를 이용하여 드로잉한다

23. 칼을 세워 필요없는 부분을 제거한다

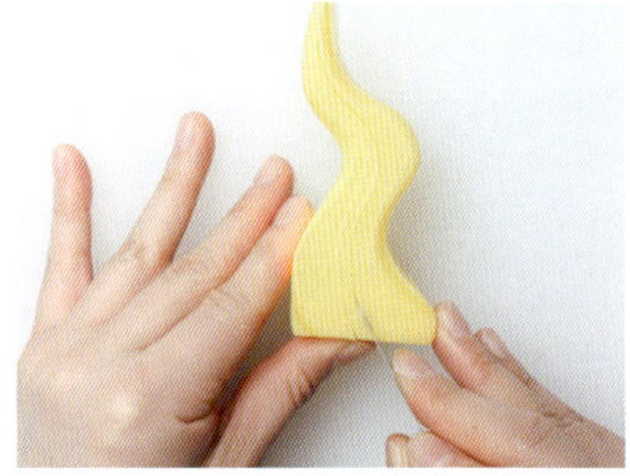

24. 중간에 라인을 넣어준다

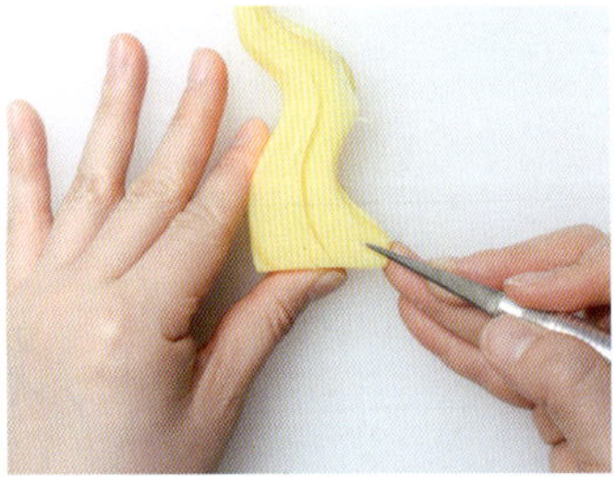

25. 라인이 드러나도록 양옆을 파내준다

26. 풀카빙나이프로 다음과 같이 라인을 넣어준다

27. 사진과 같다

28. 비누 자투리를 얇게 만든다

29. 스텐조각도로 찍어낸다

30. 사진과 같이 붙여준다

31. 사진과 같이 고정시킨다

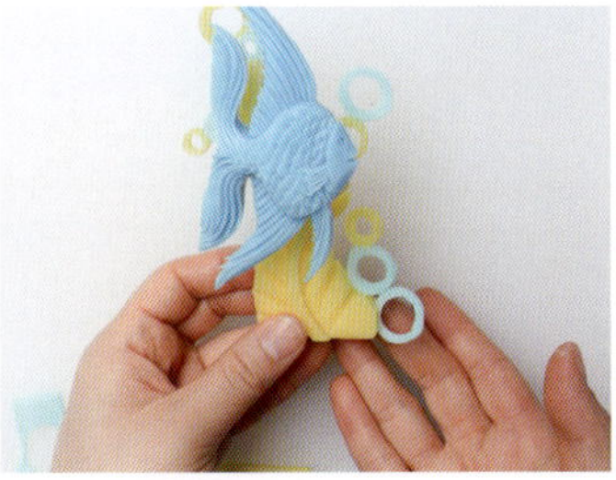

32. 완성한다

고급동물 - 8

1. 비누와 도구를 준비한다

2. 각도를 뒤로 당기며 드로잉한다

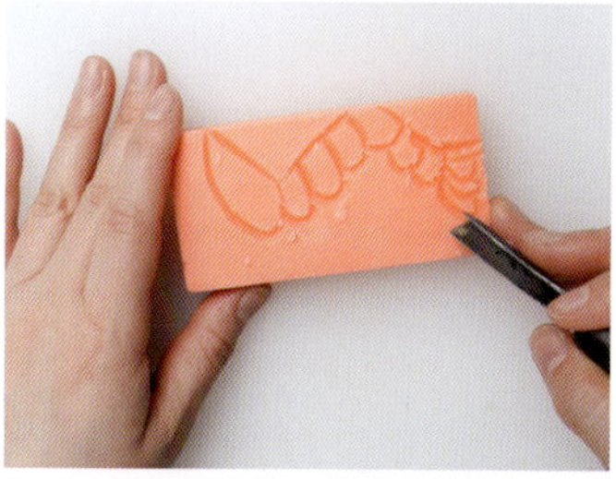

3. 사진과 같다

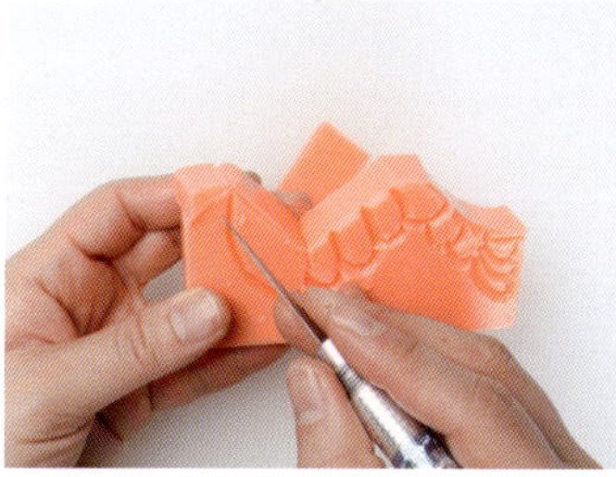

4. 칼을 똑바로 세워 필요없는부분을 제거한다

5. 모서리를 제거한다

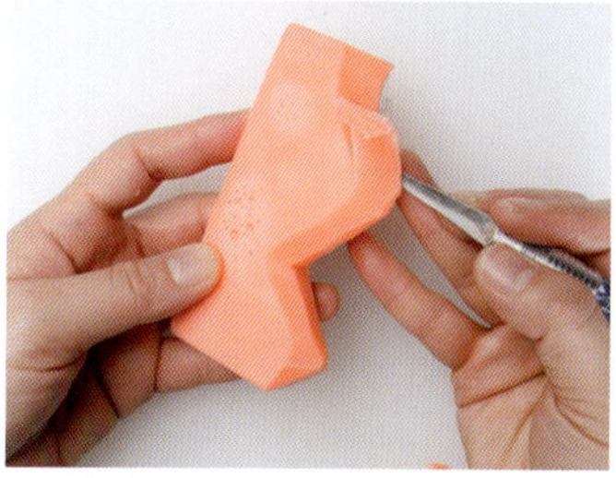

6. 뒷면의 모서리도 제거한다

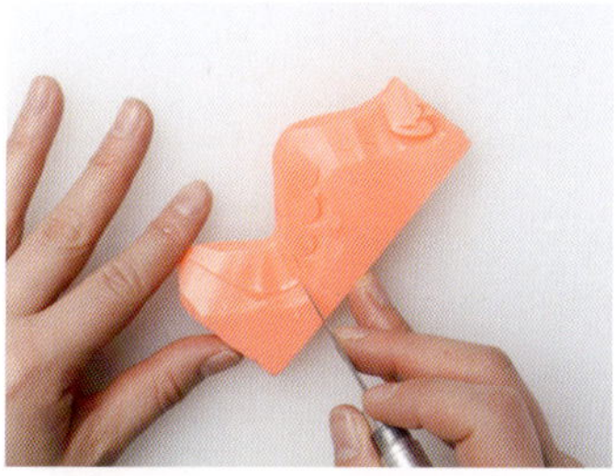

7. 칼을 세워 머리부분에 선을 살짝 넣어준다

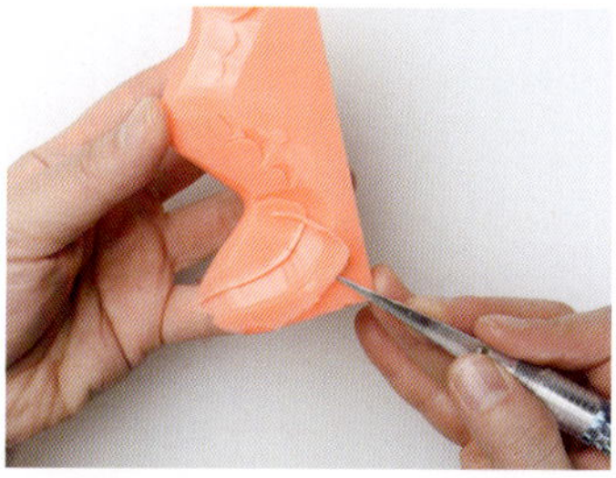

8. 칼을 눕혀 머리라인이 드러나도록 아래쪽을 제거한다

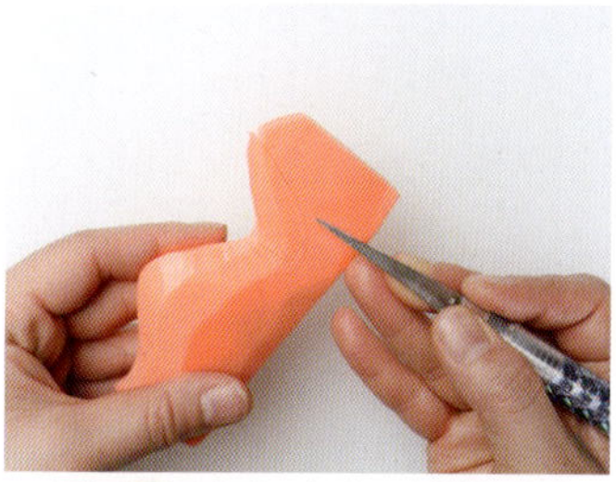

9. 뒷면의 머리 라인도 동일하게 그려준다

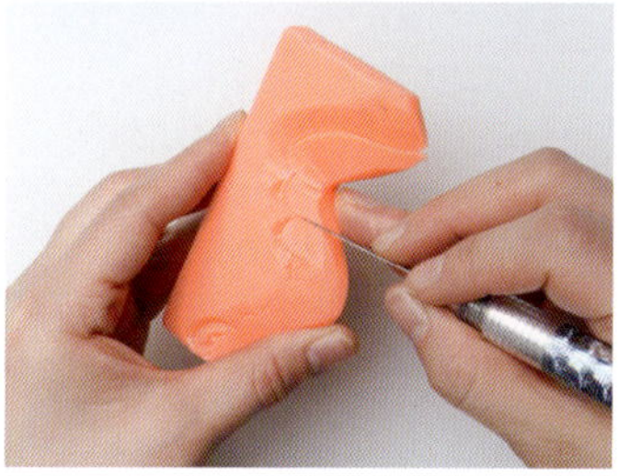

10. 등 라인에 선을 살짝 넣어 그린다

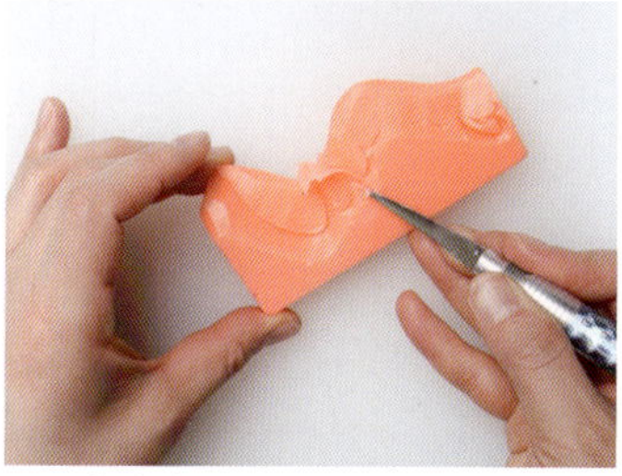

11. 라인이 드러나도록 아래쪽을 살짝 파낸다

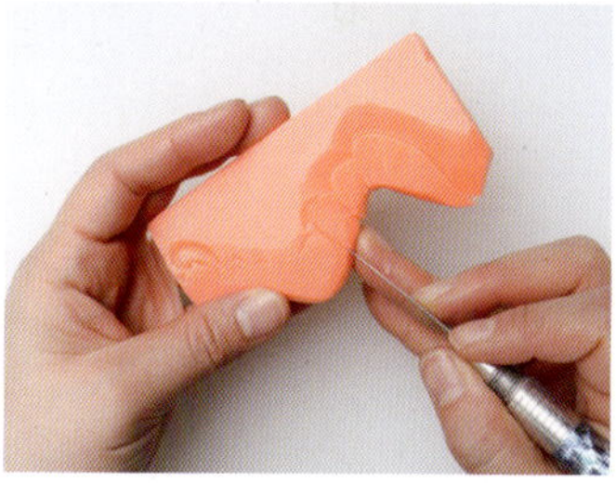

12. 두번째 등라인을 그린다

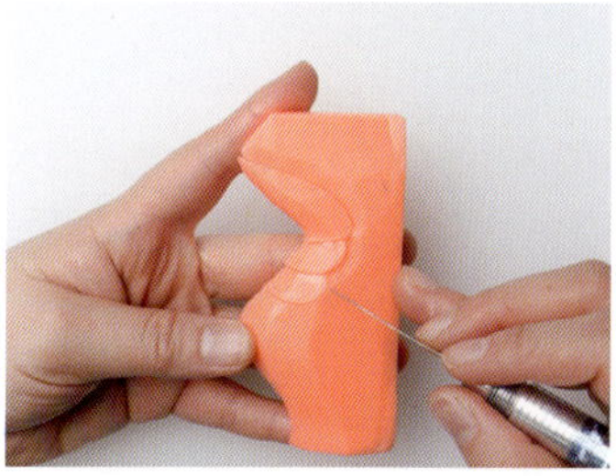

13. 계속해서 뒷면도 동일하게 작업한다

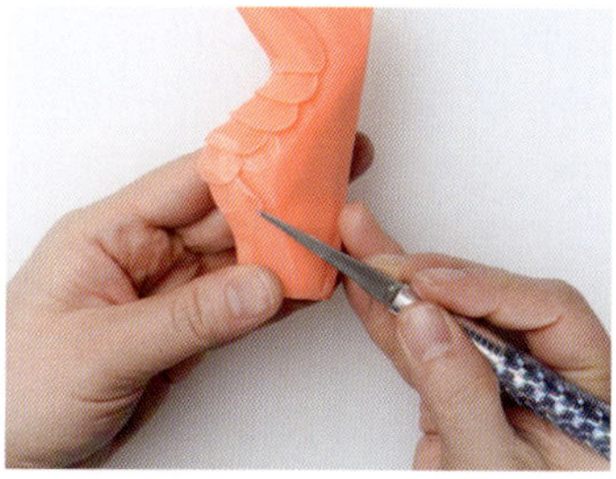

14. 등라인을 그리고, 눕혀서 파내고를 반복한다

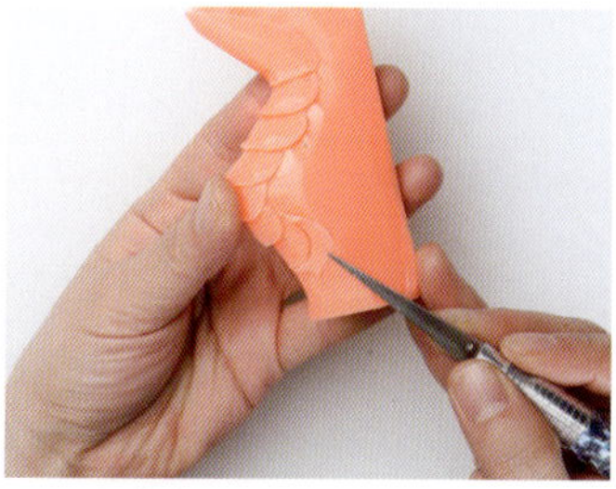

15. 사진과 같다

16. 칼을 눕혀 각진부분을 제거한다

17. 칼을 눕혀 아래쪽을 정리한다

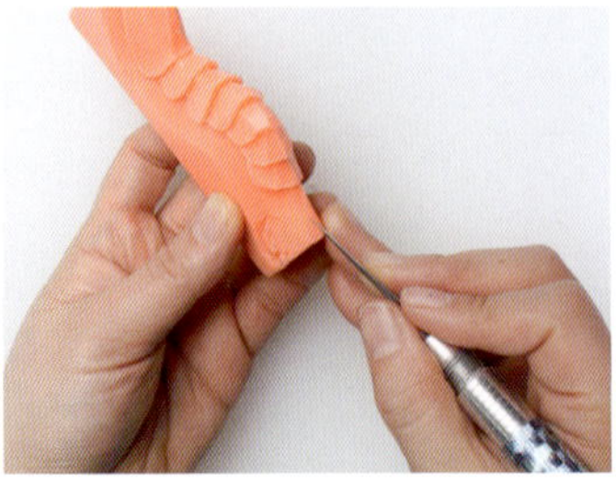

18. 칼을 세워 꼬리 물총 부분을 그린다

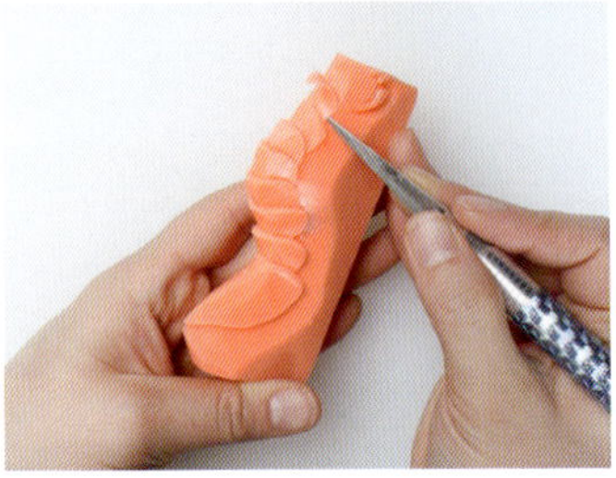

19. 칼을 눕혀 그렸던 라인이 드러나도록 파낸다

20. 칼을 세워 사진과 같은 라인을 그린다

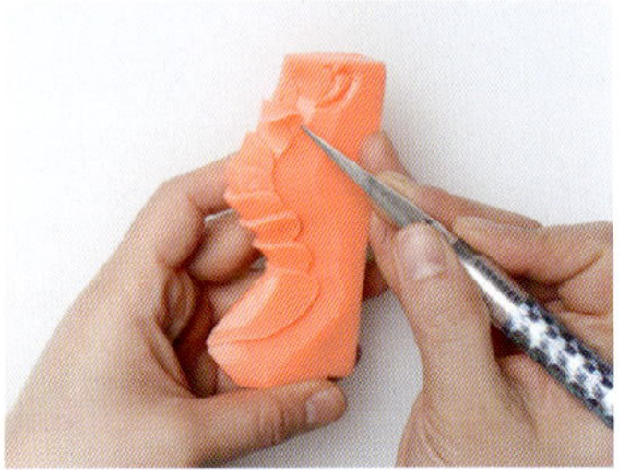

21. 그렸던 라인이 드러나도록 칼을 눕혀 아래쪽을 파낸다

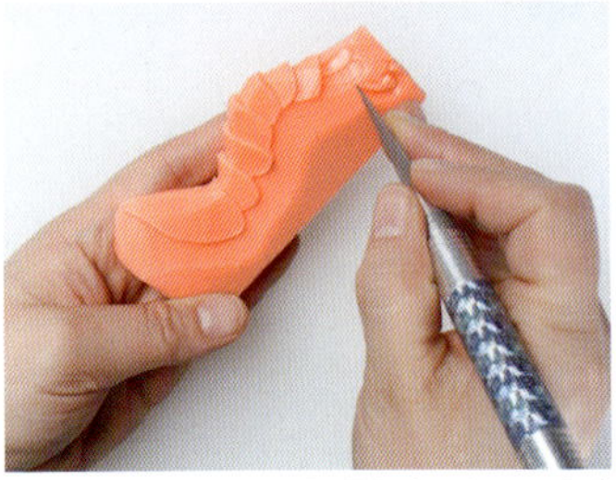

22. 똑같은 라인을 한번 더 그린다

23. 칼을 눕혀 파낸다

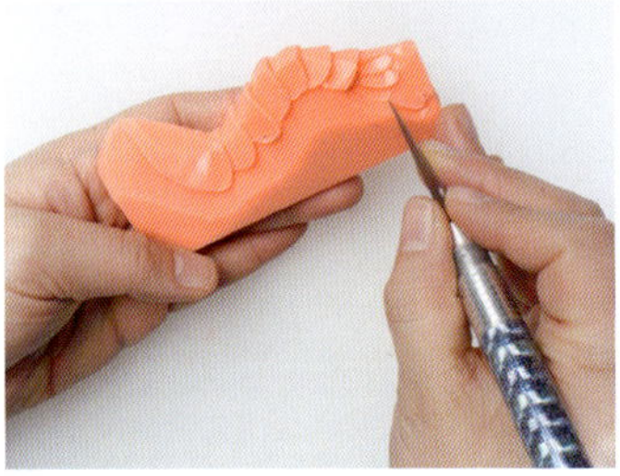

24. 반복한다

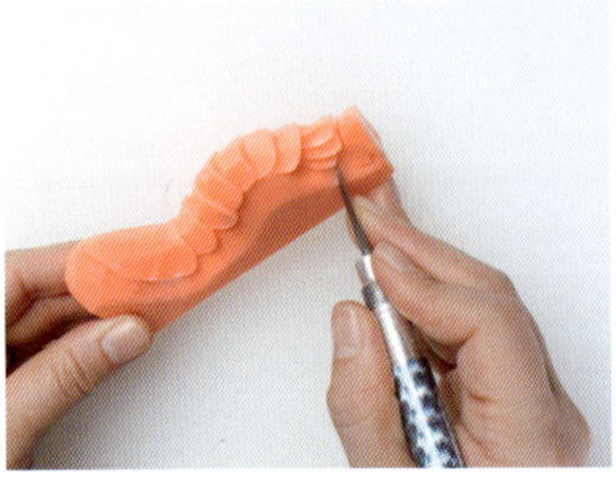

25. 뒷면에도 동일하게 만들어주고, 아래에 필요없는부분을 잘라낸다

26. 머리 앞부분에 칼을 살짝 넣는다

27. 다리 라인을 만든다

28. 칼을 사선으로 넣어 양 끝쪽만 남기고 중간을 파낸다

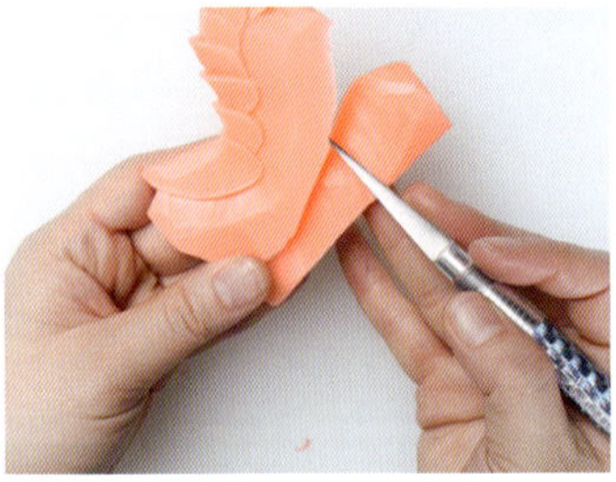

29. 떨어지는 조각을 제거한다

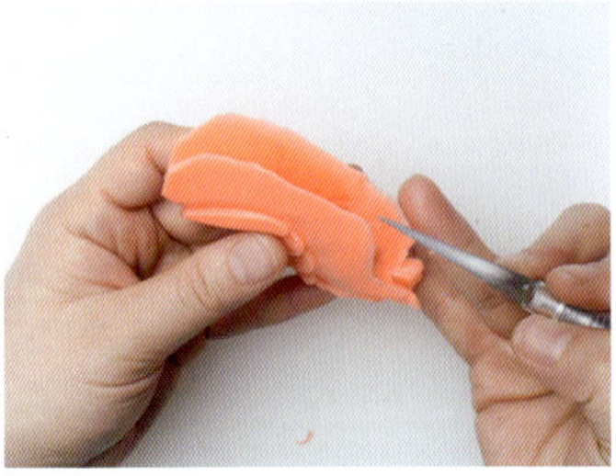

30. 사진과 같다

31. 굴곡있는 다리라인을 만든다

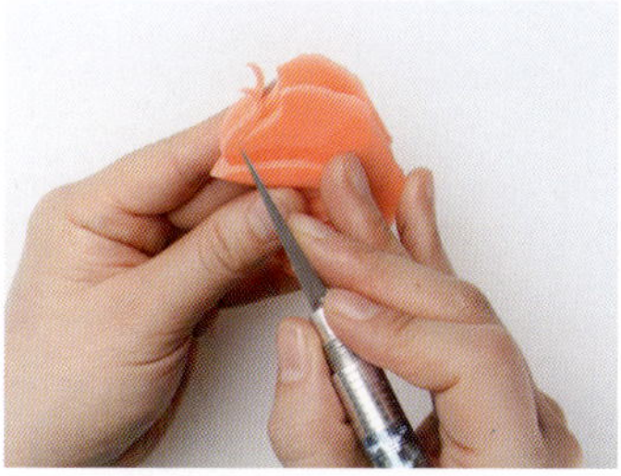
32. 끝에서 중간으로 올수록 두껍게 다리를 만든다

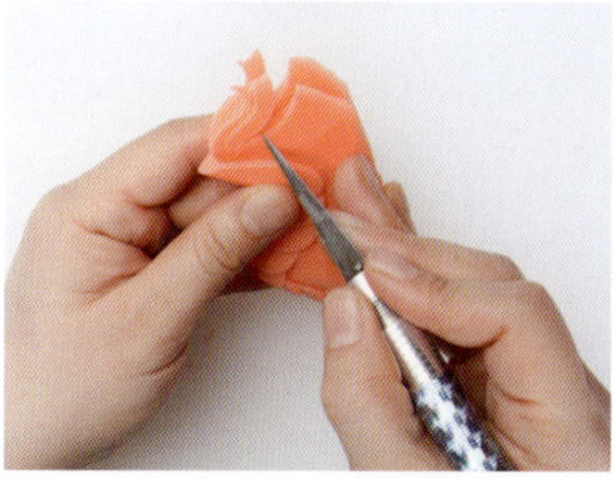
33. 다리 사이를 잘라낸다

34. 반복해서 다리를 만든다

35. 사진과 같다

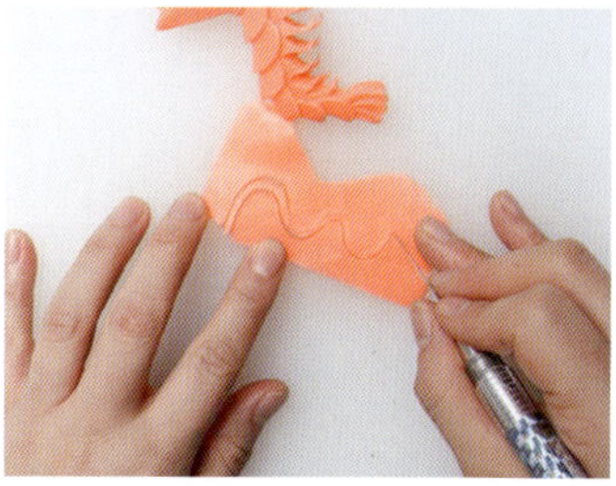
36. 비누자투리에 수염라인을 그린다

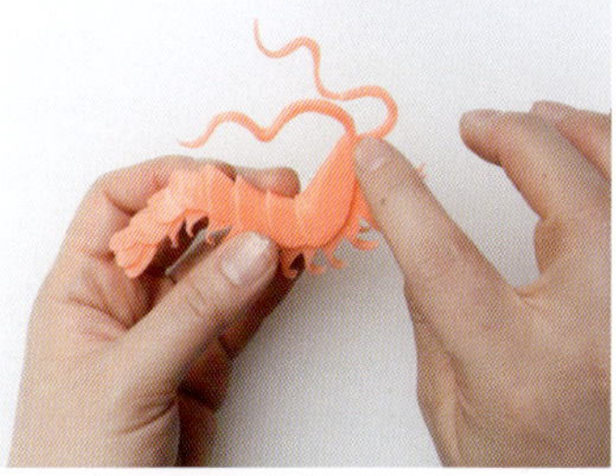
37. 사진과 같이 붙여준다

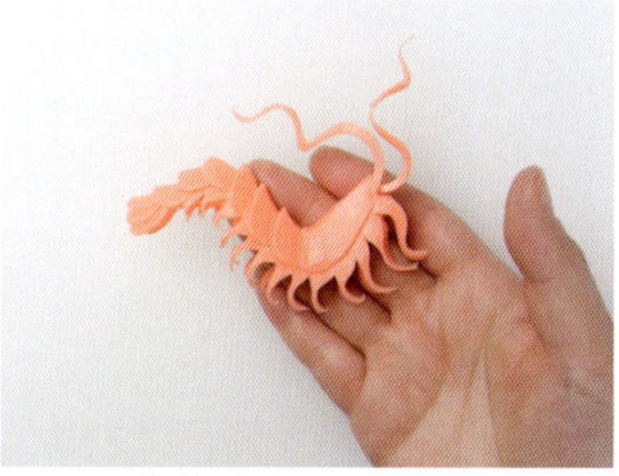
38. 사진과 같다

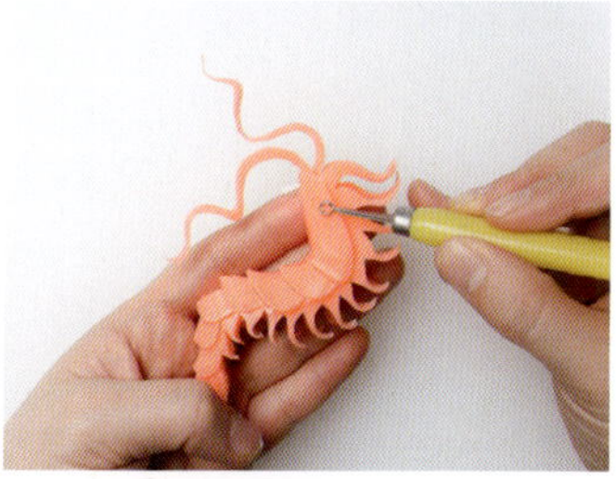
39. 풀카빙나이프를 사용하여 눈을 찍어내준다

40. 입체감이 드러나도록 안쪽을 파낸다

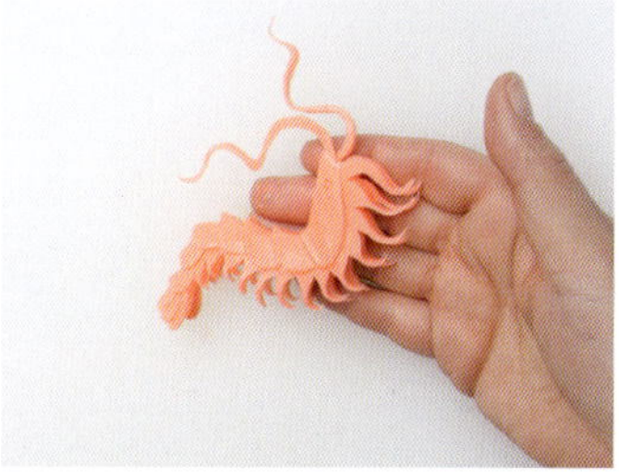
41. 새우를 완성한다

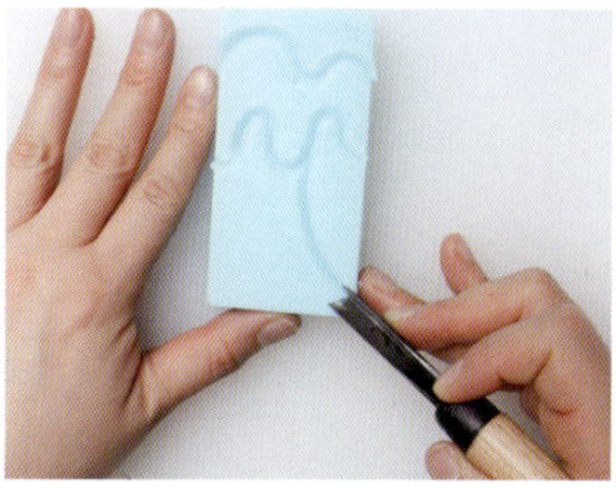
42. 각도를 뒤로 당기며 드로잉한다

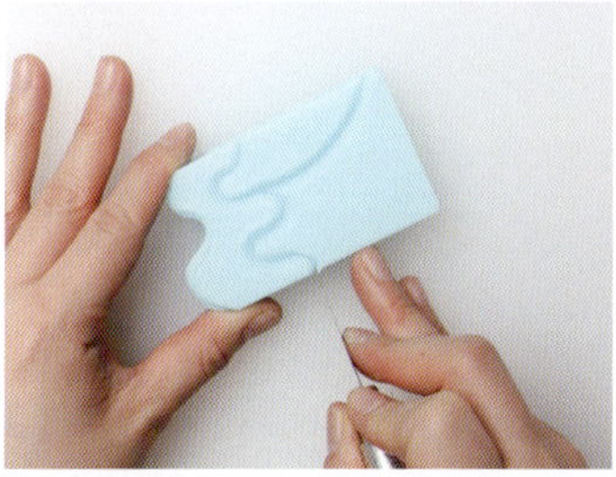
43. 필요없는 부분을 제거하고, 드로잉라인을 따라 선을 살짝 넣어준다

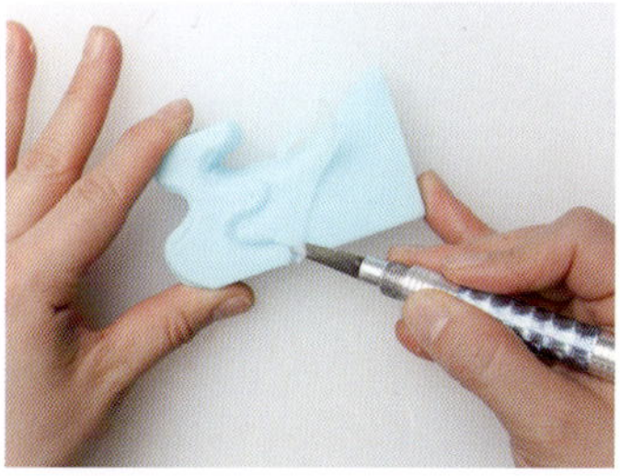
44. 칼을 눕혀 파도가 드러나도록 아래쪽을 제거한다

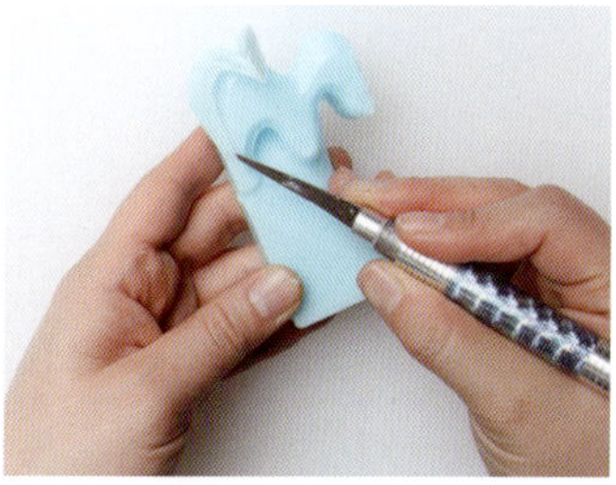
45. 모서리를 제거한다

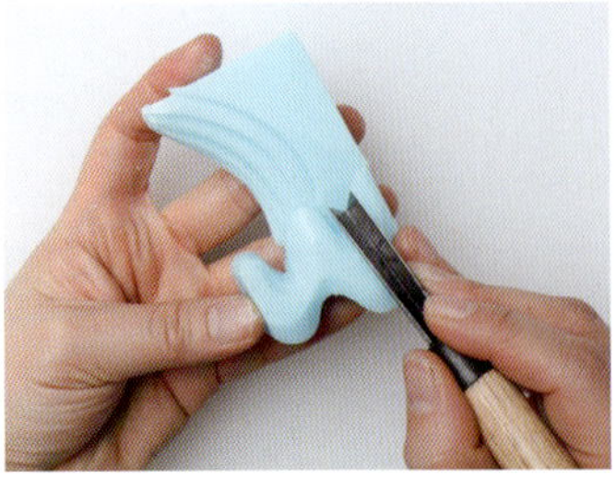

46. 각도를 앞으로 밀며 파낸다

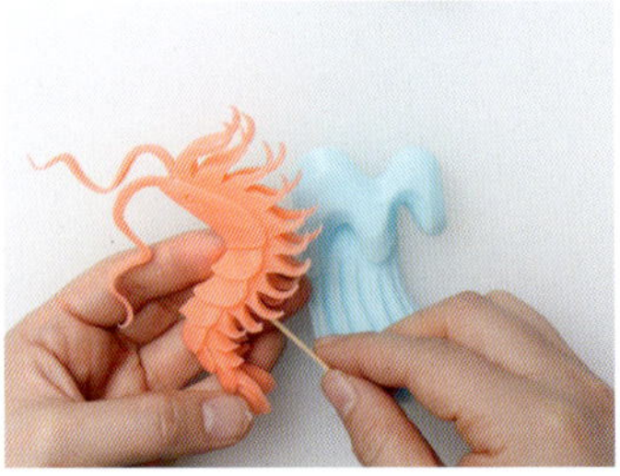

47. 이쑤시개에 새우를 고정시킨다

48. 이쑤시개가 안보이도록 파도에 고정시킨다

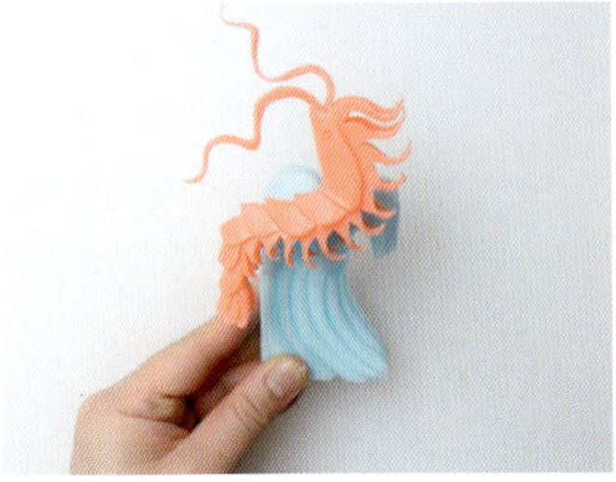

49. 완성한다

고급동물 - 9

1. 비누와 도구를 준비한다

2. 각도를 뒤로 당기며 드로잉한다

3. 필요없는 부분을 제거하고 사진과 같이 드로잉한다

4. 앞,뒷면 모서리를 제거한다

5. 새우 머리 부분에 칼을 살짝 넣어 그린다

6. 칼을 눕혀 머리가 드러나도록 아래쪽을 제거한다

7. 필요 없는 머리 앞쪽 부분을 제거한다

8. 칼을 세워서 살짝 넣어 새우 등 라인을 그린다

9. 라인이 드러나도록 눕혀서 아래쪽을 파낸다

10. 반복해서 새우 등 라인을 완성해 준다

11. 칼을 세워서 새우 꼬리부분을 그린다

12. 그렸던 라인이 드러나도록 칼을 눕혀 아래쪽을 파낸다

13. 칼을 세워 사진과 같이 라인을 그린다

14. 칼을 눕혀 라인이 드러나도록 파내준다

15. 칼을 세워 두번째 꼬리라인을 그린다

16. 칼을 눕혀 라인이 드러나도록 파내준다

17. 세번째 꼬리라인을 그린다

18. 칼을 눕혀 아래쪽을 파내준다

19. 필요 없는 꼬리 뒤쪽부분을 잘라낸다

20. 몸통 라인 아래쪽을 깔끔하게 정리한다

21. 양쪽에서 칼을 사선으로 넣어 중간을 잘라준다

22. 떨어지는 조각을 제거한다

23. 다리라인을 만든다

24. 사이의 조각을 제거한다

25. 자투리 비누로 수염을 만든다

26. 사진과 같이 붙여준다

27. 눈을 파낸다

28. 사진과 같다

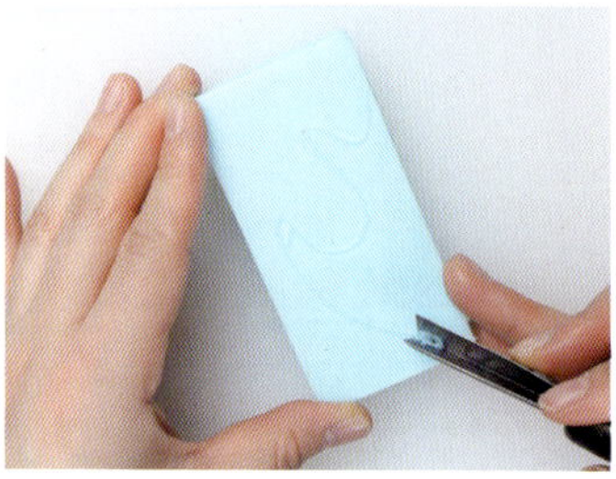

29. 각도를 뒤로 당기며 드로잉한다

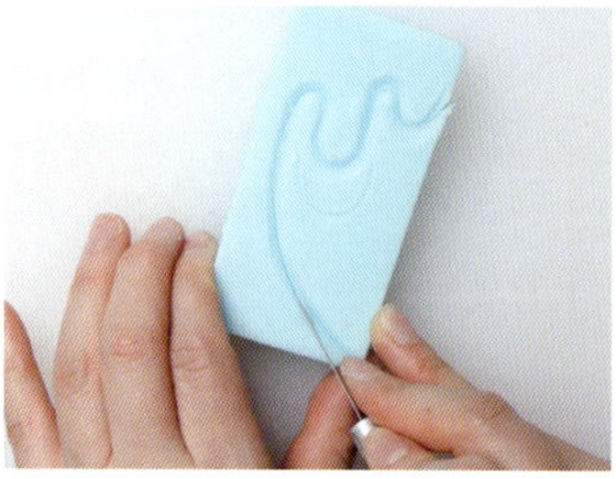

30. 드로잉 라인을 따라 선을 넣는다

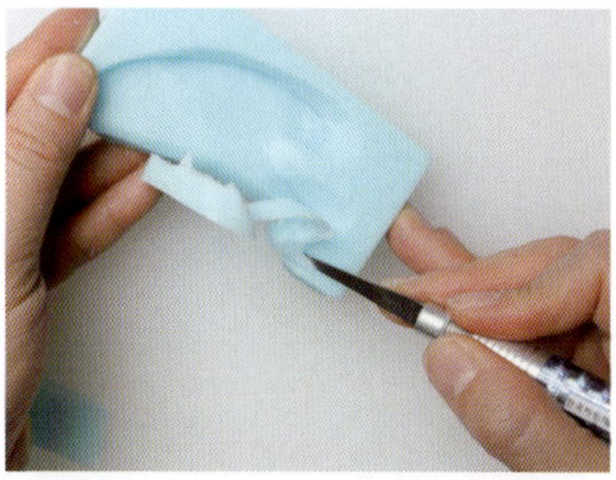

31. 라인이 드러나도록 아래쪽을 파낸다

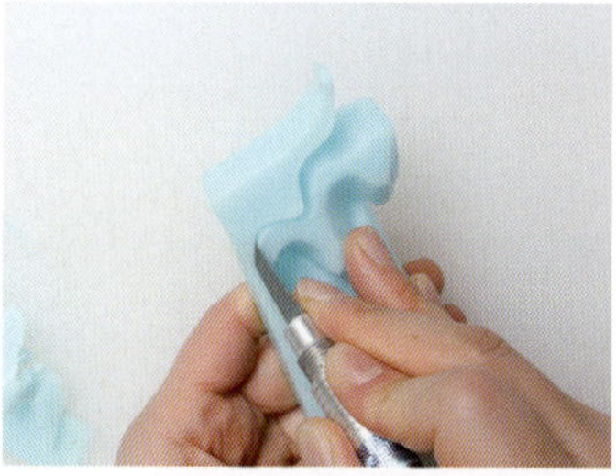

32. 필요없는 윗 부분을 제거한다

33. 풀카빙나이프로 파도를 만든다

34. 이쑤시개를 이용하여 고정한다

35. 완성한다

제 3장

비누카빙 마스터 고급플라워

고급플라워 - 1

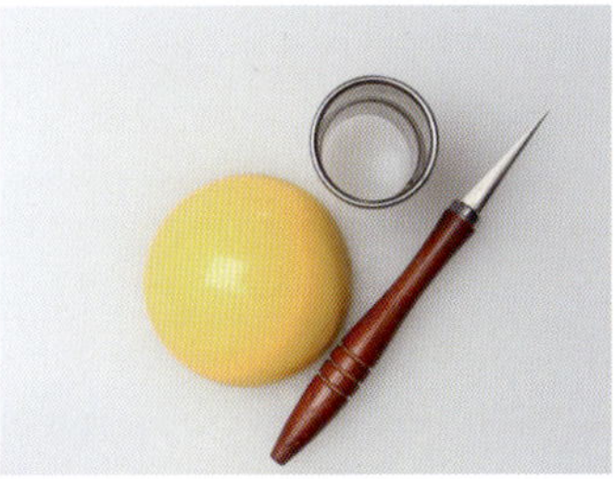

1. 비누와 도구를 준비한다

2. 원형커터 2호를 사용해 비누 중심에 원을 찍어준다

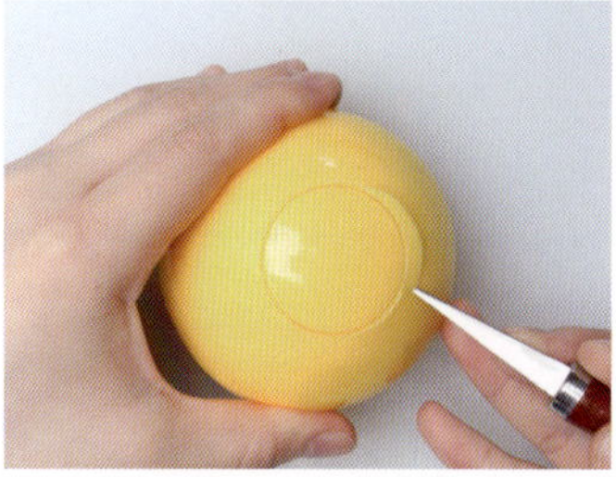

3. 칼을 눕혀 원 바깥쪽을 제거한다

4. 칼을 45도로 눕혀 원 안쪽 모서리를 제거한다

5. 원 바깥쪽을 12등분한다

6. 바깥에 등분선을 기준으로 원 안쪽에 꽃잎라인을 그린다

7. 오른쪽 라인도 꽃잎라인으로 그려준다

8. 12꽃잎 모두 그린다

9. 칼을 눕혀 라인 안쪽을 V 홈으로 파내준다

10. 칼을 눕혀 꽃잎과 꽃잎사이를 제거한다

11. 칼을 세워 꽃잎과 꽃잎 사이에 뾰족한 삼각형 모양을 그린다

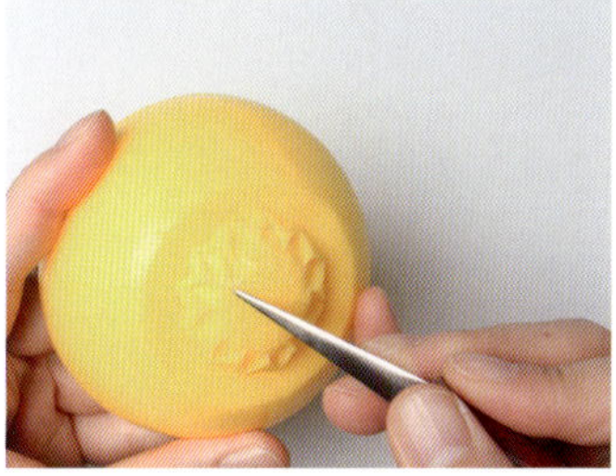

12. 칼을 눕혀 라인 바깥쪽을 제거한다

13. 스텐조각도 1호의 작은부분을 사용하여 원 안쪽에 반원을 돌려가며 찍어준다

14. 칼을 눕혀서 원 안쪽을 제거한다

15. 사진과 같다

16. 칼을 세워 원 중심을 기준으로 직선라인을 긋는다

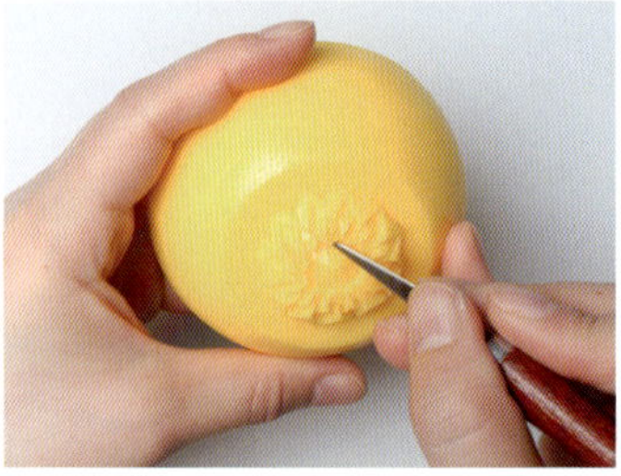
17. 칼을 살짝 눕혀 라인 오른쪽을 파낸다

18. 반복하여 한바퀴 모두 완성한다

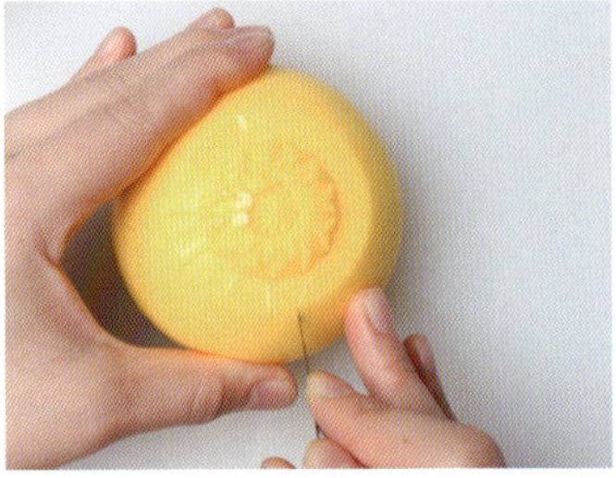
19. 센터 바깥쪽 등분선 안쪽으로 꽃잎라인을 그린다

20. 꽃잎라인 안쪽에 칼을 세워 뾰족한 삼각형 라인을 그린다

21. 칼을 눕혀 삼각형은 파내지않고, 나머지부분을 입체감있게 파내준다

22. 반대편부분도 자연스럽게 연결되도록 파내준다

23. 칼을 눕혀 라인 바깥쪽을 제거한다

24. 사진과 같다

25. 꽃잎과 꽃잎사이 9부에 새로운 꽃잎을 그린다

26. 12꽃잎 모두 그린 모습이다

27. 칼을 세워 라인 안쪽에 삼각형 라인을 그려준다

28. 칼을 눕혀 삼각형은 파내지않고, 나머지부분을 입체감있게 파내준다

29. 자연스럽게 연결되도록 왼쪽도 파내준다

30. 칼을 눕혀서 라인 바깥쪽을 파내준다

31. 꽃잎과 꽃잎 사이 9부에 새로운 꽃잎라인을 그린다

32. 12꽃잎 모두 그린 모습이다

33. 꽃잎라인 안쪽에 뾰족한 삼각형 라인을 그린다

34. 칼을 눕혀 삼각형은 파내지 않고, 나머지부분을 입체감있게 파내준다

35. 왼쪽도 자연스럽게 연결되도록 파내준다

36. 칼을 눕혀 라인 바깥쪽을 제거한다

37. 완성한다

고급플라워 - 2

1. 비누와 도구를 준비한다

2. 원형커터 3호를 사용해 비누 중심에 센터봉오리를 잡아준다

3. 칼을 눕혀 원 바깥쪽을 제거해준다

4. 칼을 45도로 해서 원 안쪽 모서리를 제거한다

5. 원 바깥쪽을 16등분 한다

6. 칼을 똑바로 세워서 등분선 안쪽으로 굴곡 꽃잎라인을 그린다

7. 반대쪽도 대칭이 되도록 곡선 꽃잎라인을 그린다

8. 16꽃잎 모두 동일하게 그려준 모습이다

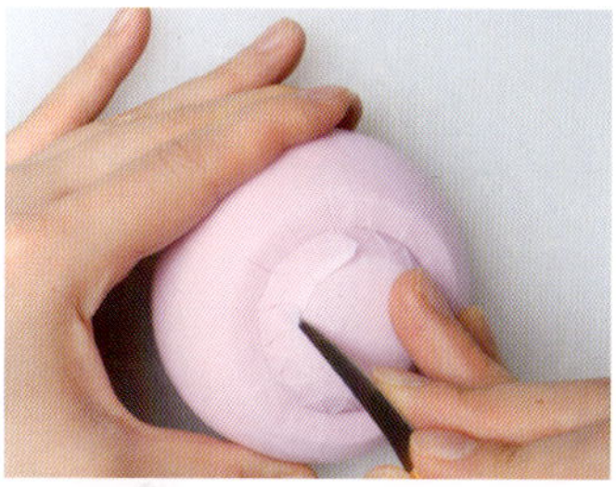
9. 칼을 눕혀 꽃잎과 꽃잎 사이를 제거한다

10. 사진과 같다

11. 칼을 세워 꽃잎과 꽃잎 사이에 뾰족한 삼각형을 그린다

12. 칼을 눕혀 라인 사이사이를 제거한다

13. 볼록해진 안쪽부분을 칼을 눕혀 정리한다

14. 칼을 세워 라인 사이사이에 새로운 삼각형 라인을 그린다

15. 칼을 눕혀 라인 사이사이를 제거한다

16. 또다시 라인 사이사이에 새로운 삼각형라인을 그린다

17. 칼을 눕혀 나머지 부분을 제거한다

18. 스텐조각도 1호의 작은부분을 사용하여 둥글게 반원을 찍어준다

19. 칼을 눕혀 원 안쪽을 제거한다

20. 칼을 세워 안쪽 사이사이에 반원을 이어지게 그려준다

21. 칼을 눕혀 안쪽을 제거한다

22. 칼을 세워 안쪽 사이사이에 반원을 이어지게 그려준다

23. 칼을 눕혀 원 안쪽을 제거한다

24. 반복하여 완성해준다

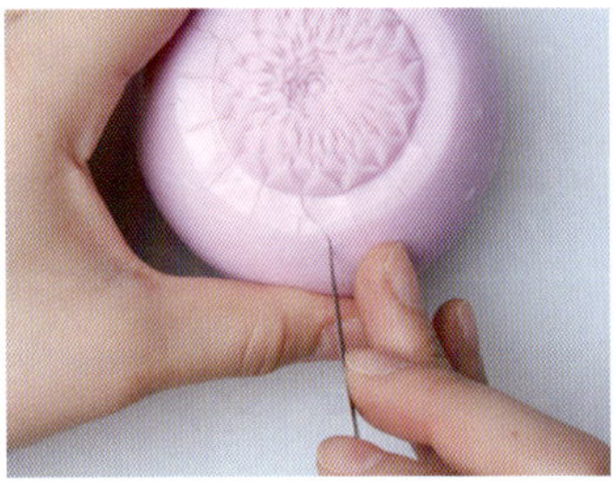

25. 칼을 세워 원 바깥쪽 등분선 안에 꽃잎라인을 곡선으로 그려준다

26. 반대쪽 꽃잎라인도 대칭이 되도록 곡선으로 그려준다

27. 꽃잎 안쪽을 사진과 같이 굴곡있게 파낸다

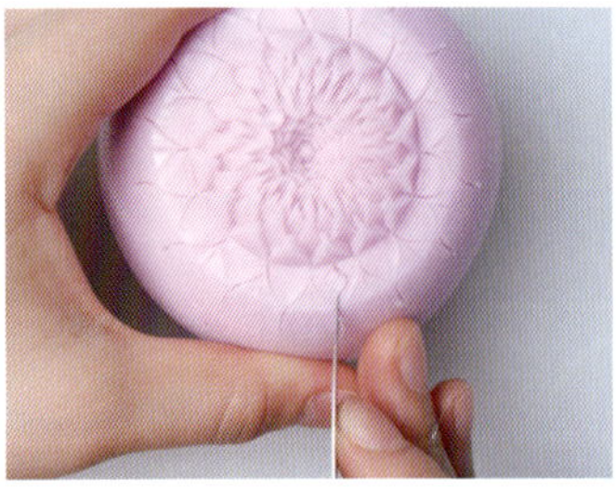

28. 양쪽이 대칭이 되도록 파내준 다음, 떨어지는 조각을 제거한다

29. 칼을 눕혀 라인 바깥쪽을 제거한다

30. 칼을 세워 꽃잎과 꽃잎 사이 9부에 새로운 꽃잎라인을 그린다

31. 꽃잎 안쪽을 사진과 같이 파내준다

32. 반대쪽 꽃잎 안쪽도 대칭이되도록 파내주고 떨어지는 조각을 제거한다

33. 칼을 눕혀 라인 바깥쪽을 제거한다

34. 칼을 세워 꽃잎과 꽃잎사이에 새로운 꽃잎을 그린다

35. 동일한 방법으로 꽃잎 안쪽을 굴곡있게 파낸다

36. 라인 바깥쪽을 제거한다

37. 완성한다

고급플라워 - 3

1. 비누와 도구를 준비한다

2. 비누에 큰 하트그림을 그린다

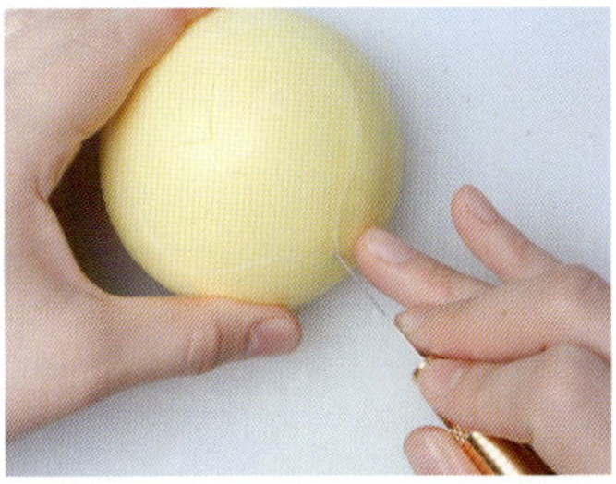

3. 밑그림을 따라 칼을 세워 라인을 넣는다

4. 하트 라인 안쪽에, 작은 하트라인을 칼을 세워 그린다

5. 사진과 같다

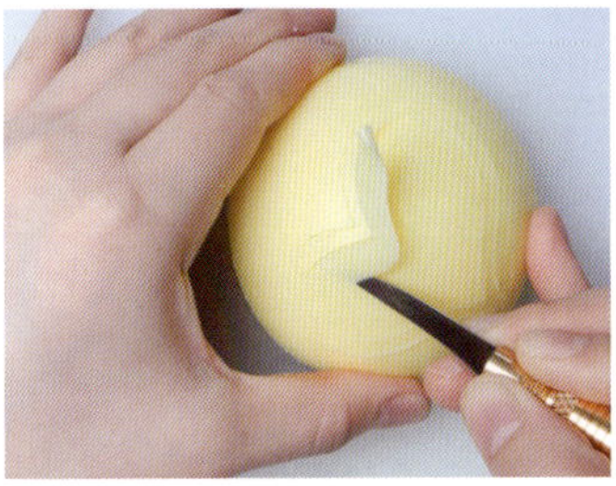

6. 작은 하트 안쪽을 파내준다

7. 큰 하트 바깥쪽을 파내준다

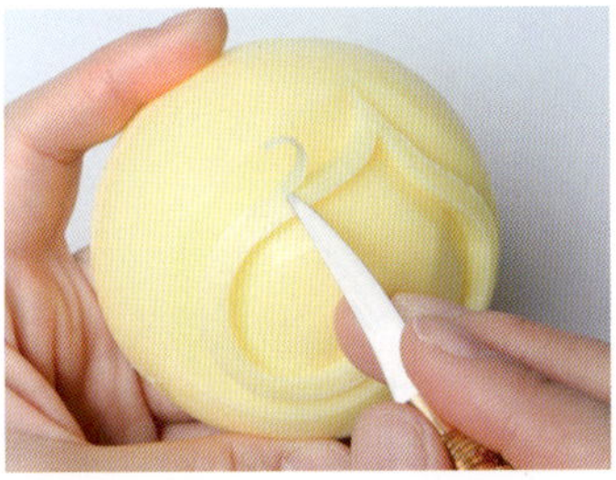

8. 하트 테두리의 모서리를 제거한다

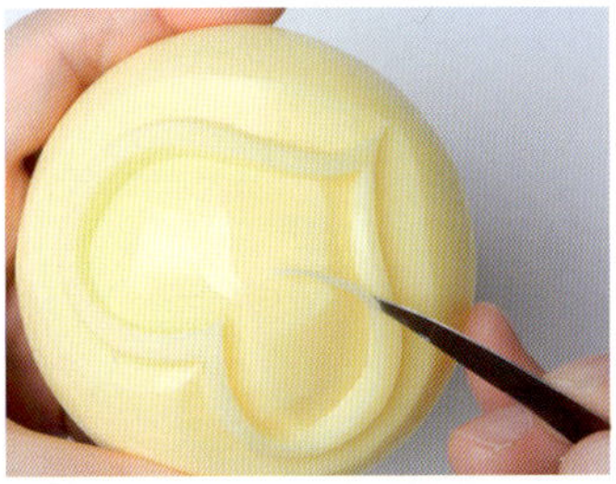

9. 안쪽 모서리도 제거한다

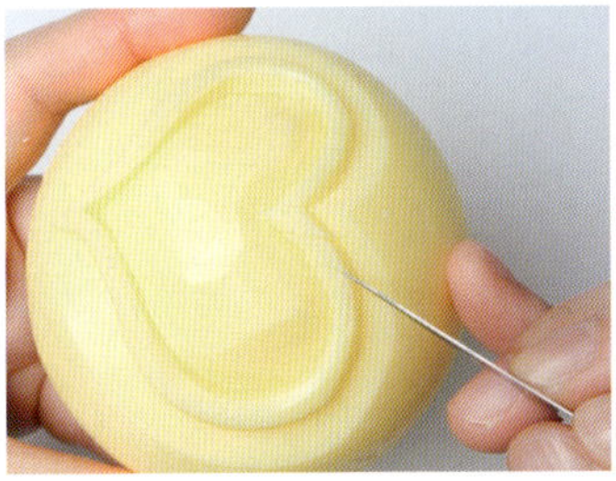

10. 칼을 세워 사선으로 라인을 넣어준다

11. 칼을 눕혀 라인이 드러나도록 파내준다

12. 칼을 세워 하트 안쪽에 사선으로 선을 넣어준다

13. 일정한 간격으로 계속해서 평행한 선을 그어준다

14. 먼저 그렸던 선과 90도 각도로 교차되도록 선을 그린다

15. 일정한 간격으로 계속해서 평행한 선을 그려준다

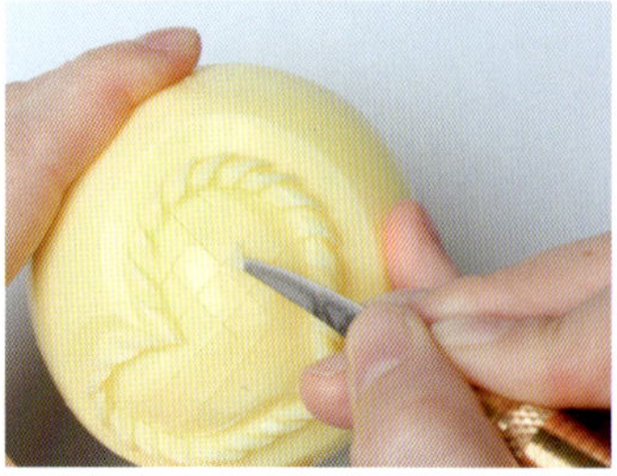
16. 칼을 눕혀 사각형 안쪽을 모서리쪽을 제거한다

17. 반대쪽도 마찬가지로 제거한다

18. 칼을 눕혀 하트 라인 바깥쪽을 둥글게 파낸다

19. 칼을 세워 톱니라인으로 둥글게 넣어준다

20. 동일한 크기로 칼을 눕혀 둥글게 파낸다

21. 칼을 세워 톱니라인을 둥글게 넣어준다

22. 칼을 눕혀 톱니라인이 드러나도록 바깥쪽을 파내준다

23. 하트 테두리를 따라가며 모두 동일하게 톱니라인을 넣어준다

24. 칼을 세워 톱니라인 바깥쪽에 둥근 라인을 넣는다

25. 칼을 눕혀 라인이 드러나도록 파낸다

26. 사진과 같다

27. 칼을 눕혀 굴곡라인으로 파낸다

28. 꼬리부분은 날렵하게 파내준다

29. 칼을 세워 파낸 라인을 따라 굴곡있는 라인을 넣어주고, 마지막에는 둥근 홈을 파낸다

30. 칼을 세워 둥근 홈을 감싸는 라인을 그린다

31. 칼을 세워 파낸 라인을 따라 굴곡있는 라인을 그린다

32. 칼을 눕혀 둥근 홈을 파내준다

33. 칼을 세워 둥근 홈을 감싸는 라인을 그린다

34. 칼을 눕혀 라인이 드러나도록 파내준다

35. 반대쪽도 동일하게 대칭되는 모양으로 작업한다

36. 하트 반쪽은 모두 동일하게 작업한다

37. 남은 반쪽에는, 스텐조각도를 이용하여 원의 3분의2만큼 찍어준다

38. 칼을 눕혀 라인 바깥쪽을 제거한다

39. 칼을 세워 첫번째 센터봉오리 라인을 그린다

40. 칼을 눕혀 라인이 드러나도록 파내준다

41. 칼을 세워 센터봉오리 라인을 그린다

42. 칼을 눕혀 파내준다

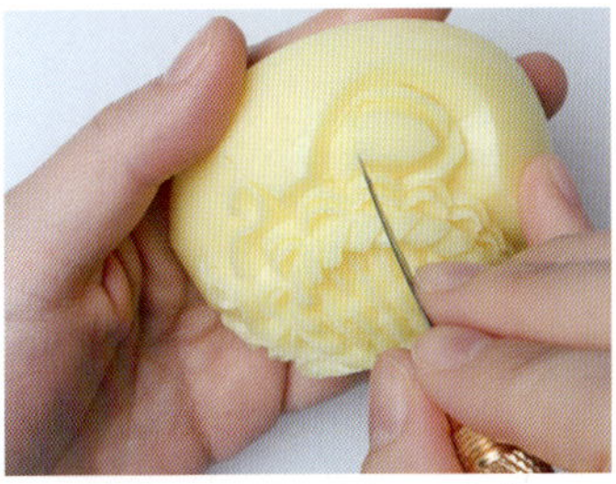
43. 칼을 세워 라인을 그린다

44. 칼을 눕혀 파내준다

45. 반복하여 센터봉오리를 완성한다

46. 센터봉오리 바깥쪽을 6등분 한다

47. 등분선 안쪽으로 꽃잎라인을 그린다

48. 칼을 눕혀 꽃잎 안쪽을 U자로 파내준다

49. 칼을 눕혀 꽃잎과 꽃잎 사이를 파낸다

50. 칼을 눕혀 남은 부분을 굴곡 있게 파낸다

51. 칼을 세워 굴곡라인을 그린다

52. 반복하여 같은 모양을 만들어 준다

53. 칼을 눕혀 라인이 드러나도록 파내준다

54. 칼을 눕혀 꽃잎라인과 겹치는 곳에도 굴곡라인을 넣어준다

55. 스텐조각도를 사용하여 하트 맨 위쪽에 반원을 찍는다

56. 칼을 눕혀 라인 바깥쪽을 파낸다

57. 39번~45번 과정과 동일하게 센터봉오리를 완성한다

58. 완성한다

고급플라워 - 4

1. 비누와 도구를 준비한다

2. 원형커터 5호를 사용하여 원을 찍어준다

3. 칼을 눕혀 원 바깥쪽을 제거한다

4. 칼을 세워 원 바깥쪽을 12등분한다

5. 칼을 눕혀 동그랗게 파내준다

6. 떨어지는 조각을 제거한다

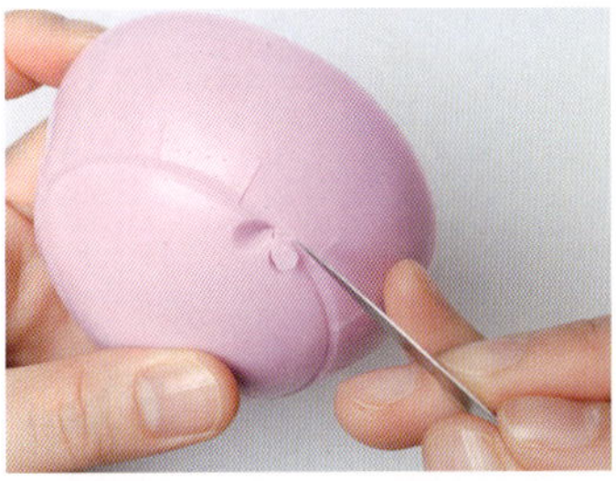

7. 반대쪽도 대칭이 되게 동일한 크기로 파내준다

8. 원 바깥쪽은 살짝 더 크게 파내준다

9. 반대쪽도 대칭이 되도록 파내준다

10. 사진과 같다

11. 12개 모두 동일하게 작업한다

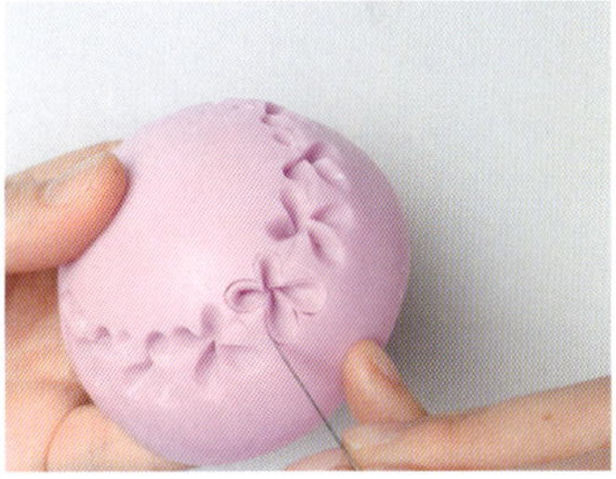

12. 칼을 세워 파낸 라인을 따라 선을 넣어준다

13. 12개 모두 동일하게 선을 넣어준다

14. 칼을 살짝 눕혀 사이에 홈을 파낸다

15. 사진과 같다

16. 칼을 눕혀 라인이 드러나도록 파내준다

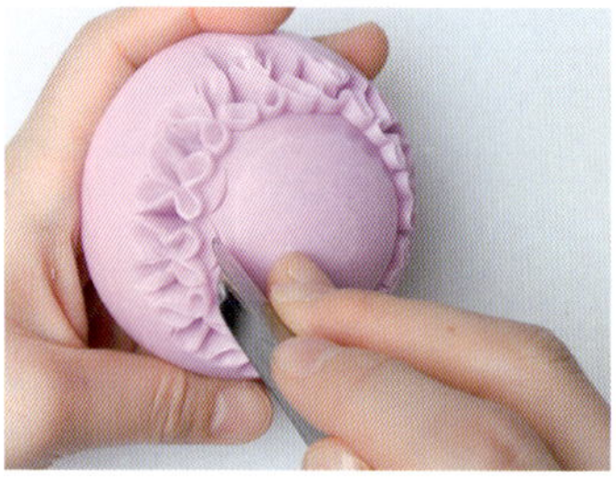

17. 스텐조각도를 세워 원 안쪽에 둥글게 반원을 찍어준다

18. 칼을 눕혀 라인이 드러나도록 파내준다

19. 칼을 눕혀 중간에 볼록한 부분을 정리한다

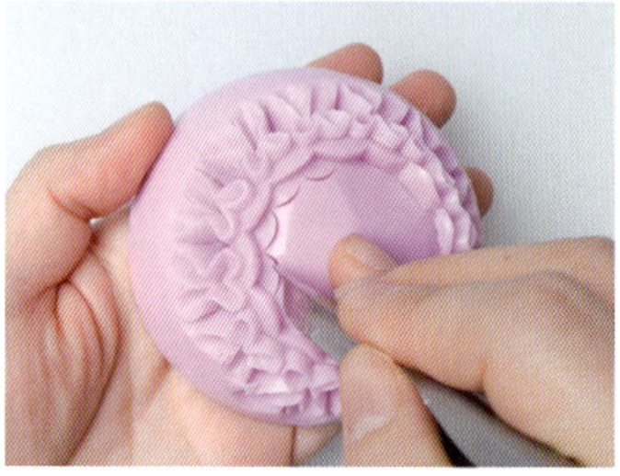

20. 조금더 작은 스텐조각도로 안쪽에 교차되도록 라인을 찍어준다

21. 칼을 눕혀 라인이 드러나도록 파내준다

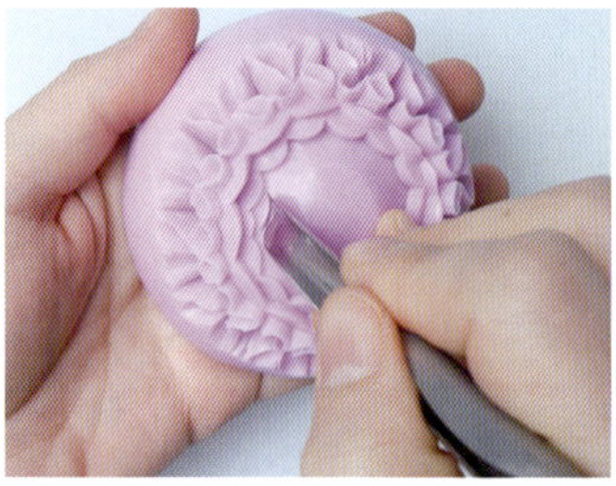

22. 칼을 세워 안쪽에 라인을 찍어준다

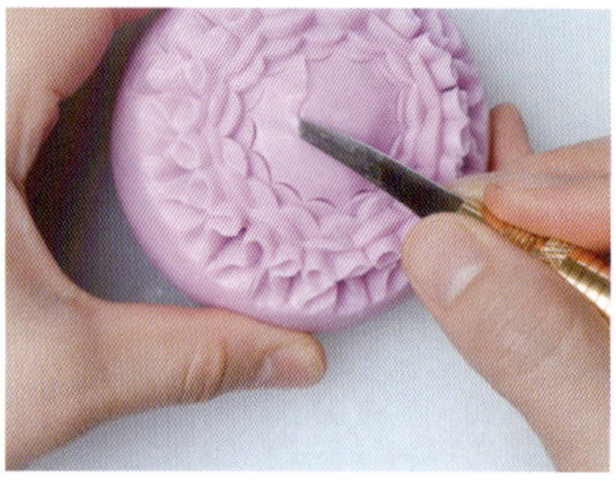

23. 칼을 눕혀 제거한다

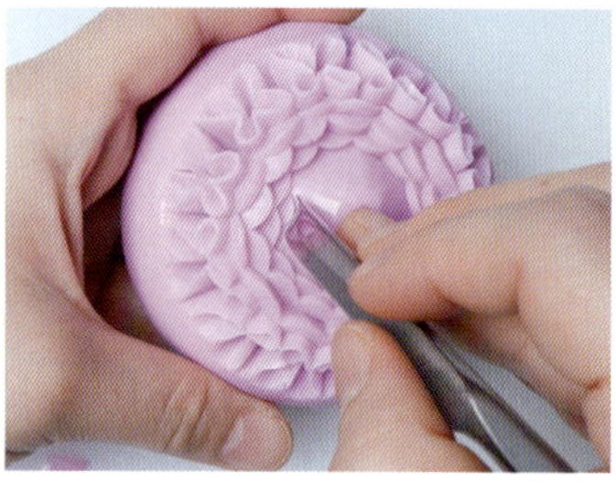

24. 칼을 세워 라인 안쪽에 교차되도록 찍어준다

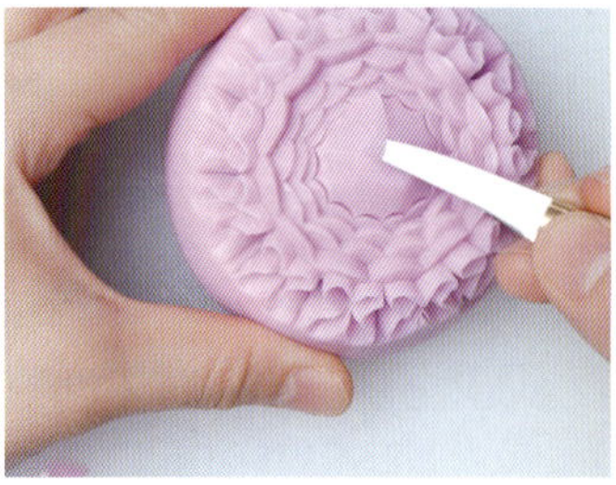

25. 칼을 눕혀 제거한다

26. 사이즈가 작아지면, 샤토나이프로 굴곡라인을 그려준다

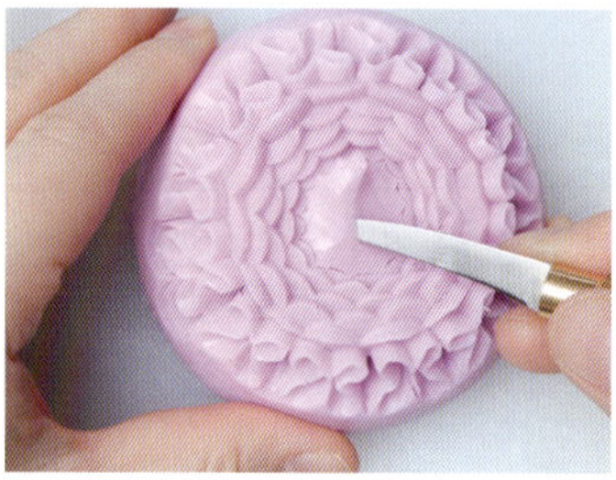

27. 칼을 눕혀 제거한다

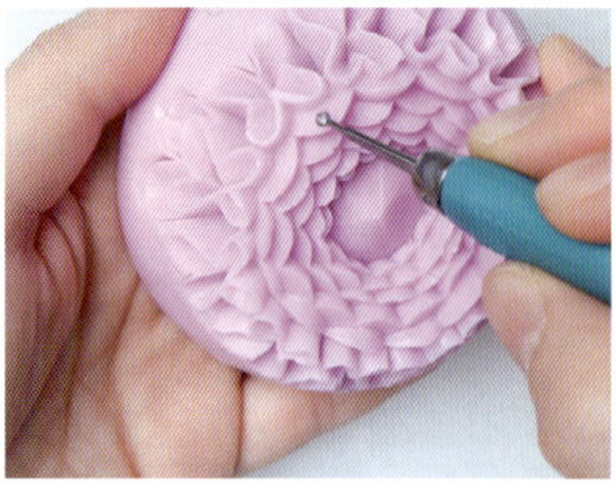

28. 풀카빙나이프로 반원 안쪽에 작은 원을 파낸다

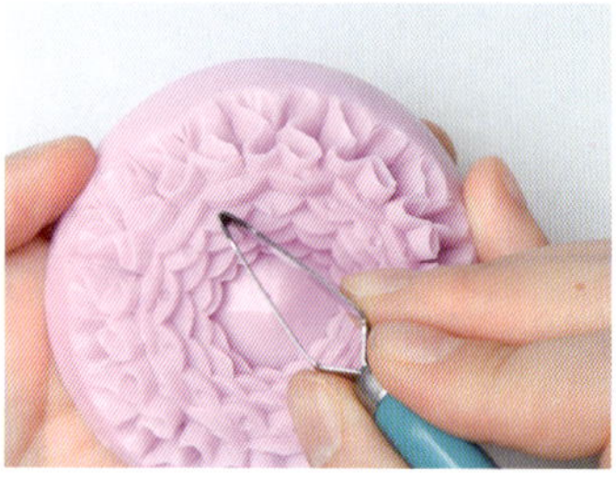

29. 풀카빙나이프로 원 바깥쪽을 살짝 긁어낸다

30. 안쪽은, 계속 반복해서 라인을 그려주고 파내준다

31. 사진과 같다

32. 칼을 눕혀 바깥쪽 라인을 둥글게 파내준다

33. 파낸 굴곡라인 위로 칼을 세워서 둥글게 선을 넣어준다

34. 동일하게 모두 작업한다

35. 칼을 눕혀서 사진과 같이 굴곡있게 파내준다

36. 파내준 곳에 칼을 세워 톱니라인을 넣어준다

37. 칼을 눕혀 라인이 드러나도록 파낸다

38. 완성한다

고급플라워 - 5

1. 비누와 도구를 준비한다

2. 원형커터 5호를 사용하여 비누 중심에 원을 찍는다

3. 칼을 눕혀 원 바깥쪽을 제거한다

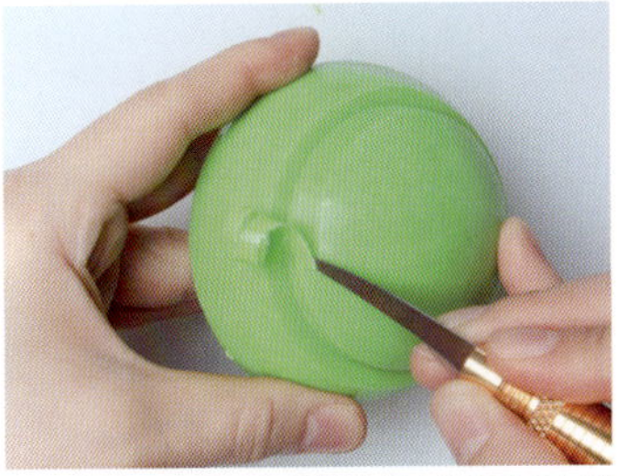

4. 칼을 45도로 해서 원 안쪽 모서리를 제거한다

5. 원 바깥쪽을 16등분한다

6. 칼을 세워 원 안쪽으로 꽃잎라인을 곡선으로 그린다

7. 칼을 세워 반대쪽 라인도 대칭이 되도록 꽃잎라인을 그린다

8. 칼을 세워 꽃잎라인 안쪽에 작은 꽃잎라인을 그린다

9. 칼을 눕혀 사진과 같은 부분을 제거한다

10. 떨어지는 조각을 제거한다

11. 칼을 눕혀 꽃잎과 꽃잎 사이를 제거한다

12. 꽃잎과 꽃잎 사이에 사진과 같은 곡선라인을 그린다

13. 하트모양이 되도록 완성해준다

14. 칼을 눕혀 하트 라인 안쪽을 파내준다

15. 하트 모양으로 입체감 있게 파낸다

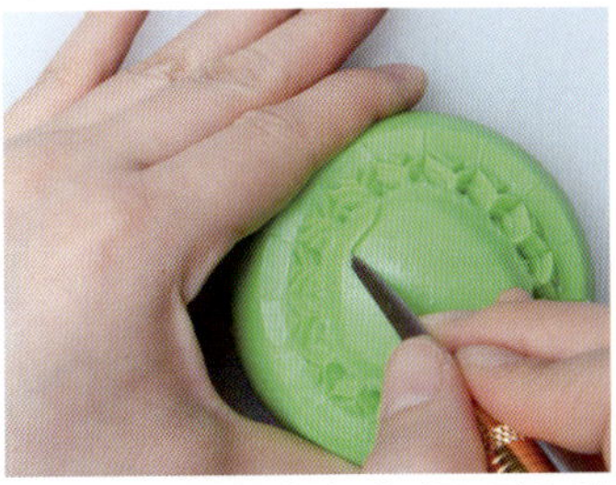

16. 칼을 눕혀 라인 바깥쪽 필요없는 부분을 제거한다

17. 칼을 세워 하트 라인 바깥쪽에 둥근라인을 그린다

18. 칼을 눕혀 바깥쪽을 제거한다

19. 중간에 볼록하게 튀어나온 부분도 칼을 눕혀 제거한다

20. 스텐조각도 1호의 작은부분을 사용하여 둥근라인을 돌려가며 찍어준다

21. 칼을 눕혀 안쪽의 필요없는 부분을 제거한다

22. 뾰족한 도구를 사용하여 중간에 작은 원을 잡아준다

23. 작은 원 바깥쪽으로 4분할 한다

24. 칼을 살짝 눕혀서 센터봉오리가 되도록 만들어준다

25. 칼이 너무 깊게 들어가지 않도록 주의하며 입체적인 원을 만든다

26. 사진과 같다

27. 칼을 세워 원 안에 센터봉오리 라인을 곡선으로 그린다

28. 칼을 눕혀 라인이 드러나도록 제거한다

29. 칼을 세워 두번째 라인을 곡선으로 그려준다

30. 칼을 눕혀 라인이 드러나도록 제거한다

31. 칼을 세워 라인을 곡선으로 그린다

32. 칼을 눕혀 라인이 드러나도록 제거한다

33. 칼을 세워 라인과 라인사이에 새로운 라인을 그린다

34. 칼을 눕혀 제거한다

35. 칼을 세워 라인을 곡선으로 그린다

36. 칼을 눕혀 제거한다

37 반복하여 동일한 방법으로 5개의 센터봉오리를 해준다

38. 사진과 같다

39. 칼을 눕혀 등분선 안쪽으로 곡선라인을 파내준다

40. 칼을 세워 곡선라인을 따라 굴곡라인을 그린다

41. 칼을 눕혀 라인 바깥쪽을 입체감있게 파낸다

42. 사진과 같다

43. 칼을 세워 파내준 라인에 곡선을 넣어준다

44. 사진과 같은 라인을 넣어준다

45. 라인 안쪽을 입체감있게 파내준다

46. 떨어지는 조각을 제거한다

47. 라인 바깥쪽을 제거한다

48. 완성한다

고급플라워 - 6

1. 비누와 도구를 준비한다

2. 원형커터 5호를 사용하여 찍어 준다

3. 칼을 눕혀 원 바깥쪽을 파낸다

4. 원 바깥쪽을 8등분한다

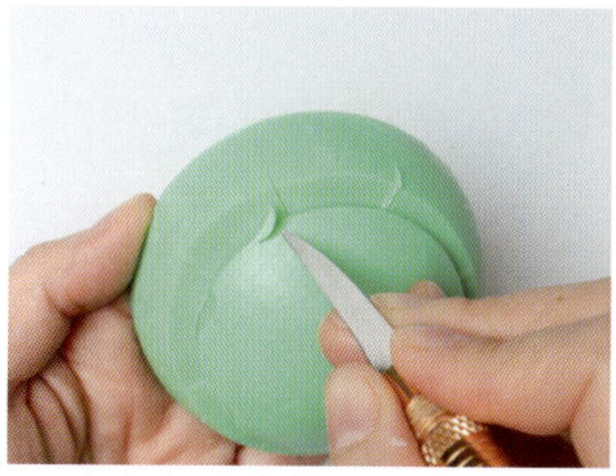

5. 사진과 같이 원 안쪽을 굴곡있게 파낸다

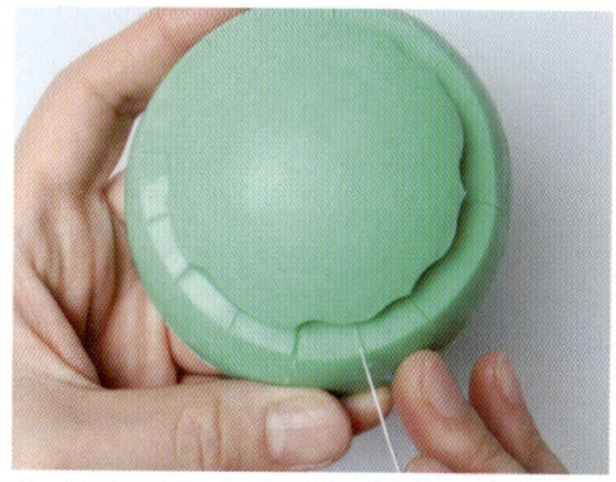

6. 8등분을 다시 2등분씩 하여 16등분이 되게 한다

7. 파내준 라인을 따라 칼을 세워서 그리다가, 동그란 홈을 파내준다

8. 홈을 따라 칼을 세워서 라인을 넣는다

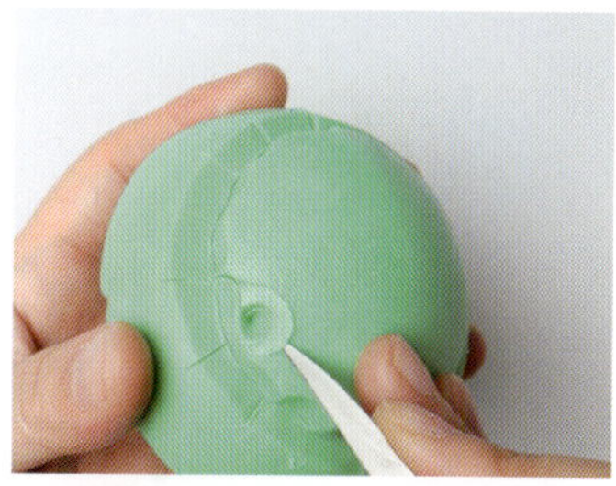

9. 칼을 눕혀 라인이 드러나도록 파낸다

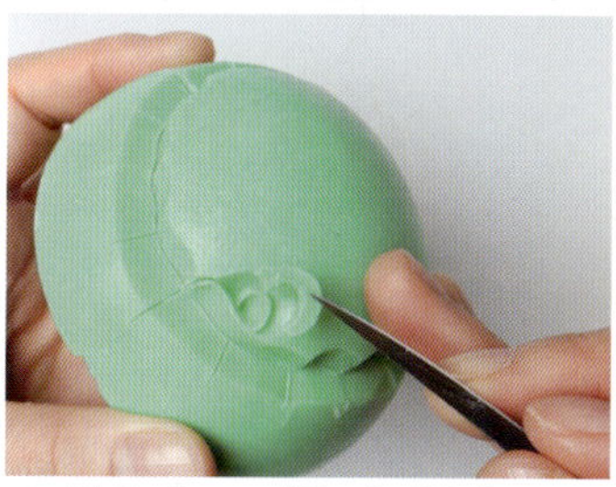

10. 떨어지는 조각을 제거한다

11. 칼을 세워 파낸 곳에 곡선라인을 넣어준다

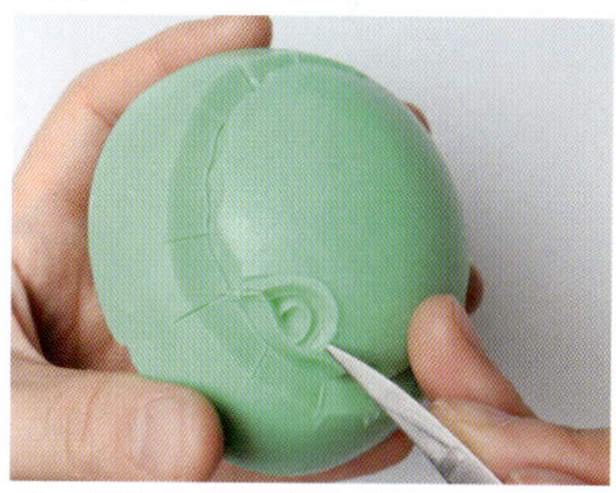

12. 칼을 눕혀 라인이 드러나도록 제거한다

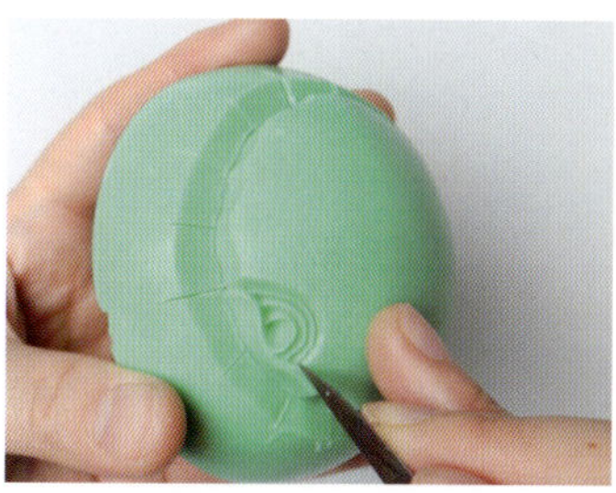

13. 칼을 세워 파낸 곳에 곡선라인을 넣어준다

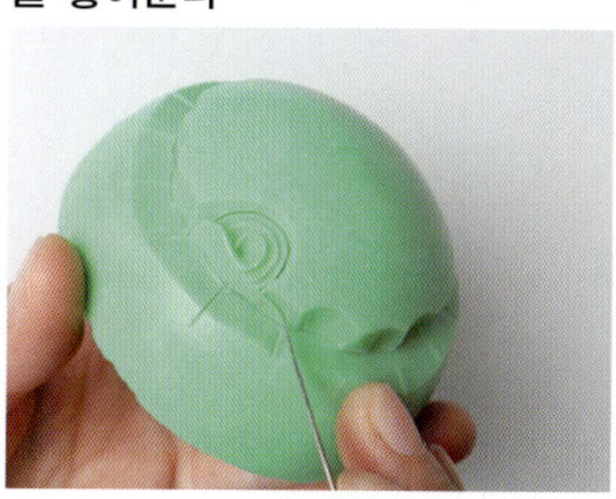

14. 연결되도록 라인을 그린다

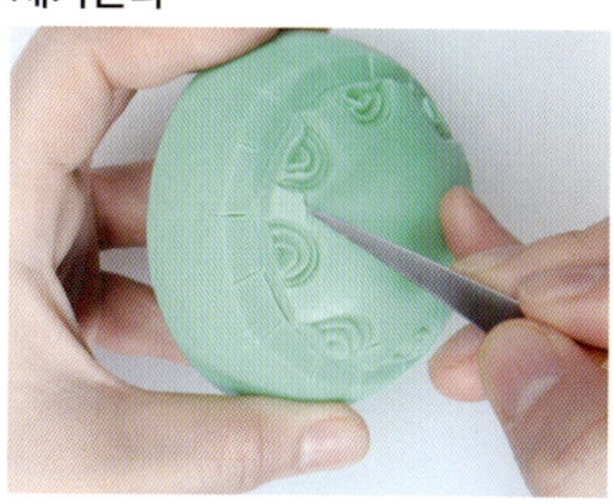

15. 칼을 눕혀 중간 부분을 정리한다

16. 떨어지는 조각을 제거한다

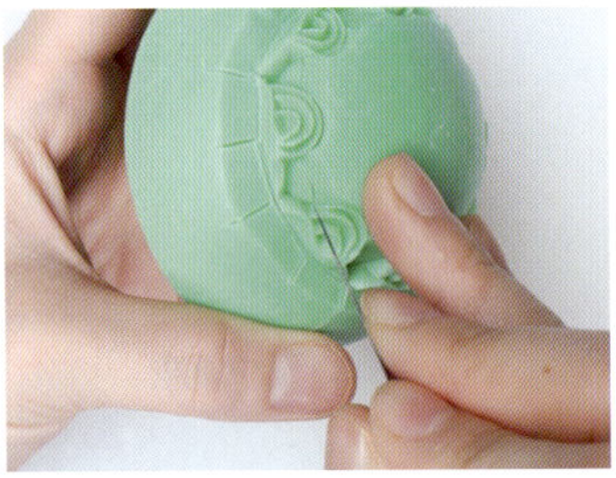
17. 사진과 같은 위치에 곡선라인을 넣는다

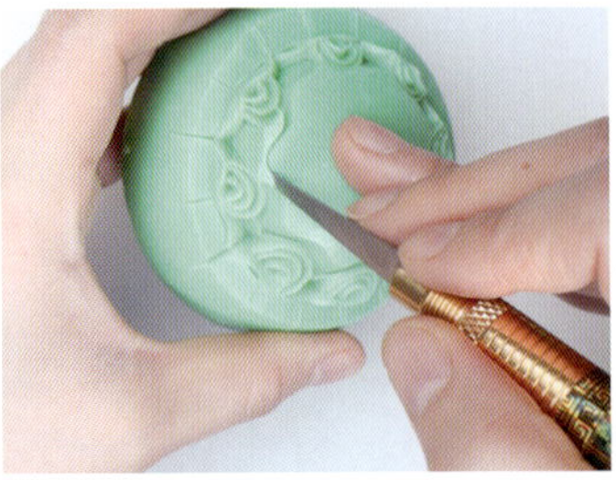
18. 칼을 눕혀 굴곡있게 파낸다

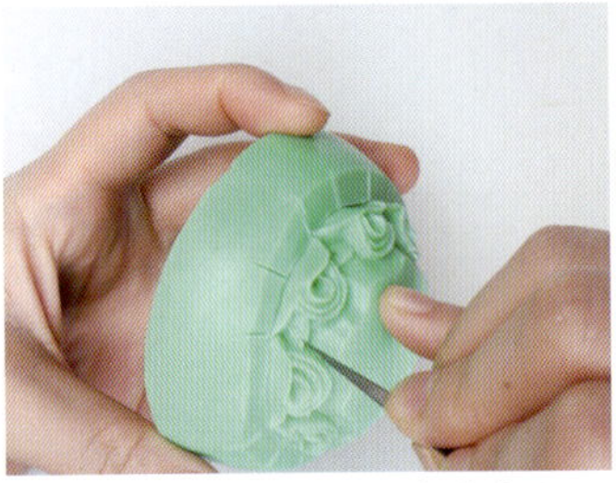
19. 중간에 칼을 세워 다이아몬드 모양으로 선을 넣는다

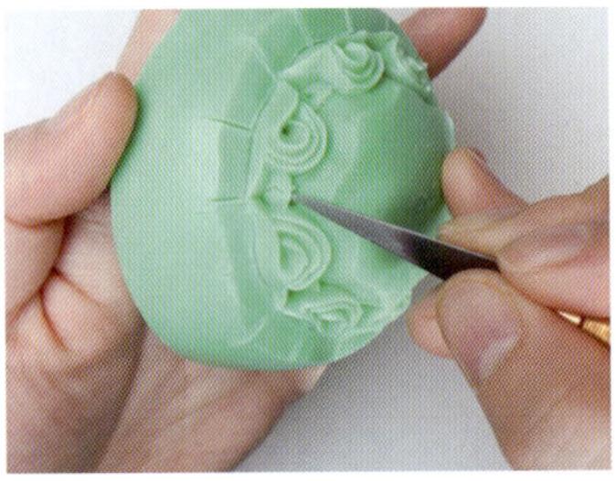
20. 뒷쪽으로 칼을 넣어 아래쪽을 훑어준다

21. 떨어지는 다이아몬드 조각을 빼낸다

22. 사진과 같이 라인을 넣는다

23. 칼을 눕혀 동그란 홈을 파낸다

24. 파내준 라인을 따라 칼을 세워 라인을 넣는다

25. 사진과 같다

26. 칼을 눕혀서 라인이 드러나도록 사이사이를 정리한다

27. 떨어지는 조각을 떼어낸다

28. 사진과 같은 라인을 그린다

29. 칼을 눕혀 남은 부분을 정리한다

30. 칼을 세워 곡선라인을 그린다

31. 칼을 눕혀 라인이 드러나도록 제거한다

32. 칼을 세워 두번째 라인을 그린다

33. 칼을 눕혀 라인이 드러나도록 제거한다

34. 칼을 세워 곡선라인을 그린다

35. 칼을 눕혀 라인이 드러나도록 제거한다

36. 반복하여 센터봉오리를 완성한다

37. 등분선이 있는 부분을 U자로 파낸다

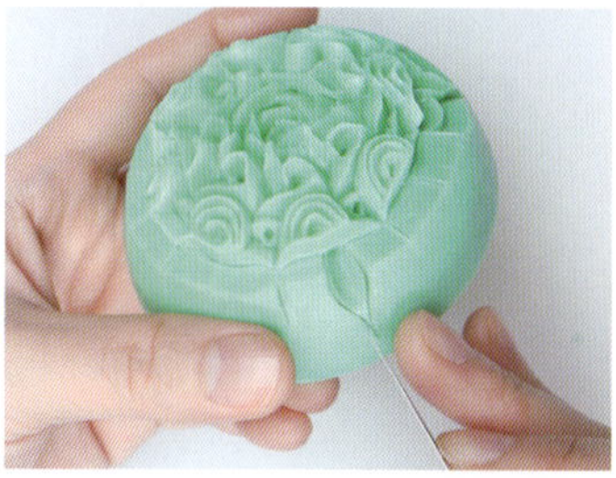
38. 파내준 부분에 꽃잎라인을 그린다

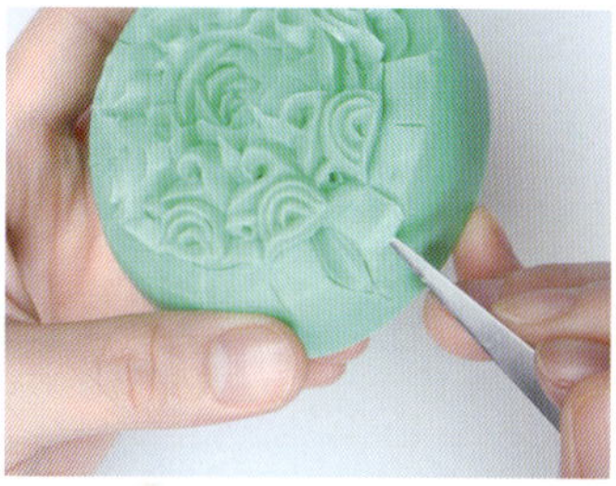
39. 꽃잎라인 옆쪽 라인이 드러나도록 칼을 눕혀 제거한다

40. 반대쪽도 마찬가지로 칼을 눕혀 제거한다

41. 칼을 세워 곡선라인을 그린다

42. 칼을 세워 곡선라인을 그린다

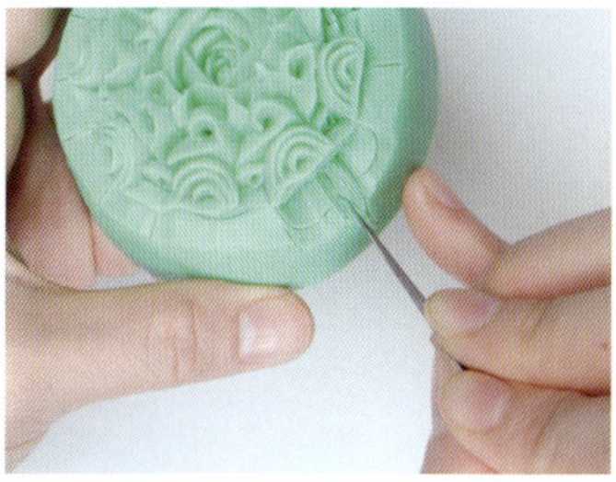
43. 꽃잎라인 안쪽에 다이아몬드 라인을 넣는다

44. 라인 아래쪽에 칼을 넣어 훑어준다

45. 떨어지는 조각을 제거한다

46. 칼을 눕혀 라인 아래쪽을 굴곡있게 파낸다

47. 톱니라인을 넣는다

48. 사진과 같다

49. 톱니라인 아래쪽을 꽃잎라인으로 파낸다

50. 사진과같다

51. 완성한다

Be mine

고급플라워 - 7

1. 비누와 도구를 준비한다

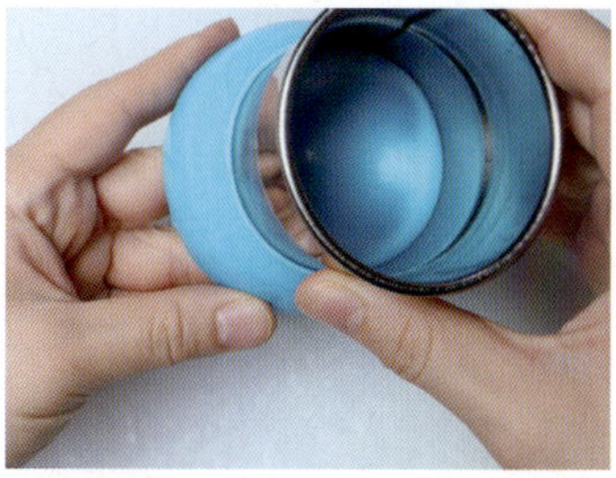

2. 원형커터 5호로 중심 원을 찍어 준다

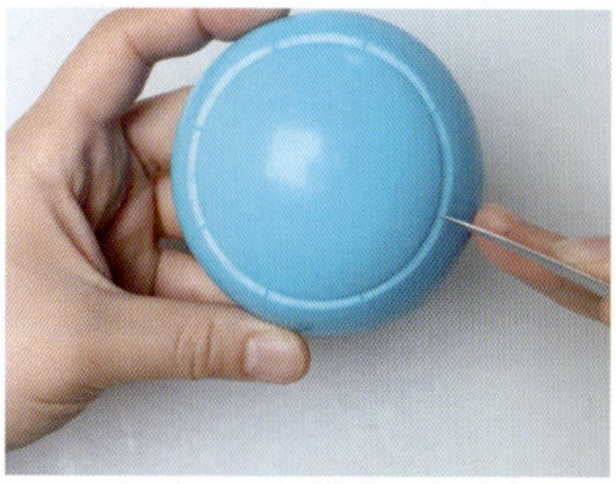

3. 원 바깥쪽을 8등분 한다

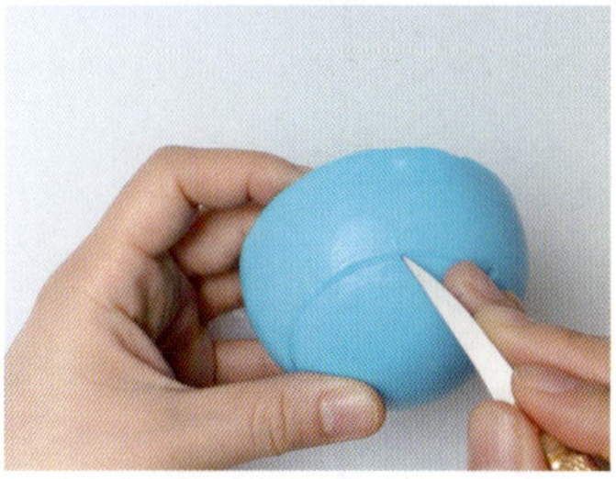

4. 원과 등분선이 만나는 지점에 작은 동그라미를 파내준다

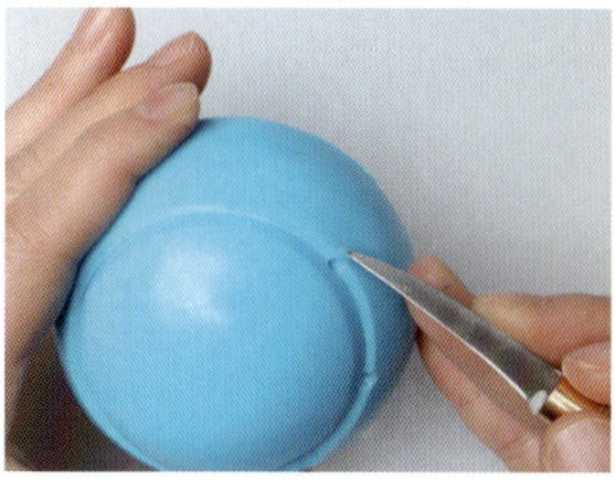

5. 8개 모두 똑같이 파내준다

6. 원 안쪽을 굴곡있게 파내준다

7. 칼을 세워 사진과 같이 하트라인을 그린다

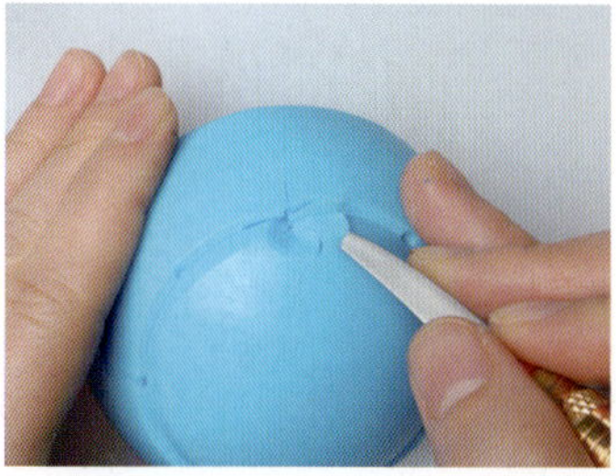

8. 칼을 눕혀 라인 옆쪽을 굴곡있게 파낸다

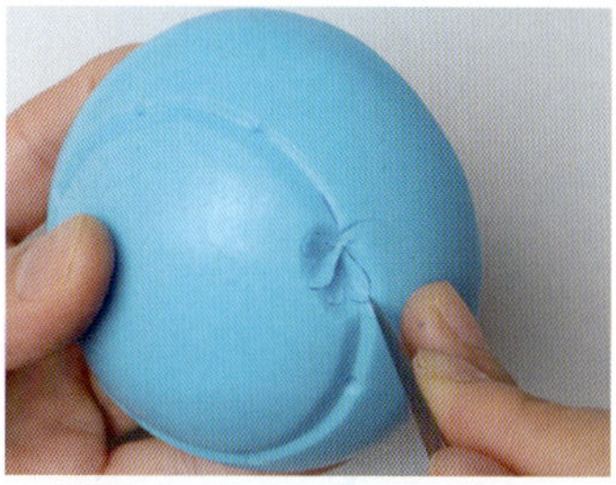

9. 첫번째 하트라인과 겹치도록 두번째 하트라인을 그린다

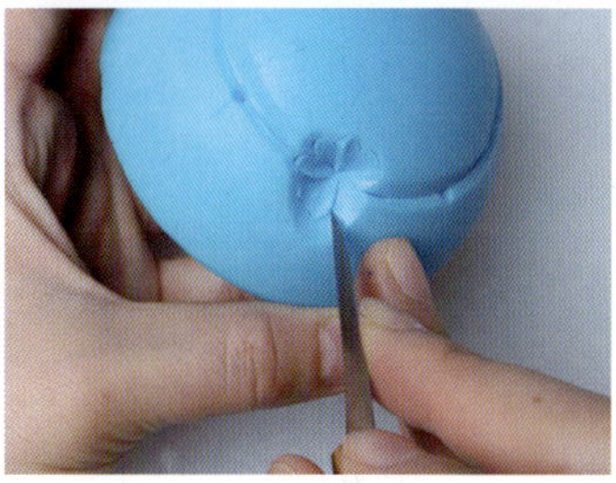

10. 마찬가지로 칼을 눕혀 파내고, 하트라인을 그린다

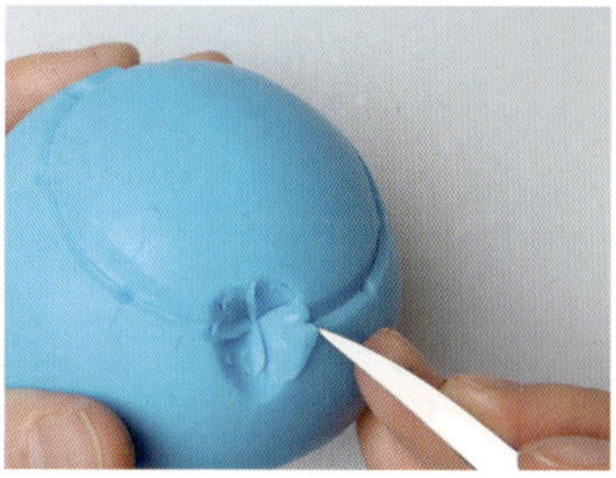

11. 칼을 눕혀 파낸다

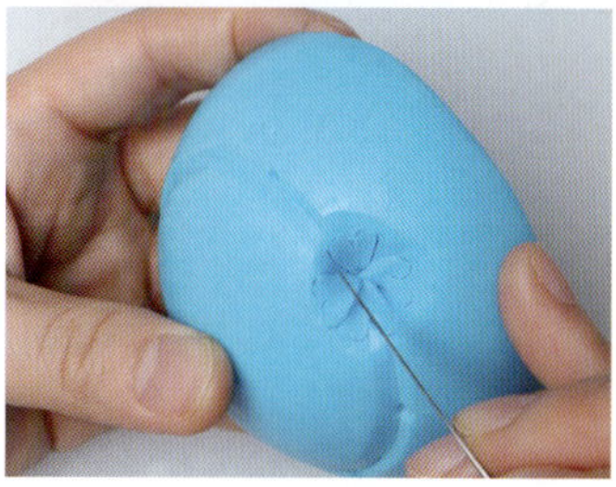

12. 파낸 부분에 칼을 세워 하트를 그린다

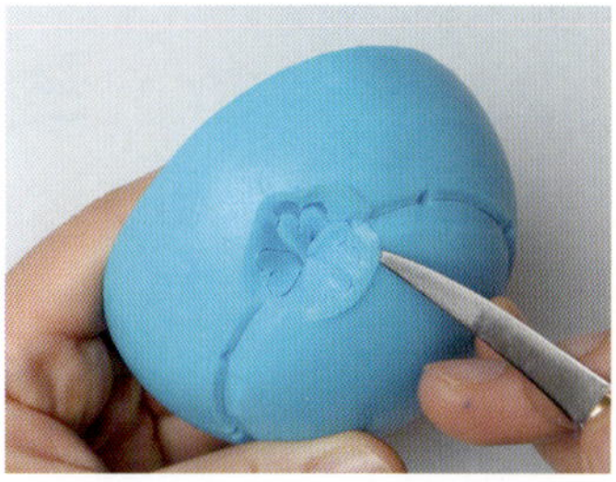

13. 하트라인이 드러나도록 칼을 눕혀 라인 바깥쪽을 파내준다

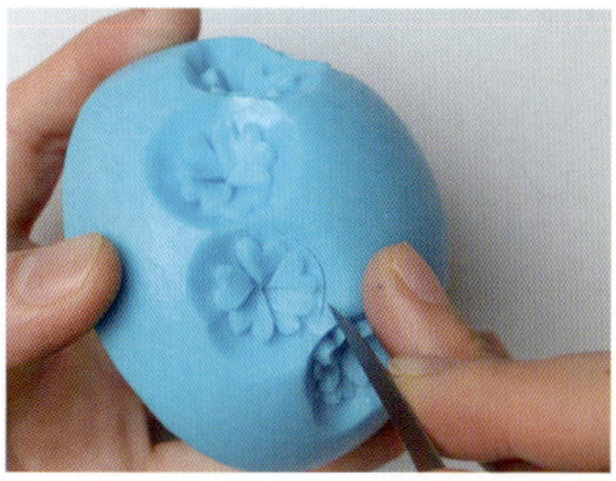

14. 원 안쪽에 칼을 세워 둥근 라인을 그린다

15. 칼을 눕혀 라인이 드러나도록 파내준다

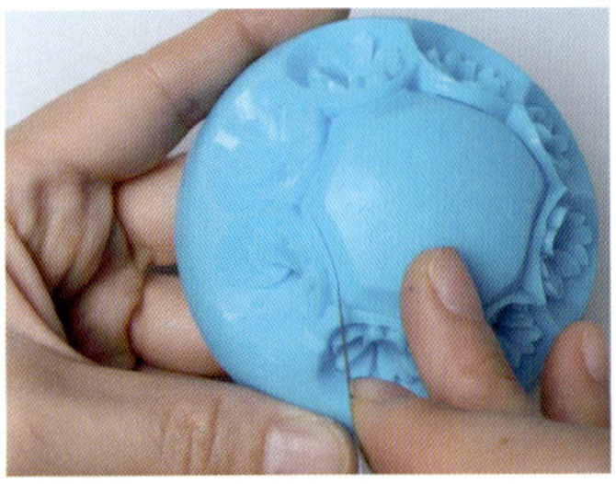

16. 칼을 세워 바깥쪽 라인과 일정한 간격을 유지하며 안쪽에 라인을 그려준다

17. 칼을 눕혀 라인 안쪽을 제거한다

18. 칼을 눕혀 안쪽에 볼록한 부분을 제거한다

19. 칼을 세워 안쪽에 일정한 간격을 유지하며 라인을 그린다

20. 칼을 눕혀 라인이 드러나도록 제거한다

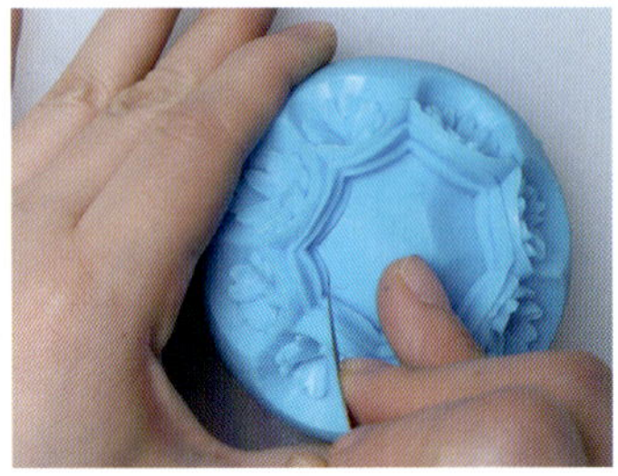

21. 반복하여 작업한다

22. 사진과 같다

23. 칼을 눕혀 뒤집어진 하트 라인을 파내준다

24. 사진과 같이 칼을 세워 라인을 넣어준다

25. 톱니라인으로 그려준다

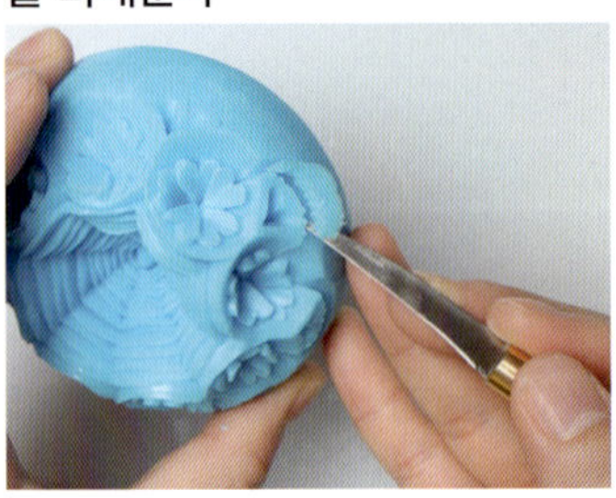

26. 칼을 눕혀 라인 바깥쪽을 제거한다

27. 톱니라인 안쪽에 칼을 세워 다이아몬드 모양을 그린다

28. 칼을 눕혀 라인 바깥쪽을 꽃잎라인으로 파내준다

29. 다이아몬드 아래쪽을 칼로 한 번 훑어준다

30. 떨어지는 조각을 제거한다

31. 완성한다

고급플라워 - 8

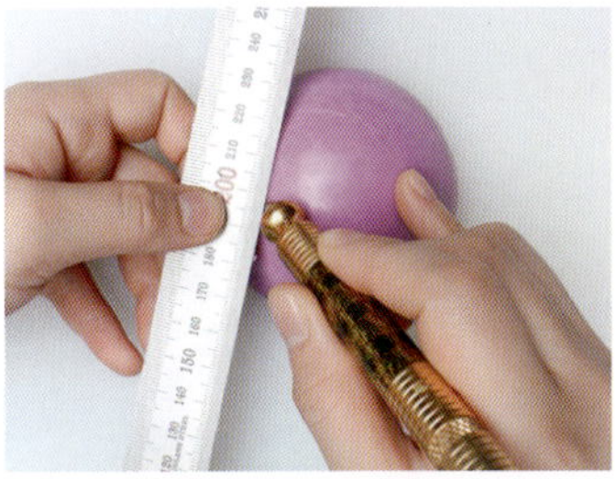

1. 비누에 3cm정도 길이의 정사각형을 그린다

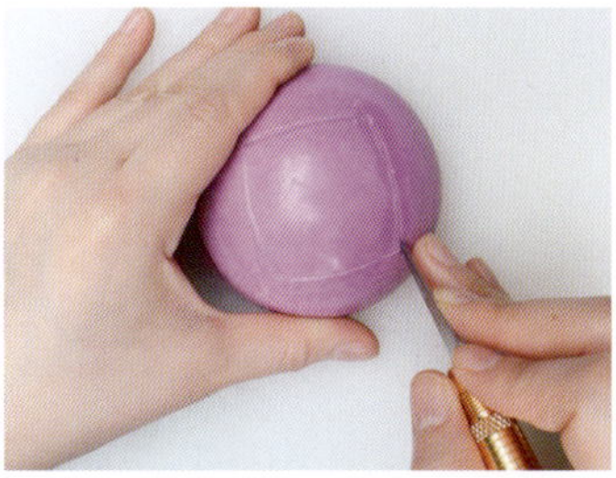

2. 그려놓은 정사각형을 따라 칼을 세워 라인을 넣는다

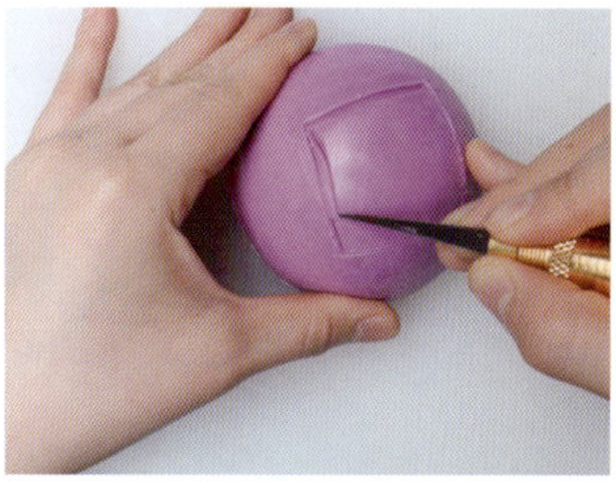

3. 칼을 눕혀 라인 안쪽을 파내준다

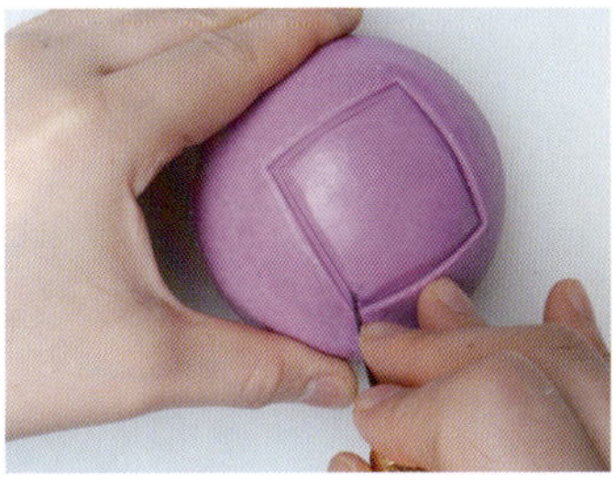

4. 칼을 세워 안쪽에 일정한 두께의 정사각형을 그린다

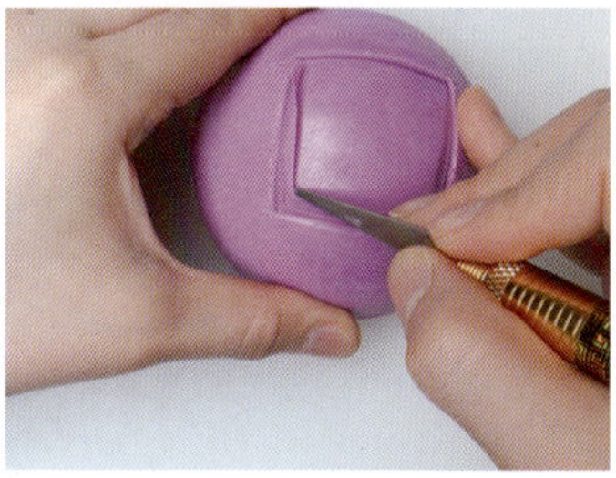

5. 칼을 눕혀 라인 안쪽을 파내준다

6. 칼을 세워 안쪽에 일정한 두께의 정사각형을 그린다

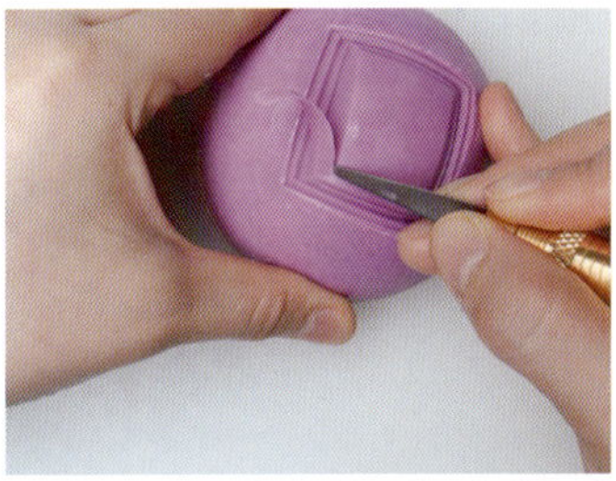

7.칼을 눕혀 라인 안쪽을 파내준다

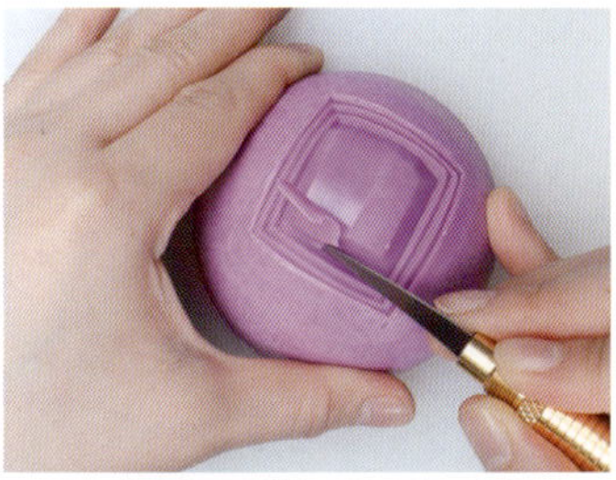

8. 중간에 볼록한 부분을 칼을 눕혀 정리해준다

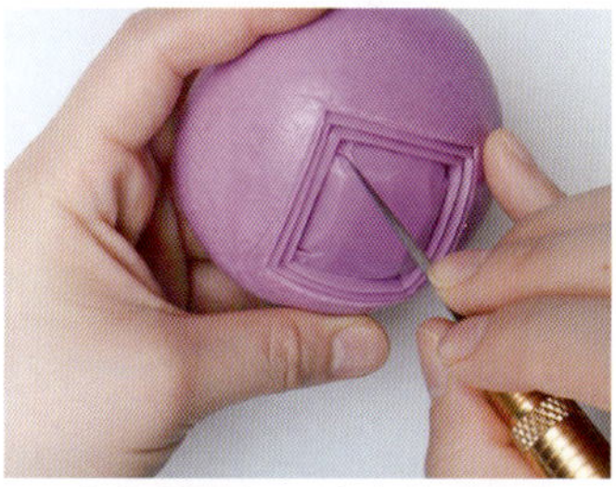

9. 정사각형의 모서리에 칼을 눕혀 홈을 파내준다

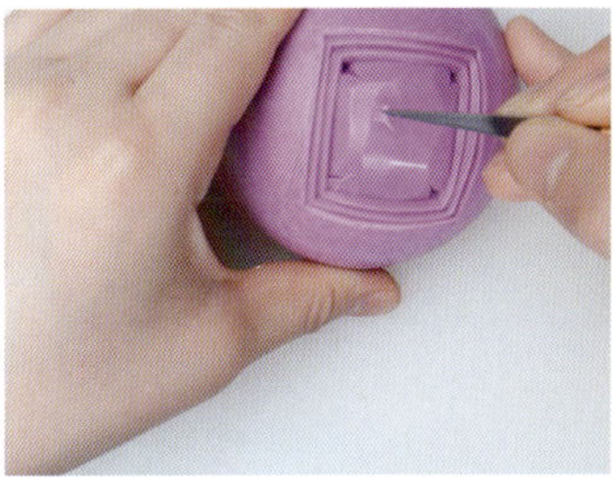

10. 떨어지는 조각을 제거한다

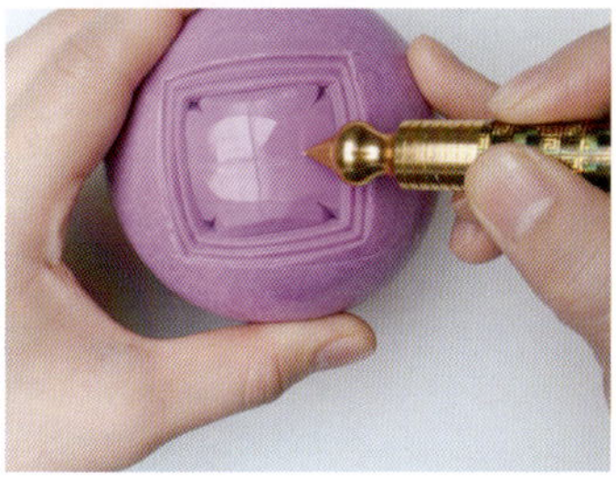

11. 가로 세로를 각각 2등분 한다

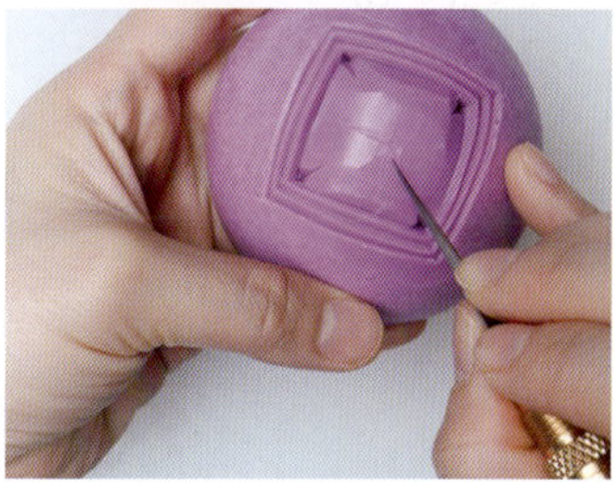

12. 각 모서리마다 칼을 눕혀 홈을 파내준다

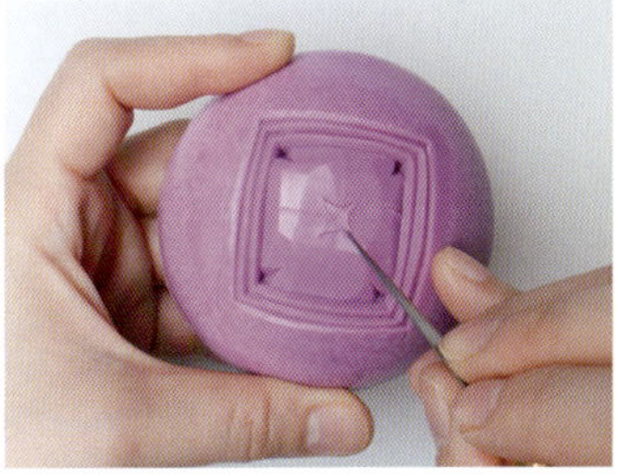

13. 사진과 같다

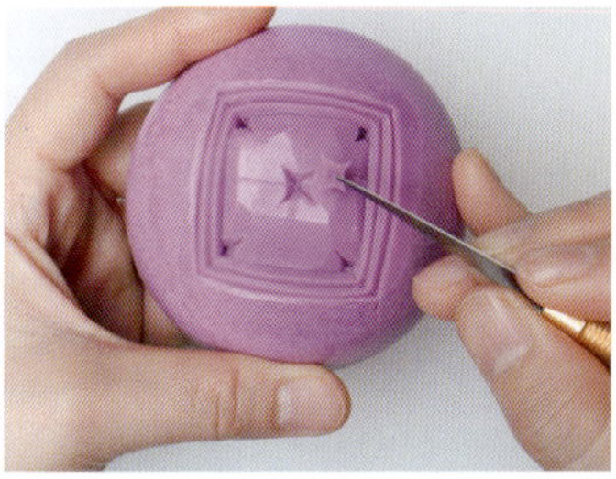

14. 떨어지는 조각을 제거한다

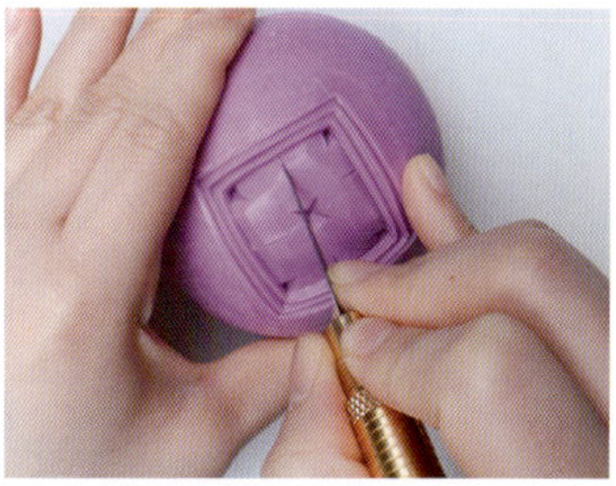

15. 칼을 똑바로 세워 라인을 그린 곳에 선을 넣는다

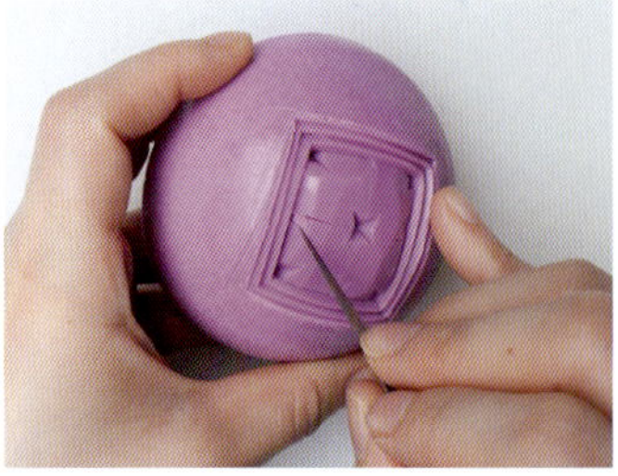
16. 모서리마다 칼을 눕혀 홈을 파내준다

17. 사진과 같다

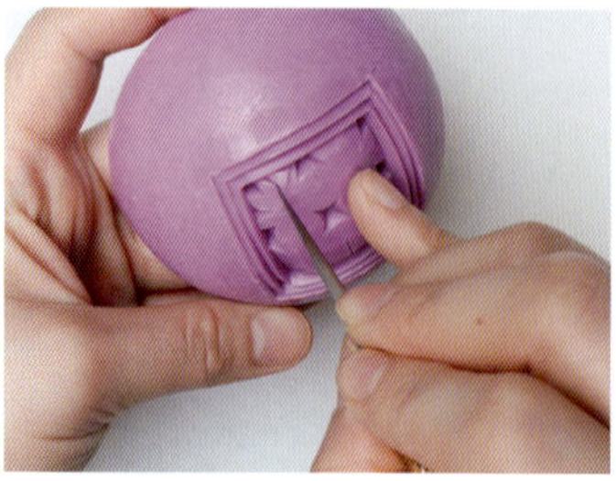
18. 홈과 홈 사이에 하나의 홈을 더 파내준다

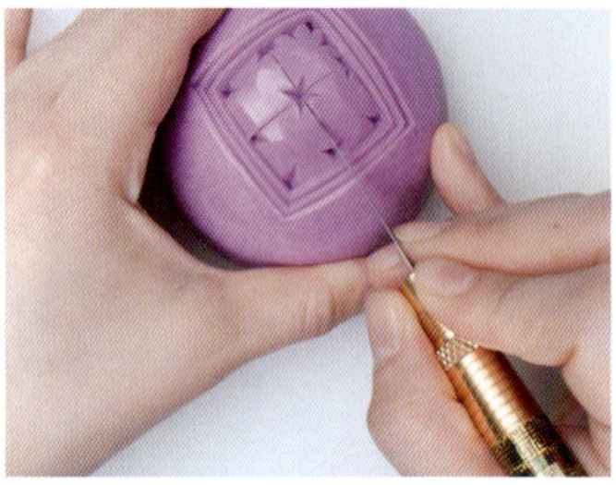
19. 중간부분과 연결되게 선을 넣어준다

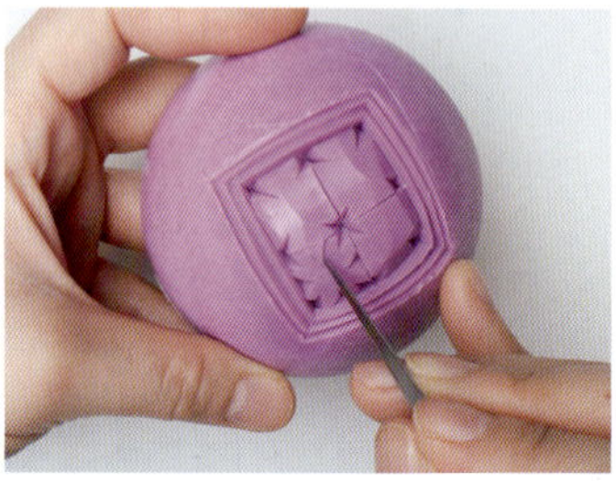
20. 홈과 홈 사이에 하나의 홈을 더 파내준다

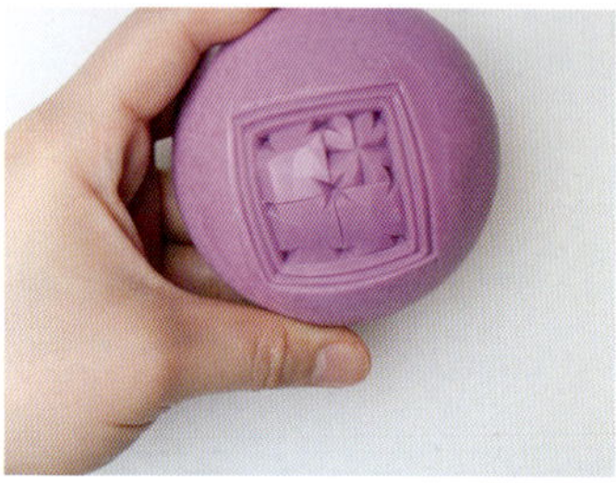
21. 사진과 같다

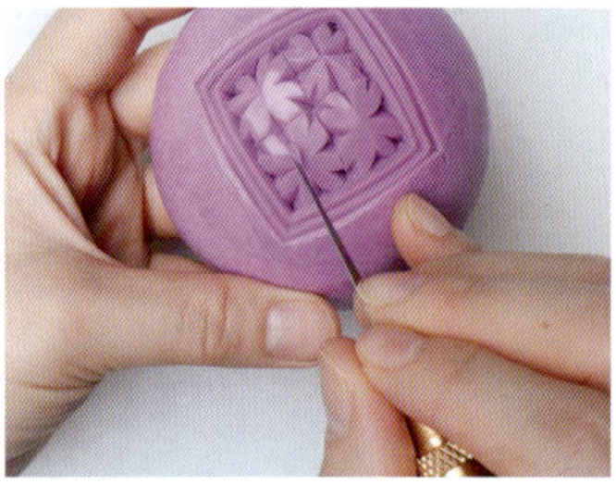
22. 모든 작은정사각형에 동일하게 홈을 파내준다

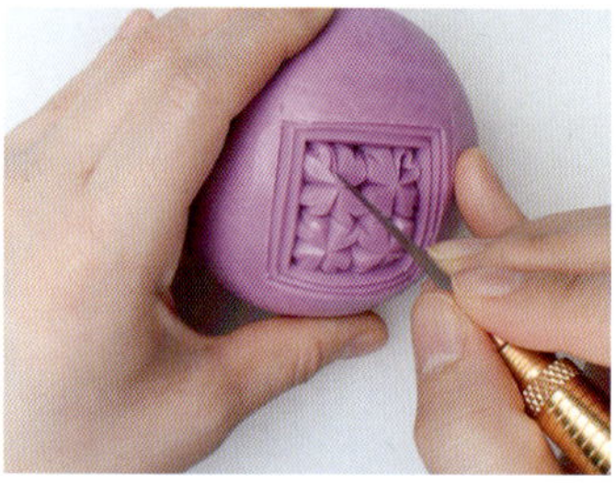
23. 하트 안쪽을 칼을 굴려 파내준다

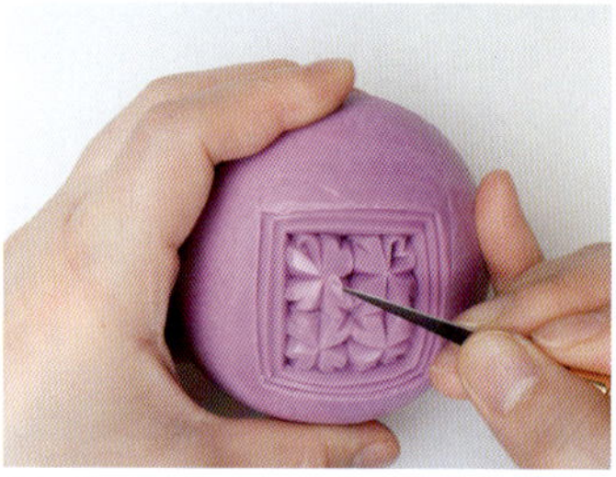
24. 떨어지는 조각을 제거한다

25. 반대쪽 하트도 파내준다

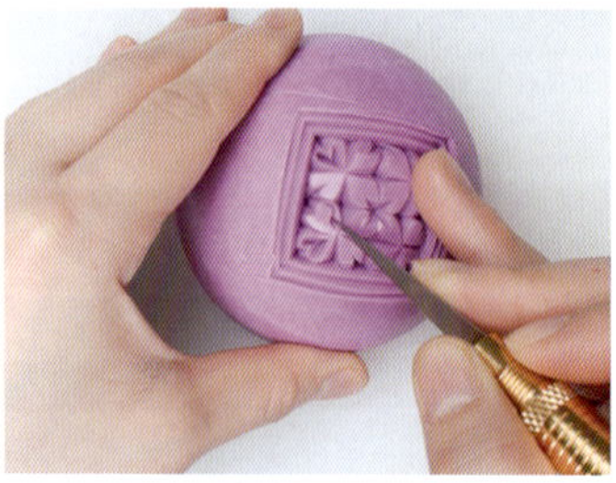
26. 모두 동일하게 파내준다

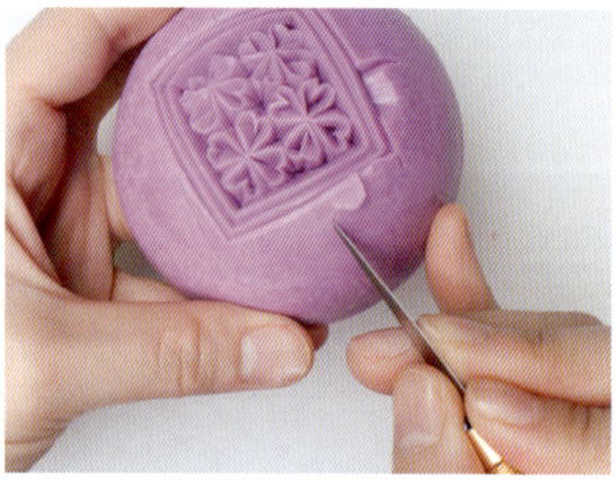
27. 정사각형 바깥쪽을 한 변당 2등분 해주고, 굴곡라인으로 파낸다

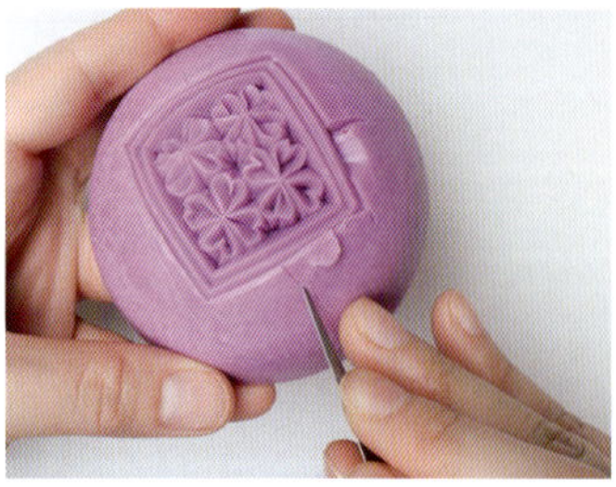
28. 칼을 눕혀 꼬리쪽은 날렵하게 파내준다

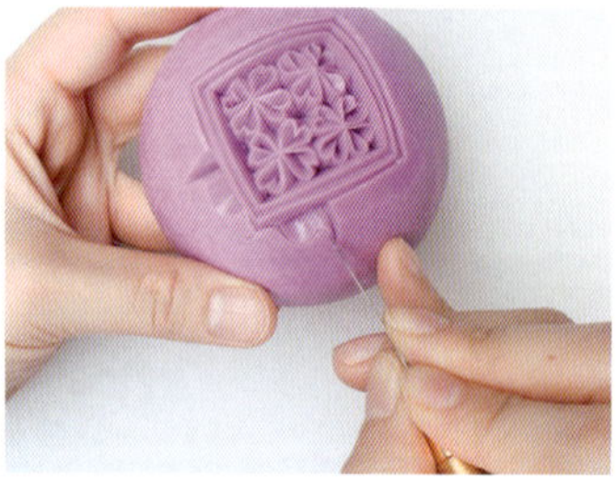
29. 파내준 라인을 따라 칼을 세워 라인을 넣는다

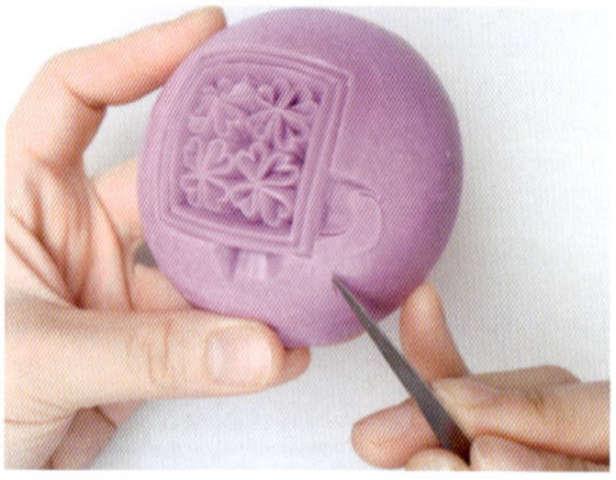
30. 칼을 눕혀 라인 바깥쪽을 굴곡있게 파낸다

31. 반대쪽도 칼을 눕혀 라인을 굴곡있게 파낸다

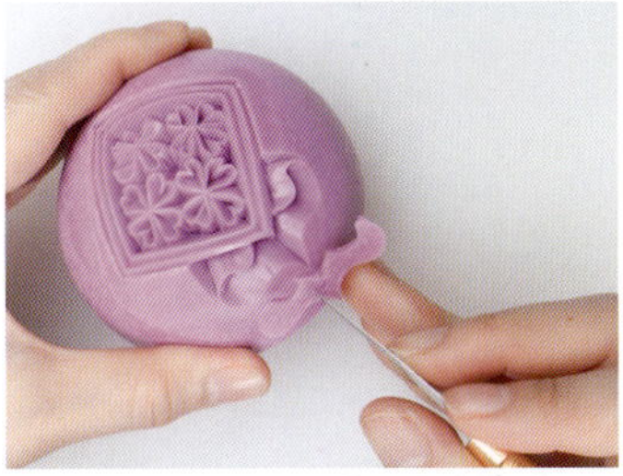

32. 떨어지는 조각을 제거한다

33. 파낸 라인 안쪽에, 굴곡라인을 따라 칼을 세워 라인을 넣어준다

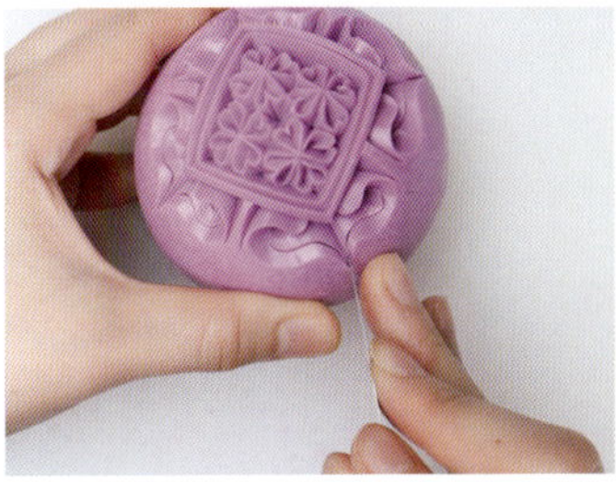

34. 반대쪽도 대칭이 되도록 굴곡라인을 넣어준다

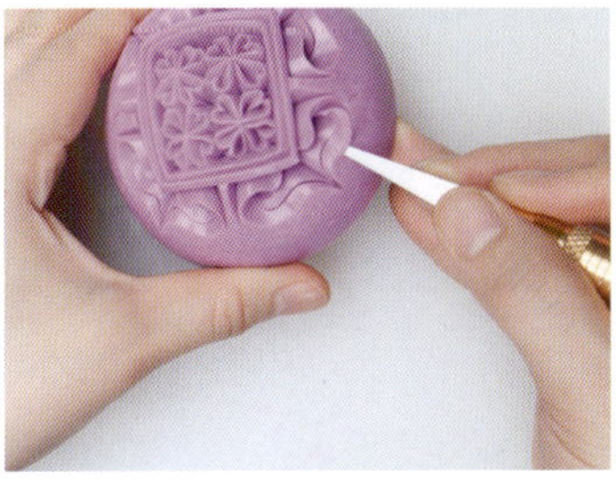

35. 칼을 눕혀 라인 바깥쪽을 제거한다

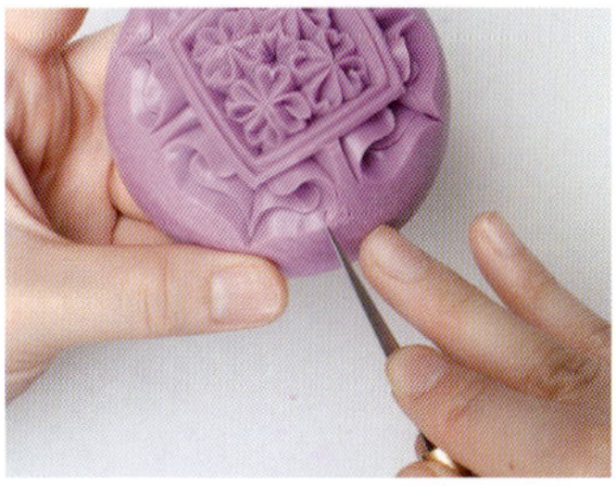

36. 윗 라인에서 칼을 세워 라인따라 그리다가, 동그란 홈을 파내준다

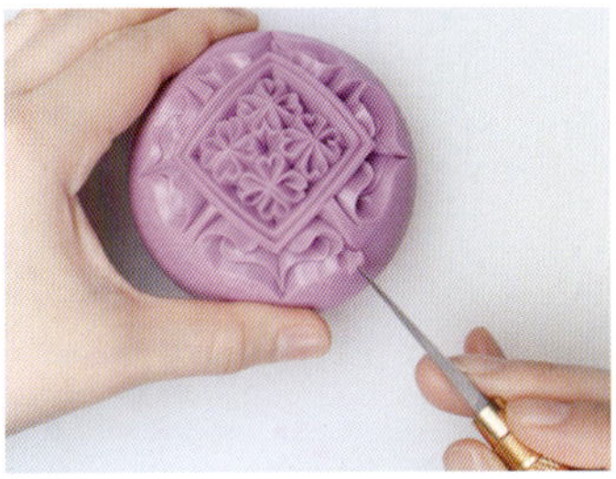

37. 떨어지는 조각을 제거한다

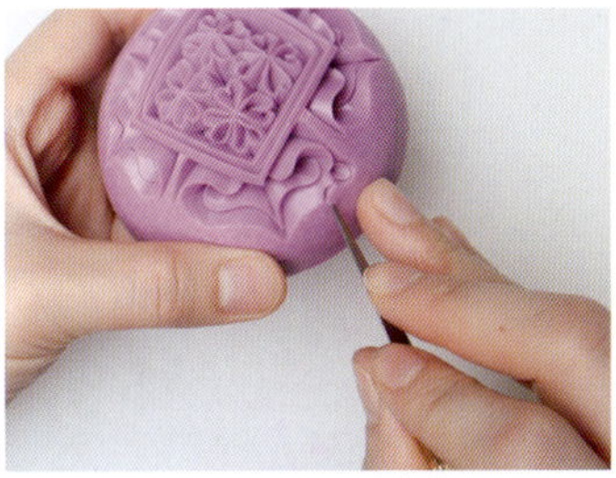

38. 파내준 홈을 감싸며 라인을 그리다가, 바로 아래쪽에 동그란 홈을 파내준다

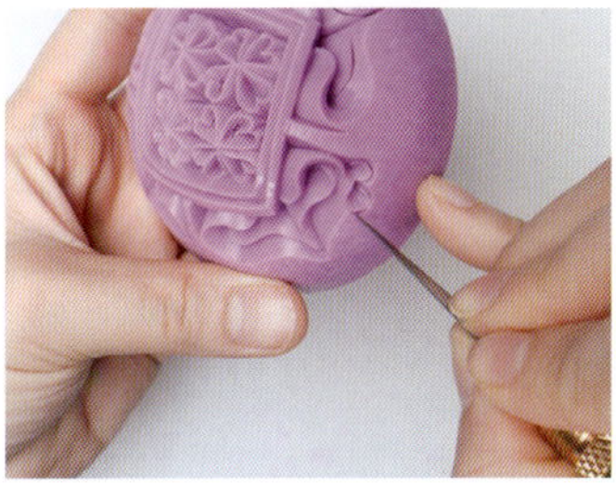

39. 파내준 홈을 따라 라인을 넣는다

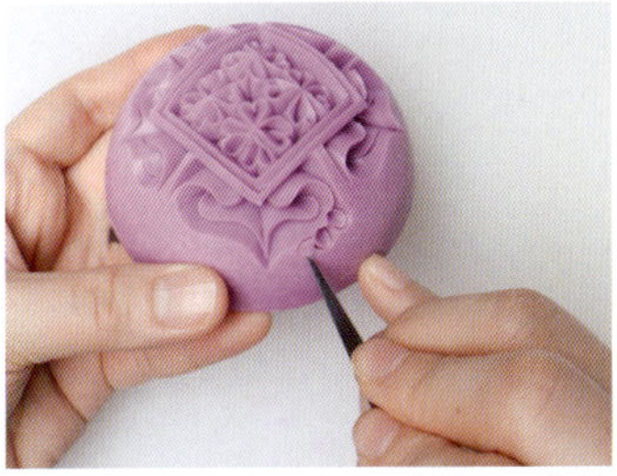

40. 바로 아래쪽에 동일한 크기의 동그란 홈을 파내준다

41. 칼을 세워 파낸 홈을 따라 라인을 넣는다

42. 칼을 눕혀 동일한 크기의 홈을 파내준다

43. 칼을 세워 동그란 홈을 따라 라인을 넣는다

44. 반대쪽도 동일하게 만들어준다

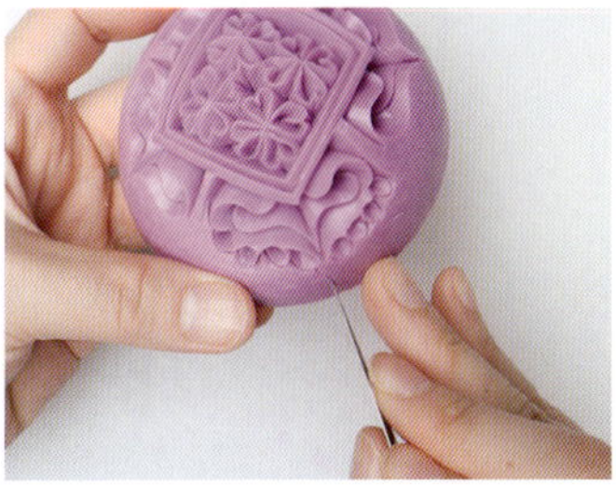

45. 아래쪽에는 칼을 세워 꽃잎라인을 그린다

46. 꽃잎라인 안쪽에 칼을 살짝 눕혀 홈을 파낸다

47. 칼을 눕혀 라인 바깥쪽을 파내서 라인이 드러나도록 한다

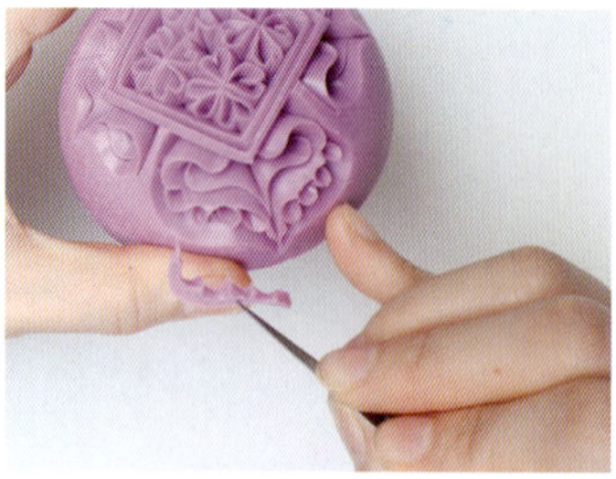
48. 사진과 같다

49. 중간에 남아있는 부분을 매끈하게 정리해준다

50. 칼을 굴려 자연스럽게 정리해준다

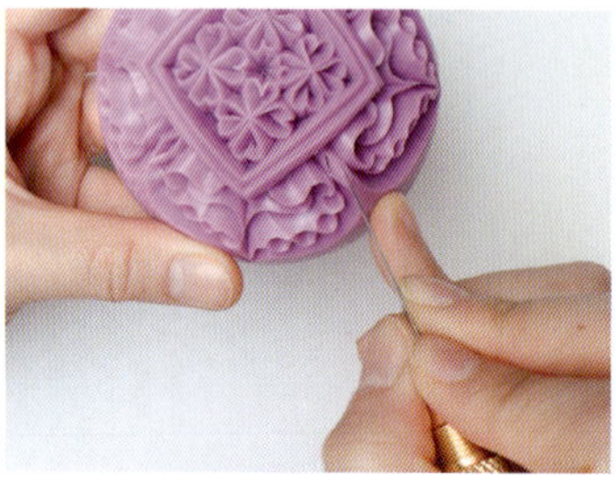
51. 칼을 살짝 눕혀 다이아몬드모양으로 파내준다

52. 칼을 눕혀 뒤집어진 하트 모양으로 파낸다

53. 반대쪽도 동일한 방법으로 파낸다

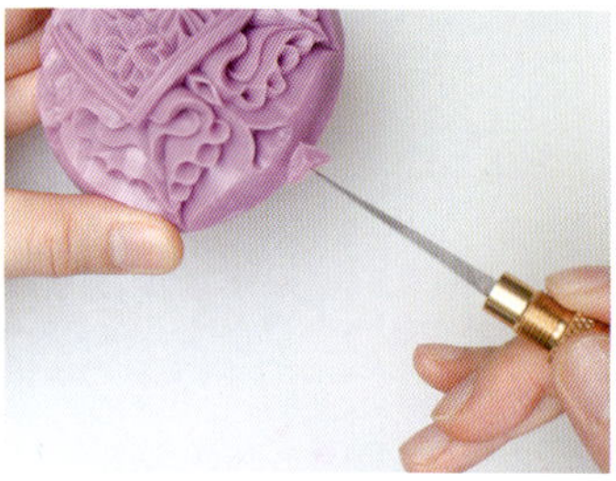
54. 떨어지는 조각을 제거한다

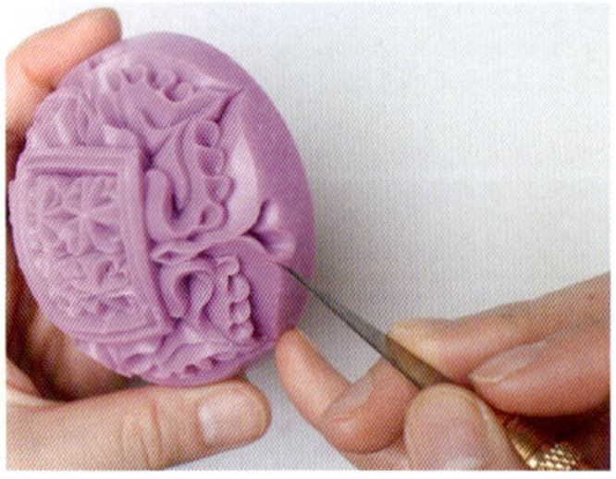
55. 하트 바깥쪽 라인을 따라 칼을 세워 선을 넣어준다

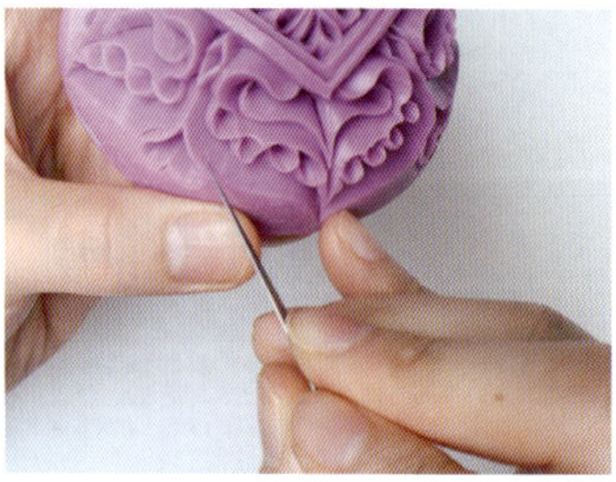
56. 하트라인과 연결되는 부분부터 칼을 세워 꽃잎라인을 따라 선을 넣는다

57. 칼을 눕혀 라인이 드러나도록 파내준다

58. 라인 끝부분에 칼을 눕혀 동그란 홈을 파내준다

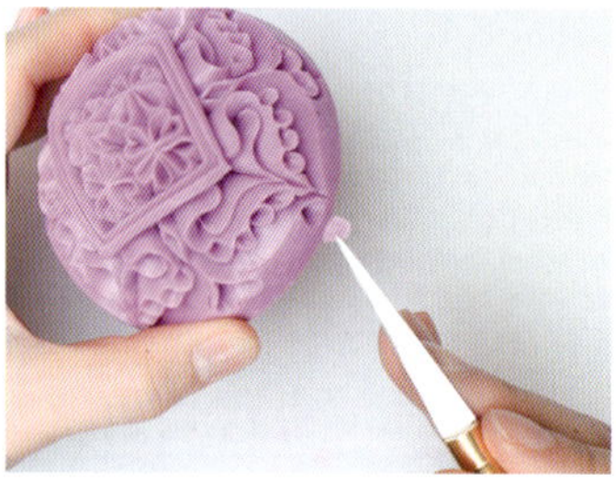
59. 떨어지는 조각을 제거한다

60. 동그란 홈을 감싸며 라인을 그려준다

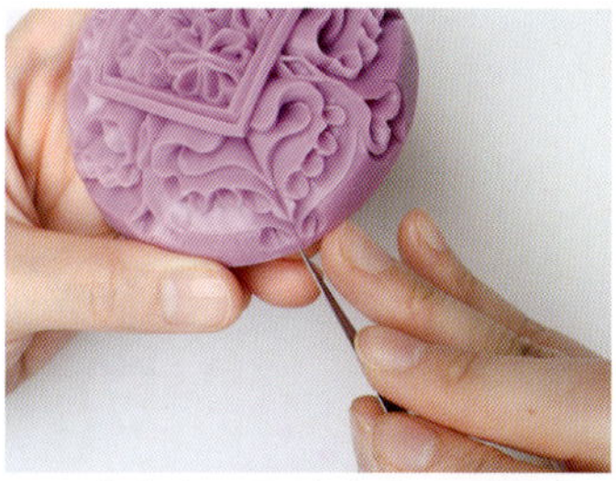

61. 반대편도 동일하게 그려준다

62. 칼을 눕혀 라인 바깥쪽을 파내 준다

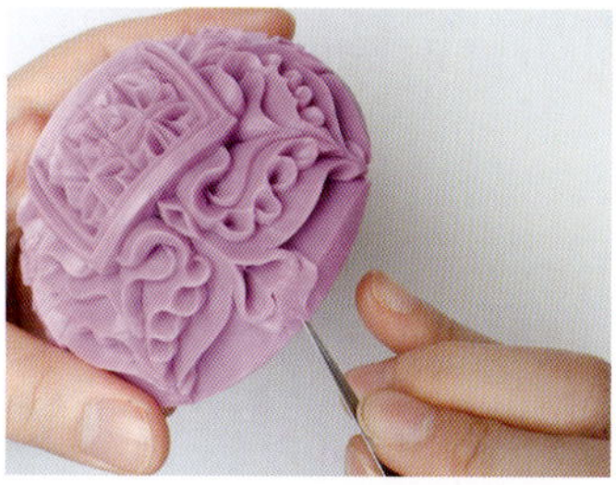

63. 하트 아래쪽은 꽃잎라인으로 홈을 파내준다

64. 완성한다

고급플라워 - 9

1. 비누와 도구를 준비한다

2. 뾰족한 도구로 밑그림을 살짝 그려준다

3. 칼을 눕혀 드로잉 라인을 따라 파내준다

4. 사진과 같다

5. 칼을 세워 라인 테두리를 따라 선을 넣어준다

6. 칼을 세워 라인이 드러나도록 바깥쪽을 파내준다

7. 파내준 굴곡라인 위로 톱니라인을 그린다

8. 사진과 같다

9. 칼을 눕혀 톱니라인이 드러나도록 파내준다

10. 칼을 세워 톱니라인 바깥쪽으로 둥근 라인을 넣어준다

11. 라인들이 모두 연결되도록 이어 그려준다

12. 칼을 눕혀 라인 바깥쪽을 파낸다

13. 6등분을 한다

14. 등분선 옆에 사진과 같이 물방울모양으로 파내준다

15. 바로 옆에 동일한 모양으로 하나 더 파낸다

16. 6개 모두 동일하게 파낸다

17. 칼을 세워 파내준 라인을 감싸는 라인을 그린다

18. 칼을 세워 바깥쪽을 굴곡있게 파낸다

19. 칼을 세워 라인을 그리다가 칼을 눕혀 홈을 파낸다

20. 칼을 세워 꽃잎라인으로 감싸 그린다

21. 칼을 눕혀 굴곡있게 파낸다

22. 칼을 세워 라인을 그리다가 칼을 눕혀 동그란 홈을 파낸다

23. 칼을 세워 꽃잎라인으로 마무리한다

24. 칼을 눕혀 라인 바깥쪽을 제거한다

25. 스텐조각도로 사이사이에 반원을 찍는다

26. 사진과 같다

27. 칼을 눕혀 원 안쪽 모서리를 파낸다

28. 원 안쪽에 굴곡라인을 그린다

29. 칼을 눕혀 굴곡이 드러나도록 파낸다

30. 칼을 세워 두번째 센터봉오리 라인을 그린다

31. 칼을 눕혀 라인이 드러나도록 파낸다

32. 칼을 세워 센터봉오리 라인을 그린다

33. 칼을 눕혀 라인이 드러나도록 파낸다

34. 꽃잎이 겹쳐지지 않도록 칼을 세워 라인을 그린다

35. 칼을 눕혀 라인이 드러나도록 파낸다

36. 칼을 세워 라인을 그린다

37. 칼을 눕혀 라인이 드러나도록 파낸다

38. 반복하여 센터봉오리를 완성한다

39. 6개의 센터봉오리를 완성한다

40. 칼을 눕혀 꽃잎라인으로 파낸다

41. 사진과 같다

42. 파낸 곳 위에 칼을 세워 꽃잎라인을 그린다

43. 반대쪽도 동일하게 꽃잎라인을 그린다

44. 사진과 같다

45. 꽃잎라인이 드러나도록 바깥쪽을 제거한다

46. 반대쪽도 동일하게 제거한다

47. 사진과 같다

48. 칼을 세워서 꽃잎라인을 그리다가 눕혀서 동그란 홈을 파낸다

49. 반대쪽도 동일하게 홈을 파낸다

50. 사진과 같다

51. 꽃잎라인으로 마무리해준다

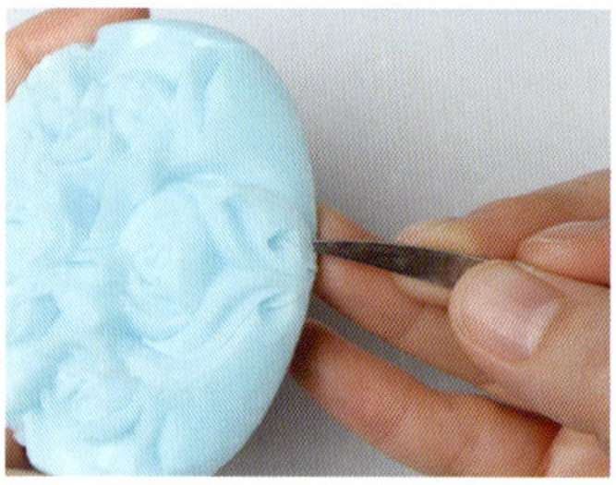

52. 라인이 드러나도록 칼을 눕혀 파내준다

53. 반대쪽도 마찬가지로 파내준다

54. 꽃잎 사이에 칼을 세워 라운드 라인을 그린다

55. 라운드 라인 안쪽에 다이아몬드 라인을 그린다

56. 그려준 라인이 드러나도록 칼을 눕혀 파낸다

57. 떨어지는 다이아몬드 조각을 빼낸다

58. 아래쪽에 라운드 라인을 한번 더 그린다

59. 칼을 눕혀 라인이 드러나도록 제거한다

60. 사진과 같이 꽃잎라인으로 제거한다

61. 사진과 같다

62. 완성한다

고급플라워 - 10

1. 비누와 도구를 준비한다

2. 뾰족한 도구로 비누에 S 라인을 잡아준다

3. 미리 그려놓은 라인을 따라 칼을 세워 라인을 그린다

4. 칼을 눕혀 라인이 드러나도록 제거한다

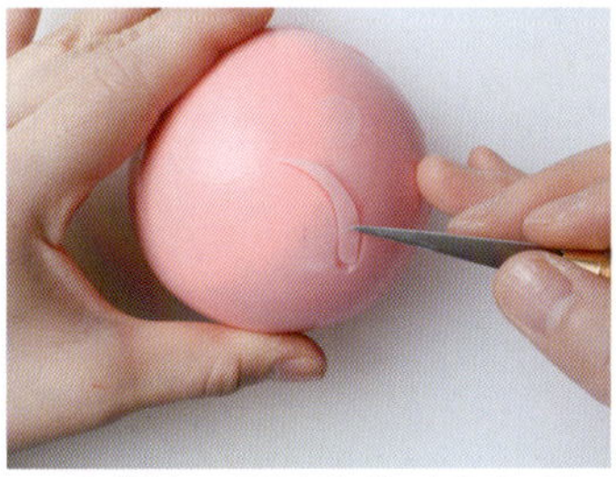

5. 반대쪽도 동일하게 칼을 눕혀 제거한다

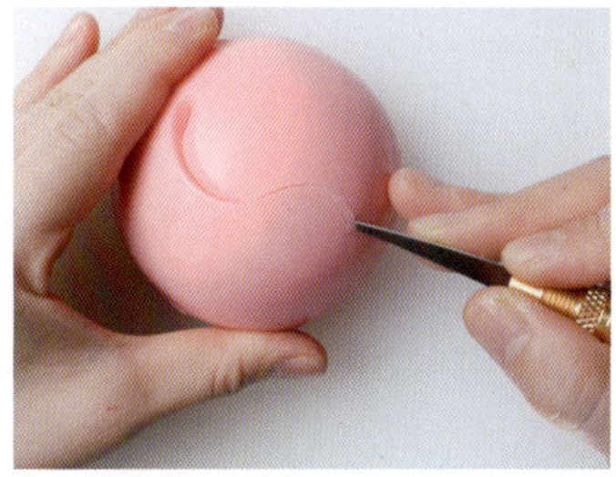

6. 아래쪽도 마찬가지로 칼을 눕혀 제거한다

7. 반대쪽도 칼을 눕혀 제거하여 떨어지는 조각을 떼어낸다

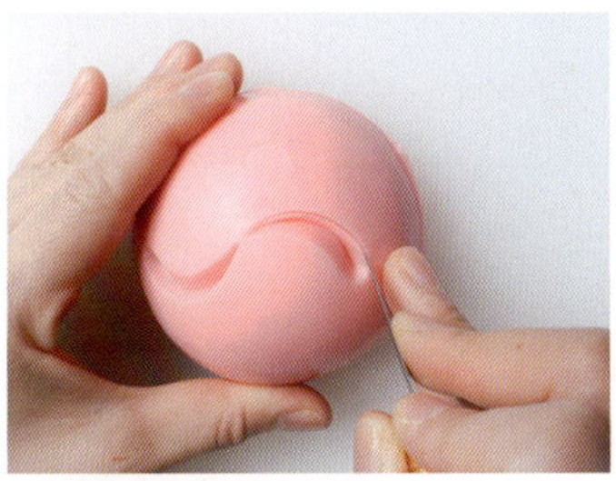

8. 파내준 라인 위쪽에 칼을 세워 라인을 넣는다

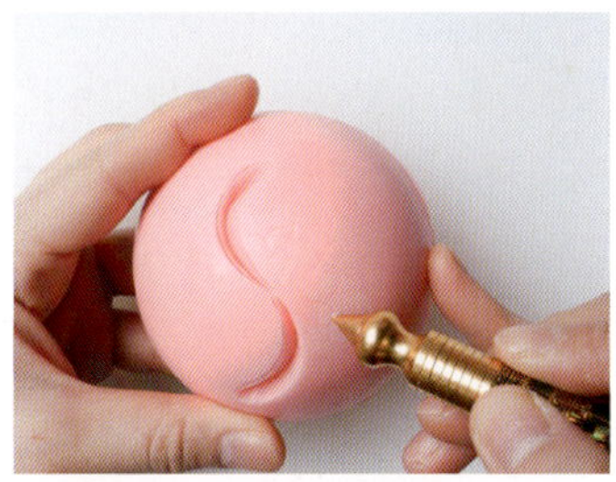

9. 뾰족한 도구를 이용해 사진과 같이 밑그림을 그린다

10. 칼을 눕혀 그려놓은 라인을 따라 파내준다

11. 칼을 눕혀 동일하게 파낸다

12. 사진과 같다

13. 칼을 세워 파내준 라인을 감싸는 라인을 그린다

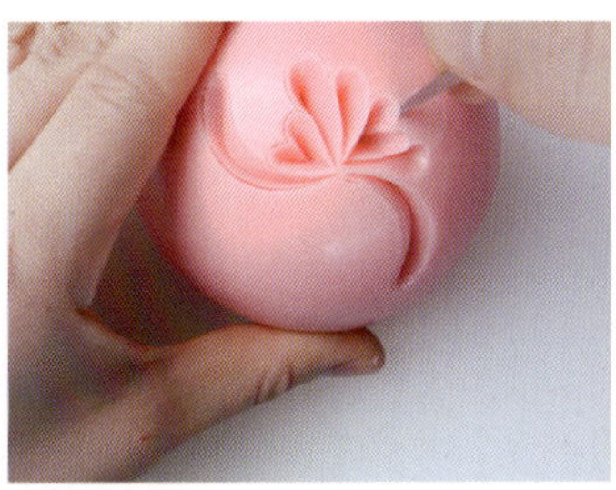

14. 사진과 같이 모두 연결해서 그린다

15. 칼을 눕혀 라인이 드러나도록 파내준다

16. 칼을 세워 톱니모양으로 라인을 넣는다

17. 칼을 눕혀 라인이 드러나도록 파낸다

18. 반대쪽도 동일하게 밑그림을 그린다

19. 그려놓은 라인을 따라 파낸다

20. 칼을 세워 그리다가 눕혀서 파낸다

21. 사진과 같이 칼을 눕혀서 그려준 라인을 모두 파낸다

22. 떨어지는 조각을 제거한다

23. 칼을 세워 라인을 그린다

24. 칼을 눕혀 라인이 드러나도록 파낸다

25. 칼을 세워 톱니모양으로 라인을 넣어준다

26. 칼을 눕혀 라인이 드러나도록 파내준다

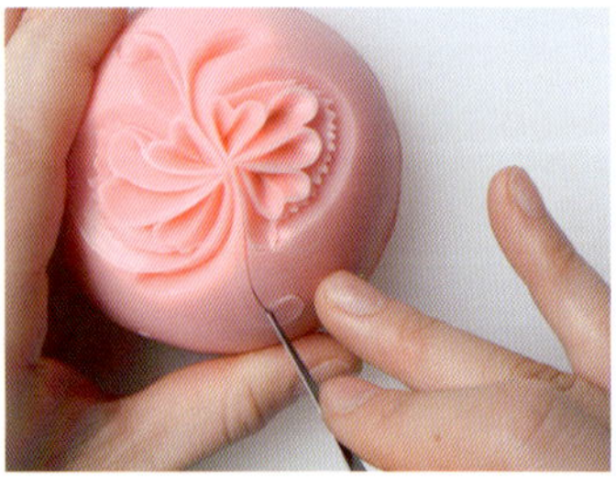

27. 칼을 세워 사진과 같은 라인을 그린다

28. 라인이 드러나도록 바깥쪽을 파낸다

29. 칼을 눕혀 사이를 파내준다

30. 사진과 같은 위치를 칼을 눕혀 파낸다

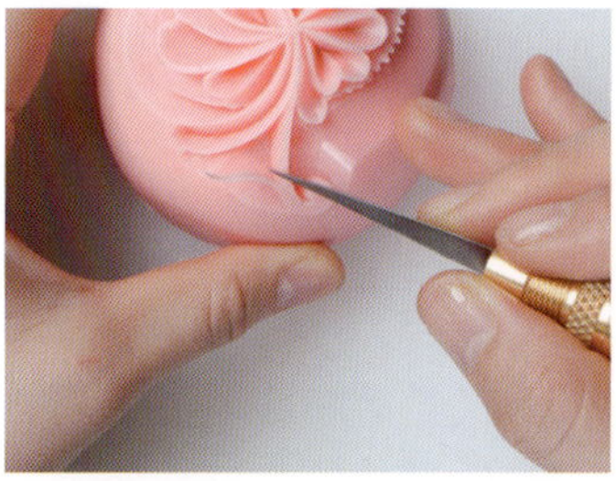

31. 칼을 눕혀 모서리를 제거한다

32. 칼을 세워 사진과 같이 큰 라운드라인을 그린다

33. 라인이 드러나도록 칼을 눕혀 파낸다

34. 안쪽에 라인 하나를 더 그려 준다

35. 라인이 드러나도록 칼을 눕혀 제거한다

36. 사진과 같은 위치의 모서리를 파내준다

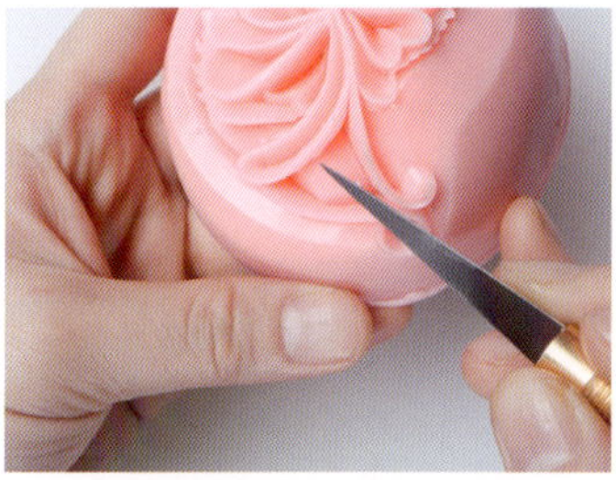

37. 둥근 모양이 되도록 파내준다

38. 칼을 완전히 세워서 등분 라인을 그린다

39. 2분의1씩 계속해서 등분한다

40. 사진과 같이 총 8등분 한다

41. 등분한 곳의 모서리를 제거한다

42. 반대쪽도 칼을 눕혀 제거한다

43. 모두 동일하게 작업해준 모습이다

44. 반대편도 동일하게 라인을 그리다가 동그란 홈을 파낸다

45. 사진과 같이 칼을 세워 라인을 그린다

46. 안쪽에 라인을 하나 더 그린다

47. 칼을 세워 라운드 라인을 그린다

48. 동일하게 작업한다

49. 안쪽이 드러나게 파내준다

50. 칼을 세워 사진과 같은 라인을 그린다

51. 칼을 눕혀 라인 아래쪽을 파내준다

52. 칼을 눕혀 바깥쪽이 드러나도록 파내준다

53. 칼을 세워 바깥쪽에 라인을 그린다

54. 일정한 간격으로 등분을 해준다

55. 사진과 같이 라인이 드러나도록 파낸다

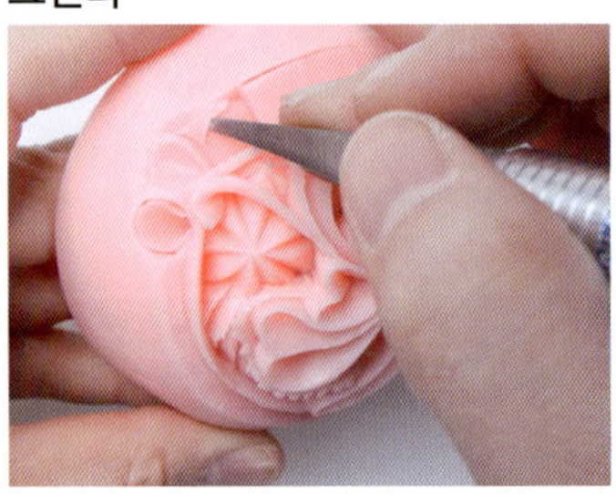

56. 칼을 눕혀 모서리를 제거한다

57. 사진과 같이 둥글게 되도록 모서리를 모두 제거한다

58. 사진과 같다

59. 칼을 세워 톱니모양으로 라인을 넣는다

60. 칼을 눕혀 라인이 드러나도록 굴곡라인으로 제거한다

61. 사진과 같다

62. 완성한다

고급플라워 - 11

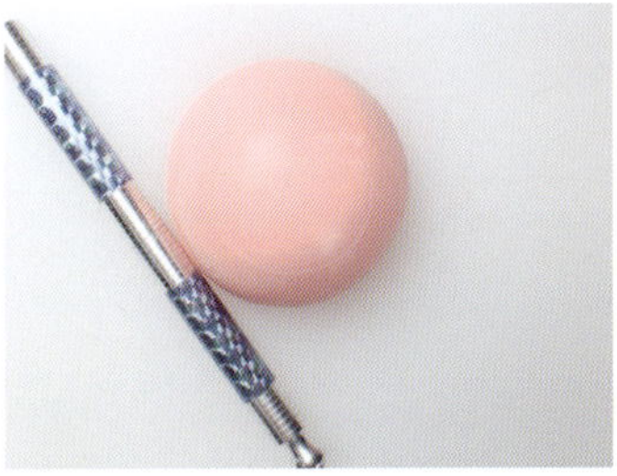

1. 비누와 도구를 준비한다

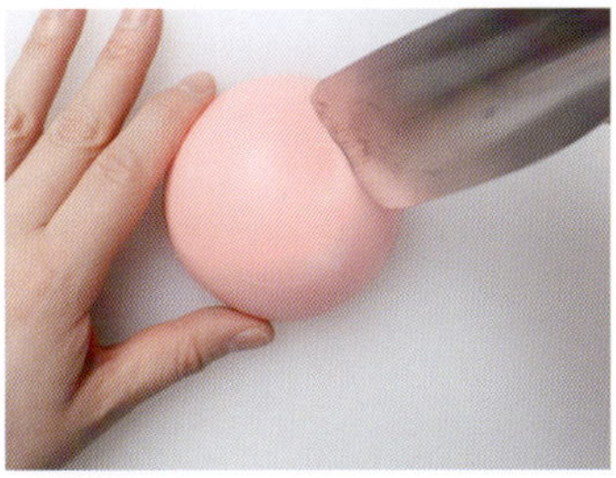

2. 스텐조각도 5호의 큰 부분으로 중심 원을 잡아준다

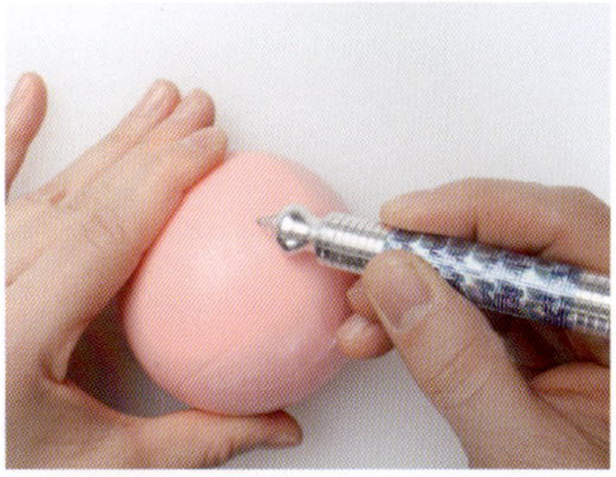

3. 뾰족한 도구를 사용하여 원 안쪽을 8등분 한다

4. 뾰족한 도구를 사용하여 원 바깥에 꽃잎라인을 그린다

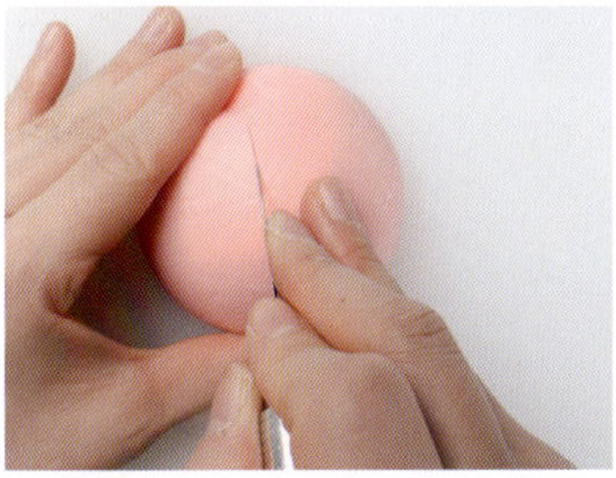

5. 칼을 세워 밑그림 그렸던 등분라인을 따라 라인을 넣어준다

6. 사진과 같이 등분선을 그린다

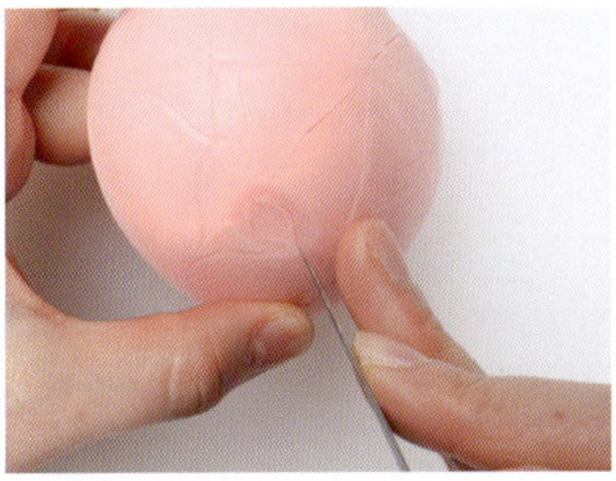

7. 사진과 같이 라인을 그린다

8. 아래쪽을 둥글게 파낸다

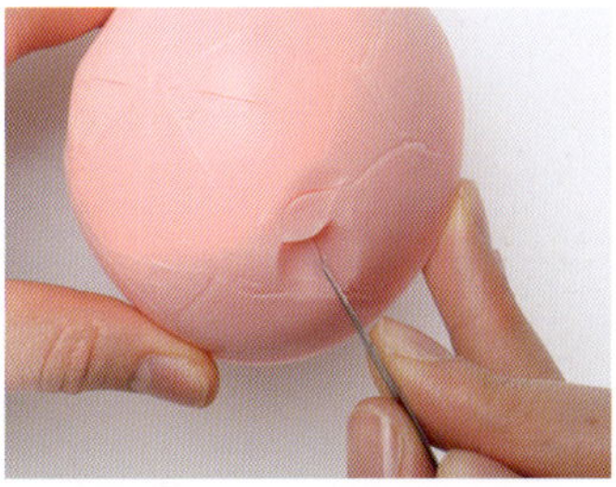

9. 같은 크기의 라인을 아래쪽에도 그린다

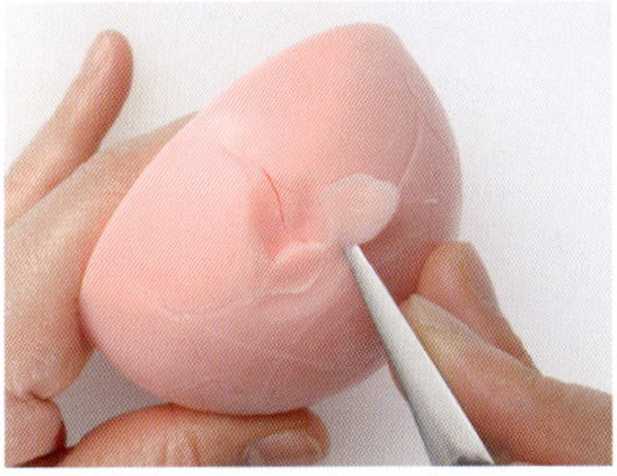

10. 칼을 눕혀 둥글게 파낸다

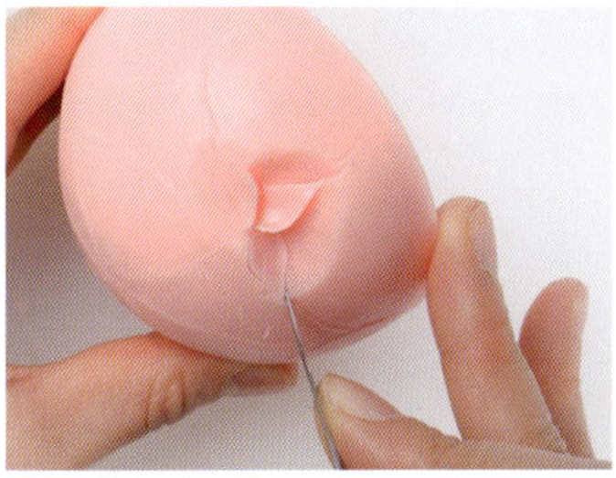

11. 사진과 같이 동일한 크기의 라인을 그린다

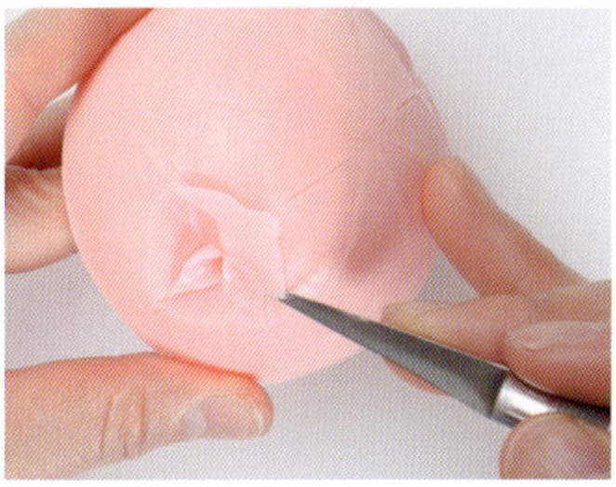

12. 칼을 눕혀 제거한다

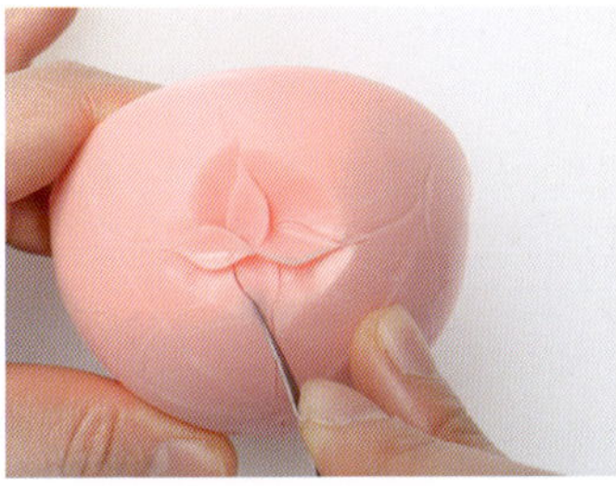

13. 칼을 세워 꽃잎라인을 그린다

14. 스텐조각도 1호의 작은부분으로 살짝 눕혀서 라운드라인을 찍는다

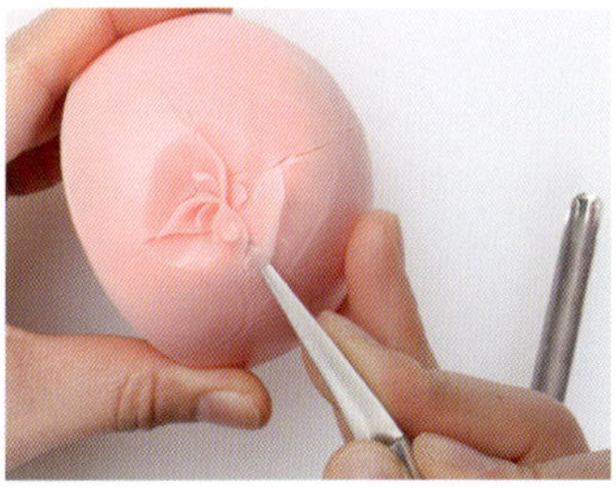

15. 꽃잎라인이 드러나도록 라인 바깥쪽을 제거한다

16. 사진과 같다

17. 중앙부분을 매끈하게 정리한다

18. 사진과 같다

19. 등분 라인을 확실하게 넣어준다

20. 칼을 눕혀 모서리를 제거한다

21. 칼을 세워 라인을 그리다가 칼을 눕혀 홈을 파낸다

22. 동일하게 더 작은 라인을 그리고, 홈을 파낸다

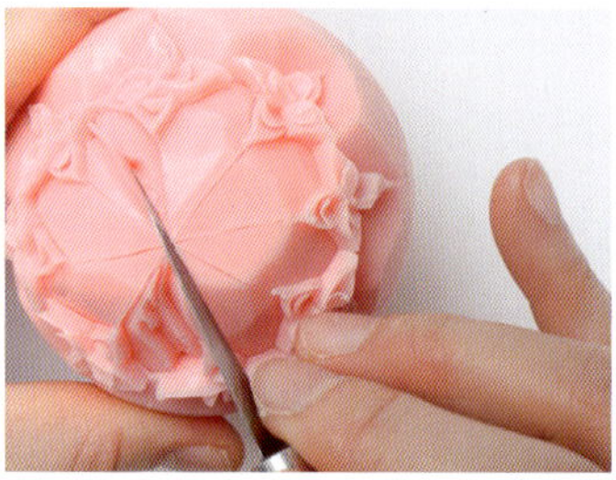

23. 반대편에 칼을 눕혀 떨어지는 조각을 제거한다

24. 칼을 세워 라인을 그린다

25. 사진과 같다

26. 칼을 세워 하트 라인을 그린다

27. 아래쪽에 칼을 눕혀 하트가 빠지도록 훑는다

28. 사진과 같다

29. 칼을 눕혀 꽃잎라인으로 제거한다

30. 제거한 부분에 칼을 세워 꽃잎라인을 그린다

31. 칼을 눕혀 꽃잎라인이 드러나도록 사이사이를 파낸다

32. 사진과 같다

33. 칼을 세워 꽃잎 사이에 라운드 라인을 넣어준다

34. 칼을 눕혀 원 안쪽을 제거한다

35. 칼을 세워 센터봉오리 라인을 그린다

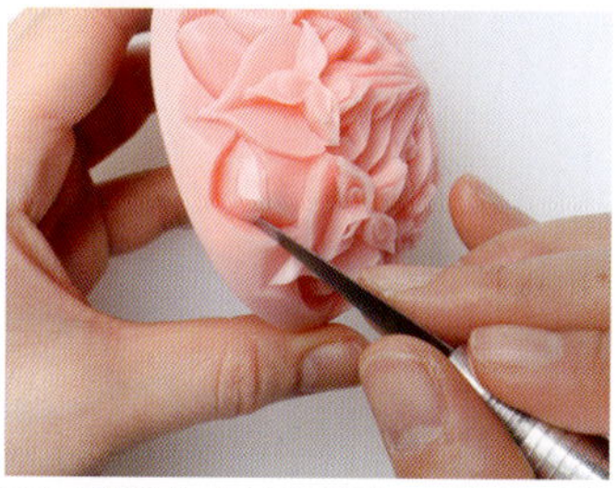

36. 칼을 눕혀 라인이 드러나도록 제거한다

37. 칼을 세워 라인을 그린다

38. 칼을 세워 라인이 드러나도록 제거한다

39. 칼을 세워 굴곡 라인을 그린다

40. 칼을 눕혀 제거한다

41. 반복하여 센터봉오리를 완성하고, 바깥쪽을 파내 정리한다

42. 사진과 같다

43. 완성한다

고급플라워 - 12

1. 비누와 도구를 준비한다

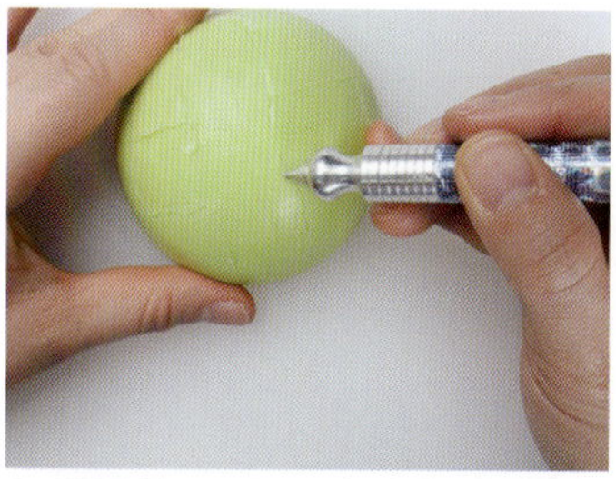

2. 뾰족한 도구로 사진과 같이 비누에 밑그림을 그린다

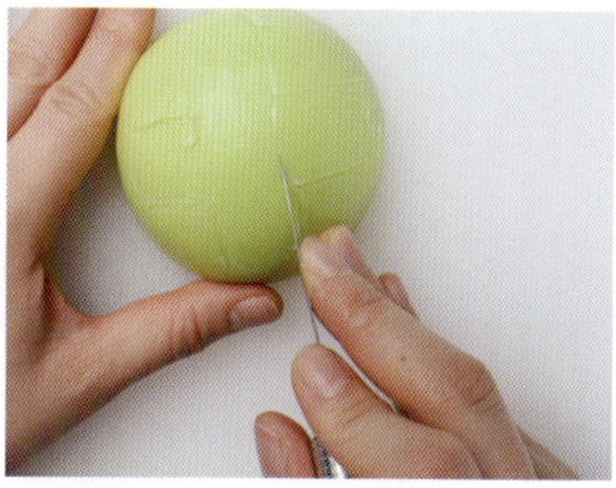

3. 칼을 세워 밑그림을 따라 라인을 넣는다

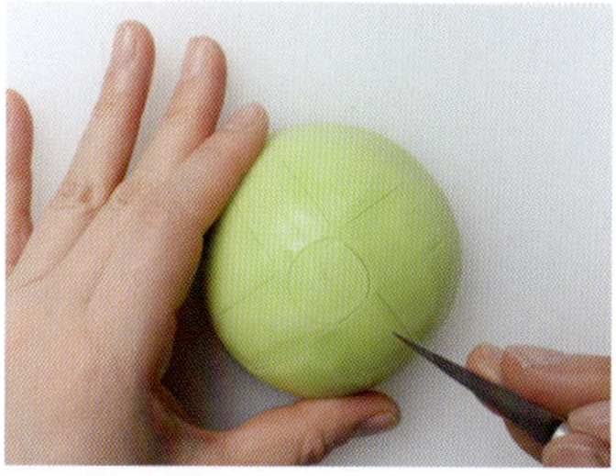

4. 칼을 세워 중간부분에 원을 그린다

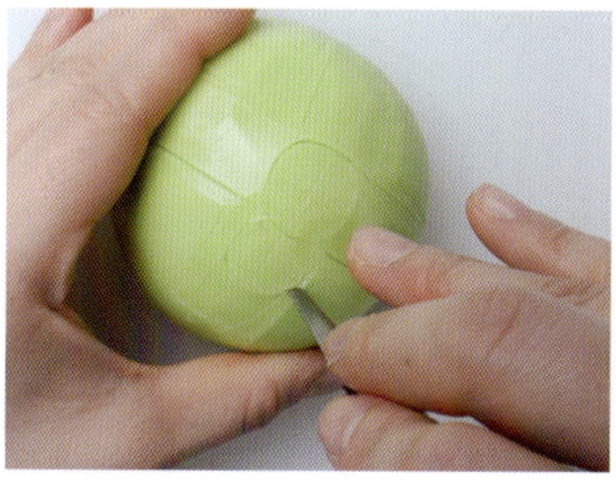

5. 옆에도 모두 원을 그린다

6. 원과 원이 만나는 모서리 부분을 칼을 눕혀 제거한다

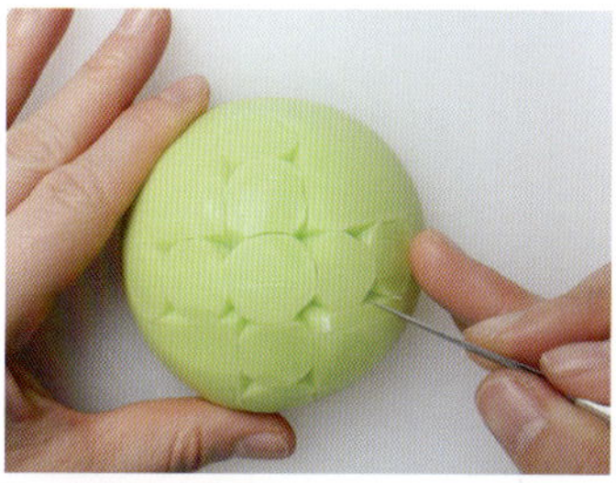

7. 사진과 같다

8. 꽃잎을 만들기 위한 라인을 그린다

9. 칼을 눕혀 라인 안쪽을 제거한다

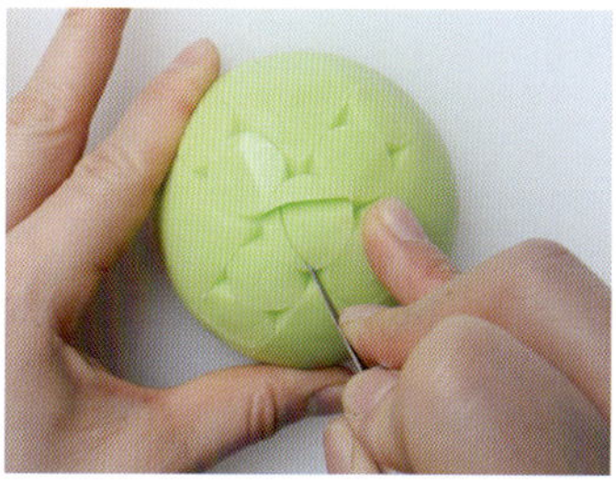

10. 칼을 세워 두번째 라인을 그린다

11. 칼을 눕혀 라인이 드러나도록 파낸다

12. 칼을 세워 라인을 그린다

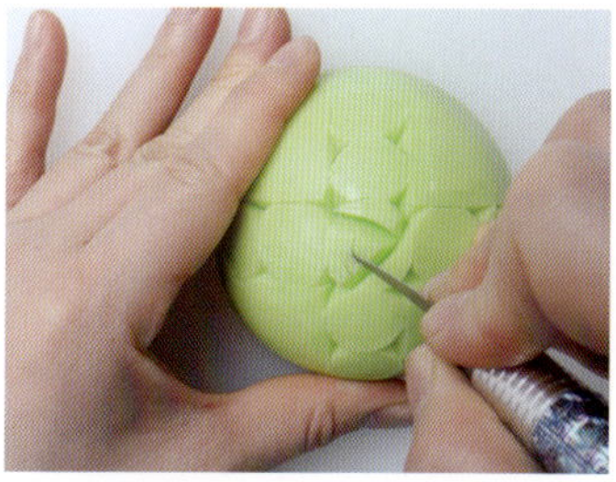

13. 칼을 눕혀 라인이 드러나도록 파낸다

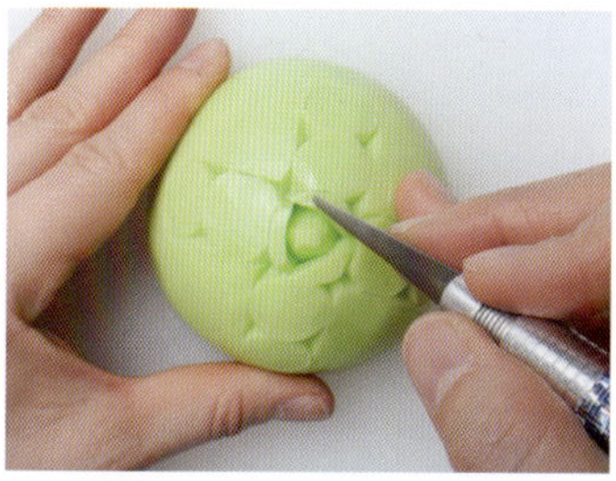

14. 꽃잎라인 끝쪽을 모서리제거한다

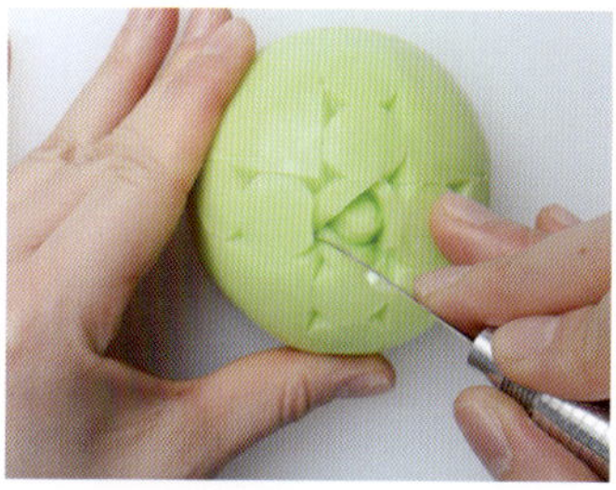

15. 꽃잎이 뒤집어진 것 처럼 칼을 굴려 조각을 떼어낸다

16. 반대편도 마찬가지로 칼을 굴려 떨어지는 조각을 제거한다

17. 모든 꽃잎 동일하게 작업해준다

18. 칼을 눕혀 원 바깥쪽을 정리한다

19. 사진과 같다

20. 칼을 살짝 눕혀 붙어있는 원과 원 사이를 분리한다

21. 사진과 같다

22. 중앙에 있는 꽃잎 안쪽에 센터봉오리 라인을 그린다

23. 칼을 눕혀서 라인이 드러나도록 파내준다

24. 칼을 세워서 굴곡라인을 그린다

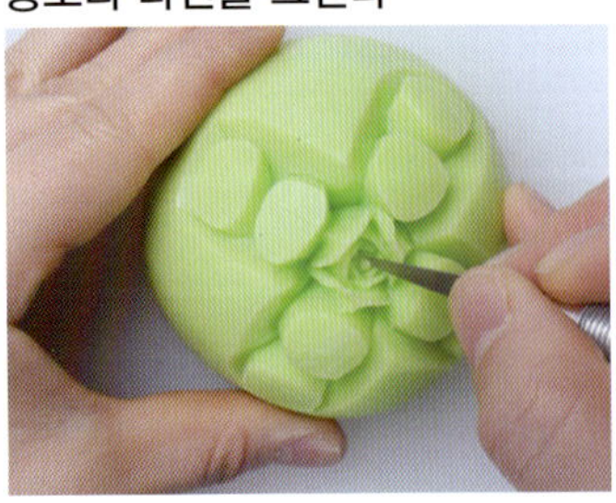

25. 반복작업하여 센터봉오리를 완성한다

26. 나머지 꽃잎들도 동일하게 작업해준다

27. 칼을 똑바로 세워 라인을 넣는다

28. 사진과 같다

29. 라인이 드러나도록 칼을 눕혀 바깥쪽을 파내준다

30. 칼을 세워 사진과 같이 라인을 넣는다

31. 사진과 같이 칼을 세워 꽃잎을 그린다

32. 꽃잎 안쪽을 파내 동그랗게 만든다

33. 그려놓은 꽃잎의 모서리를 제거한다

34. 안쪽에 센터봉오리를 만들기 위한 굴곡라인을 그린다

35. 칼을 눕혀 제거한다

36. 칼을 세워 두번째 굴곡라인을 그린다

37. 칼을 눕혀 제거한다

38. 칼을 세워 굴곡라인을 그린다

39. 칼을 눕혀 제거한다

40. 반복작업하여 센터봉오리를 완성한다

41. 사진과 같다

42. 칼을 굴려 꽃잎이 뒤집어진 것처럼 모양을 만든다

43. 반대쪽도 동일하게 작업한다

44. 사진과 같다

45. 칼을 눕혀 라인이 드러나도록 파낸다

46. 칼을 세워 라운드 라인을 그린다

47. 라운드라인 아래쪽을 파낸다

48. 라인 끝쪽은 칼을 굴려 동그랗게 정리해준다

49. 풀카빙나이프를 사용하여 동그란 모양을 낸다

50. 사진과 같다

51. 뾰족한 톱니모양의 라인을 넣는다

52. 칼을 눕혀 아래쪽을 파내준다

53. 사진과 같다

54. 칼을 눕혀 꽃잎라인으로 파내준다

55. 사진과 같다

56. 완성한다

비누카빙필기문제

1. 백조를 만들 때 주의해야 할 점이 아닌 것은?
① 목 라인
② 날개 라인
③ 깃털 라인
④ 발톱

2. 카빙(carving)의 사전적 의미가 아닌 것은?
① 조각품
② 조각술
③ 새긴무늬
④ 조소

3. 동물카빙 중 제왕출현을 의미하는 카빙은?
① 말
② 독수리
③ 호랑이
④ 용

4. 샤토나이프의 사용 용도를 설명한 것이다. 바르지 못한 것은?
① 수박카빙을 하는데 가장 많이 사용된다
② 동물카빙에서도 70% 사용된다.
③ 큰 형태를 잡을 때 잘라내는 작업에 사용된다.
④ 마무리 작업을 할 때 사토나이프의 역할은 미미하다.

5. 무병장수를 의미하는 동물카빙은?
① 독수리
② 잉어
③ 말
④ 백조

6. 주먹을 쥐는 느낌으로 사토나이프의 손잡이를 잡은 후 엄지를 이용하여 카빙 재료와 사토나이프를 고정시키는 방법은 무슨 작업을 할 때 용이한가?
① 재료를 잘게 잘라낼 때
② 세밀한 작업을 할 때
③ 재료를 크게 잘라낼 때
④ 꽃모양을 만들 때

7. 동물카빙의 드로잉에서 가장 중요한 것은 무엇인가?
① 전체적인 윤곽과 비율을 파악하는 요령 습득
② 동물의 디테일한 부분을 연습하는 것이 중요
③ 드로잉은 반복은 소용이 없다.
④ 드로잉에서 S라인 연습은 필요치 않다.

8. 샤토나이프의 날이 무뎌졌을 때 해결방법으로 가장 적절한 것은?
① 전용사포로 갈고 스펀지로 마무리한다
② 숫돌로 갈아 준다
③ 소금물로 깨끗하게 닦아준다
④ 야슬이로 갈아 준다

9. 각도가 이용되는 상황이 아닌 것은?
① 드로잉을 하는 경우
② 동물 카빙 시 비늘을 만들 경우
③ 비누 카빙에서 입체감을 표현하는 경우

④ 새 종류의 카빙에서 날개, 깃 등을 조각할 때

10. 동물카빙의 상징이 바른 것은?

① 비상-독수리

② 비상-학

③ 제왕출현-사자

④ 만물의 영장-원숭이

11. 조각도 중 각도의 역할은?

① 비누에 밑그림을 그린다

② 비누의 모서리를 제거한다

③ 둥근모양을 낸다

④ 비누를 자를 때 사용한다

12. 중국의 카빙은 어느 시대 부터 시작되었나?

① 춘추전국시대

② 남송시대

③ 원나라

④ 청나라

13. 연회행사에 카빙을 할 때 고객에게 즐거움을 주려면 어떤 점을 고려하여야 하나?

① 작품성을 기준으로 한다.

② 행사의 주제에 맞추어 카빙 한다.

③ 작가가 좋아하는 것을 우선으로 한다.

④ 행사의 분위기는 중요하지 않다.

14. 드로잉을 잘하기 위한 방법으로 **틀린** 것은?

① 복잡한 대상을 단순하게 표현하는 것이 필요하다

② 같은 그림을 여러 번 그리는 것도 하나의 방법이 될 수 있다

③ 백번 보는 것보다 한번 그려보는 것이 좋다

④ 머릿속으로 오래 생각하고 쉽게 그리지 않아야 완성도 있는 드로잉을 할 수 있다

15. 데코레이션의 방법이 **아닌** 것은?

① Side 데코레이션

② Top 데코레이션

③ Center 데코레이션

④ Divide 데코레이션

16. 다음은 무엇에 대한 설명인가?

-정해진 시작위치는 없으므로 적당한 위치에서 시작한다.

-꽃을 감싸듯이 S,라인으로 넣어지고, 시작은 약간 굵게 시작하고 끝부분은 점점 말아지도록 그린다.

-그려진 ( )의 중심을 기준으로 톱니 모양으로 잎을 그려준다.

-곡선을 뾰족하게 올려주고, 둥글게 말듯이 아래로 선을 그어준다.

-다시 시작되는 선은 ( )중심을 기준으로 미끄러지듯이 선을 그려준다.

① 센터봉우리

② 사이드봉우리

③ 줄기

④ 하트모양

17. 비누카빙 할 때 95%로 사용되는 도구는?

① 샤토나이프

② 평칼
③ 원형커터
④ 둥근칼

18. 비누카빙의 드로잉을 해야 하는 이유에 대한 설명으로 **틀린** 것은?
① 꽃잎이 진행되는 원리를 이해하기 위해서
② 기본적인 꽃잎의 곡선을 이해하기 위해서
③ 연필과 샤토나이프 잡는 방법이 비슷하여 꽃잎을 그릴 수 있는 감각을 키우기 위해서
④ 꽃잎의 크기에 효과적으로 변화를 주기 위해서

19. 카빙에 사용하는 가장 기본이 되는 도구는 무엇인가?
① 대바
② 과도
③ 가위
④ 샤토나이프

20. 카빙을 배워야 하는 이유에 대한 설명 중 **틀린** 것은?
① 조리사라는 직업 때문에
② 기술습득을 통한 자기개발
③ 고객에게 시각적인 즐거움 제공
④ 음식의 예술성을 높이기 위해

21. 사전적으로 조각품, 새긴 무늬, 조각술 등의 의미를 가지고 있는 단어는?
① 소조
② 카빙
③ 데코레이션
④ 로스팅

22. 카빙을 처음 시작할 때 가장 중요하고 기초가 되는 것은?
① 과일카빙
② 야채카빙
③ 드로잉
④ 돌려깎기

23. 꽃 카빙에서 색깔을 표현하기 위해서 사용하는 재료는?
① 식용색소
② 수성 물감
③ 볼펜
④ 잉크

24. 재료를 잘라낼 때, 세밀한 작업을 할 때 사용되는 샤토나이프 잡는 방법은?
① 엄지와 중지를 이용하여 고정
② 검지를 이용하여 엄지와 중지 보조
③ 약지와 소지를 이용하여 카빙재료와 칼 사이를 고정
④ 약지와 검지를 이용하여 고정

25. 독수리를 만들 때 주의해야 할 점이 **아닌** 것은?
① 부리
② 날개 라인
③ 발톱
④ 깃털 수

26. 카빙 스킬을 높일 수 있는 방법으로 가장 적절한 것은?
① 각종 대회에 참가한다

② 동영상 강의를 시청한다
③ 작품 사진을 수집한다
④ 샤토나이프를 매일 갈아준다

27. 독수리의 상징성은 무엇인가?
① 평화
② 제왕 출현
③ 비상
④ 용맹

28. 각도를 사용하는 방법으로 옳지 **않은** 것은?
① 비누에 드로잉을 할 때 쓴다
② 비누카빙 마무리 작업을 할 때 쓴다
③ 비누카빙의 95%를 각도로 한다
④ 동물카빙에서 날개를 파낼 때 쓴다

29. 카빙에서는 곡선이 매우 중요하다. 동물카빙 중에서 모든 선을 곡선으로 만드는 것은 어떤 것인가?
① 호랑이
② 사자
③ 용
④ 봉황

30. 비누카빙을 할 때 꽃잎을 화려하게 만드는 방법으로 옳지 **않은** 것은?
① 칼을 세워서 그리고 눕혀서 파낸다
② 꽃잎 마지막 부분을 곡선을 주어 얇게 그려준다
③ 꽃잎 안쪽을 파낼 때 깊숙하게 파낸다
④ 꽃잎을 다 그려주고 겉에 남은 부분을 마무리 해준다

31. 국내 조리사들이 가장 많이 하는 카빙 형태는?
① 꽃 카빙
② 수박카빙
③ 동물 카빙
④ 용카빙

32. 라틴어'스쿨페레(sculpere)에서 파생되었으며, 일반적으로 조각도, 끌, 정, 톱, 망치 등의 도구를 사용하여 나무, 돌, 금속 등의 재료 등의 재료를 새기거나 깎아서 입체 형상을 만드는 것을 뜻하는 것은?
① 공예
② 조각(carving)
③ 문양
④ 판화

33. 물고기의 비늘, 용의 비늘, 카빙을 하는 과정에서 굴곡을 주는데 사용하는 도구는?
① 샤토나이프
② 둥근칼
③ 순간접착제
④ 조각도

34. 수탉카빙에서 가장 중요한 것은?
① 얼굴과 목선과 전체적인 비율
② 날개
③ 깃털
④ 발

35. 다음은 무엇에 대한 설명인가?
-곡선을 이용하여 날렵하게 그려주는 것이 좋다.

-최대한 안쪽부분부터 곡선으로 선을 넣어준다.
-반대쪽도 안쪽에서부터 선을 넣어준다.
-3번째 선부터는 선의 모양이 바뀐다.
-2번 꺾어지는 곡선으로 곡선의 모양을 신중히 봐야한다.

① 센터봉우리
② 2번째 꽃잎
③ 사이드봉오리
④ 마무리 꽃잎

36. 비누카빙 마무리를 할 때 사용하는 도구로 적절하지 **않은** 것은?

① 샤토나이프
② 필러
③ 각도
④ 둥근칼

37. 드로잉에서 사용되는 지우개에 대한 설명 중 맞지 **않는** 것은?

① 가급적 부드러운 것이 좋다.
② 미술용 지우개를 사용한다.
③ 지우개를 많이 사용하는 것이 좋다.
④ 지우개 사용을 자제하는 것이 좋다.

38. 비누카빙 드로잉에 대한 설명으로 **틀린** 것은?

① 드로잉을 하기 위해 눈과 손을 훈련시킨다
② 곡선 선긋기 연습을 꾸준히 반복한다
③ 동물카빙을 할 때는 골격과 외형을 파악하는 것이 중요하다
④ 전체적인 윤곽과 비율은 중요하지 않다

39. 동물카빙에서 드로잉은 중요한 작업이다. 드로잉에 대한 설명으로 맞지 **않은** 것은?

① 드로잉을 잘 하려면 정밀묘사를 하기 위해 노력하지 않아야 한다.
② 정밀한 묘사는 카빙을 하는데 큰 도움이 되지 않는다.
③ 드로잉을 잘하기 위해서는 어려운 그림보다 쉬운 그림을 연습하는 것이 좋다.
④ 드로잉은 나만 알아 볼 수 있게 하면 된다.

40. 다음 중 카빙에 대한 설명으로 **틀린** 것은?

① 고객에게 시각적인 즐거움을 제공, 음식의 예술성을 높일 수 있다.
② 배울 수 있는 교육기관이 많아 쉽게 배울 수 있다.
③ 요리사들이 많이 가지고 있지 않은 전문적인 고급스킬이다.
④ 외식 공간 및 파티의 데코레이션 연출이 가능하다.

41. ( )는 카빙을 하는데 가장 많이 사용되는 카빙도구이다. ( )안에 적합한 말은?

① 샤토나이프
② 평칼
③ 원형커터
④ 둥근칼

42. 비누카빙 드로잉 순서가 맞는 것은?

① 연필과 종이준비 - 꽃잎의 중심이

__될 원 그리기 - 일정한 비율로 분할__

② 꽃잎이 될 원 그리기 - 연필과 종이준비 - 일정한 비율로 분할

③ 연필과 종이준비 - 일정한 비율로 분할 - 꽃잎이 될 원 그리기

④ 순서는 상관없다.

43. 센터(Center) 데코레이션을 할 때 고려해야 할 사항과 거리가 **먼** 것은?

__① 카빙의 크기는 되도록 작게 만든다__

② 음식의 중앙 부분에 놓는다

③ 크고 웅장하게 만든다

④ 화려하고 섬세하게 카빙한다

44. 드로잉을 잘하기 위한 방법으로 **틀린** 것은?

① 복잡한 대상을 단순하게 표현하는 것이 필요하다

② 같은 그림을 여러 번 그리는 것도 하나의 방법이 될 수 있다

③ 백번 보는 것보다 한번 그려보는 것이 좋다

__④ 머릿속으로 오래 생각하고 쉽게 그리지 않아야 완성도 있는 드로잉을 할 수 있다__

45. 꽃카빙에 대한 설명으로 옳지 __않은__ 것은 ?

① 비누의 모양을 고려함

② 장식,소품에 많이 사용

③ 이용할 수 있는 비누가 다양함

__④ 식용색소의 사용을 금함__

46. 장식품, 장식 등의 의미를 가지고 있는 단어는 무엇인가?

① 소조

② 카빙

__③ 데코레이션__

④ 로스팅

47. 동물카빙에서 모서리 제거할 때 하는 칼질 법은?

① 까딱까딱 칼질법

__② 깍둑썰기__

③ 톱질하듯 썰기

④ 둥근 각도로 밀기

48. 꽃카빙과 다르게 동물카빙에서만 사용하는 칼질법이 있다. 두꺼운 것을 자르거나 곡선을 표현하는 이 칼질법의 명칭은?

① 지그재그

__② 까딱까딱__

③ Top _ Down

④ 좌우

49. 동물카빙에서 1단계 작업은 무엇을 말하는가?

① 필요 없는 부분 제거

__② 드로잉__

③ 무를 크기에 맞게 자르기

④ 앞뒤 동일하게 표시

50. 카빙의 도구로 적당하지 __않은__ 것은?

① 샤토나이프

__② 비누__

③ 원형커터

④ 조각도

51. 비누카빙 시 꽃잎을 그릴 때 가장 **나쁜** 방법은?

① 분할선은 참고로만하고 시작점을 따라 꽃잎을 그려준다.

② 2번째 꽃잎 시작점은 1번째 꽃잎의 7~9부 지점에서 그리기 시작한다.

③ 분할선을 따라 그려 꽃잎이 각이 지도록 그려준다.

④ 분할선을 그리는 것이 익숙해지도록 연습을 해준다

52. 조각품, 새긴 무늬, 조각술등을 의미하는 말은?

① Carving

② 패턴

③ 데생

④ 소묘

53. 카빙 도구 사용 빈도가 바르게 표기된 것은?

① 평칼 - 둥근칼 - 사토나이프 - 각도

② 사토나이프 - 각도 - 둥근칼 - 평칼

③ 샤토나이프 - 감자칼 - 각도 - 평칼

④ 샤토나이프 - 각도 - 평칼 - 둥근칼

54. 동물카빙 중 2단계 작업은?

① 드로잉

② 옆으로 보았을 때 필요 없는 부분 제거

③ 조각도 뒷면으로 그린 것을 파내준다

④ 모서리 제거

55. 카빙을 할 때 입체감을 최대한 표현하는 방법으로 가장 적절한 것은?

① 샤토나이프를 세워서 그리고 눕혀서 파낸다

② 각도로 길게 파낸다

③ 투명한 비누를 사용한다

④ 마무리를 할 때 둥근칼로 작업한다

56. 카빙을 하는 데 가장 많이 사용하는 도구이고 대체로 큰 형태를 잡을 때 사용하는 도구는?

① 샤토나이프

② 원형커터

③ 순간접착제

④ 조각도

57. 동물카빙의 순서가 바른 것은?

① 드로잉-필요 없는 부분 제거, 앞. 뒤 칼 넣어주기-형태 잡아주기-모서리제거

② 드로잉-필요 없는 부분 제거, 앞. 뒤 칼 넣어주기-모서리제거-형태 잡아주기

③ 드로잉-형태 잡아주기-필요 없는 부분 제거, 앞. 뒤 칼 넣어주기-모서리

④ 드로잉-모서리제거-형태 잡아주기-필요 없는 부분 제거

58. 데코레이션의 사전적 의미가 **아닌** 것은?

① 특별한 행사를 기념하기 위한 장식품

② 단단한 재료를 깎아서 만드는 것

③ 사물의 외면을 아름답게 치장하는것

④ 무늬등의 장식

59. 조리사를 대상으로 한 연구결과 카빙을 배워야 하는 이유 중 가장 높은 비

중을 차지한 것은?

① **<u>새로운 기술습득을 통한 자기개발</u>**

② 고객에게 시각적인 즐거움 제공

③ 음식의 예술성을 높일 수 있다

④ 언젠가 배워야 한다는 생각이 있었다.

60. 동물카빙 중 무병장수를 상징하는 카빙은?

① 곰

<u>② 원숭이</u>

③ 토끼

④ 참새

61. 비누카빙 드로잉을 해야 하는 이유가 **<u>아닌</u>** 것은?

<u>① 비누카빙 드로잉은 작업에 별 도움이 되지 않는다.</u>

② 꽃잎이 진행되는 원리 이해하기 위함

③ 기본적인 꽃잎의 곡선을 이해하기 위해

④ 연필과 사토나이프 잡는 방법이 비슷하여 손의 꽃잎을 그릴 수 있는 감각을 키우기 위해

62. 비누카빙의 센터봉오리 드로잉 할 때 적절치 **<u>않은</u>** 것은?

① 센터봉오리를 만들기 위해 중심에 원형커터를 이용해 그려주면 편리하다.

② 센터봉우리를 연습할 때 원 안쪽에 삼각형을 그려서 연습하는 것이 적절하다.

③ 삼각형에 맞추어 곡선을 넣어준다.

<u>④ 두 번째 선은 앞에 그렸던 중간 부분부터 그려준다.</u>

63. 카빙을 하는 사람의 자세로 올바르지 **<u>않은</u>** 것은?

① 조리복과 위생모, 앞치마를 착용한다

② 날카로운 칼을 사용하므로 숙달되지 않은 사람은 장갑을 낀다

<u>③ 칼이 가는 방향에 손을 얹어 재료를 고정 시킨다</u>

④ 카빙을 한 후에 도구와 주변을 깨끗하게 정리한다

64. 각도의 사용에 대한 설명이다 바르지 **<u>못한</u>** 것은?

① 동물카빙을 할 때 비누에 밑그림을 그릴 때 사용

② 용 카빙 시 비늘이나 배 가죽, 새 종류의 날개, 깃 등 조각할 때

③ 카빙의 화려한 표현, 기초적인 작업

<u>④ 샤토나이프 보다 많이 사용되는 조각도이다.</u>

65. 비상을 의미하는 동물카빙은?

① 원숭이

② 말

<u>③ 독수리</u>

④ 용

66. 동물카빙 중 무병장수를 상징하는 카빙은?

① 병아리

② 오리

③ 강아지

<u>④ 잉어</u>

67. 다음 중 샤토나이프를 잡는 방법으로 올바른 것은?
① 엄지와 검지로 칼을 고정시킨다
② 엄지와 중지로 칼을 고정시킨다
③ 약지와 소지는 주먹쥐듯 접는다
④ 엄지와 약지로 칼을 고정시킨다

68. 비누카빙에서 센터봉오리를 작게 만들고 싶을 때, 사용하는 도구는 무엇인가?
① 스텐조각도
② 풀카빙나이프
③ 샤토나이프
④ 둥근칼

69. 비누카빙 후 떨어진 비누조각들을 활용하는 방법으로 가장 적절한 것은?
① 모아서 다시 녹혔다가 틀에 굳혀 새로운 비누를 만든다
② 쓰레기통에 버린다
③ 완성된 비누카빙 작품에 붙인다
④ 그냥 둔다

70. 다음 중 드로잉에 대한 설명으로 적절하지 않은 것은?
① 2B또는 4B연필을 준비한다
② 부드러운 지우개를 사용한다
③ 드로잉은 중요하지 않다
④ 전체적인 윤곽과 비율을 파악하는 것이 도움된다.

71. 꽃잎라인에 대한 설명으로 틀린 것은?
① 굴곡이 2번 들어간다
② 등분을 하지 않아도 된다
③ 두 번째 층 부터는, 7-9부정도에서 시작한다
④ 꽃잎의 크기는 점점 커진다.

72. 연회행사에서 식사초반에 데코레이션 해 놓은 음식들은 시간이 지나면서 지저분해지게 되는데 반해 연회 행사가 끝날 때 까지 최대한 처음형태가 유지되는 카빙의 종류는?
① 수박카빙
② 동물카빙
③ 새카빙
④ 용카빙

73. 너무 딱딱해 카빙을 하는 데 어려움이 있으며 다칠 위험이 있으므로 조심해야 할 재료는?
① 단호박
② 사과
③ 무
④ 비누

74. 한식요리사들이 가장 필요로 하는 카빙형태는?
① 꽃-나비카빙
② 동물카빙
③ 비누카빙
④ 호박카빙

75. 소비자가 생각하는 일식에 가장 많이 사용할 것 같은 카빙의 종류는?
① 비누카빙
② 꽃과 나비카빙
③ 수박카빙

④ 용카빙

76. 다음 중 비누카빙의 장점이 아닌 것은?
① 향기가 좋다.
② 원하는 색감의 비누를 사용할 수 있다
③ 상하지 않아 반영구적이다
④ 작품을 감상한 후, 먹을 수 있다.

77. 다음 중 비누카빙 등급별 과정에 대해 적절하지 않은 것은?
① 1급은 실기시험이 과정평가형이다
② 2급에서는 드로잉부터 배운다
③ 마스터는 동물카빙과 꽃카빙을 함께 배운다
④ 2급은 실기시험이 과정평가형이다

78. 소비자들이 판단하는 동물카빙과 가장 잘 어울리는 업종은?
① 한식
② 양식
③ 중식
④ 일식

79. 비누카빙에 대한 설명으로 옳지 않은 것은?
① 중간중간 물에 헹구어내서 깨끗하게 찌꺼기를 제거한다.
② 찌꺼기가 없도록 한번에 파내는 것이 중요하다
③ 샤토나이프를 당겨 라인을 그린다
④ 입체감이 잘 드러나도록 조각한다

80. 샤토나이프의 특성 중 가장 맞는 것은 무엇인가?
① 큰 비누를 재단할 때 사용한다
② 센터봉오리 원 기준을 잡을 때 사용한다
③ 입체감을 드러낼 때는 사용하기 힘들다
④ 날이 얇고 끝이 뾰족하여 섬세한 작업을 하기 좋다

81. 다음중 비누카빙의 완성도에 가장 큰 영향을 미치는 것은 무엇인가?
① 비누의 색
② 비누의 경도
③ 비누의 크기
④ 비누의 모양

82. 비누카빙에 대한 기본적인 원리로 올바르지 않은 것은?
① 세워서 그리고, 눕혀서 파낸다
② 두세번 파내지 않도록 한다
③ 칼을 최대한 많이 움직이며 썰면서 꽃잎을 그린다
④ 꽃잎을 누르면 뭉개지니, 건드리지 않도록 유의한다

83. 비누 카빙을 할 때 고려해야 하는 사항이 아닌 것은?
① 비누의 크기
② 비누의 경도(질감)
③ 비누의 향기
④ 비누의 모양

84. 국내 조리사들이 가장 많이 하는 카빙 형태는?
① 동물카빙

② 용카빙
③ 수박카빙
④ 꽃 카빙

85. 카빙(carving)의 사전적 의미가 **아닌** 것은?
① 조각품
② 조소
③ 새긴무늬
④ 조각술

86. 꽃카빙 드로잉에 대한 설명으로 옳지 **않은** 것은?
① 등분선(분할선)은 길고 크게 그린다
② 꽃잎은 층별로 점점 커져야한다
③ 두 번째 층을 그릴 때는 첫 번째 층의 꽃잎과 꽃잎 사이에 그린다
④ 기본 꽃잎은 2번의 굴곡을 가진다

87. 비누카빙을 하기 전, 드로잉을 해야 하는 이유로 옳지 않은 것은?
① 꽃잎이 진행되는 원리를 이해 하기 위해서
② 기본적인 꽃잎의 곡선을 이해하기 위해서
③ 손의 꽃잎 그리는 감각을 키우기 위해서
④ 꽃잎을 파내는 각도를 이해하기 위해서

88. 드로잉에 대한 설명으로 알맞은 것은?
① 점선으로 먼저 드로잉 하고, 실선으로 드로잉 한다
② 샤프로 드로잉 하는 것이 좋다
③ 스케치 하듯 손에 힘을 빼고 그린다
④ 비율보다는 그림의 명암이 중요하다

89. 비누카빙을 할 때 주의해야 할 점으로 알맞은 것은?
① 샤토나이프로 최대한 썰면서 단면을 깔끔하게 만들어야 한다
② 각도는 사용하기 힘들다
③ 파낼 때는 같은 곳을 여러번 파내야 한다
④ 손에 물기가 없는 상태로 작업해야 한다

90. 각도의 올바른 사용법으로 알맞지 **않은** 것은?
① 엄지와 중지를 이용하여 칼날을 고정시킨다
② 손목을 까딱까딱 움직이며 사용한다
③ 약지와 소지로 카빙재료와 칼 사이를 고정시킨다
④ 밑그림을 그릴 때 사용한다

91. 원형커터의 올바른 사용법으로 적절한 것은?
① 힘을 주어 눌러서 사용한다
② 비누에 찍을 때 돌리면서 넣고, 돌리면서 빼야한다
③ 라인의 입체감을 드러낼 때 사용한다
④ 밑그림을 그릴 때 사용한다

92. 드로잉에서 사용되는 지우개에 대한 설명 중 맞지 **않는** 것은?
① 가급적 부드러운 것이 좋다.

② **지우개를 많이 사용하는 것이 좋다.**
③ 미술용 지우개를 사용한다.
④ 지우개 사용을 자제하는 것이 좋다.

93. 샤토나이프의 날이 무뎌졌을 때 해결방법으로 가장 적절한 것은?
① 소금물로 깨끗하게 닦아준다
② 숫돌로 갈아 준다
③ **전용사포로 갈고 스펀지로 마무리한다**
④ 야슬이로 갈아 준다

94. 카빙을 처음 시작할 때 가장 중요하고 기초가 되는 것은?
① **드로잉**
② 야채카빙
③ 과일카빙
④ 돌려깎기

95. 다음 중 비누카빙 등급별 과정에 대해 적절한 것은?
① **2급 실기시험은 과정평가형이다**
② 1급에서는 고급꽃카빙을 배운다
③ 2급 필기시험 합격기준점수는 70점이다
④ 2급과정을 수료하기 위해서는 학사 이상이여야 한다

96. 비누카빙 마무리를 할 때 사용하는 도구로 적절하지 **않은** 것은?
① 샤토나이프
② **각도**
③ **원형커터**
④ 둥근칼

97. 비누카빙의 기본적인 원리에 대한 설명으로 맞지 않는 것은?
① 세워서 그린다
② **라인을 그릴 때는 비누를 썰 듯이 칼을 움직여 그린다**
③ 파낼 때는 칼을 눕힌다
④ 라인을 그릴 때는 드로잉하듯 칼을 당겨 그린다

98. 백조를 만들 때 주의해야 할 점이 **아닌** 것은?
① 목 라인
② 날개 라인
③ 깃털 라인
④ **발톱**

99. 비누카빙 드로잉 할 때 2번째 꽃잎을 1번째 꽃잎의 5부에서 시작하면 나타나는 현상은?
① 꽃잎의 크기가 동일하게 진행된다.
② 꽃잎 시작점은 어디든 상관없다.
③ 꽃잎이 점점 커져 자연스러운 모양이 된다.
④ **꽃잎의 크기가 점점 작아진다**.

100. 재료를 잘라낼 때, 세밀한 작업을 할 때 사용되는 사토나이프 잡는 방법은?
① **약지와 소지를 이용하여 카빙재료와 칼 사이를 고정**
② 엄지와 중지를 이용하여 고정 검지를 이용하여 엄지와 중지 보조
③ 검지를 이용하여 엄지와 중지 보조

④ 약지와 검지를 이용하여 고정

101. 비누카빙을 할 때 주의해야 할 점으로 알맞은 것은?

<u>**① 손에 물기가 없는 상태로 작업해야 한다**</u>

② 각도는 사용하기 힘들다

③ 파낼 때는 같은 곳을 여러번 파내야 한다

④ 샤토나이프로 최대한 썰면서 단면을 깔끔하게 만들어야 한다

102. 다음 사진은 샤토나이프를 잡는 방법으로 검지를 이용하여 엄지와 중지를( )해준다. 괄호안에 옳은 것은?

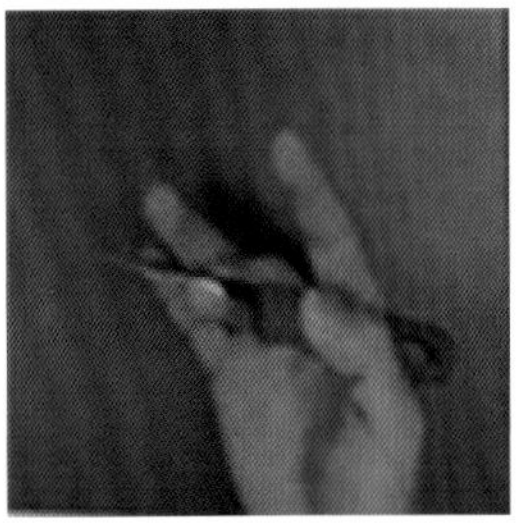

① 넓이를 조절

<u>**② 보조**</u>

③ 방향설정

④ 두께를 조절

103. 카빙 시 비누의 장점이 <u>**아닌**</u> 것은?

① 녹였다가 다시 굳혀 사용할 수 있다

② 저렴한 가격에 연습을 할 수 있다

③ 보관이 편리하다

<u>**④ 크기가 커서 행사장 입구에 세팅하기 적합하다**</u>

104. 다음 중 비상을 상징하는 동물은 무엇인가?

① 말

② 원숭이

<u>**③ 독수리**</u>

④ 잉어

105. 다음 카빙 재료 중, 식용색소를 이용하여 염색하지 않아도 되는 것은?

<u>**① 비트**</u>

② 비누

③ 무

④ 양파

106. KCDA의 비누카빙 마스터 시험 응시자격으로 맞는 것은?

① 비누카빙 1급과 2급 자격증 소지자

<u>**② ①③④항 모두를 충족하는 자**</u>

③ 비누카빙 마스터 필기 합격자

④ 비누카빙 마스터 실기 수료자

107. 용 카빙 시 가장 중요한 포인트는?

<u>**① 몸통 라인을 자연스럽게 만든다**</u>

② 꼬리를 크게 만든다

③ 이빨을 날카롭게 만든다

④ 수염을 길게 만든다

108. 비누카빙을 위한 비누를 고를 때, 신경쓰지 않아도 되는 것은?

① 비누의 색

② 비누의 경도(질감)

<u>**③ 비누의 향**</u>

④ 비누의 크기

109. 비누카빙 드로잉에 대한 설명으로 <u>**틀린**</u> 것은?

<u>**① 전체적인 윤곽과 비율은 중요하지 않다**</u>

② 곡선 선긋기 연습을 꾸준히 반복한다
③ 동물카빙을 할 때는 골격과 외형을 파악하는 것이 중요하다
④ 드로잉을 하기 위해 눈과 손을 훈련시킨다

110. 다음 중 카빙에 대한 설명으로 **틀린** 것은?
① 외식 공간 및 파티의 데코레이션 연출이 가능하다.
② 배울 수 있는 교육기관이 많아 쉽게 배울 수 있다.
③ 고객에게 시각적인 즐거움을 제공, 음식의 예술성을 높일 수 있다.
④ 요리사들이 많이 가지고 있지 않은 전문적인 고급스킬이다.

111. 드로잉을 하기 위한 준비물로 알맞지 **않은** 것은?
① 연필
② 종이
③ 원형커터
④ 샤프

112. 동물카빙에서 3단계 작업은 무엇을 말하는가?
① 옆면재단
② 모서리제거
③ 앞뒤재단
④ 드로잉

113. 카빙 도구 사용 빈도가 바르게 표기된 것은?
① 평칼 - 둥근칼 - 사토나이프 - 각도
② 샤토나이프 - 각도 - 평칼 - 둥근칼
③ 샤토나이프 - 감자칼 - 각도 - 평칼
④ 사토나이프 - 각도 - 둥근칼 - 평칼

114. 비누카빙 - 플라워카빙을 할 때, 중요하지 **않은** 부분은?
① 각도를 뒤로 당기며 꽃잎라인을 드로잉 한 후, 샤토나이프로 그린다
② 눕혀서 파낼때는 45도 정도 각도로 눕힌다
③ 센터봉오리를 그릴 때는 칼을 똑바로 세워야 한다
④ 찌꺼기가 없도록 깔끔하게 파낸다

115. 비누의 색이 최대한 오래 지속되도록 보관하는 적절한 방법은?
① 냉장보관한다
② 햇빛을 피한 그늘에서 보관한다
③ 냉동보관한다
④ 습기가 많은 곳에 보관한다

116. 비누카빙을 하기 위해 필요한 도구가 아닌 것은?
① 샤토나이프
② 스텐조각도
③ 과일스쿱
④ 각도

117. 비누카빙 단계별 설명 중 틀린 것은?
① 2급은 기본 플라워카빙을 배운다
② 1급은 기본 동물카빙을 배운다
③ 마스터는 고급플라워카빙과 고급동물카빙을 배운다

④ 1급은 고급플라워카빙을 배운다

118. 다음 중 샤토나이프를 잡을 때 약지의 역할로 가장 적합한 것은?
① 샤토나이프를 잡는다
② 칼의 방향을 설정한다
③ 샤토나이프와 재료의 사이를 고정시켜준다
④ 샤토나이프의 방향을 설정한다

119. 동물 중 원숭이는 어떤 상징성을 갖고있는가?
① 제왕 출현
② 무병장수
③ 비상
④ 평화

120. 까딱까딱 칼질 법 에서 가장 중요한 것은?
① 좌우흔들기
② 90도로 각도 유지
③ 위아래 흔들기
④ 깊이조절

121. 백조를 드로잉 할 때 가장 중요한 것은?
① 크기
② 부리모양
③ 날개의 디테일
④ 전체적인 비율

122. 중국에서 연회 상차림의 격을 높이기 위한 방법으로 카빙이 시작된 시기는?
① 동송시대
② 북송시대
③ 서송시대
④ 남송시대

123. 식품위생법상 식품이 **아닌** 것은?
① 수박
② 당근
③ 비누
④ 소주

124. 원숭이와 잉어가 의미하는 것은?
① 비상
② 무병장수
③ 제왕출현
④ 불로장생

125. 드로잉에 사용되는 연필로 적합하지 **않은** 것은?
① 4B
② 2B
③ 부드러운 연필
④ 끝이 뾰족한 것

126. 데코레이션의 사전적 의미가 **아닌** 것은?
① 단단한 재료를 깎아서 만드는 것
② 사물의 외면을 아름답게 치장하는것
③ 무늬등의 장식
④ 특별한 행사를 기념하기 위한 장식품식

127. 백조카빙을 위해 무에 드로잉을 하는 방법 중 바른 것은?
① 연필로 드로잉 한다.

② 각도 뒷면으로 당기듯이 드로잉 한다.
③ 샤토나이프로 드로잉 한다.
④ 평칼로 당기듯이 드로잉 한다.

128. 비누카빙의 센터봉오리 드로잉 할 때 적절치 **않은** 것은?
① 두 번째 선은 앞에 그렸던 중간 부분부터 그려준다.
② 센터봉우리를 연습할 때 원 안쪽에 삼각형을 그려서 연습하는 것이 적절하다.
③ 삼각형에 맞추어 곡선을 넣어준다.
④ 센터봉오리를 만들기 위해 중심에 원형커터를 이용해 그려주면 편리하다.

129. 조리사를 대상으로 한 연구결과 카빙을 배워야 하는 이유 중 가장 높은 비중을 차지한 것은?
① 언젠가 배워야 한다는 생각이 있었다.
② 고객에게 시각적인 즐거움 제공
③ 새로운 기술습득을 통한 자기개발
④ 음식의 예술성을 높일 수 있다

130. 다음 중 부조(relief)형태로 평면상에 형상을 입체적으로 조각하는 카빙의 종류는?
① 야채카빙
② 동물카빙
③ 비누카빙
④ 용카빙

131. 다음 중 사용용도에 따른 분류가 **아닌** 것은?
① 박람회
② 비누카빙
③ 축제
④ 대회

132. 샤토나이프가 70% 사용되는 카빙의 종류는?
① 비누카빙
② 수박카빙
③ 동물카빙
④ 과일카빙

133. 다음 중 둥근칼이 이용되는 상황으로 가장 적절한 것은?
① 센터봉오리 라인을 그리는 경우
② 카빙 과정에서 굴곡을 주는 경우
③ 용카빙 시 뱃가죽을 넣을 경우
④ 꽃카빙 마무리 할 경우

134. 태국식 카빙은 무엇을 이용하는 조각이 많은가?
① 비누
② 당근
③ 수박
④ 열대과일

135. 비누카빙을 시작 할 때, 작업순서상 가장먼저 해야하는 일은?
① 꽃잎 등분
② 꽃잎 안쪽 파내기
③ 센터봉오리 작업
④ 꽃잎 그리기

136. 샤토나이프가 무뎌졌을 때, 날카롭게 만드는 도구로 적절한 것은?

① 사포
② 숯돌
③ 야슬이
④ 소금물

137. 드로잉에서 지우개를 많이 사용하지 않아야 하는 이유로 적합한 것은?
① 종이가 지저분 해지기 때문이다
② 꽃잎라인이 예쁘지않게 되기 때문이다
③ 실제 비누카빙에서는 지우개를 사용할 수 없기 때문이다
④ ①②③번 모두 해당한다.

138. 카빙 스킬을 높일 수 있는 방법으로 가장 적절한 것은?
① 샤토나이프를 매일 갈아준다
② 동영상 강의를 시청한다
③ 작품 사진을 수집한다
④ 각종 대회에 참가한다

139. 비누카빙에서 사용할 수 있는 색은?
① 보라색
② 노란색
③ 하늘색
④ 내가 원하는 색감 모두 사용가능하다

140. 비누카빙 시 유의할 점으로 적절한 것은?
① 떨어져나온 비누조각이 작품에 다시 묻지 않도록 조심한다
② 중간중간 물을 뿌려가며 카빙한다
③ 작품완성 후 햇빛에 건조시킨다
④ 비누를 천천히 썰면서 라인을 그린다

141. 카빙을 처음 시작할 때 가장 중요하고 기초가 되는 것은?
① 톱니라인
② 드로잉
③ 돌려깎기
④ 모서리제거

142. 소비자가 생각하는 일식에 가장 많이 사용할 것 같은 카빙의 종류는?
① 동물카빙
② 수박카빙
③ 꽃과 나비카빙
④ 비누카빙

143. 조각도 중 풀카빙나이프의 역할은?
① 꽃잎라인을 그릴 때 사용된다
② 동물카빙의 모서리를 제거할 때 사용된다
③ 드로잉할 때 사용된다
④ 섬세한 부분을 표현할 때 사용된다

144. 비누카빙의 드로잉을 해야 하는 이유에 대한 설명으로 **틀린** 것은?
① 꽃잎이 진행되는 원리를 이해하기 위해서
② 꽃잎의 크기에 효과적으로 변화를 주기 위해서
③ 연필과 샤토나이프 잡는 방법이 비슷하여 꽃잎을 그릴 수 있는 감각을 키우기 위해서
④ 기본적인 꽃잎의 곡선을 이해하기 위해서

145. 동물카빙의 상징이 바른 것은?

① **제왕출현 - 말**

② 비상-학

③ 무병장수 - 독수리

④ 만물의 영장-원숭이

146. 비누카빙의 작업순서로 틀린 것은?

① 1단계 : 드로잉

② **2단계 : 꽃잎 바깥쪽 파내기**

③ 3단계 : 꽃잎그리기

④ 4단계 : 꽃잎안쪽파내기

147. 비누카빙 시 사용되는 도구가 아닌 것은?

① **과일스쿱**

② 샤토나이프

③ 각도

④ 스텐조각도

148. 조각도 중 각도의 역할은?

① 둥근 모양을 낸다

② 비누의 모서리를 제거한다

③ **비누에 밑그림을 그린다**

④ 비누를 자를 때 사용한다

149. 물고기의 비늘, 용의 비늘, 카빙을 하는 과정에서 굴곡을 주는데 사용하는 도구는?

① **둥근칼**

② 샤토나이프

③ 순간접착제

④ 조각도

150. 수탉카빙에서 가장 중요한 것은?

① 발

② 날개

③ 깃털

④ **얼굴 과 목선과 전체적인 비율**

151. 비누를 녹이는 방법으로 옳지 **않은** 것은?

① 전자레인지에 녹인다

② 인덕션에 녹인다

③ **뜨거운 물에 넣어 녹인다**

④ 중탕하여 녹인다

152. 비누를 녹일 때의 설명으로 적절한 것은?

① 비누베이스를 통째로 넣고 끓인다

② 비누에 색을입히고 싶으면 가루색소를 비누액에 넣어 풀어준다

③ **비누베이스에 정제수를 섞어 비누표면에 물방울이 맺히지 않도록 한다**

④ MP비누는 80도정도 온도로 녹이는 것이 좋다

153. 비누가 굳기 전, 표면에 에탄올을 뿌리는 이유로 적절한 것은?

① **기포를 없애기 위해서**

② 비누를 깨끗하게 소독하기 위해서

③ 비누를 더 빨리 굳히기 위해서

④ 몰드에 남은 비누를 쉽게 제거하기 위해서

154. 비누를 만들고 난 후, 도구에 묻어있는 비누 세척법으로 가장 적절한 것은?

① 비누가 굳기 전에 재빨리 흐르는 물에 씻는다.

② 에탄올을 뿌려 쉽게 제거되도록 한다
③ 키친타올로 닦아 없앤다
④ 물에 담가두었다가 주방세제로 씻는다

155. 투명비누베이스를 화이트비누베이스로 만들고 싶을 때 첨가하는 원료는?
① 글리세린
② 티타늄디옥사이드
③ 탄산수소나트륨
④ 덴탈실리카

156. 비누를 만들기 위해 필요한 도구가 **아닌** 것은?
① 실리콘 주걱
② 가열도구
③ 돌림판
④ 실리콘몰드

157. 비누카빙을 할 때 투명비누베이스보다 화이트비누베이스를 주로 사용하는 이유로 적절한 것은?
① 투명비누베이스는 잘 뭉개져서
② 투명비누베이스는 입체감이 잘 드러나지 않아서
③ 투명비누베이스가 더 비싸서
④ 투명비누베이스가 화이트비누베이스보다 딱딱해서

158. 꽃카빙에 대한 설명으로 적절하지 **않은** 것은?
① 가장 많이 사용되는 카빙 형태이다
② 비누 뿐만 아니라 식재료에도 할 수 있다
③ 샤토나이프 사용법을 익힐 수 있다
④ 국내에서는 많이 사용하지 않는다

159. 비누를 만들 때 정제수를 넣는 이유로 적절한 것은?
① 기포를 없애기 위해서
② 표면에 물방울이 맺히지 않게 하기 위해서
③ 비누의 색감을 더욱 선명하게 하기 위해서
④ 소다회를 방지하기 위해서

160. 완성된 비누의 표면에 하얀 막이 생기는 것을 무엇이라고 하는가?
① 젤화
② 비누화
③ 소다회
④ 트레이스

161. 소다회에 대한 설명으로 적절하지 **않은** 것은?
① 소다회 현상이 생긴 비누를 사용할 시 건강에 좋지 않다
② 습도가 높은 환경에서 생긴다
③ 비누의 표면에 하얀 막이 생기는 것이다
④ 몰드에서 비누를 꺼내기 전에 흐르는 물 세척으로 없앨 수 있다

162. 비누에 사용하는 정제수의 종류로 적절하지 **않은** 것은?
① 식염수
② 정수기물
③ 산양유

④ 증류수

163. 비누에 사용하는 정제수의 종류로 적절하지 **않은** 것은?
① 플로럴워터
② 커피원액
③ 수돗물
④ 생수

164. 비누를 만드는 순서로 가장 적절한 것은?
① 비누 자르기 - 비누 녹이기 - 에탄올 뿌리기 - 향오일,색소첨가하기 - 몰드에 붓기 - 굳히기
② 비누 녹이기 - 에탄올 뿌리기 - 몰드에 붓기 - 향오일,색소첨가하기 - 굳히기
③ 비누 자르기 - 비누 녹이기 - 에탄올 뿌리기 - 향오일,색소첨가하기 - 몰드에 붓기 - 굳히기
④ 비누 자르기 - 비누 녹이기 - 향오일,색소첨가하기 - 몰드에 붓기 - 에탄올 뿌리기 - 굳히기

165. 완성된 비누 보관법으로 가장 적절한 것은?
① 냉동보관한다
② 랩으로 싸서 직사광선을 피해 보관한다
③ 냉장보관한다
④ 햇빛아래 보관한다

166. 분말 식용색소로 비누에 색감을 내고자 하는 경우, 적합한 방법은?
① 정제수에 분말을 녹여 비누액에 넣는다
② 녹은 비누액에 바로 넣고 잘 풀어준다
③ 비누액을 몰드에 채운 뒤, 몰드에 분말식용색소를 풀어준다
④ 수돗물에 가루를 녹이고, 비누액에 넣는다

167. 비누를 작게 조각내어 녹이는 이유로 적합한 것은?
① 비누를 더 단단하게 굳히기 위해서
② 색소 염색이 골고루 잘 되게 하기 위해서
③ 비누의 경도를 테스트해보기 위해서
④ 비누를 빨리 녹이기 위해서

168. 비누를 만들기 위해 필요한 도구가 **아닌** 것은?
① 정제수
② 비누베이스
③ 에탄올
④ 식염수

169. 비누의 기포를 없애기 위해 뿌리는 것은 무엇인가?
① 증류수
② 에탄올
③ 코코넛오일
④ 가성소다 수용액

170. 투명비누베이스를 화이트비누베이스로 만들고 싶을 때 첨가하는 원료는?
① 티타늄디옥사이드
② 탄산수소나트륨

③ 글리세린
④ 덴탈실리카

171. MP비누에서, MP의 뜻으로 적절한 것은?
<u>① 녹여서 붓는 비누</u>
② 저온법으로 만든 비누
③ 글리세린 비누
④ 물비누

172. 다음 중 비누카빙에 대한 설명으로 옳지 않은 것은?
① 조각 시 칼을 넣고 당기듯이 라인을 그린다
② 비누액을 몰드에 붓고, 에탄올 스프레이를 뿌려 기포를 제거해준다
<u>③ 분말형태의 색소는, 식염수에 풀어놨다가 비누액에 함께 섞으면 색이 고르게 나온다</u>
④ 비누액에 정제수를 섞어주면 비누 완성 후 표면에 물방울이 맺히지 않게 방지할 수 있다

173. 다음 중 비누카빙에 대한 설명으로 옳은 것은?
① 완성된 작품은 냉동실에 넣어 보관한다
<u>② 남은 비누 조각들은 다시 모아서 녹였다 굳히면 새로운 비누를 만들 수 있다</u>
③ 화이트 비누베이스 보다는 투명 비누베이스가 비누카빙에 적합하다
④ 햇빛아래 보관한다

174. 다음 중 비누카빙에 대한 설명으로 옳지 않은 것은?
<u>① 비누를 굳힐 때는 반드시 실온에서만 굳혀야 한다</u>
② 비누베이스는 작은크기로 조각내어 녹이면 더욱 빨리 녹일 수 있다
③ 완성된 비누카빙 작품은 랩으로 포장해두면 깔끔하게 보관할 수 있다
④ 에탄올 스프레이를 뿌려서 기포를 없앨 수 있다

175. 다음 중 비누카빙에 대한 설명으로 옳은 것은?
① 보관이 짧다
② 식공간 연출에 어울린다
③ 투명 비누베이스의 경우 냉동실에 넣어 굳히면 더욱 투명해진다
<u>④ 단샤토나이프를 사용하는 것이 작품을 좀 더 깔끔하게 완성할 수 있다</u>

176. 비누카빙 시 실리콘 주걱을 사용하는 용도는 무엇인가?
① 비누베이스를 녹이기 전, 잘게 뭉개기 위해서
<u>② 컵에 남아있는 비누용액을 깔끔하게 긁어내기 위해서</u>
③ 비누베이스를 녹일 때 잘 젓기 위해서
④ 식용색소 염색을 골고루 하기 위해서

177. 동물카빙에 대한 설명으로 옳지 **<u>않은</u>** 것은?
① 날개가 있는 동물은 날개깃을 화려하게 표현해주어야 작품이 멋지다
② 드로잉이 가장 중요하다

③ **드로잉 - 앞뒤재단 - 옆면재단 - 모서리제거 순으로 작업이 진행된다**
④ 앞 뒤가 똑같은 모양이 나오도록 칼을 90도로 세워 넣어서 옆면재단을 해야 한다

178. 동물카빙을 할 때 주의해야 할 점으로 옳은 것은?
① 드로잉이 잘못되더라도 모서리제거를 잘 해주면 된다
② 동물카빙 순서는 중요하지 않다
③ 각도는 모서리제거시 사용된다
④ **모서리 제거는 한번에 매끄럽게 해주어야 자연스럽다**

179. 비누베이스에 대한 설명으로 옳은 것은?
① 화이트베이스, 블랙베이스, 투명베이스 세 종류로 나뉜다
② **잘게 조각내서 녹이면 빨리 녹는다**
③ 전자레인지 사용이 불가하다
④ 투명베이스에 글리세린을 첨가하면 화이트베이스가 된다

180. 비누를 깔끔하고 매끄럽게 만들기 위한 방법으로 옳은 것은?
① 기포를 없애기 위해 바닥에 두어번 내려 쳐준다
② **몰드에 비누액을 붓고나서는 최대한 출렁이지 않게 유지해준다**
③ 비누액에 식염수 한방울을 떨어뜨려 준다
④ 비누를 몰드에 붓고, 비누가 굳기 전에 한번 더 저어준다

181. 다음중 에탄올 스프레이를 분사하지 않아도 되는 경우는?
① 비누의 기포를 제거할 때
② 실리콘 몰드에 비누액이 빠르게 골고루 퍼지도록 할 때
③ 소다회 현상을 방지할 때
④ **투명한 비누를 만들고 싶을 때**

182. 다음 중 비누카빙을 위한 비누를 만드는 순서로 적합한 것은?
① 비누 자르기 - 비누 녹이기 - 에탄올 뿌리기 - 향오일,색소첨가하기 - 몰드에 붓기 - 굳히기
② 비누 녹이기 - 에탄올 뿌리기 - 몰드에 붓기 - 향오일,색소첨가하기 - 굳히기
③ **비누 자르기 - 비누 녹이기 - 향오일,색소첨가하기 - 몰드에 붓기 - 에탄올 뿌리기 - 굳히기**
④ 비누 자르기 - 비누 녹이기 - 에탄올 뿌리기 - 향오일,색소첨가하기 - 몰드에 붓기 - 굳히기

183. 비누베이스를 녹이고 몰드에 부을 때, 가장 적절한 비누액의 온도는?
① **55˚C ~ 65˚C**
② 65˚C ~ 75˚C
③ 75˚C ~ 85˚C
④ 85˚C ~ 95˚C

184. 비누를 녹이는 방법 중 옳지 **않은** 것은?
① 전자레인지에 녹인다
② **뜨거운 물에 넣어 녹인다**
③ 가열기구에 녹인다

④ 중탕하여 녹인다

185. 비누에 대한 설명으로 옳지 **<u>않은</u>** 것은?
① 비누 베이스는 녹였다가 원하는 몰드에 굳혀 사용한다
② 비누카빙을 위해서는 MP비누가 가장 적합하다
<u>③ 비누액에 좋은성분을 가진 첨가물을 섞으면 비누의 성분이 좋아진다</u>
④ 비누베이스는 화이트베이스와 투명베이스가 있다

186. 다음 중 샤토나이프에 대한 설명으로 옳은 것은?
① 엄지와 검지로 잡는다
② 동물카빙에서는 사용되지 않는다
③ 눕혀서 그리고, 세워서 파낸다
<u>④ 비누카빙을 할 때 90% 이상 사용된다</u>

187. 다음 중 각도에 대한 설명으로 맞지 **<u>않는</u>** 것은?
<u>① 둥근칼이 없으면 대신 사용한다</u>
② 샤토나이프 다음으로 많이 사용된다
③ 드로잉을 할 때 필수적이다
④ 날개 깃 등을 조각할 때 필요하다

188. 풀카빙 나이프에 대한 설명으로 옳은 것은?
<u>① 뒤로 당기며 사용해야 한다</u>
② 칼을 눕혀서 사용해야 깔끔하게 사용할 수 있다
③ 꽃카빙에서 30%정도 사용된다
④ 네가지 종류가 있다

189. 비누카빙을 할 때 가장 적합한 비누는 (　　　)비누 이다. 빈칸에 들어갈 말로 가장 적절한 것은?
① 리배칭
② HP
③ CP
<u>④ MP</u>

190. 꽃카빙 시 주의할 점으로 옳지 않은 것은?
① 칼을 세워서 그리고, 눕혀서 파낸다
② 센터봉오리를 가장 먼저 작업한다
<u>③ 연필로 비누에 드로잉을 미리 해놓고, 따라서 파낸다</u>
④ 꽃잎 안쪽을 파낼 때는 입체감이 드러나는게 중요하다

191. 분말 식용색소로 비누에 색감을 내고자 하는 경우, 적합한 방법은?
① 녹은 비누액에 바로 넣고 잘 풀어준다
② 식염수에 분말을 녹여 비누액에 넣는다
<u>③ 정제수에 분말을 녹여 비누액에 넣는다</u>
④ 몰드에 비누액을 넣고, 분말 식용색소를 넣어 풀어준다

192. 꽃카빙에서, 12등분을 하는 방법으로 가장 적합한 것은?
<u>① 먼저 4등분을 하고, 사이사이 3등분을 해준다</u>
② 먼저 3등분을 하고, 사이사이 4등분을 해준다

③ 먼저 6등분을 하고, 사이사이 2등분 해준다
④ 한쪽 방향으로 돌려가며 일정하게 감으로 등분 해준다

193. 비누베이스를 녹이고 몰드에 부을 때, 가장 적절한 비누액의 온도는?
① 45℃ ~ 55℃
② 55℃ ~ 65℃
③ 65℃ ~ 75℃
④ 75℃ ~ 85℃

194. 비누카빙 실기시험에 대한 설명으로 옳지 **않은** 것은?
① 1급은 70점 이상 합격이다
② 마스터 자격증은 2시간 내에 2작품을 완성해야 한다
③ 매 달 시험예제가 바뀐다
④ 마스터 자격증은 고급플라워카빙 2작품을 완성해야 한다

195. 완성된 비누의 표면에 하얀 막이 생기는 것을 무엇이라고 하는가?
① 트레이스
② 비누화
③ 젤화
④ 소다회

196. 다음중 에탄올 스프레이를 분사하지 않아도 되는 경우는?
① 투명한 비누를 만들고 싶을때
② 소다회 현상을 방지할 때
③ 비누의 기포를 없앨 때
④ 실리콘 몰드에 비누액이 빠르게 골고루 퍼지도록 할 때

197. 비누카빙을 할 때 샤토나이프는 ( ) 사용해야한다. 빈칸에 들어갈 말로 적합한 것은?
① 앞 뒤로 까딱까딱 흔들며
② 칼 아래쪽을 누르며
③ 뒤로 당기며
④ 비누를 썰 듯이 움직이며

198. MP비누에서, MP의 뜻으로 적절한 것은?
① 저온법으로 만든 비누
② 물비누
③ 글리세린 비누
④ 녹여서 붓는 비누

199. 완성된 비누 보관법으로 가장 적절한 것은?
① 냉장보관한다
② 냉동보관한다
③ 랩으로 싸서 직사광선을 피해 보관한다
④ 습기가 많은 곳에 보관한다

200. 비누카빙을 할 때 투명비누베이스보다 화이트비누베이스를 주로 사용하는 이유로 적절한 것은?
① 투명비누베이스는 입체감이 잘 드러나지 않아서
② 투명비누베이스는 잘 뭉개져서
③ 투명비누베이스가 화이트비누베이스보다 딱딱해서
④ 투명비누베이스가 더 비싸서

발행 2022년 9월 16일

지은이 고윤희 윤혜영 이수연 신시우 김희태 김기진
발행 한국카빙데코레이션협회
홈페이지 www.foodcarving.co.kr
이메일 987307@hanmail.net
주문전화 053-763-9707 010-7501-9707
출판등록 2012년 08월13일 제2012-000047호

펴낸곳 한국카빙데코레이션협회
편집 한국카빙데코레이션협회
교정 • 교열 한국카빙데코레이션협회
인쇄 • 제책 한결그래픽스
주소 대구광역시 동구 효목동 168-2번지 2층

ISBN 979-11-89071-11-0
값 34,000원